文
景
_____

Horizon

追寻兴奋

文明化过程中的体育与休闲

Quest for Excitement

Sport and Leisure in the Civilizing Process

Norbert Elias & Eric Dunning

著 者 ［德］诺贝特·埃利亚斯 ［英］埃里克·邓宁

译 者 何江穗

上海人民出版社

给斯蒂芬、芭芭拉、理查德、比比、朱迪、迈克尔和瑞秋。

目　录

致　谢

埃里克·邓宁

　　我希望借此机会来记录诺贝特·埃利亚斯给予我的巨大帮助。如果没有他的刺激和鼓励——开始是作为本科生，后来是作为研究生和初级讲师——我怀疑我的社会学生涯能否取得目前这些微薄成就。的确，假如 1956 年我在当时的莱斯特大学学院开始经济学学习时没有与诺贝特·埃利亚斯相遇，也许我的社会学生涯根本不会开始。我在开始大学学习之前从未听说过社会学，也不知道埃利亚斯这个人以及他在莱斯特教书这件事。当时，社会学这个研究类别在很大程度上陷于毫无生机的僵局，理论上以功能论的静态形式为特征，经验上也是以同样静止且乏味的实证主义形式为特征。这样的社会学肯定不会比经济学更让我感兴趣，尽管我很快就发现经济学不是我喜欢的研究类别。然而，埃利亚斯的讲授课（lecture），还有他的辅导课（tutorial），带有发展及现实导向的焦点，强调理论与观察、社会学与心理学的相互依赖，这些在一开始就让我着迷。我很幸运有机会得到这个时代最伟大的社会学家之一的教导，并且很荣幸能够与他合作撰写本书中的这些文章。我只希望此书中我个人的努力能够——哪怕只是小小地——起到作用，有助于埃利亚斯为之长期战斗的社会学的重新定位。其余不表，这种重新定位将使对体育运动及休闲的研究，在社会学的关注中能够居于相比目前更中心的位置。

x 我也希望对我现在的几位同事表示感谢，特别是帕特·墨菲（Pat Murphy）、约翰·威廉姆斯（John Williams）、伊万·沃丁顿（Ivan Waddington）和蒂姆·纽伯恩（Tim Newburn）。很荣幸能与这些有才华且有担当的社会学家一起工作，而且，我愿意这样认为：就继续并发展社会学教学及研究的"莱斯特传统"而言——其基础由埃利亚斯在20世纪50及60年代如此成功地奠定，我们起到了一小部分作用。

最后，应该感谢伊芙·伯恩斯（Eve Burns）和瓦尔·菲比（Val Pheby）。他们承担录入现有手稿的繁重工作，并展现出始终如一的魅力和坚定不移的幽默。

前　言

埃里克·邓宁

一

　　这本书中的多数文章已经在别的地方发表过。然而，这是它们第一次一起出现，且其中一些文章也是第一次以完整版本发表。这些文章一起出现是具有一定意义的事实，特别是向读者展示：这些文章都是从一个单一的理论与研究的体系——诺贝特·埃利亚斯关于文明化过程及国家形成的开创性研究 [1]——系统发展出来的。事实上，这些文章是对这一理论及研究体系的例证和补充，同样，也是埃利亚斯所提出的独特的社会学"型构"及"发展"取向（figurational and developmental approach）[2] 的代表。

　　由于有些时候，好像英语世界的社会学家 [3] 对埃利亚斯的作品在很

---

[1]　Norbert Elias, *The Civilizing Process*, Oxford, 1978; *State Formation and Civilization*, Oxford, 1982.

[2]　关于这种取向的一般特征，可参见 Norbert Elias, *What is Sociology?*, London, 1978; Johan Goudsblom, *Sociology in the Balance*, Oxford, 1977; Peter Gleichmann, Johan Goudsblom and Hermann Korte (eds.), *Human Figurations*, Amsterdam, 1977。

[3]　有一两个值得注意的例外。例如菲利普·艾布拉姆斯（Philip Abrams）认为《文明化的过程》（*The Civilizing Process*，编按：另译《文明的进程》，本书选择参考译后记）是"近来将社会与个人包含在统一的社会学分析方案之中的最引人瞩目的（转下页

大程度上充耳不闻，我希望借此时机将这本书放在他的整个研究框架之中。然而，首先我要采用"埃利亚斯式"的取向来处理这样一个问题：为什么体育运动与休闲，特别是前者，作为社会学的研究领域，往往会被忽视？接下来，在提供埃利亚斯的一些生平细节并简要地将其社会学视角定位于"社会学地图"之后，我将阐述我所认为的埃利亚斯取向的首要显著特点。最后，我将用三言两语说说构成了现在这本书的文章。

二

尽管体育社会学已经试图通过引用"经典"社会学家，诸如韦伯在作品之中的偶尔论述，来给自己找到一个值得尊敬的源流，[1]但体育社会学相当晚近才被作为一个专门的领域。20 世纪 60 年代早期开始，体育社会学的发展就不再那么薄弱了，特别是在美国、加拿大和联邦德国。然而，就它目前的状况来看，体育社会学仍然主要是体育教育家们的创造。这群专门人士在体育运动领域有实际投入，因此有些时候，他们的研究首先会缺乏一定程度的疏离，而疏离对有成效的社会学分析来说是必需的；其次，还会缺乏所谓对社会学中心关怀的"有机"嵌入。也就是说，

（接上页）努力"，参见氏著 *Historical Sociology*, Shepton Mallet, 1982, p. 231。也可参见 Zygmunt Bauman, "The Phenomenon of Norbert Elias", *Sociology*, 13 (1), January, 1979, pp. 117–125。对鲍曼这篇文章的批判性评论，可参见 Eric Dunning & Stephen Mennell, "'Figurational Sociology': Some Critical Comments on Zygmunt Bauman's 'The Phenomenon of Norbert Elias'", *Sociology*, 14 (2), July, 1979, pp. 497–501。

[1] 参见例如 John W. Loy and Gerald S. Kenyon, *Sport, Culture and Society*, Macmillan, London, 1969, p. 9。

追寻兴奋

体育教育家的多数写作主要关注体育教育、体育文化及体育运动的特定难题，而未能展示更广泛的社会关联。此外，他们的研究往往具有经验主义的特点[1]，不过亦有一些值得注意的例外[2]。然而，我确信多数社会学家都会赞同：到目前为止，体育社会学中的多数研究不大可能激发体育教育领域之外的兴趣，也不大可能吸引"主流"社会学家的注意。

这枚硬币的反面则是这样一个事实——除了足球流氓行为吸引了越轨理论研究者及马克思主义者的注意[3]这个显而易见的例外——很少有主流社会学家对体育运动的任何方面进行理论化概括或者开展研究。即便体育运动在社会学一些特定的专门人士所关注的制度——比如教育[4]——之中似乎不可或缺，但情况仍然如此。下述情况可能具有一定代表性：尽管安东尼·吉登斯（Anthony Giddens）在 1961 年向伦敦政治经济学院提交的

---

[1]　作为这种经验主义倾向的一个例证，列出《体育社会学国际评论》期刊中一期的文章标题，在当前的情境中应该就足够了。参见 *The International Review of Sport Sociology*, 1 (17), 1982. 它们是：《影响工人阶级积极参与体育运动的因素》《体育运动事件在波兰及匈牙利的社会角色》《体育运动与青年文化》《儿童游戏及运动行为的发展有赖于他们所处环境的既定社会—空间条件》《公民生活中的体育运动活动》《作为体育运动中的社会化机构的体育运动俱乐部与家长》《佛兰德人社区及其体育运动新闻》《揭秘体育迷信》。

[2]　在值得注意的例外之中，艾伦·英厄姆（Alan Ingham）、约翰·洛伊（John Loy）和杰拉德·凯尼恩（Gerald Kenyon）这些学者相当杰出，尽管我在很多方面不同意后两位学者的取向。

[3]　参见如 John Clarke, "Football and Working Class Fans: Tradition and Change", in Roger Ingham (ed.), *Football Hooliganism*, London, 1978; Ian Taylor, "'Football Mad': A Speculative Sociology of Football Hooliganism", in Eric Dunning (ed.), *The Sociology of Sport: A Selection of Readings*, London, 1971；及 "Soccer Consciousness and Soccer Hooliganism", in Stanley Cohen (ed.), *Images of Deviance*, Harmondsworth, 1971。

[4]　英国教育社会学家对体育运动的忽视，与美国的情况相比，要更为常见。下面这些美国学者的研究对体育运动有相当长篇幅的分析：Willard Waller, *The Sociology of Teaching*, New York, 1932; James S. Coleman, *The Adolescent Society*, New York, 1961。

硕士论文研究的是体育社会学，但在那之后——彼时他已经建立了作为英国一流社会学家的声望——他显然没有再重返体育运动领域，也没有在任何一本理论著作中将体育社会学作为值得系统讨论的研究类别。对吉登斯及其他人来说，社会学的价值以及其中的机会结构已经指明要在更常规的领域开展研究。这就将对体育运动的社会学研究，在大多数情况下，留给了非社会学家。这里再次出现了一些值得注意的例外，皮埃尔·布尔迪厄（Pierre Bourdieu）[1]、格雷戈里·P. 斯通（Gregory P. Stone）[2] 都对这个领域做出了有益的贡献。然而，实情仍然是：很少有主流社会学家对体育运动进行过系统研究，或在他们编写的教材及其他作品中对此进行过理论化提炼或讨论，或将对体育运动的研究整合到授课之中。

社会学对体育运动的忽视的可能原因并不难发现。大卫·洛克伍德（David Lockwood）关于为什么"种族这个概念没有在现代社会理论发展之中扮演中心角色"的推断，可以在这方面提供一些线索。洛克伍德主张，"这是不可避免的，种族不能作为社会学解释的中心概念"，因为社会学传统的发展"从一开始就排除了生物及其他形式的非社会的还原论，并反而引导将注意力集中于社会系统的基本且普遍的方面，如宗教和劳动分工……"。洛克伍德指出，这种趋势由于以下事实而更加复杂："没有能与今天的种族难题相提并论的难题，它将自己呈现在社会学理论的基本结构得以形成的历史状况之中。"[3]

---

[1]   Pierre Bourdieu, "Sport and Social Class", *Social Science Information*, vol. 17, no. 6, 1978.

[2]   参见例如 Gregory P. Stone, "American Sports: Play and Display", in Dunning, *The Sociology of Sport*, London, 1971。

[3]   David Lockwood, "Race, Conflict and Plural Society", in Sami Zubaida (ed.), *Race and Racialism*, London, 1970, pp. 57–72.

无论这一推测式的论断是否，或者在什么程度上适用于对种族及种族关系的社会学研究，乍一看，它似乎潜在地适用于社会学对体育运动的忽视。跟种族一样，在现代社会学基本轮廓形成之时，体育运动不是——或者更恰当地说，不被社会学的"开创者们"认为是——当时的严重社会难题的发生地。[1] 此外，许多社会学家认为体育运动也不构成"社会系统"的基本属性或普遍属性，但这其实更值得商榷。正因如此，尽管这些活动的结构及其对参与者的含义各有不同，但没有哪个人类社会不存在相当于现代体育运动的一些活动。更重要的是，许多体育运动都部分地具有宗教根源，而且，涂尔干（Emile Durkheim）对澳大利亚原住民的宗教仪式所产生的"集体欢腾"（collective effervescnce）的分析——进行适当修正后（*mutatis mutandis*）——可转换为对现代体育运动事件中产生的情感及兴奋的讨论。[2] 尽管这些事实在表面上不容易引起争议，不过，到目前为止，很少有社会学家尝试将体育运动研究整合到宗教研究[3]或社会分工研究[4]之中。这表明：成为现代社会学关注的基本焦点的那些事物，其出现存在一个过程；与洛克伍德的分析所暗示的相比，这个过程更不能摆脱埃利亚斯所说的"他律评价"（heteronomous evaluations）的影响。[5] 简单来说似乎是这样的：大多数社会学家表面上

---

[1]　至少在19世纪的英国，劝说工人阶级放弃被认为是"野蛮"的体育运动及休闲追求，并采取更"理性"的消遣活动，这类努力引发的冲突构成了在数量上并非微不足道的社会难题。

[2]　Emile Durkheim, *The Elementary Forms of the Religious Life*, London, 1976.

[3]　下面这个研究可以看出这种努力：Robert Coles, "Football as a Surrogate Religion", in M. Hill (ed.), *A Sociological Yearbook of Religion in Britain*, no. 3, 1975。

[4]　关于体育运动与劳动分工的讨论，参见 Bero Rigauer, *Sport and Work*, New York, 1981。

[5]　关于这个议题的讨论，可以参见 Norbert Elias, "Problems of Involvement and（转下页）

承诺了"伦理中立"（ethical neutrality）或"价值无涉"（value-freedom），并承认"社会学是从社会的各个方面对社会进行研究的一门科学"这一愿景，但是，当今的社会学家所坚持的主导范式将其视野限制在了范围相对狭窄的社会活动之中，这一事实揭露了他们的价值承诺。后果之一就是对体育社会学的忽视。另一个后果则是几乎也不存在战争社会学。再则，社会学往往被限制于生活之中严肃且理性的一面，结果在社会学理论及研究中，快乐、愉悦、玩耍、情感，还有男性与女性的非理性及无意识的倾向，得到的关注都不足。[1]

4　　体育运动、战争和情感，可能像是被忽视的主题的大杂烩，但如果对此稍微进行反思，我们就可以看到：它们之间存在重合，而这也许是很重要的。体育运动和战争都涉及一些形式的冲突，这些冲突的形式与相互依赖、合作、"我群"（we-group）及"他群"（they-group）的形成等形式微妙地交织在一起。[2]此外，两者都可以激发令人愉悦的情感，还有痛苦的情感；而且两者都包含理性行为及非理性行为的复杂且多变的结合。另外，截然相反的意识形态的存在——一方面强调体育运动可能成为战争的替代[3]，而另一方面则认为体育运动可以提高参与者的坚韧及攻击性，是军

（接上页）Detachment", *British Journal of Sociology*, vol. 7, no. 3, 1956, pp. 226-252；也可参见 Norbert Elias, *What is Sociology?*。

[1]　在下列文献中可以看到打破这些方面某些常见模型的努力：Christopher Rojek, "Emancipation and Demoralisation: Contrasting Approaches in the Sociology of Leisure", *Leisure Studies*, vol. 2, no. 1, 1983, pp. 83-96; John D. Ferguson, "Emotions in Sport Sociology", *International Review of Sport Sociology*, 4 (16), 1981, pp. 15-25。

[2]　埃利亚斯在《社会学是什么？》一书中介绍了这些术语。Norbert Elias, *What is Sociology?*, pp. 122 ff.

[3]　当然也已经常有人指出：体育运动可能也构成了违法行为的替代物。

事训练的理想载体——进一步表明了两个领域有类似特征，可能还有相互关联。当然，在更高的概况层次上，这个讨论的一个隐含含义是：影响了当代社会学主导范式的这种价值导向，往往将"社会系统"（social system）等同于当代民族国家，而且相应地，导致了对国际关系作为理论化及研究的焦点的忽视。现在让我来推断一下限制了社会学家视野领域的那些他律价值以哪些方式导致了社会学对体育的忽视。

三

　　到目前为止，我的论证中隐含了这样一个观点：社会学家忽视了体育运动，首要原因是他们之中很少有人能充分地将自己从西方社会的主导价值及思维方式之中疏离出来，从而把握体育运动的社会意义、体育运动所提出的社会学难题，或者体育运动所提供的探讨社会结构及行为的范围，而这些结构及行为在大多数情况下都被常规理论所忽视。更具体地说，体育运动似乎一直被忽视，未成为社会学反思及研究的对象，因为体育运动被看作常规所理解的相互重叠的一些二分法（dichotomy）复合体之中价值负面的那一方，诸如"工作"与"休闲"、"心灵"与"身体"、"严肃"与"愉悦"、"经济"现象与"非经济"现象。也就是说，按照西方普遍的还原论及二元论思维（reductionist and dualistic thinking）的倾向，体育运动被认为是不重要的、愉悦导向的休闲活动，它锻炼的是身体而不是心灵，而且也没有经济价值。作为结果，人们不认为体育运动提出了与经济、政治生活的"严肃"事务相关的那些难题具有同等意义的社会学难题。然而，尽管体育运动相对而言被忽视了，但它仍然构成了具有相当社会意义的领域。至少在一定范围内，社会学家会严肃对待这样的声明：他们的研究是关于社会的**全面的**（comprehensive）科学，要研究社会的方方面面——体育运动领域也需要社会学的理论化及研究。

有大量的证据表明了体育运动的社会意义。例如，至少在西方工业社会的男性圈子中，体育运动是可以与性匹敌的兴趣及讨论的主题。此外，体育运动现今几乎是在世界各地都无处不在的休闲活动。劳伦斯·基钦（Laurence Kitchin）甚至认为有一种体育运动，也就是足球，是"科学之外唯一的全球习语"[1]，而且很少会有人怀疑诸如奥林匹克运动会及足球世界杯这些事件的国际重要性。它们为社会学研究提供了丰富的机遇。将抵制体育运动作为国际关系中的武器也是如此。还值得调研的、兼具历时性（diachronic）与共时性（synchronic）的，是这样一些领域：体育作为"休闲"（leisure）与体育作为"工作"（work）；体育运动中以及与此有关的雇佣模式与社会流动模式；体育运动中的业余主义、专业主义，还有"用职业选手假冒业余选手的做法"（shamateurism）；体育运动与工业之间的关系；体育运动的经济学；体育运动的商业化；体育运动中的国家角色；政治**与**（and）体育运动；体育运动中**的**（of）政治；国际、国家及地方的体育运动组织的管理、组织及控制模式；这些不同层级组织实体之间的关系；资本主义社会与社会主义社会对体育运动组织进行控制的模式，还有资本主义社会体育运动组织的产权模式；第三世界国家的体育运动；大众媒体与体育运动；体育运动与教育；体育运动与阶级；体育运动与种族；体育运动与性别；体育运动的伦理；体育运动与暴力；体育运动人群以及他们有些时候会参与的无序行为；

---

[1] Laurence Kitchin, "The Contenders", *Listener*, 27 October 1966.

诸如此类。最后，体育运动可以被视作"自然实验室"，用来探讨社会关系的一些属性，诸如竞争与合作、冲突与和谐。这些属性在逻辑上、按照当前的价值来看，好像是相互排斥的，但由于体育运动的内在结构，它们在这个情境之中都很清楚地显示出复杂的相互依赖关系。

我现在已可以对埃利亚斯独特的社会学理论的首要特点进行总结。如下文将展示的，其核心的理论尝试已经成功地打破了他律评价的枷锁，打破了流行的二元论及两分法的思考倾向，以便通过埃利亚斯所称的"通过疏离的迂回"（detour via detachment）来提高我们对人类及其所组成的社会的理解。[1] 此外，正如本书中的这些文章所清晰展现的，该理论使人们能够赞赏体育运动的社会意义；尤其是，它还尝试在这种关联中为一种情感的社会学理论奠定基础。这一理论也强调了对暴力的个人控制及社会控制，强调在这方面能够观察到的长期的过程。简而言之，它首先是一种**发展式的**（developmental）理论。然而，在详细阐述这些以及相关议题之前，如本文开篇所言，我应当提供一些埃利亚斯的生平细节，并将他的理论定位于"社会学地图"之中。

6

四

诺贝特·埃利亚斯出生于 1897 年，是德国犹太人后裔。1925 年，他在海德堡开始了他的社会学生涯，先是作为卡尔·曼海姆（Karl

---

[1]　"通过疏离的迂回"这个观点是埃利亚斯在《投入与疏离的难题》（"Problems of Involvement and Detachment"）一文中提出的。

Mannheim）的朋友及合作者，随后在法兰克福大学社会学系担任了曼海姆的助手。[1]当时和现在一样——尽管既在同一幢大楼，又在一定程度上研究类似的难题[2]——法兰克福大学社会学系与阿多诺（Theodor Adorno）及霍克海默（Max Horkheimer）的更知名的社会研究所是分离的，后者是人们所称的"法兰克福学派"的制度基础。我提及这一点，仅仅是为了将埃利亚斯的发展式综合（developing synthesis）放置于特定的地点、特定的历史—政治交汇以及社会学发展的特定阶段。更具体地说，正当埃利亚斯要在法兰克福发展他的理论之时，纳粹开始上台掌权。此外，埃利亚斯开始进入他社会学生涯中一个关键且成果丰硕的阶段，即德国人所说的"方法论之争"（*Methodenstreit*）——"就方法进行的战斗"——中的一个特定的交汇点。"方法论之争"是一场持续的争论，不同学派讨论了许多年，试图确定"科学的"方法是否适用于研究人类及其组成的社会，并试图确定哪些概念及方法在这一点上最为恰当。

接下来，我将聚焦于埃利亚斯提出的所谓社会学的综合属性。而在转向这些议题之前，可能值得注意的是，埃利亚斯个人是厌恶暴力的人文主义者，而且他对暴力与文明之间关系的持久兴趣，并不仅仅是"学术的"或"智识的"。相反，这至少部分源自他20世纪20年代及30年代早期在德国的经历，源自他的母亲在奥斯威辛集中营丧生这一事实，还源自他的流亡经历——先是在法国，后来到了英国。也就是说，他对暴

---

[1]　参见 Johan Goudsblom, "Responses to Norbert Elias's Work in England, Germany, the Netherlands and France", in Gleichmann, Goudsblom and Korte, *Human Figurations*, pp. 31–91。

[2]　参见 IIse Seglow, "Work at a Research Programme", in Gleichmann, Goudsblom and Korte, *Human Figurations*, pp. 16–21.

　　　　　　　　　　　　　　　　　　　　　　　　追寻兴奋

力——对暴力的所有形式及其表现形式——的社会学兴趣来自这样一种深层的渴望：推进我们对暴力的社会根源及心理根源的理解，希望这种理解将帮助人们安顿他们的生活——人与人"共同生活的模式"——以避免多种形式的、让人类饱受折磨的暴力悲剧。但是现在，让我转回对埃利亚斯的综合属性及其所包含内容的考量。

在一篇令人信服的总结陈述中，约翰·古德斯布洛姆（Johan Goudsblom）已经准确地观察到，埃利亚斯"关心的是'全面地'对人类进行研究，而不仅是人类生活的具体方面，诸如观念、价值与规范、生产方式，或者本能与情操以及它们的升华"[1]。也就是说，埃利亚斯清楚地将优先权给予综合（syhthesis）而非分析（analysis），并且努力避免将人及社会按照"经济的""政治的""社会的"这样一些范畴进行分区——按照这种分区，仿佛"经济"及"政体"在某种意义上不是"社会"的部分；他也避免按照"生物学的""心理学的"和"社会学的"这些范畴进行分区——按照这种分区，仿佛人们在某种意义上可以离开身体而存在，仿佛他们的"心灵"在某种程度上不是身体或生物现象，或者仿佛"社会"可以按某种方式独立于组成它的男性个体与女性个体并与他们分离。然而，为了实现他的目标，埃利亚斯的研究的一个重要部分不得不包括努力解决各种二元论，这些二元论不断困扰社会学及相关学科，也构成了"方法论之争"中的张力主轴（principal axes of tension）。我意在指出这样一种倾向：在概念上将对人及社会的研究，简化为部分重叠的一组二分法的两面，并一再导致各种学派的形成。这些学派或多或少明确且直接地就

---

[1] Goudsblom, "Responses to Norbert Elias's Work", in Gleichmanm, Goudsblom and Korte, *Human Figurations*, p. 79.

以下议题进行争论，如"唯物主义"对"唯心主义"、"理性主义"对"经验主义"、"自然主义"对"反自然主义"、"能动性"对"结构"、"唯意志论"对"决定论"，诸如此类。[1] 这些学派往往坚定地支持尽管相异但同样仅是多维社会世界中一维（或两维）的看法，而埃利亚斯的观点之一是：消除作为这些学派基础的二元论——这个任务只有通过理论推理及经验研究的持续交叉融合才能卓有成效地完成——这在社会学发展的当下阶段是必需的，有助于社会学的进一步成长。这种成长将包含理论及模型的发展，与实际观察到的情况更加契合的理论及模型，将有助于对抗研究的分裂及碎片化致使学派相互冲突这一趋势，而这已经成了社会学，可能还有与人类研究相关的其他科学发展之中反复出现的趋势。埃利亚斯式的综合是引导人类科学走出迷宫的一种努力，而这个迷宫正是通过相互冲突的这些一维或两维——至少部分是一维或两维——的问题—解答所呈现的。更具体地说，埃利亚斯的目标有助于发展出更客观准确的综合——受到理论与观察同等影响的综合——并有助于描绘人及其所形成的社会的图景，按照他们真实的样子描绘，而不是按照政治家、理论家、哲学家、神学家或普通人的强制命令生成的样子。埃利亚斯还有一个与此有关的目标，是推动一种适合处理人类—社会层次上的自然整合的方法的发展。这种方法并不是"科学主义"的；在"科学主义"意义上，某些方法会被错误引入，仅仅因为它们被证明适宜研究其他层次的自然整合。为了实现这些目标，在埃利亚斯看来，首先必须发展出与

---

[1] 这类二元论更完整的列表还要包括：投入与疏离（价值偏斜与价值无涉或伦理中立）、主观性与客观性、唯名论与唯实论、归纳与演绎、分析与综合（原子论与整体论）、绝对主义与相对主义、自然与社会、变迁与结构（动态与静态）、和谐与冲突、共识与强迫、秩序与失序（结构与混乱）。

　　　　　　　　　　　　　　　　　　　　　　　　　　追寻兴奋

迄今为止的既有概念相比，更密切适应人类及其社会的动态和关系特征的概念装置及术语。让我稍微具体展开，并讨论埃利亚斯新兴理论的一两个方面。鉴于本文的篇幅所限，我可能只能讨论这个复杂且发展中的整体的一两个小部分。

以埃利亚斯对于"自然主义／反自然主义"二分法的立场[1]为例。他指出：人类及其社会是"自然"的一部分。然而，"自然"并非无缝之网，而是由一系列生发式的层次所组成的分化且结构化的整体。这些层次相互关联但相对自主。它们各有差异，首先是根据这些层次所包含元素的结构化程度，其次则是根据这些元素及它们所形成的模式的变化及演化的速度。基本上有三个这样的层次：无机层次、有机层次、人类—社会层次。这些层次都经得起科学研究的检验，但是适用于某个层次的方法并不必然适用于另一层次。因此，人类—社会层次出自无机层次及有机层次，也就继续受到这些层次中的过程（比如万有引力，出生、成长和死亡）的影响。然而，与此同时，人类—社会层次也有相对的自主性，而且有一些独特的突出属性，比如语言、道德准则、国家、罢工、亲属关系、婚姻、经济、经济危机、战争、"前体育运动"形式的争夺式比赛，还有体育运动。[2] 在埃利亚斯看来，自然整合中的人类—社会层次的这些独特的突出属性，是以其自身的规则性为特点的，不能以还原的方式来解释，即不能根据对无机及有机层次的现象进行研究的方法、概念及模型来解释。

---

[1] 参见例如 Norbert Elias, "The Sciences Towards a Theory", in Richard Whitley (ed.), *Social Processes of Scientific Development*, London, 1974, pp. 21–42。

[2] 对"体育运动"作为一个一般性术语以及指称现代社会特定活动的术语的相关讨论，参见本书的第三章埃利亚斯的文章《作为社会学难题的体育运动生成》。

然而，哲学家往往不承认这一点。例如波普尔（Karl Popper），他在一些社会学圈子里仍然受到高度评价，他认为只有按照"一般"或"普遍"法则进行的解释，才能获得科学地位。[1]埃利亚斯从多个方面驳斥了这种观点，他表明，普遍法则（universal law）这一概念是在科学发展的早期阶段出现的，更确切地说，在那个时候，经典物理学刚好处于将自己从神学及形而上学的概念之中剥离出来的过程。[2]埃利亚斯指出，正如神学及形而上学的概念，普遍法则这一概念是在可观察的变化背后找出一些不变及永恒事物的一种努力，但是它缺乏客观准确性，因为要解释任何变化，都必须援引某种之前的**变化**（change），而不是借助某些静态、不变且永恒的"第一原因"。然而，在埃利亚斯看来，承认这一点并不是要宣称，法则这个概念在某些总体意义上缺乏客观准确性。相反，就结构松散、演化缓慢的现象（诸如气体运动）而言，"类法则"的解释是相对客观准确的；但是，就结构化程度更高、演化更迅速的现象（诸如有机体和社会）而言，这些解释就缺乏客观准确性了。在这里，结构的模型和／或过程的模型必须优先于"类法则"的一般概括，例如DNA脱氧核糖核酸的双螺旋模式、达尔文的进化理论、马克思的资本主义生产方式理论，还有埃利亚斯自己关于文明化过程与国家形成的关系理论。[3]

　　在埃利亚斯看来，就人类—社会的层次，普遍法则这个概念缺乏客观准确性的根本原因在于社会发展——这是一类高度结构化的现象——

---

[1]　K. R. Popper, *The Poverty of Historicism*, London, 1957.

[2]　Elias in Whitley, *Social Processes of Scientific Development*, p. 23.

[3]　Ibid., p.40.

发生的相对速度正因如此，普遍法则这个概念意味着对**相应层次**的知识的阻碍。另一个相关的阻碍来自语言的某些特定特点。譬如我们在表达持续的运动或持续的改变时，往往会先指明存在一个孤立的、处于静止状态的客体，然后加上动词来表述这个孤立的客体运动或改变的事实。例如，我们说"风在吹"，好像风是个实际存在的静止事物，在给定的时间点才开始吹。也就是说，我们的表述听起来好像风跟吹是分开的，仿佛即使不吹，风也存在。[1]

在社会学中，"结构"与"变化"、"结构"与"过程"、"结构"与"能动性"或"行动"这类概念分离，就是语言障碍的例证。例如我们会这样表达，"19世纪50年代到20世纪50年代之间，英国体育运动的结构改变了"，仿佛这个"结构"是个"事物"，在一定程度上是与进行体育运动的人分离的，是与这些人的体育运动实践方式的变化分离的。这类二分且物化的概念化形式意味着：无行动、无变化、非过程的社会结构能够存在，这与人们实际观察到的情况背道而驰。埃利亚斯使用了一个德文术语"Zustandsreduktion"来指称这种倾向，其字面意思是"状态简化"（state-reduction），也就是将可观察的过程从概念上简化为稳定的状态；门内尔（Stephen Mennell）和莫里西（Grace Morrissey）将这个概念翻译为"过程简化"（process-reduction）[2]，也不是没有道理。

埃利亚斯指出，与此密切相关的是这样一种概念倾向：将思想的"客体"，包括人，与他们所卷入的关系分开。[3]这两种概念倾向——

10

---

[1]　Elias, *What is Sociology?*, p. 112.

[2]　Ibid.

[3]　Ibid., pp. 13ff.

"状态简化"或"过程简化"以及将客体与关系分开——给社会学带来了不幸的后果。具体来说，它们造成了一种双重不准确的概念化方式，即一方面将社会学思想的"客体"概念化为静止的，另一方面又将其概念化为与所处关系是分离且分开的。埃利亚斯认为，将个体及社会都物化并在概念上分离，同时将个人及社会都简化为处于静止状态的孤立的客体，这是一种普遍的倾向。为帮助应对埃利亚斯创造了有联系的概念："型构"（figuration）[1]和"开放的人"（open human beings，拉丁语表达为 *homines aperti*）[2]。前者指相互依赖的人们的一张网，人们在多个层次上并以不同的方式彼此联结。后者指组成这些型构的个体具有开放、过程式、内在的"他者指向"（other-directed）的特征。[3]这两个术语并不是指独立存在的客体，而是表明人类世界不同但不可分离的层次。然而，型构并不是"他者指向"的个体原子的简单聚集：相互依赖的人们是多元的，他们的行动彼此交错，形成了相互交织的结构。这个结构有一些突出的属性，诸如权力比率、张力轴、阶级及分层系统、体育运动、战争与经济危机。由于在埃利亚斯看来，权力是任何型构的基本属性，因此我将挑出他对这个议题的讨论并给予特别关注。之后，我将简要考察埃利亚斯"型构的固有动态机制"（the immanent dynamics of figurations）这个概念。

埃利亚斯已经提出了彻底的关系型的权力概念，这个概念摆脱了对待权力的普遍倾向：将权力物化，将权力当作一些人在绝对意义上占有

---

[1] Elias, *What is Sociology?*, p. 15.

[2] Ibid., pp. 125, 135.

[3] "他者指向"这个术语是以一般意义在这里使用的，并没有大卫·里斯曼在《孤独的人群》（*The Lonely Crowd*）一书中的特定含义。

追寻兴奋

而另一些人被完全剥夺了的"东西"。[1] 此外，埃利亚斯的概念是以坚定地承认权力的多样态、多面特征为基础的。正因如此，它可以纠正将权力简化为这样或那样的单一维度概念这类普遍倾向，比如马克思主义倾向于将权力简化为对生产资料的占有及控制。埃利亚斯的这个概念也可以在此基础上纠正"类法则"理论的建构。"权力"，如埃利亚斯所说，

> 是所有人类关系的……结构特征……我们依赖其他人，其他人也依赖我们。只要我们对其他人的依赖要甚于其他人对我们的依赖，那么，那些人就对我们施以权力，无论我们依赖他们是由于他们使用了赤裸裸的武力，还是由于我们对被爱的需要，我们对金钱、治愈、地位、职业或仅仅是兴奋的需要。[2]

只要关系的一方对另一方有功能，也因此有价值，那么，他或她就不是无权力的，然而他们之间的权力比率可能存在很大的偏差。

从目前的讨论出发，我们可以看到：埃利亚斯的型构及发展理论拒斥更常见的**分析**（analytical）取向。按照分析取向，社会被分解成一组组的"因素""变量"或"领域"，诸如"政治因素""教育变量"或"经济领域"；而且，分析取向还试图评估这些"因素""变量"或"领域"在社会过程或其中一些方面的相对"因果权重"。然而，埃利亚斯的理论隐含的，与其说是对"因素理论化"（factor theorizing）的全面拒绝，不

11

---

[1]　Elias, *What is Sociology?*, pp. 74 ff.

[2]　Ibid., pp. 74, 93.

如说是一种呼吁，要改变社会学中分析与综合的平衡，以利于后者。这意味着：与目前为止很多社会学理论中已经很明显的关注相比，还要更加关注在更广泛的型构之中的特定具体"因素"的结构位置，以及这些型构本身的结构。实际上，这里正在主张的，是更敏感且有意识地看到这一事实：就像克里克（Francis Crick）和沃森（James Dewey Watson）研究得出的DNA脱氧核糖核酸的分子结构一样，它并不简单是特定组成成分及其数量的一个函数，而是它们双螺旋排列的函数；人类型构——比如他们结合成为部落、城邦或民族国家——的结构，不但是定量特征（诸如这些型构的大小，或组成这些型构的男女个人独特性的多少）的函数，而且是这些型构的个别组成成分的结合方式或排列方式的函数。此外，与物理化学的对应物不同，在社会型构中，其组成成分的性质，更倾向于根据他们作为一部分所构成的"总体"的函数而变化。

由此可知，我们不能进行普遍的一般概括，例如关于"经济领域"或"生产方式"在社会动态机制中的首要位置，起码不能做出超越"人需要吃饭"这类表述的非同义反复的普遍一般概括，因为"经济领域"和"生产方式"在不同类型的社会型构之中的具体表现是不一样的。比如，它们会因其与"政治领域"及"宗教领域"在制度上的分离程度不同而不同，也就是说，根据它们的相对自主性而有所不同。它们也会因明确的暴力及武力在其中所起的作用而有所不同。但是，就目前的目标而言，这并不比下述事实更有意义：尽管批评了单一维度理论，但不能认为埃利亚斯式的综合构成了一种"空洞的互动论"的形式。"空洞的互动论"的立场断言，在人类社会及社会过程之中，"所有的事物都跟所有其他事物一样重要"。没有什么比这更远离事实了，因为埃利亚斯式的立场实际

12

上坚持的是：具有相对重要性的问题是一个经验议题，必须在结构及关系上进行界定，比如，根据特定的具体制度在控制有价值的资源和处理反复出现的难题等方面的战略意义来进行界定。由于这些资源、难题及制度在至关重要的方面具有发展式特定性，就不可能对它们做出有意义的、普遍的一般概括；正因如此，国家在工业社会中是一项策略性的制度，但在特定类型的部落社会，国家甚至不存在。另外，在工业社会中，为控制国家——具体而言是对武力及征税的双重垄断——而进行的斗争，是社会过程的关键部分；不过，特别是由于这些国家社会位于国际网络之中，所以国家在一个社会的经济或生产方式等方面享有一定程度的自主。也就是说，埃利亚斯对以下倾向持批评态度，例如在马克思主义理论中，特定的具体社会被视为一种独立存在，并能按照其内生的动力独自发展。[1] 特别是，埃利亚斯已经表明：将社会之间的关系纳入考虑，我们就可以看到人类社会形成了"进攻—防御"或"生存"的单元，而这也成为了国家出现的基础之一。[2]

在埃利亚斯看来，可以这么理解：与控制工业、金融及教育制度——在更不发达的国家—社会之中还包括宗教制度——的斗争一起，控制国家的斗争是国家—社会动态机制的首要持续特征之一。这一斗争现在跟过去一样，受到一个社会的"型构解剖"（figurational anatomy）的引导，也就是以下几个主要方面：（1）它的"劳动分工"（division of labour）——或者用埃利亚斯更准确、更不经济主义的术语"相互依赖

---

[1] 伊曼纽尔·沃勒斯坦（Immanuel Wallerstein）的研究，还有安德烈·贡德·弗兰克（André Gunder Frank）与其他人提出的"依附理论"是这方面的例外。然而，他们的研究仍然倾向于是经济主义的。

[2] Elias, *What is Sociology?*, pp. 138–139.

链条"（interdependency chains）[1]——的长度和结构；（2）其内部的"向心"压力与"离心"压力之间的平衡，即已经出现的稳定的、国家的中心化所具有的有效程度；（3）国家（不管是，例如"资本主义"或"社会主义"）所采取的形式，还有国家对其他制度的渗透程度；（4）社会是否有例如物物交换或货币经济，且如果是后者，经济是否以及在何种程度上被整合进了一个社会之间的框架；还有（5）它的各组成群体之间的、由结构决定的权力平衡。这种平衡从根本上受到相互依赖链条（chains of interdependence）对"功能民主化"（functional democratization）——即群体内部及群体之间对等控制的实施——的推进程度的影响。[2]这种平衡还受到另一种影响：群体在整个相互依赖系统中的位置对群体成员的沟通及组织的推动程度，还有给予这些群体成员接触关键制度及其资源的程度，包括接触在策略上具有重要意义的知识。

　　"型构的固有动态机制"这一表达指的是从这些斗争中获得其多数推动力的那个持续过程。这一过程由社会型构的结构所引导，但同时也改变了这些型构。从长远来看，它具有"盲目的"或"无计划的"特征，主要是因为它是无意地相互依赖的无数群体及个人的有意行为交织在一起

---

[1]　"相互依赖链条"这个概念是指存在于人们之间的、通过功能分化的系统而连接起来的纽带。这些纽带既可以在社会之间存在，也可以存在于社会内部。这个概念与更常用的几个概念类似，如"劳动分工"和"角色分化"。但与前者相比，这个概念没有经济主义的暗示；与后者相比，没有对形式主义的强调。这个概念也可以在非和谐的意义上使用，没有平等的内涵，即相互依赖往往包含冲突元素，而且相互依赖会沿着"对称—非对称"的连续分布而有所不同。最后，"链条"这个术语暗含了社会纽带具有约束力的特征。

[2]　参见 Elias, *What is Sociology?*, pp. 63-64, 99-100，其中讨论了"功能民主化"这个概念。

的意外结果。[1] 然而，尽管是无计划的，它仍然有可确定的结构，这种结构在中世纪以来的欧洲社会之中呈现为"文明化过程"的形式。这个文明化过程的中心元素有：（1）国家形成，也就是说在国家控制之下增长的政治及行政的中心化与和缓化，在这个过程中，国家垄断了使用武力及征税的权利，这是一个关键的组成部分；（2）相互依赖链条的拉长；（3）社会阶级及其他群体之间权力平衡的一种均等化的变化，也就是"功能民主化"的过程；（4）行为举止及社会标准的拟定与改善；（5）社会压力的相伴增长，这种社会压力要求人们在性、攻击等方面实施自我控制，对一般意义上的情感以及在越来越多的社会关系领域实施自我控制；（6）在人格层面，良知（"超我"）作为行为监管者的重要性有所提高。由于埃利亚斯的文明化过程理论有些时候会被诠释为指称一个简单的、单线的、进步的且不可逆的趋势，在对本书内容进行讨论以结束这篇前言之前，我应该说说这个理论。

有一个概念给诠释埃利亚斯的文明化过程理论投射了光亮，它是埃利亚斯在《社会学是什么？》（*What is Soiology?*）一书中介绍的，作为确定并衡量一个社会已经达到了的发展阶段的方式，他把这个概念称为"基本控制的三位一体"（the triad of basic controls）。更具体地说，埃利亚斯认为，一个社会的发展阶段可以根据以下三点来确定：

（1）其对人之外的关系节点进行控制的机会的范围，也就是对我们有些时候相当宽泛地所指的"自然事件"进行控制的机会的范围；

（2）其对人际之间关联的控制的机会的范围，也就是对我们通常所

---

[1]　首先参见埃利亚斯《文明化的过程》与《国家形成与文明化》（*State Formation and Civilization*）中对"盲目的"或"无计划的"社会过程的分析。

说的"社会的关系节点"进行控制的机会的范围；

（3）其个体成员从童年开始就已经习得的进行自我控制的范围。[1]

科学与技术的发展对应这些基本控制中的第一项；社会组织的发展对应第二项；文明化过程对应第三项。在埃利亚斯看来，这三项在它们的发展之中以及在任何阶段的运作之中都是相互依赖的。然而，埃利亚斯也提醒我们警惕"那种机械论的看法，即认为这三种类型的控制的相互依赖可以理解为所有三者的平行增长"。[2] 更具体地说，这三种类型的发展并不是以相同的速率出现的，而且，一种类型的发展可能会抵触、阻碍或威胁与其他类型的发展。例如，埃利亚斯指出，"与它们对人际之间的社会关系节点的控制机会相比，它们对人之外的自然的关系节点的控制机会范围更大，发展也更快"，"这是现代社会的明显特征"。[3] 或者换句话来说，"自然"科学的发展要比"社会"科学更远更快，其结果是我们控制人之外的关系节点的能力也要远强于我们控制社会的能力。由此可以推出这样一个事实：一个领域的事件越不容易受人类控制，人对它的思考就越倾向于情绪化且更充满幻想；而人对一个领域的事件的思考越情绪化且充满幻想，就越没有能力建构关于这个领域更加客观准确的模型以形成关联进而对其进行控制。简而言之，人们陷入了负反馈过程，或者埃利亚斯所称的"双重束缚型构"（double-bind figuration）。[4]

---

[1] 参见 Elias, *What is Sociology?*, pp. 156-157，其中对这个概念进行了详细阐释。为了保留埃利亚斯的表达方式，我不得不在一定程度上仰仗于原始的德文版本。Elias, *Was ist Soziologiel*, Munich, 1970, pp. 173-174.

[2] Elias, *What is Sociology?*, p. 157.

[3] *Was ist Soziologiel*, p. 173. 英文版中的相应讨论出现在第 156 页。

[4] 埃利亚斯在他的一本德文著作中介绍了这个概念。Norbert Elias, *Engagement und Distanzierung*, Frankfurt, 1983, pp. 79 ff. 英译本计划于 1986 年出版。

追寻兴奋

的确，所谓的"自然"科学比"社会"科学发展得更迅速这一事实——通过加快科技及社会变化的节奏，并由此加剧了人们的不确定感与焦虑——已经积极地促成了我们正困于其中的首要的"双重束缚型构"之一。它也加剧了恐惧及紧张，因此导致对武器制造——生化武器，还有核武器——的许可，如我们所知，这些武器具有毁灭文明的可能，而且有可能通过"核冬天"完全毁灭地球上的生命。这类武器的存在强化了当前"冷战"中的相互恐惧以及对敌对方的怀疑，这样一来甚至更牢固地将了人们锁定进了相互升级的恐惧及敌意的"双重束缚型构"中。人们彼此之间的敌意及怀疑越强，就越要武装自己，由此又增加了相互之间的敌意及怀疑，如此循环往复，螺旋上升。当然，关键是，在较先进的民族国家之中，"暴力垄断"可对社会关系产生缓和及文明化效应，而在国际上却并无此类垄断可与之相提并论，这意味着国际关系在很多方面继续被"冻结"在一个相对较低的文明水平上。也就是说，作为国际关系缺乏稳定且有效的暴力垄断的结果，与较先进民族国家的"国内"社会关系相比，国际关系将以程度高得多的不受控制的紧张为特征。而且，就像时有发生的那样，当这些紧张爆发而进入公开战争，就会产生带有广泛衍生后果的"去文明化"（de-civilzing）效应，这些效应不仅会影响直接参战者及其直接受害者，而且还会影响后方待在家里的人们，美国人在越战中的经历已经非常清楚地显示了这一点。

就目前而言，这里对埃利亚斯提出的"型构"及"发展"理论的简要且必定相当抽象的概述应该足够了。现在让我转向本书之中的文章，以此作为这一独特取向的示范及补充。正如我们将看到的那样，有一个中心观点屡次出现，它涉及将会在体育运动之中发现的"被控制的紧张"与前述的"不被控制的紧张"之间的对比。

五

《在休闲中追寻兴奋》与《业余时间光谱中的休闲》这两篇文章，以两个主要方式示范了研究社会学难题的"埃利亚斯式"取向。首先，因为它们都摆脱了强加于对休闲的理论化及研究的一些限制，这些限制源于（1）传统的"工作—休闲"二分法；（2）将紧张理解为仅有负面影响，是完全"坏"的事物的流行倾向。其次，它们展现了如下取向：为了给更准确的休闲理论奠定基础，它们试图逃离当前学术劳动分工所强加的制约，特别是将对人类的研究进行分区化这一趋势所强加的制约。而研究的分区化则是由于社会学家、心理学家和生物学家对这个难题及相关难题的研究在很大程度上是分离且不协调的。埃利亚斯的研究取向指出：只有摆脱了这些限制，且卷入其中的人是被"完完整整"地研究的，才能准确地接近"休闲"这个难题。也就是说，只有将多种类型的休闲活动不仅与职业工作联系起来，而且与业余时间的例行活动联系起来，这些休闲活动的独特性及功能才能被理解。此外，由于休闲活动的主要功能似乎是唤起令人愉悦的兴奋形式，要正确地理解这些活动，就不能只借助忽视了心理及生理维度的社会学取向。事实上，这两篇文章为多学科的——社会学、心理学及生理学的——情感理论奠定了基础。通过展示社会对文明化过程所产生的例行化应对方式，这两篇文章也对文明化过程的理论有所贡献。

诺贝特·埃利亚斯的两篇文章《作为社会学难题的体育运动生成》和《关于体育运动与暴力的论文》也以多种方式对文明化过程的理论有所贡献。前者着眼于古希腊的游戏—比赛，表明它们与现代体育运动相比更不文明化。考虑到古希腊城邦国家不同于现代民族国家，并不具有对暴

16

力手段的相对牢固且稳定的中央（也就是国家）控制，而现代民族国家享有这种控制，这也是文明化过程理论会带给人们的期待。在《关于体育运动与暴力的论文》这篇文章中，通过对猎狐的分析，文明化理论得到了进一步的发展。猎狐是会被今天的许多人认为代表了这种理论的矛盾的一种体育运动。然而，通过对原始材料的精心分析，埃利亚斯展示出：当猎狐在18世纪的英格兰发展起来时，作为文明化趋势的一部分，它发展出了其当时的存在形式。埃利亚斯还将新的光亮投射进了这一趋势的社会前提，以及更一般意义上的英格兰体育运动的发展。最后，通过阐释在《在休闲中追寻兴奋》与《体育运动群体的动态机制，特别是关于足球》这两篇文章之中最初提出的那些洞察，埃利亚斯阐述了更一般的体育运动的社会学理论的要素。

《中世纪及现代早期英国的民间足球》一文呈现了对现代足球及拉格比球的发展先例的相当全面的社会学记述，这篇文章也对文明化过程理论有所贡献。《体育运动群体的动态机制，特别是关于足球》这篇文章当然也对这一理论有贡献，它批评了将诸如合作与竞争、和谐与冲突这些社会过程视为二分式对立的流行趋势；还将体育运动群体概念化为"处于受控制的紧张中的群体"，其中"紧张—平衡"必须在处于"相互依赖的两极复合体"中的对立之间达成。《现代体育运动的动态机制》一文力图补充这个体育运动理论，但它主要意在尝试构建出对现代社会中体育运动社会意义不断提高的型构及发展的解释，并对体育运动在以"成就—努力"为特征的这些社会之中的持续增长趋势提出型构及发展解释。

《体育运动中的社会纽带与暴力》这篇文章提出了关于暴力的初步类型学，并对西方国家体育运动中长期的、可观察的一个转换提出了型构解释。这种转换发生在"感性的"（"表达型的"）与"理性的"（"工具型

的"）这两种形式的暴力之间的平衡中。《足球比赛中的观众暴力》一文
（由埃里克·邓宁、帕特里克·墨菲和约翰·威廉姆斯撰写）运用了"埃
利亚斯式"的视角来研究英国的"足球流氓行为"这一难题。这篇文章发
展地看待这个难题，并对下层工人阶级社区之中的"攻击型男性特质风
格"的社会生成提出了型构解释。这篇文章认为，这种风格在英国已经
更为通常地与足球联系在一起。最后，在《体育运动作为男性的保留地》
一文中，对两性间动态权力平衡的型构解释的框架有所发展，并被用于
说明男性特质认同及行为中特定的可观察的变化。文章假设，这些变化
可以集中地追溯到父权制的减弱以及女性权力的增长。

六

　　本书中没有任何一篇文章在任何意义上打算成为其所研究类别的
"最后定论"，任何一篇也都不应被这样看待。它们都源自一种新兴的综
合，这种综合力图为一般意义的社会学理论及研究开辟新的前进道路，
而不仅是关于休闲与体育运动这个类别。这是推进社会学难题研究的一
种方式，希望它能够减少过去经常成为社会学特征的那些分裂且终无结
果的争端。它或许也同时可以增加我们聚焦于社会学研究"客体"的机
会，这里的研究"客体"就是人类及其形成的社会。通过这种方式，只
要目标达到，它就将有助于揭示真实人类—社会世界复杂性的更多方面，
而且更不会轻易使用不必要的行话及诡辩，这些行话及诡辩直到现在都
经常倾向于损害一些所谓社会学视角的作品。
　　当然，宣称埃利亚斯的新兴综合的每一个方面都是全新的，是很荒

唐的。情况并非如此。一些具体的强调在其他地方也可以看到。正是如此，与型构取向类似的元素，可以在齐美尔（Georg Simmel）的一些研究中看到，最近还可以在"网络分析"的一些形式中看到——尽管在这两者中，这些元素更为静态。与此类似，就社会学与历史学综合的需要而言，与20世纪50年代及60年代的情况相比，今天的社会学家已有了更广泛的共识；20世纪50年代和60年代，功能主义的静态形式以及C. 赖特·米尔斯（Charles Wright Mills）所称的"抽象经验主义"往往占绝对优势。[1]这种**综合**之中的新东西是：将一系列研究系统地放在一起，形成一个一致的整体。这一系列研究：（1）是由一个中心理论——也就是文明化过程的理论——引导的；（2）同时且同样是理论的与经验的，就其均超越了理论与研究、推理与观察的意义而言；（3）既是型构的，也是发展的；（4）它们"完完整整"地对待人类以及他们的社会，因此有助于避免当前学术工作往往会造成的分区化与碎片化。希望目前这本书中的文章有助于向更大范围的英语世界的社会学家澄清迄今为止的情况："埃利亚斯式"的综合所宣称的是什么？它实际上是什么样？也希望这些文章能够有助于说服更多"主流"社会学家：体育运动、休闲，还有它们的社会场景及相互关联，是社会学理论化及研究的有趣且重要的类别，以此帮助休闲社会学及体育社会学摆脱它们直到现在还仍然处于的不确定状态。

18

---

[1] C. Wright Mills, *The Sociological Imagination*, Haraiondsworth, 1970, pp. 60 ff.

导　言

诺贝特·埃利亚斯

一

正如大家看到的，这本书中的一些部分是埃里克·邓宁和我合作的成果。这一合作持续了几年，我很享受。现在这次合作的成果第一次结集成一本文集，埃里克·邓宁自己的研究极大地提升了这本合集的质量。我希望通过解释并详细阐述这本合集的一些中心论题来帮助它们前行。[1]

当我们开始这项研究时，体育社会学尚处在它的婴儿期。我清楚地记得埃里克·邓宁与我讨论这样一个问题：体育运动，特别是足球，是否会被权威机构认为是社会科学中得体的研究话题，特别是对一篇硕士论文选题而言。我认为我们在使其得体方面帮了一点忙。

对体育运动进行社会学探究的任务是揭示体育运动此前未知的方面，或者即便已知但只是模糊了解的方面。在这些情况下，我们的任务是给予知识更大的确定性。我们那时就非常清楚地意识到：关于体育运动的知识就是关于社会的知识。

---

[1]　斯蒂芬·门内尔和埃里克·邓宁帮助润色了手稿，鲁道夫·尼夫帮忙整理制作。我非常感谢他们。

体育运动的多数类型都包含一种竞争元素。它们是包含身体力量或技能的非军事类型的竞赛。对竞赛者进行限制的那些规则，旨在将身体伤害的风险降到最低。正因如此，在这些体育运动研究的背后，总是有这样一个问题：在什么样的社会里，越来越多的人将他们休闲时间的一部分用于参与或观看这些关于身体技能及力量的非暴力竞赛，也就是我们所说的"体育运动"？当然，在一些体育运动中，总是存在实践暴力的灰色地带。但是多数的体育—竞赛会设计出规则，使得这类暴力实践处于控制之下。也许有人会问：这些社会是什么样的？在这些社会中，数量众多的人，而且几乎是世界范围的人，作为参与者或观众，在没有鲜血横流、竞赛参与者不会严重伤害彼此的情况下，享受着个人之间或团队之间体能竞赛的乐趣，享受着紧张，即这些竞赛所产生的兴奋。

在找到对诸如此类难题的无争议解答之前，还有许多研究要做。但是，必须说明：社会学的发现是我们的任务。社会科学，特别是社会学，现在处于分裂为一堆好像不相关的专业专门主义的危险之中。我希望仍然可能找到对这样一个事实的理解：这本文集里的文章包含了一些适度的推进，不仅是在关于体育运动的知识方面，也是就人类社会的知识而言。

人们在这里会遇到的困难，在我看来，好像与社会学家之中关于科学研究目标的不明确有紧密关联。据我所知，这个目标在所有的科学之中是同一个。简单且粗糙地来说，这个目标就是使人类社会此前未知的某些东西成为已知。这个目标是提升人类的知识，使得这些知识更确定或更适用，而且，用更技术一些的术语来说，就是将人类象征符号的储备扩展到此前未覆盖的领域。我之前说过，这个目标就是发现（discovery）。这个简单的实质目标已经被对科学研究"方法"的形式主义讨论弄得非常模糊不清。将重点从对科学研究目标及功能的讨论转移到对其方法的讨论，用社会学的术语来说，这就是权力斗争的表现。自然科学家，连同坚信"类法则"的自然科学具有至高无上地位的那类科学哲学家一起，已经运用了他们所有的智识力量及社会权力来说服其他人相信：自然科学的"方法"，特别是经典物理学的方法，是科学发现唯一具有合法性的方法。这种观点的捍卫者照例只拥有非常少的社会科学研究的经验。他们的研究策略大致是哲学的，或者是以"观念史"传统为导向的。因此，必须清楚且毫不含糊地说明：在社会学的领域之中，有可能采用与自然科学非常不一样的方法来推进知识并做出发现。发现，而不是方法，使研究合法化为科学。

　　我将试着用我自己的经历作为一个说明性案例。它可能有助于更全面地理解本书所呈现的研究结果之一。我有一项持续了多年的调研，目前已以"文明化的过程"[1]为题出版。用简要的方式来说，这项研究展示了行为（conduct）及情操（sentiment）的社会标准，特别是在一些上层阶级的圈子里，从 16 世纪以来，开始相当大幅度地朝着一个特定的方向变化。对行为及情操的控制变得更加严格、更加分化且包罗万象，但也更平稳、更温和，摒弃了自我惩罚及自我放纵的过度行为。这种变化在鹿特丹的伊拉斯谟（Erasmus of Rotterdam）所提出的且被许多国家所采用的一个新术语中得以体现，作为举止行为的新改善的一个象征："举止文明"（civility），后来又衍生出动词"文明化"（to civilize）。进一步的研究表明：国家形成的过程，特别是武士阶级（warrior class）对更严格控制的服从，以及欧洲大陆国家贵族的"宫廷化"（courtization），可能

---

[1]　Norbert Elias, *The Civilizing Process*, Oxford, 1978.

追寻兴奋

与行为举止及情操的准则的变化有关。

如事实所示，对体育运动发展进行的研究，展示了行为举止及情操的准则在同一个方向上的总体发展。如果对中世纪后期使用球类进行的民间游戏与现代早期的足球及拉格比球进行比较——足球和拉格比球是19世纪出现的英式足球的两个分支——人们就会注意到，对暴力的敏感程度在不断增加。在拳击的发展中也可以看到类似的变化。更老式的拳击，作为解决男性之间争端的一种流行形式，不是完全没有标准化的规则，但以腿部作为武器的攻击常用来辅助双拳。尽管不是完全无规则的，但是涉及拳头的无武器打斗的流行标准是相当有弹性的。就像许多其他身体竞赛那样，赤手空拳的格斗沿袭了英格兰体育运动的特征，在那里，体育运动都要首先服从一套更严格的规则，其中包括完全不允许将腿部作为武器。这种敏感的增加也表现在手套的使用，以及随着时间的推移，出现了手套的填充物，并引入了拳击手的各种级别来确保机会更平等。一套更分化且在某些方面更严格的规则的发展，以及给予参赛者更多的保护以防止随之而来的严重伤害——事实上，只有与这些发展关联在一起，一种流行的打斗形式才具有了"体育运动"的特征。拳击作为体育运动的以上特征有助于解释：为什么英式拳击被许多其他国家采用并作为标准形式，经常取代了传统的本土拳击形式，比如在法国。以相同的方式，而且大体也是因为同样的原因，带有体育运动特征的其他身体竞赛形式从英格兰输出，并被其他国家采用，其中包括赛马、网球、竞技跑步及其他形式的田径运动。消遣的"体育运动化"（sportization）——我希望用这个表达来简略描述它们在英格兰社会转变为体育运动，而且其中一些几乎输出到全球范围的过程——就是文明化迸发的又一个例子。 22

不采用发展取向，也因而不采用比较方法，就很难感知并理解"体育运动"的典型特征。直到今天，这些特征在很大程度上都被忽略了。这样也就有了发现的空间。我相信，社会学家必须为他们自己去发现哪些研究方法最适宜他们在具体的探究领域中做出发现。我自己的经验是：因为一些我不需要在这里谈及的理由，发展取向对人类社会研究的推进是不可或缺的。带有哲学头脑的社会学家，或者带有"观念史"取向的社会学家，将发现他们很难理解这样一点：我关于发展取向有用的这个信念，是通过研究本身的实践任务而成型的。这不是哲学教条，也不是作为个人偏好的结果而被选择的公理。这是一种理论立场，它存在于研究经历本身，并通过这种经历得以形成。它不能够被不关心经验证据的哲学论证所驳斥。要驳斥它，只能通过充足的证据展示，比如文明化的进发，及我所指出的人们行为及情操准则的那些长期的方向性变化，并没有发生。

此外，正如所发生的那样，另一个研究也指向了相同的方向。我曾经被邀请撰写一篇关于时间的文章。由此出发，我开始对时间的社会学探究中的引人入胜的难题感到陶醉。我是就这些难题本身展开探讨的，而且在相当长的一段时间里没有意识到：对计时的研究，尤其是对社会计时的长期发展的研究，这些难题将再一次为社会人格结构的长期变化提供证据，这种变化的方向与我已经概念化为"文明化的过程"的方向相同。尽管回过头来看，好像很明显，赋予时间概念其首要意义的社会要求，并不是简单地以历史描述所特有的杂乱无章的方式发生了变化，而是经历了（尽管有许多起伏）长期的变化，有一个特定的方向，并且有一个清晰可辨的先后次序。

将时间作为在这个宇宙的社会层面及物理层面进行定位的手段，及将时间作为规范人类行为的手段，这两个方面变化的方向，补充并证实了我之前所说的关于文明化过程的性质与方向。[1] 简要地说，在最多不过两百个猎人或农业耕作者所组成的、相对无分化且自治的社区之中生活所要求的时间规范，与由数千人甚至数百万人组成的大型工业社区的时间规范是不同的。前者需要的只是一些类似点状的间歇时间信号，诸如早上太阳升起、夜晚太阳落山，或者新月的可见性的出现。而后者的成员为了他们的定位以及对他们行为的管制，则需要按分钟区分的计时装置。如果他们晚了两秒钟，他们就会错过公共汽车！对他们中的多数人所过的生活来说，附近街角的公共报时装置是不够的，于是他们在手腕戴上了个人手表。他们的生活可以很方便地接触到计时装置，这会规范他们在白天及夜晚的行为。对他们来说，一个规范得很好的人听听附近教堂钟塔时钟每个小时的报时声就足够了的时光，已经远去了。

我已经简要地提到了三种类型的证据，以表明行为举止及感受的社会标准类型与方向的长期变化，在这里概念化为文明化的过程。我希望，如果人们意识到了这本书中的一些文章所属的广泛的情境，这些文章能够得到更好的理解。正是如此，例如，关于体育运动的生成的那篇文章，或者关于民间足球的那篇，都为体育运动的发展及其特征提供了更开阔的视野。而这些文章对人们社会惯习之中的那些变化的知识，对人们彼此所形成的社会的知识也有所贡献。也许我说得太远了，我认为：这两篇文章，还有本书结集的另一些文章，能够促进对"人作为个体"与"人作为社会"这两者之间关系的反思，或者以更传统但有些误导的表达，即对"个体"与"社会"之间关系的反思。

在20世纪，人们以高度规范的形式所进行的竞争型的身体运用，也

---

[1]   Norbert Elias, *Uber die Zeit*, Frankfurt, 1984.

就是我们所说的"体育运动"，已经成了国家之间非暴力、非军事形式的竞争的象征表现形式。这个事实并不会使我们忘记体育运动首先是也仍然是人类的一种竞争型的努力，人们也尽可能地将可能会严重伤害竞争者的暴力行动排除在外。国家之间体育运动竞争的自我升级的压力，经常引诱参与的运动员通过过度训练或使用类固醇伤害他们自己，这是有当前时代特色的发展。这表明体育运动成就的意义在提升，成为民族国家地位的象征。但在这里我们不必担心，除非它可能是一种长期趋势的征兆——在这个趋势中，钟摆的摆动并不保持温和，有时候会达到极端形式。在这种情况下，为了避免伤害他人而在体育运动中进行自我控制的社会压力，已经将自我控制推到了对自己有害的程度。

24

在这个情境下，有这样一个问题值得进行讨论：为什么游戏—比赛的文明化，以及通过需要大量个人自我控制的社会规则来限制针对他人的暴力，会首先在英格兰发展起来？其他国家相对快速地接受了英式的体育运动，这好像表明：其他国家也同样需要受到更严格管制、更不暴力，但又是令人愉快的、需要大量升华了的技能的竞争型的体力运用。这一需求很显然得到了满足。其他社会相对快速且容易地采用了多种——虽然不是全部——类型的英式体育运动，而且在一些情况下，这些英式体育运动还与特殊的社会条件相适应并得到进一步发展。这里仍然还有一个问题：为什么相对非暴力的身体竞赛的模型首先在英格兰发展起来，而且是带着对这些模型的新颖且独特的明显感受的象征式呈现，通过对一个更古老的"体育运动"（sports）概念的新的、更专门化的运用。对体力运用及技能有要求的、在参与式及观赏型的形式中都表现出了"体育运动"特点的、受到高度管制的竞赛，为什么首先出现在18世纪的英格兰社会上层即拥有土地的贵族及绅士之中？

因为从这些早期阶段开始，"体育运动"这个术语就从未被仅仅限制于参与式体育运动：它总是包括为了观众的愉悦而进行的比赛，而且首要的体力运用既可以是动物，也可以是人。板球比赛可以安排在两个有土地的绅士的侍从之间进行。但是，年轻的绅士偶尔也会自己参加这类游戏。在那个时期，英格兰的富裕地主，也就是贵族及绅士之类，不再对从事农业生产的下层人民的反叛有太大恐惧。圈地运动几乎已经全面摧毁了英格兰自耕农作为一个独特的社会阶层的基础。大体上说，富裕乡绅的侍从及其他依附者都知道自身的位置。这就使得他们之间的关系更简单了。这也解释了为什么在有些情况下按照绅士们的需求修改了的民间游戏的习俗规则，在体育运动的发展中起了一定的作用。

在这本文集之中，可以看到对 18 世纪的英格兰土地所有者而言具有体育运动性质的一种消遣的简要研究：猎狐。在当时，猎狐被认为是一项体育运动，并且已经很清楚地展示出一些结构特征，这些特征将被视为体育运动的那类消遣与不具有这些特征的更早期的消遣区分开来。在它出现的那个时代，英式猎狐是一种高度规范的打猎形式，与特定的行为准则紧密联系在一起。人们可能喜欢猎狐，也可能不喜欢。但是不管 25喜不喜欢，猎狐都提供了体育运动发展早期阶段的生动图像，也能有助于更好地理解一般意义上的体育运动的生成及其特征。这就是本书之中关于猎狐的那篇文章的任务。考虑到我们这个时代的脾气，可能并不容易以实事求是的方式对这种类型的狩猎进行研究，将猎狐作为与其他群体性体育运动一样的一个社会过程，作为人类形成的处于变动之中的一个型构，就像足球比赛的发展过程。我并非没有意识到这种取向内在的困难，它要求相当高程度的疏离，而拉开自己与自己的研究对象的距离，这在社会学研究中仍然不是很常见。但是我们会发现它很有效。它打开了被过多的介入所阻碍的远景。[1] 以参与者的享受的性质所发生的有特色的转变为例——如果有人对英式猎狐这一有特色的模式与更早的狩猎形式进行比较，就会发现这种转变。在更早的形式中，杀戮的愉悦，也许再加上食用被杀戮的动物的愉悦，经常使得狩猎的所有其他方面都黯然失色。就像我已经努力展示的那样，猎狐体现了享受性质的一种变化，这一点过去是——现在也是——许多种类的体育运动的特征。正因如此，如果有人观看一场足球比赛，并不仅仅只有自己这方胜利所带来的高潮能够提供兴奋和享受。事实上，如果比赛本身很无趣，即便是胜利的凯歌也可能会带来一些失望。如果一方比另一方强很多，一个接一个地进球得分，亦然。在这种情况下，比赛本身太短暂了，而且没有能够恰当地发展起来：也就是说，比赛是令人失望的。

猎狐展示了相同的模式。对狐狸的杀戮在某种程度上贬值了，因为狐狸不会作为一道菜出现在餐桌上；尽管狐狸仍然是狩猎的对象，但它们不再被人食用。狩猎的高潮，也就是战胜狐狸，成为唯一真正可享受的，是对狩猎的足够长久的期待阶段的完成。在足球的例子中，如果没有相当大量且激动人心的"前戏"，胜利的高潮就失去了它魅力中的一些东西。尽管相对不显眼，对"前戏"之中令人享受的紧张—兴奋的更多强调，也就是人们试图延长体育运动的模拟战斗之中的胜利的点状愉悦，这是人类的人格结构的深远变化的体现。反过来，这也跟整个社会的权力结构的特定变化有密切关联。

26

---

[1]　对投入与疏离的难题的一个相当广泛的讨论可以在这篇文章中看到：Norbert Elias, "Problems of Involvement and Detachment", *British Journal of Sociology*, vol. 7, no. 3, 1956, pp. 226-252。篇幅更长的探讨，可参看 Norbert Elias, *Engagement und Distanzierung*, Frankfurt, 1983。

二

自引起人们关注体育运动的英格兰起源的《作为社会学难题的体育运动生成》这篇文章第一次发表，我就经常被要求提供能够帮助解释这个事实的更进一步的信息。我在本书研究猎狐的那篇文章之中，已经给出了对这个问题初步的、简要的回答，同时，我也要利用撰写这篇导言的时机至少提供一个简明的概要，以表明带有体育运动性质的消遣的发展与英格兰社会的权力结构的发展这两者之间关联的其中一个中心方面。我们恐怕难以找到对本书主要目标之一的更好阐释——此目标即说明不对社会进行研究的体育运动研究，是脱离了情境的研究。日益提升的专门化导致诸如"体育运动"或"社会"这样的事物，似乎都具有了它们自己的身份认同。有研究体育运动的专家、研究社会的专家、研究人格的专家以及其他各种专家，每个群体都好像是在自己的象牙塔里工作。在其范围内，每个群体无疑都产生了重要的研究成果，但有很多问题不能局限在单一的专门领域进行探讨。18世纪英格兰权力结构的发展与带有体育运动性质的消遣的发展这两者之间的关联，就是一个很好的例子。

从本质上看，作为一种相对非暴力类型的身体对抗形式的体育运动的出现，与社会整体相对罕见的一种发展有关：暴力循环有所缓和，利益冲突和信仰冲突也得到解决，方式是允许政府权力的两个主要竞赛者完全通过非暴力手段，并按照双方共同商定的、遵守的规则来解决他们的差异。

暴力循环是两个及以上群体所形成的型构，是双重束缚过程，这样的过程使得这些群体陷于相互恐惧与不信任，每个群体都想当然地认为，一旦另一群体把握住时机和手段，其成员可能会被他们伤害甚至杀害。

这样的人类群体的型构通常具有强烈的自我升级的惯性。结果很可能是一种特别致命的暴力的爆发，致使一方或另一方胜利。而最终可能的结局则是所有参与方的累积式削弱或相互摧毁。

在英格兰，如果说暴力循环存在一个明确的循环开始的日期，那么应是始于1641年——那一年，国王查理一世带领一群朝臣进入下议院，逮捕了违背他意愿的一些议员。这些议员设法逃脱。但是，国王使用暴力的企图带来了另一方的暴力。革命拉开序幕，国王也在革命过程中被清教徒处决。清教徒的领导人克伦威尔（Cromwell）取代了国王；虽然在克伦威尔死后，被处决的国王的儿子得到了王位，而且多次试图缓和社会上层的许多成员对中层及下层清教徒的憎恨、恐惧及不信任，但是，暴力循环持续滚动，尽管是以不那么致命、爆裂的形式。被击败的清教徒不仅屈从于法律上的障碍，而且经常被骚扰、被迫害，有些时候还受到暴力攻击。清教徒的处境使得他们产生了非常强烈的移民去美洲殖民地的意愿。那些留下来的英格兰"非国教徒"则学会了在他们革命过往的阴影下生活。尽管"非国教徒"的权力机会已大为减少，有土地的上层阶级的许多成员仍将他们当作叛乱的可能策划者。

如果有人想探索为什么消遣之中的暴力缓和——这是体育运动的突出特征之一——首先出现在18世纪的英格兰上层，那么就不能不相当密切地关注在社会整体上涉及这些阶级的紧张及暴力的发展。一旦一个国家已经经历了暴力循环——革命就是一种暴力循环——卷入其中的群体通常要花很长的时间才能忘记他们的经历。要经过许多世代，这些敌对的群体才能彼此充分信任，并肩和平相处，如果他们是同一个国家的成员，也只有这样才能让议会政体正常运作。因为这类政体对其组成者有相当特定的要求。遵从这些要求并不容易，却经常被认为很容易。人们普遍相信：所有样式的社会都可以很容易地采用并维持多党政体意义上的民主制，无论这些社会之中的紧张程度以及其成员承受紧张的能力如何。在实际情况中，这类政体要发展并延续自己，需要一些特殊的条件。这种政体非常脆弱，而且只有整个社会达到这些条件，政体才能够继续运作。如果社会紧张到接近或达到暴力的临界点，议会政体就会处于崩溃的危险之中。换句话说，这类政体的运作依赖该国对身体暴力垄断的有效性，依赖社会内部和缓的稳定性。然而，这种稳定在某种程度上有赖于组成这些社会的那些人的个人约束水平。约束水平对所有人类社会的成员来说并不相同。总的来说，我们可以认为与晚近社会的成员相比，早期社会的成员的暴力临界点较低。但是，即使是在晚近社会中，我们也可以看到在容忍紧张的能力方面存在的巨大差异，这被认为是通常所说的"民族性格"的一个方面。而且，持续紧张带来众多遵循严格既定规则的非暴力战斗，这构成了议会政体不可分割的部分，由此而言，紧张—容忍的水平，作为一个民族的社会惯习的一部分，就会对这类政体的正常运作有所影响。

28

在这一方面，议会政体显示出与体育比赛的某种亲和。这种亲和不是偶然的。特定类型的休闲活动，包括狩猎、拳击、赛马和一些球类运动，具有了体育运动的特征。而且事实上，它们也是最早被称为体育运动的活动。这发生在18世纪的英格兰。正是在同一时期，代表少数、享有特权的社会部分的古老的等级会议，即上议院和下议院，构成了决定谁应当组织政府的首要战场。当议会政体在18世纪出现于英格兰时，其主要要求是：如果在议会的一次重要投票或者整个社会的选举中失利，政府中的派别或党派就要遵守议会游戏规则的要求，准备好将权力移交给对手，而不使用暴力。只要国内的竞争双方以及他们在议会里的代表之间存在的敌意及仇恨没有接近或者突破使用暴力的临界点，这个基本规则就有机会被遵守。为了和平地把政府部门赋予其占据者的巨大权力资源移交给对手或敌手群体，人们不得不对彼此抱有非常大的信心。人们必须相当确信：他们的对手一旦上任，并不会有报复之心。人们不得不绝对确信：他们的对手或敌手不会使用政府资源来控告前任官员，骚扰并威胁他们，强迫他们流亡，或者将他们投入监狱或杀害。

　　17世纪晚期曾有一些杰出的人物，比如被别有深意地称为"修剪者"（the trimmer）的哈利法克斯侯爵（Marquis of Halifax），他们努力治愈伤口，缓和不信任、恐惧和憎恨。这是清教革命造成的，特别是对国王的处决；也是斯图亚特王朝及其追随者造成的，他们曾反复尝试，试图在英格兰建立类似法国路易十四那样的、实际上废除了等级会议影响力的专制政体。在18世纪早期，17世纪那些暴力事件所产生的巨大的恐惧及憎恨仍然非常鲜活。信仰新教的异见者仍然被与反叛及独裁专制联系在一起，而斯图亚特王朝的国王们及其追随者詹姆斯党人则力图建立绝对专制主义的天主教政体。在这两个极端之间，是来自这个国家最有权势的群体——联合王国的土地所有者——的阻挠，他们已经主导了议会两院。但他们自己内部也分裂了。正如所料，辉格党人由相对新兴世系的非常富裕的贵族领导，持更加坚定的反对立场，他们反感斯图亚特王朝的僭越，更倾向于同情非国教徒。而托利党人由大量无头衔的乡绅家族所组成，他们通常比大贵族出身的辉格党人的家族要古老得多，但财产规模更小，他们对非国教徒的敌意更加强烈，同时也通常保持着对斯图亚特王朝的眷恋。然而，即使是他们，也跟辉格党人一样，从根本上反对斯图亚特王朝建立绝对君主专制的天主教国家的倾向。

　　因此，英格兰在18世纪的首要政治划分是拥有土地群体的派别——

辉格党人与托利党人——之间的划分，他们的较量并非根植于有不同生活方式、不同社会目标及经济利益的不同社会阶层之间的敌意。无疑，这个事实在传统的英格兰等级会议转换为当前意义上的议会两院并发展为议会政府的这个转型之中起到了重要作用。18 世纪，在许多欧洲大陆国家中，城市中产与有土地的贵族之间存在着强烈且公开的划分。在法国，前者的后裔是以"公职贵族"（office nobility，法语表达为 *noblesse de robe*，即"穿袍贵族"）为领导的世袭公职人员阶层，其成员在法律上仍然是平民，将自身置于商业中产与土地贵族之间。在英格兰，城市手工业者、交易商和商人在一边，土地贵族在另一边，他们之间的类似的中间群体的位置，由乡绅所占据。这是一种独特的社会形态，是英格兰社会的发展及结构的特色，正如"穿袍贵族"是法国社会的结构及发展的特色那样。不属于贵族的土地所有者阶层，无法在法国发展起来，在德国也同样不能。因为在这些国家，土地财产所有权是部分地与封建传统关联在一起的，这类传统将对大量土地的占有与在战争中追随君主这两者连接起来；土地财产所有权或是保留给贵族，或是贵族身份的头衔及特权所附带的。而在英格兰，情况并非如此。

　　我们虽无必要说明构成英格兰乡绅这种独特社会形态的各种状况的整体关联。但如果不涉及这些，我们就不能很好地理解英格兰在 18 世纪所经历的和缓过程的性质，这个和缓过程也与议会政府及体育运动形式的消遣在英格兰的出现紧密地绑定在一起。当时的英格兰有一个土地所有者阶级并没有贵族身份，而且他们在上议院也没有席位，但其代表在下议院里数量可观。这个阶级的存在给这个国家权力机会的分布带来了重要的影响。在许多更大的大陆国家，贵族的等级会议通常代表土地所有者的利益，平民会议通常代表城市群体的利益，有时也代表农民的利益。但是在英格兰，部分由于乡绅的存在，土地所有者的利益在下议院中也得到了强有力的代表。到 18 世纪末期，乡绅代表占据了下议院五分之二的席位。另外还有五分之一是由贵族家庭的年轻人或者爱尔兰贵族占据，爱尔兰贵族在法律上的地位也属于平民。换言之，土地所有者的利益不仅主导了上议院，也主导了下议院。英格兰自耕农作为社会阶层的完全消失，部分是由于这样的事实：在伊丽莎白一世之后，英格兰君主的权力机会从来没能像欧洲大陆的君主那么大，而且英格兰君主也不那么依赖本国自耕农作为其军队的招募基础。大陆国家的统治者在一定程度上要保护自耕农抵抗贵族通过圈地运动的方式来占据土地的企图，尽管确有一些例外。英格兰 18 世纪后半期圈地运动的加速，进行圈地的新方法是私下的议会法案，这些体现了有产阶级，也就是辉格党人和托利党人、贵族和乡绅这些人，相对于小土地所有者群体，具有共同利益。而小土地所有者群体自己与他们的家人，可能还有少量雇工，一起完成了拥有土地所需的大量工作。对体力劳动的忍受是将耕种土地的自耕农与乡绅农场主区分开的决定性的特征。这表明：英格兰有土地的社会上层有很大的权力比率，他们成功地消灭了自由的英格兰自耕农，并通过将国王置于议会的控制之下来限制国王的权力，压制清教徒，还成功地保持了对城市法团的控制，包括那些资本法团。拥有土地利益，也就意味着拥有地产的乡绅及贵族群体，不仅控制了上议院，也控制了下议院。这一点必须重视为 18 世纪大部分时间及 19 世纪早期，拥有地产的阶层占据了这个国家的主导位置的重要因素。正是在他们之中，早期的消遣发生了向带有体育运动特征的消遣的转型，这个事实与上述情境有某些相关。可以认为体育运动在 18 世纪的英格兰出现，构成了英格兰上层和缓的必要部分。

可以说，英格兰传统等级会议[1]的转型也是一样的。英格兰传统的等级会议在很多方面与其他地方类似，但在英格兰转化为了现代意义上的两级议会，进而转型为议会制政府必不可少的部分。而在当时的其他地方，几乎没有任何相似的转型。这种政府形式的发展也与地主阶层在英格兰的强大地位有密切关联。英格兰的地主阶层之中存在许多划分。最显著的是等级与财产的差异。大土地所有者，多数是公爵和伯爵，可能每人拥有多于一万英亩，甚至可能多达两万英亩的土地，他们从中所获的收入比欧洲大陆的许多小君主都要多，也远多于英格兰最富有的商人的收入。而在标尺的另一端，乡绅可能拥有一千英亩土地或者更少，并且生活在优雅的贫穷之中。但大土地所有者与乡绅是联合的，不仅是因为他们作为独立地主的共同利益，也是当时土地制度下的社会常规，就是将拥有土地的阶层——贵族和乡绅等——与其他社会阶层区分开的他们自己的文化传统，而其他社会阶层的男性成员，考虑到他们的社会等级以及行为举止，则不会被认为是"绅士"。

土地所有者的这种基本联合，当然是使得英格兰在 18 世纪能够逐步平静下来的条件之一。尽管这些阶层之间存在严重的分歧，特别是辉格党人和托利党人之间的分歧是最为严重的，但是，作为革命动荡时期特点的 17 世纪的高度紧张，还有作为其遗产的憎恨及恐惧，都逐渐平静下来。通过"绅士式的"（gentlemanly）情操及行为举止的准则而联合起来的敌对派系，学会了充分地彼此信任，确保了议会中非暴力的竞争类型的出现。在 18 世纪，英格兰土地所有者阶层中的两个主要派别

---

[1]　如果有人不加区分地使用"议会"这个术语来指称中世纪和现代的代议制度安排，而不使用"等级会议"，那将很容易忽略 18 世纪议会制度的具有革新意义的变化。

不但改变了他们的性格，也改变了他们的功能。辉格党和托利党中都有贵族及乡绅阶层的成员。拥有土地的阶层分成了不同社会派别，将这种分化简单地归因于他们在等级与财产方面的区隔是错误的。但是，以下说法可能是正确的：在传统上，贵族在辉格党中占据主导位置；而不属于贵族的绅士，尽管他们可能有骑士或者准男爵的头衔，则主导了托利党。

在 18 世纪，最初使双方产生分歧的一些议题，失去了之前的重要性，或者完全从人们的视野之中消失。随着时间流逝，很明显的是，斯图亚特王朝再也不会回来了。汉诺威王朝已经稳定下来。异见者教徒显然没有机会，也没有意图要用武力推翻政府。社会上层的两个首要的世袭派别逐步将自己合法化，并将自己认同为不同政治原则或政治哲学——即党派纲领的前身——的代表。以这些原则为名，两个派别在议会中相互竞争，以获得政府职位，并且在选举阶段于整个国家之中展开竞争。他们之间的竞争遵循绅士准则所商定的规则和要求，而这些关于情操及行为举止的准则为辉格党人与托利党人所共享。在这一阶段，遵循议会准则与遵守绅士准则，是紧密关联的。

熟悉程度可能会影响后来世代对这一事实的理解：两个本质上有敌意的群体为组成政府的权利而进行的非暴力竞争式的斗争，这在当时是相当新的事物。这里容易出现一种有关社会发展的相当常见的误解。人类可能经常被巧合的状况推向了新的制度安排或组织安排；如果这些安排运转良好的话，很快就会被其中的参与者认为，这些安排明显是"自然的""正常的"，或者简单说是"理性的"。正是如此，英格兰的统治群体在 18 世纪转向了相当新颖的事物，议会型的政府，却未注意到其新颖性。

18世纪的前25年，大约一直到罗伯特·沃波尔（Robert Walpole）在1722年获得对政府的控制，英格兰的紧张程度一直相当高。英格兰社会中敌对群体之间的深刻怨恨及不信任，是17世纪动荡的遗产，在当时仍然非常鲜活。继承了清教革命的异端分子，尽管几乎不再是活跃的政治势力，却仍然带着他们革命过往的污名。托利党的绅士们坚定地认为他们仍然在筹划暴力推翻君主制及政府。托利党人并不能够真正忘记这些人与斯图亚特王朝的联合，并且无法摆脱他们阴谋通过武力使斯图亚特王朝重回王位的想法，不管这阴谋是真实存在抑或只是想象。在18世33纪早期，执政方从辉格党人变为托利党人，或者从托利党人转为辉格党人，仍然会引发恐惧，担忧掌权的政府会恶毒地报复其反对者。任何一方都不能确定的是：另一方一旦掌权，会不会骚扰他们，将他们投入监狱，或者以某种借口将他们处死。于是，当安妮女王任命了一个托利党政府后，其成员对辉格党前政府成员展开了激烈的报复，竭尽所能地对辉格党人的领导成员进行羞辱。而女王去世后，一次选举使得辉格党人重新掌权。现在轮到辉格党人折磨羞辱他们的托利党敌人了。结果托利党的领导成员大都逃到欧洲大陆，追随老僭王詹姆斯·斯图亚特，并开始密谋入侵英格兰，以武力推翻辉格党政府。

罗伯特·沃波尔1722年掌权，他开始将政府这艘船驶离暴力。沃波尔在相当程度上具备了议会政府的领导人所必需的外交技能和操纵技能，而且他强有力地推动了政府向非暴力方向的发展。但是，他偶尔仍会相当粗鲁地对待托利党反对派。在掌权之前，沃波尔和他的朋友们试图流放一位托利党领袖，谴责这位领袖参与了斯图亚特王朝复辟的阴谋。而在大约半个世纪之后，一位下议院议长告诫其成员：争论的目标不应该是强调差异，而是产生商定的决议，以此作为内阁政策的指导。[1] 又过了一段时间，伯克使不同党派的存在正当化，因为政府需要规律的反对派。伯克甚至建议人们可以组织起现任政府的反对力量，这样就总会有一个看得见的可供替代的政府。

社会上层的两个派别，辉格党人和托利党人，在暴力时代经常粗鲁地，有些时候是暴力地对待彼此。在不到一百年间，他们已经将自身转化为依赖特权群体中相对少数的选举人的精英政党，相互之间的斗争也许不能排除出售选票与贿赂，但这些方式几乎完全是非暴力的。这是文明化进发的一个有说服力的例子。社会上层的缓和，实际上也是英格兰社会整体的缓和在其中起到了作用。上层土地所有者的日益繁荣也是如此。

文明化进发的表现形式很容易辨认。政府能够和平地移交给反对派，是以高度的自我约束为前提的。就新政府这一方的意愿来说也是如此，新政府不会使用其强大的权力资源来羞辱或摧毁有敌意或者反对自己的前任政府。就这方面而言，议会制政府，以及对立群体之间按照商定的规则相对平滑的轮换，在 18 世纪英格兰的出现可以充当一次实践教学。这是相当罕见的暴力循环的例子之一。暴力循环是一种双重束缚过程，是在相互恐惧彼此暴力的情况下，将两个或更多的人绑在一起，但这里的暴力循环在没有绝对胜利者与绝对失败者的妥协条件下自行解决了。这是由于双方都逐渐丢弃了他们对彼此的不信任，放弃了依赖暴力以及与暴力相关的技能，相反他们学会了——事实上是他们发展出了——非暴力型的对抗所需要的新技能和新策略。军事技能让位于辩论中的语言技能，也就是依靠修

34

---

[1]　　J. H. Plumb, *England in the Eighteenth Century*, Harmondsworth, 1950.

辞与说服力的语言技能。所有这些都要求整体上更有力的约束，并非常清楚地将这一变化确认为一种文明化的迸发。正是这一变化，即暴力使用方面的更高敏感，不但反映在个人的社会惯习之中，也反映于他们的消遣的发展。英格兰土地所有者阶层的"议会化"（parliamentarization），可以在他们消遣的"体育运动化"（sportization）中看到对应。[1]

　　与"体育运动化"类似，"议会化"也有其经济方面的意义。商品化的发展有助于更富裕人群——更谨慎地说是小土地所有者——的繁盛。这也有助于和缓他们的派系激情。但是，孤立地考虑发展之中的经济性是错误的。非常值得怀疑的是，如果英格兰有土地的上等阶层与国王之间的权力斗争有不同的走向，那么，他们是不是能够利用商业提供的经济机遇呢？如果他们跟在法国属同阶层的群体一样服从于绝对君主及其大臣，没有在与国王及宫廷的关系方面上升到一个平等甚至事实上有优势的位置，实现一定程度上的寡头政治，情况又会如何呢？议会制政府的出现，作为英格兰国家形成过程[2]——具体地说，是国王与有土地的上等阶层之间的权力平衡的转换过程——的一部分，在英格兰社会的发展中起到了积极的，而不仅仅是从属性的作用。如果有人提出这样的问题：为什么体育运动形式的消遣在英格兰发展起来了？那么回答时就不能忽略议会制政府的发展，还有因此或多或少自治的贵族及乡绅的发展，这些对体育运动的发展起到了决定性的作用。

　　这里要插几句话，说说我在这篇导言中为自己设定的任务。我已经

[1]　我很抱歉要使用这些新词汇。但是"工业化"这个词作为新词汇的时候，也毫无疑问地使人们坐立不安。议会政府和体育运动在 18 世纪出现，带有过程性的特点。能够促进人们意识到这一事实的更好方式是什么？

[2]　参见 P. Corrigan and D. Sayer, *The Great Arch*, Oxford and New York, 1985, pp. 88 ff。

指出了体育运动的英格兰起源所提出的难题。提出这样一个难题既不是想要赞扬，也不是为了责备。追踪人们生活于其中的、看起来不言自明的制度的起源及发展，本身就是一项令人兴奋且很有价值的工作。但它无法在短时间内，或在狭隘的视野中完成。也就是说，如果像某些专门人士那样，将体育运动作为我们这个时代的一项社会制度，完全是自发形成并存在的，且独立于人与人形成的、处于发展中的社会的其他方面，那么这项工作是不可能完成的。体育运动是人类的一项事业。而许多人类事业在学术上被作为不同的研究对象探讨，似乎这些事业存在于不同的分区之中。但事实上，这些事业是人类共同的事业。同样的这些人，有其政治属性，会选举或当选议员；也有其经济属性，通过工作来谋生；其宗教属性让他们与其他人一起祈祷；在休闲时间，他们也作为运动的参与者去航海和滑雪。因此，如果有人已经很确定在18世纪，体育运动这个概念逐渐与英格兰上流社会的某种可识别的标志联系在一起的话，那么他／她就不会将自己的探究限制于孤立的体育运动。他／她必须考虑构成这些阶层的人们的时运、发展，特别是对暴力的敏感程度引起的人格结构的变化。如果研究者接下来发现，在18世纪的英格兰，上流社会的时运导致他们在长期的和缓中突飞猛进，那么他／她很可能就会觉得自己是在正确的轨道上。

若要在这类议题上获得更大的确定性，比较总是很有帮助的。看看法国的类似发展，就可以从更好的视角来明确英格兰发展的特征。我已经在其他作品里表明了国王的宫廷在法国所起到的文明化的代理机构的作用。[1] 我已经简略地说到了武士们的和缓化。有土地的武士贵族这个

---

[1]　Norbert Elias, *The Court Society*, Oxford, 1983.

强有力的阶层，原是相当独立的大地产主，后变成了一个全面依赖国王的朝臣及军官阶层，或者成为几乎完全丧失他们之前的军事功能的乡村贵族。这一转型在法国社会的和缓化及文明化中起到了中心作用。法国上流社会的首要文明化机构，特别是在 17 世纪，是国王的宫廷。正是在宫廷中，文明化过程作为一种迸发的特征得以完全展现，这种文明化的迸发不单强调更有效的约束，也推崇更具差异化的行为举止及情操的升华模式。学习朝臣所需的高度特定的技能、养成朝臣的社会惯习，是在宫廷生活竞赛中实现生存并获得成功不可或缺的条件。这要求个人整体上有特色的模式化，且对身体活动的要求不亚于对外表与情操的要求，而模式化则需遵循那些将朝臣与其他群体区分开来的模型及标准。在那个时代的资料中发现的证据可以非常清楚地说明，这些标准以及人们由此对诸如羞耻或厌恶的感受，在以文明化的迸发为特征的方向上，以何种方式、在什么时间，在宫廷社会以及更广泛的圈子里发生着变化。在法国，正是 16 世纪的动荡带来了 17 世纪的内部和缓时期。在这个例子中，暴力循环由一系列的胜利引向了终点，这些胜利表明：与拥有土地的上等阶层和城市里的中等阶层相比，国王及其代表在权力资源上具有绝对的优势。正因如此，国王的宫廷在 17 世纪的法国成为了主要的，而且可能是最强有力的文明化机构。

这非常适合我们将之与英格兰地主阶层的发展及特征进行对比。18 世纪英格兰与 17 世纪法国的社会最上层在时运及特征之间存在差异，这些差异的结果可以在今天法语与英语之间的差异、在讲英语的人与讲法语的人之间的社会惯习——有时被称为"民族性"——的差异中感受到。

正如 17 世纪法国的和缓化及文明化的迸发并不是朝向那个方向的过程的开始，所以，在英格兰，18 世纪出现的类似迸发只是这类迸发中的一个，尽管可能是最具有决定性的。亨利八世驯服贵族的成功努力，只是向这个方向迈出的一步。伊丽莎白一世及詹姆斯一世时期强有力的宫廷生活也有相同的功能。但在18世纪，国王及其代表与有土地的上等阶层和城市中等阶层之间长期、持续的斗争，导致有土地的社会上层，即贵族和乡绅，取得了相对于国王及宫廷而言即便不算至高无上也是平等的地位。议院及每个政府的主导位置也给予了他们相对于城市中等阶层的优势位置。然而，他们权力资源的优势还不足以使他们无视国王及宫廷的利益，也不能无视城市法团的利益。要维持对国家的控制，而没有暴力动荡的暗流——许多人可能已经对此感到厌倦——这就要求仔细权衡他们自己的利益相对于其他群体的利益，并且做好妥协的准备。议会政体在18世纪的发展，是对这类权力平衡的回应，这样的权力平衡确保了英格兰国王没有像法国国王那样，英格兰国王永远不会将上层精英转化为朝臣，也不会恣意侵犯他们的利益。但是，王朝的权力资源在18世纪仍然相当可观，并在此后的一段时间内得以保持。大臣们必须小心地培养国王以及在宫廷中有影响力的那些人的善意。另一方面，18世纪英格兰的国王们不再强大到足以确保他们的宫廷是国家事务的安全插销之核心，对国家的统治出自于此，所有的决策都在此做出，好的品位也出于此。这类功能大都转移到了大贵族们辉煌的房屋之中，尤其是转移到了议会。英格兰传统的等级会议转化为现代意义上的议会，这不仅是制度性的变化，也显示了英格兰上等阶层人格结构的变化。这种未经计划的发展，使得英格兰有土地的上等阶层能够击败所有建立君主专制政体的企图，不管是来自社会下层，还是来自上层，不管是来自清教徒，还是来自国王。这种未经计划的发展，为从这些斗争中出现的、实际上是作为统治阶级的各个群体提供了一个强大的诱因，以打破暴力循环、缓和派系争吵，而且还要学会按照共同商定的规则，只采用非暴力的手段来互相争斗。这是法国上层社会与英格兰上层社会发展中的重大差异之一。在法国，由于国王的至高无上和统治形式的君主专制，派别之间的分歧及斗争通常并不被允许公开化。而在英格兰，议会政体不仅允许对立派别之间公开竞赛，而且使得这种公开做法成为必需（necessary）。在议会社会中，社会生存以及最确定的社会成功，都有赖于争斗的能力，但并不是使用匕首和剑的争斗，而是运用论证的力量、说服的技能和妥协的艺术。然而，竞选战斗或议会竞赛之中的诱惑无论有多大，绅士们都应该永远不会无故发脾气，永远不能在同僚之中诉诸暴力，除非是按照规定的形式进行决斗。我们可以看到议会竞赛与体育运动竞赛之间的亲和性。后者也是竞争式的斗争，绅士们在这里不使用暴力，或者在诸如赛马或拳击之类的观赏型体育运动中，则尽可能地努力消除或缓和暴力。

如果对英格兰与法国的发展进行比较，可以更清楚地理解体育运动的其他方面。在法国，国家形成过程将国王战胜贵族及平民奉为神圣的国家制度，正如我在前面提到的，这导致了宫廷贵族与乡村贵族之间鲜明的分野。与宫廷贵族相比，乡村贵族的地位明显更低，因为他们缺乏通向权力席位的途径，无法接近行为精致的中心。在英格兰，国王与地主阶层之间的权力平衡有所不同，这带来了一种传统：在17世纪，至少是在更富裕的贵族及乡绅之中，乡村生活与宫廷生活之间已经建立了紧密的连接；在18世纪，这种紧密连接存在于乡村生活与更富有的、有土地的家庭在议会召开时在伦敦的社会生活之间。将乡村生活与城市生活连接起来的机制是"伦敦季"（the London Season）。所有能负担得起的乡村家庭，在"伦敦季"都会去伦敦，在他们城里的连排别墅里住几个月，享受城市生活的愉悦——赌博、争论，还有社交圈的流言蜚语。通过这种方式，有土地的贵族及乡绅的生活方式，或者至少他们之中更富裕的那部分的生活方式，将城市生活与乡村生活紧密连接起来了。这也就可以解释：在18世纪，户外消遣诸如板球结合了乡村的习俗与上流阶层的行为举止，城市的参与式比赛诸如拳击将社会下层的习俗纳入了上流阶层的愉悦——为什么这些都经历了有特色的转型，成了体育运动？即使地主阶级对体育运动发展的形成式影响已经成为过去，而且这种影响已经传递到了城市工业阶级的手中，但是，这样的传统仍然延续着。

另一个通常被称为"政治发展"的方面，也对体育运动发展有影响，值得在这里进行讨论。同样，如果比较英格兰的发展与法国的发展，会更加清晰。在法国，和许多其他君主专制王朝一样，人们自己选择结社的主体权利如果没有被废除的话，通常理所当然地受到限制。在英格兰，绅士们只要愿意就可以结社。绅士们自由结社权利的表现之一是"俱乐部"（clubs）制度。一个足够明显的例子是，法国革命者在他们也能够宣称具有自由结社的权利时，采用了"俱乐部"这个英文术语。君主专制统治的法国传统既没有为这种类型的联合提供程序上的先例，也没有提供特定的概念。

在体育运动的发展中，俱乐部的形成起到了关键作用。俱乐部是由有兴趣作为观看者或参与者参加多种体育运动中的人组成的。在前体育运动的层次，诸如打猎以及多样的球类游戏等消遣，是按照地方传统制定规则的，而这些地方传统通常各不相同。可能一些年长的村民，或一个地方赞助人，会确保年轻一代遵守传统习俗；也可能没人这么做。

带有体育运动性质的新兴消遣的显著特点之一是：对它们的管控超越了地方层次，是通过我刚刚提到的绅士们自由组成的那些协会中的一

39

种——也就是俱乐部来进行的。板球的早期发展是一个典型的例子。因为板球队要从一个地方旅行到另一个地方,超越地方层次来组织游戏—比赛已成了一种习惯,这就需要确保这项游戏的一致性。开始可能是在一个郡的范围内,因此,绅士们组成了一个郡级的俱乐部,俱乐部的成员们就当地传统达成了一致。在这个较高层次上的整合,可以就规则达成一致;如果这些规则并不令人完全满意,还可以就规则的改变达成一致。这是将传统的消遣发展为体育运动的一个主要条件。就规则框架以及与这个游戏相关的社会习俗框架达成一致,通常与监管实体的发展是同步的。这个监管实体会确保规则被遵守,如果被要求的话,也会为比赛提供裁判。这是通向发展的道路上的第一步,这种发展在今天通常被认为是理所当然的,作为结果也就缺乏恰当的概念。我们可以说:各种的体育运动开始具备它们自己的特征,都会给参与这些体育运动的人留下深刻的印象。传统的地方室外比赛没有硬性的固定规则,在这个层面上,游戏与选手大体上仍然是等同的。一个即兴的举动,选手取悦其他人的心血来潮,可能会改变这项游戏的传统模式。负责监管的俱乐部具有较高的组织水平,这就赋予了这项游戏相对选手而言的一定程度的自主性。而且,当在更高层次整合层次上的监管机构获得了对游戏的有效控制,这种自主性也会提高。比如伦敦的马里波恩板球俱乐部从郡级俱乐部手中接管了对板球的有效控制。我们并不需要继续深入。若想了解以下内容,并不困难:一项英式体育运动的发展,是否达到了以及什么时候达到了地方俱乐部的级别,达到全国联合会对所有对地方俱乐部进行协调的级别,在一些情况下,还达到了发展出一些国家的联合会,且同时由一个国际联合会来协调这些国家联合会的级别?

对组织化发展的简要了解,可能有助于更好地聚焦我刚刚提及的体育运动的这个方面。有人可能会说，每一个类别的体育运动都有其自身的样貌，会吸引带有特定人格特征的人们。能够做到这一点，是因为体育运动有相对的自主性，不仅相对于在某个特定时间内参与这项运动的个人而言，而且相对于这项运动发展于其中的社会而言。这就是在英格兰首先发展起来的一些运动可以转移到其他社会，并被它们采纳，作为它们自己的运动的原因。承认这个事实，可以为进一步调研打开更广泛的领域。比如，为什么最初在英格兰出现的某些类别的体育运动，如英式足球（association football）和网球，在世界范围内被许多不同社会所采纳，而板球的传播则主要局限于英联邦国家这个排他的圈子？为什么拉格比（rugby）足球（即通常所谓橄榄球）没有像英式足球传播得那么广？为什么没有完全抛弃英式类型体育运动的美国却发展出了他们自己类型的足球？

理解一项体育运动的相对自主性，有助于更好地理解社会遗传学及心理遗传学的此类观察任务。人们普遍认为：社会学的探究必须具有还原论的特征。社会的某些方面诸如科学或艺术，可以从其他方面来解释，比如从经济方面。这类演示好像穷尽了社会学家的研究项目。我在这里简要展示的是社会学的一个更宽广的方案。我已经努力展示了事件的相互关联，或者至少是这种相互关联的一些方面。在英格兰，这些方面有助于体育运动的形成。就英格兰体育运动的形成而言，许多事件都是巧合。因此，如果要像我在这里所做的这样，试图对体育运动为什么会在英格兰发展的原因进行探讨，那么，就要呈现出发展的图景，这个图景体现为在一个特定方向上的循序渐进。如之前已经说过的，在体育运动这个个案中，即使人们可以表明后面的步骤之前有一系列特定的早期步骤作为其必要条件，也很难确信从这一系列的早期事件出发，之后的事件**注定**（bound）会出现。[1]其中还有通常被认为是社会发展的不同领域之间的关联，在这个个案中，是上层阶级议会式的统治方式与上层阶级以体育运动为形式的消遣之间的关联，这些关联并不具有**因果**（causal）关联的特征。可以简单说，参与了议会派系竞赛的和缓化以及更大程度的规范化的这群人，在其消遣的更大程度的和缓化及规范化中起了重要作用。但不能认为在这一个案中，英格兰古老的上议院及下议院的议会化是原因，而体育运动是它的结果。当体育运动和议会在 18 世纪出现时，它们既是英格兰权力结构变化的特征，也是因之前的斗争而成为统治群体的那个阶级的社会惯习同步变化的特征。

三

一些人认为，在高度工业化的社会中，体育运动具有一定补充功能——它为从事久坐不动的职业、缺乏足够消耗体力的机会的人们提供了身体锻炼。这可能是其补充功能的一个方面。但它还有一种不那么引人注目的补充功能，即便从对人类的功用而言，重要性可能也不算低。我相信这个功能的发现将照亮体育运动及其他业余时间活动中被忽略了的一些方面。

在我们这个时代相对发达的社会中，只有所有相关人等都能够相当平衡且稳定地控制他们自发的原欲的、感情的和情绪的冲动，还有他们波动的心境，那么，许多职业的和许多私人的关系及活动，才会得到满

41

---

[1]　　Norbert Elias, *What is Sociology?*, pp. 158 ff.

足。换句话说，在这些社会中的社会生存及成功，在一定程度上有赖于个人自我约束的可靠盔甲——不要太强，也不要太弱。在这样的社会中，只有相对有限的范围可以展示强烈的感受，可以展示对人强烈的同情与厌恶，更不要说盛怒、疯狂的仇恨，或者击打某人脑袋的欲望。若人们被强有力地鼓动起来了，受制于他们不能控制的感受，便会成为医院或监狱中的个案。对个人而言，高度兴奋被认为是不正常的，对人群而言则是暴力的危险序曲。然而，克制强烈的感受，也就是维持对人一生中持续出现的驱动力、感情及情绪的平稳控制，很可能会加剧一个人的紧张度。

有些人很幸运。他们有幸发现可以很容易地将他们的驱动力及感受转化并引流到一些活动之中，这些活动对其他人是有益的，也能很好地满足自己。然而，在另一些情况下，人们会发现要调和以下两种要求，即便并非不可能，也仍是非常困难的：一种是与其他人一起生活的要求，它需要一种平稳且温和的约束及其个体表达，即以"良知"或"理性"之名而为人熟知的自我约束机制；而另一种要求则是满足人们本能的、感情的及情绪的冲动。在这样的情况下，这两组要求——或者其中的一些——永远处在相互冲突之中。一些社会通过对身体暴力的高度有效的国家—内在控制来全方位保护并维持相当高的文明化标准。总的来说，在那些社会之中，这类冲突所造成的人们的个人紧张，或称之为压力—紧张，是广泛存在的。

就像我们看到的那样，多数人类社会都发展出了一些对策来对抗他们自己产生的压力—紧张。文明化水平处于相对后期的社会具有相对稳定、平稳且温和的全方位约束，而且有强烈的升华要求，在这样的社会中，我们通常可以观察到种类繁多的具有这类功能的休闲活动，体育运动便是其中之一。但是，为了满足为压力—紧张提供释放的功能，这些活动必须符合对身体暴力的相对敏感，这是人们在文明化过程后期阶段的社会惯习的特征。如果将当代休闲活动与之前的那些休闲活动进行比较，可以很容易地看到：只有能够按照在正常情况下相当强烈的、反对伤害彼此身体的厌恶来进行调整的那些体育运动，才保留了下来。角斗士之间或者人类与野生动物之间的比赛，是罗马帝国的城市人口长达数个世纪的令人享受的消遣。还有中世纪的一些娱乐，诸如烧猫、斗鸡或公开的绞刑，则几乎不能给当代观众带来愉悦，而且可能会让一些人感到难以忍受的恐怖。

42

在我们时代这个更加分化的社会中，休闲活动的范围也很广泛，同时也具有相当大的差异。然而，多数休闲活动都具有共同的基本结构特征，而且这些共同特征都指向它们作为高度分化且复杂的那类社会之中的休闲活动所能满足的功能。这些社会之中的生活例行事务，不管是公共的还是私人的，都要求人们对自己的心境及驱动力、感受及情绪保持相当稳固的控制。而作为一项规则，休闲活动允许这些感情在活动所特别创出的想象场景之中、以某些令人想起非休闲的现实的方式，更自由地流动。在后一种情况下，感受的展现范围是被缩小或限制在了一些特殊的局部空间，但多样方式及多种程度的休闲活动正是为直接唤起人们的感受并激发它们而设计的。尽管在那些通常被认为是生命里的严肃事务——除了被更严格地限定为隐私的性兴奋之外——的追求之中，兴奋是被严格限制的，但是，许多休闲活动都提供了一种想象的场景，以引发某种兴奋，这种兴奋模拟了现实生活处境下的兴奋，却没有现实兴奋的危险和风险。电影、舞蹈、绘画、卡牌类游戏、赛马、歌剧、侦探故事，还有足球比赛，等等，这些休闲活动都属于这个范畴。

如果去研究休闲活动是如何激发感受、引发兴奋，就会发现这通常是通过制造紧张来实现的。想象的危险，模拟的恐惧与愉悦、悲伤与快乐，都是通过消遣的场景产生的，可能还要通过消遣的场景来消解。不同的情绪被唤起，而且可能还被对比，诸如悲痛与兴高采烈、焦虑不安与心情平静。正是如此，在人类休闲活动的想象处境之中被激发的那些感受，是现实生活处境之中被激发的那些感受的兄弟姐妹——这也是"模拟"（mimetic）的意思。但现实生活中的感受是与脆弱的人类生活中永无止境的风险及灾害连接在一起的，而休闲活动中的感受则瞬间解除了围绕人类生存的风险及威胁的负担，不论大小。正如亚里士多德（Aristotle）所揭示的那样，在剧场中上演的悲剧，可以唤起观众恐惧及遗憾，这些感受与人们目睹其他人悲惨地陷入生活陷阱的真实情况的经历密切相关。但戏剧式悲剧的想象场景是人为创造的。在这里，人是世界的创造者、人类命运的主宰者。人类苦难的无与伦比的负担所产生的感受的沉重程度减轻了，感受本身被提纯了，通过音乐或诗歌、身体动作或面具等模拟符号，通过人们在人造悲剧的想象场景之中见证苦难及痛苦所经历的模拟紧张。因此，一个小孩被扔到空中，然后安全地落入父亲张开的手臂，这个场景可以让人享受危险及恐惧的模拟兴奋，观众知道危险是想象出来的，父亲的怀抱则代表着安全。正是如此，足球比赛的观众可以品味球场上来回摇摆的战斗所带来的模拟兴奋，同时知道这种兴奋不会给球员或是自己带来伤害。在现实生活中，人们可能会在成功的希望与被击败的恐惧之间纠结；而在足球比赛中，想象的场景会激发非常强烈的感受，并且这些感受可以在许多其他人的陪伴下公开表现，这些都是更令人愉快的，而且可能是解放式的，因为在整个社会之中，人们一般是更孤立的，也很少有机会集体表现出强烈的感受。

然而，如果紧张在更广泛的社会中产生，如果对强烈感受的约束在社会中变弱，而且不同群体之间的敌意及仇恨的水平被大幅提升，那么，玩耍与非玩耍、模拟与现实的战斗的分隔线就会变得模糊。在这样的情况下，赛场上的失败可能会唤起现实生活中的更痛苦的失败感受，会唤起复仇的念头。一场模拟的胜利则可能会唤起在赛场外的战斗中继续胜利的想法。

具有体育运动特征的消遣在英格兰逐渐成型，是与其暴力循环的平息以及按照规则将其消解为非暴力政治竞赛关联在一起的。承认这个事实，就更容易理解：如果国家内部或国家之间的暴力与紧张的浪潮再次涌起，体育运动的功能及特征也会随之改变。如果上述情况发生，模拟紧张以及与此相连的可控的兴奋，还有作为休闲体育运动及许多其他休闲活动核心的令人愉悦的紧张的消解，都可能会失去它们的典型特征。它们往往会被整个社会之中的不同类型的紧张所笼罩，或者与之合流。今天在奥林匹克运动会上达到高潮的成就型体育运动（achievement-sport）就是一个例子。在那里，世界纪录的争夺给体育运动的发展带来了不同的方向。在成就型体育运动的形式中，休闲体育运动嬉戏式的模拟紧张，被不同国家之间的全球紧张及竞赛所主导与形塑。在这种情况下，体育运动具有了一种在某些方面与作为休闲活动的体育运动显著不同的特征。只有在休闲体育运动中，模拟紧张保留了一定方式的自主，在一定程度上与作为"现实生活"处境的特征的那类紧张有所不同。然而，就其作为观赏型体育运动的能力而言，成就型体育运动可能会在一定范围内保留其作为休闲追求的功能。考虑到它能够提供令人愉悦的模拟兴奋，这可以抵消各个社会之中的通常令人难以享受的压力—紧张，并提供与此相关的一种形式的振奋。

44

与人们可以想到的其他社会相比，我们时代这个高度分化且富裕的社会所具有的突出特点之一，是有更加多样的对休闲活动的追求。许多休闲活动，包括作为参与式或观赏型活动的体育运动，都是为了提供令人享受且可控的不受约束的情感。这些活动提供了令人愉悦的模拟紧张，通常（虽然并非总是）会带来累积式的兴奋，还有强化了的感受顶峰；在它们的帮助下，就像体育竞赛中己方获胜一样，紧张会被愉快地消解。休闲活动中的模拟紧张以及与此相连的、没有危险或罪恶感的兴奋，充当了压力—紧张的解毒剂，而压力—紧张是平稳且稳定的全方位控制很有可能会产生的，是复杂社会中的个体的共同特征。

复杂社会所必须提供的一般意义上的休闲活动以及具体而言的体育运动，具有极大的多样性，为个人提供了非常广泛的选择。人们可以按照自己的性情、体格、原欲、感受或情绪的需要来进行选择。这些休闲活动中的一些可以模拟地唤起恐惧与悲痛、胜利与喜悦、仇恨以及喜欢与爱。通过允许这些感受在象征场景之中，如在戏剧或音乐会、绘画或游戏的模拟情境之中自由地表达，减轻了人们在非休闲生活中受到全方位约束的负担。

几乎没有人类社会可以缺少与我们所说的休闲活动相当的活动，舞蹈、假装的打斗、杂技或音乐表演、召唤魂灵的仪式——简而言之，这类社会机制在某种程度上能够通过抵消平常生活中的张力和压力，避免严重的斗争、危险、风险及限制，以提供某种程度上的情感振奋。然而，这些限制的性质及功能很容易被误解。它们经常被认为只是社会生活的必然结果。因为人类与其他人生活在一起，所以似乎人们不得不控制他们自己，不得不在他们的驱动力、感受和情绪的表现方面施加各种约束。但人类也必须学会为了他们自己而将这些欲望置于控制之下。无

45

　　　　　　　　　　　　　　追寻兴奋

法做到的人，不仅对其他人而言十分危险，对他／她自己也是。无法控制这些欲望，至少与过度控制它们的后天需求一样，是痛苦且令人无力的。

人类对他们强大的情感和急躁的本能驱动力，都没有未经习得的约束。因此，如果社会成员遵从他们的情感及驱动力而没有任何约束的话，人类的社会生活，人与其他人一起的生活，只能产生很少的愉悦。然而，人类是如此的奇妙。所以，通过学习来动员并模式化人类的自然倾向以获得约束，对人类群体的生存而言是必不可少的，对每一个人类的个体成员的生存而言也是如此。不能通过学习来获得自我控制模式的人，无法控制他／她基础冲动的人，仍然会听凭它们的摆布。无力控制内在涌动的动物需求，不能控制外在事件所引发的兴奋，这样的人不能将未满足的欲望与能够实现满足的外部资源协调一致，不能够根据现实处境来调整情感，也就因此要承受巨大的痛苦，要忍受出自内在但指向外在的自发欲望所带来的不可抵抗的压力。因为不能控制也就无法调整，所以，这些欲望，以及被它们控制的人，将错过或弄错目标，也就因此不能得到满足。实际上，这样的人很难在幼儿早期之后活得长久，如果偶然活下来了，也很难说是真正意义上的人。

换句话说，学习自我控制，是人类的一种普遍性，是人性的共同条件。如果没有自我控制的学习，人作为个体就不能成为人，作为社会也会很快解体。自我控制的社会标准是可以改变的，并且在人性的长期发展过程之中已经有所变化，发生变化的还有这些社会标准被用来激活并模式化个体延迟、压抑、转化其自然潜能的方式，也就是以各种方式控制基本驱动力及其他自发的感受冲动的方式。简单地说，发生变化的是在儿童个人学习过程中所形成的实施控制的机制，也就是"理性"或

"良知"、"本我"或"超我"这样一些现在为人熟知的名词。在人性发展以及因此而出现的文明化过程的不同阶段中，它们的结构和模式，它们的边界，还有总体上它们跟原欲以及其他大体上是非习得的冲动的关系，存在显著差异。实际上，这类变化构成了这个明显可见的过程的结构核心，也是人们可以观察到的更短期的文明化或去文明化进发的结构核心。

正是如此，在人类物种的社会发展中，并不存在文明的零点，我们没法说，就是在这里，绝对的野蛮结束了，或者就是在这里，人类文明化的生活开始了。换句话说，文明化的过程，是一种并不存在绝对起点的社会过程。一系列纯粹的社会变化而没有已知物种的生物变化，在没有绝对间断的情况下开始了，作为生物—社会进化且最终是生物进化的后续。与后一种进化不同，文明化过程和其他在特定方向上的社会变化序列一样，可以倒挡后退。文明化过程可能会跟随"去文明化"的过程，甚至可能朝着相反方向的进发。

然而，文明化过程的方向经常会被误解。因为体育运动与社会整体上的文明化状况紧密绑定在一起，体育运动也就因此跟文明化进发与"去文明化"进发之间的相互影响紧密绑定在一起，这在今天是显而易见的，所以，对这些过程的方向进行一些介绍会很有帮助。提到文明化过程的方向，人们很容易想到的一个说法是：朝向更大的自我控制的变化。尽管这个表达过于简化，但并不能说它错了。"更大"和"更小"虽不必然涉及数量关系，但却很容易给人这样的印象。因此，在这个情境中说"更多的自我控制"或"更少的自我控制"，似乎跟人们说"晚餐喝了更多的酒"还是"喝了更少的酒"是同样的含义。当下的语言限制使得找到不那么带有误导性的表达有些困难。此外，如果有人指出文明化过程的方向不能准确地表现为数量变化，那么，当下的表达与思考的用法所提供的唯一选择，就是假定它在性质上必然存在变化。这是许多例子中的一个，它可以清楚地展示出关于物理性质的知识的印记。对自然的研究给予以下表达以坚定的支持：将性质还原为数量，是通向发现的唯一道路，也因此是唯一有价值的科学程序。然而，即使是在高度组织化的物质中，比如染色体，这也不再被认为是绝对正确的了。在这个层面上，构型的模型已经必须在数量方面用性质的符号表征进行补充。将性质作为数量的唯一替代，这种所谓正确的语言用法开始显示出其局限；如果涉及对社会群体的研究，则会暴露更多局限。如果有人使用可证明的人性发展——因为人们或早或晚必须进行这类研究——作为社会学研究的基本参考框架，如果有人关注人类走过的漫长道路，从早期以洞穴人群作为生存单元开始，到后来以工业民族—国家作为生存单元，那么，可以确定的是，此过程中组成生存单元的人的数量变化，是与这一发展紧密相关的标准之一。但是，如果继续探索人类群体能够还原为数量的"性质"，我们的研究其实并没有走得很远。"性质"这个术语，如果指涉物理存在，则有非常准确的含义，但如果指涉人类社会，就不再具有同等的准确性了。"性质"作为"数量"在语言性上唯一正确的替代而出现，这样的自发性是众多事例中的一个，它们表明：在对人类社会的研究中，人们目前都是语言的囚徒，而其最具形成式影响的是物理的或形而上学的那类经验。并非它们所有的惯用语都适用于人类研究，不管是人类作为个体，还是作为社会。如果有人采用前面提及的那些例子，已知的人类社会最早的及最晚近的类型，那么，很容易就会发现，这里提供的作为规模差异——也就是形成这些群体的人的数量上的差异——的替代并不是群体性质的差异，而是这些群体结构的差异，是人们彼此连接方式

47

的差异，或者换而言之，是人们相互之间以及人与非人的自然之间所形成的型构的差异。在这种情况下，使用"型构"这个术语是为了避免许多传统术语所固有的印象：个体与社会在本质上是不同的。个体与社会这两个概念只是表明了观察者视角的不同，观察者的眼光在某个时刻可以聚焦于形成群体的人，而在另一个时刻则可以聚焦于这些人彼此形成的群体。通过将或大或小的人类群体理解为人类共同形成的不同型构，可以使我们的概念更接近于可观察的资料，这不是将个体与社会两极化这种惯常做法所能做到的。我们可以确定地说：社会结构是由人形成的结构。这也表明，在对社会的研究中，定量取向的替代，即取代只将社会视为原本是孤立的个体的累积，并不是一种要辨明社会性质的努力，而是要确定社会结构的努力，也就是人们形成的结构或型构。人们会注意到"结构"这个术语相当抵制与人的这种结合。而要讨论人类的型构就更容易，比如足球场上两队球员所组成的流动的型构。然而，型构是一个

48

并不广为人知的新表达。它的使用需要一定程度的疏离。在这种情况下，人们最好是举例。与使用包含一个不熟悉术语的普遍陈述相比，举例可以成为更容易接受的交流方式。

案例唾手可得，只需要看看之前对体育运动的社会生成的讨论，对体育运动构成了其一部分的文明化进发的讨论，还有对体育运动与发展早期阶段的那些消遣相比的典型特征的讨论。

我们可以看到，关于议会中的对立派系之间的非暴力战斗的规则，还有将政府和平地移交给获胜的派系或党派的规则，都或多或少出现在同一时期，这个时期对暴力有更严格的限制，对个人的自我控制有更强的要求，对赋予包括肌肉力量及灵活程度的休闲—比赛以体育运动特征的那些升华的技能有更高的要求。如果我们断言，与之前没有受到严格

管制的而且通常更暴力的政治竞赛相比，议会或体育运动的竞赛要求更强的自我控制，那么，我们指的就不是自我控制的数量变化，这可能会被认为可以孤立地进行测量；我们指的也不是人类性质的变化；而是指人类相互形成了一些型构，诸如议会或板球队，它们展示出了与之前相比更严格的管理，并要求形成这些型构的人们更严格、更公平且更稳定地控制自己。在议会竞赛中，尽管口舌之争和党派阴谋可能会为并不深入参与其中的那些人提供一些令人愉悦的兴奋、获得财富的生活机会，但是，地位和权力才是关键。猎狐在18世纪出现时，即便猎人拒绝承认他们在杀戮中的愉悦，而且与之前的打猎形式相比，猎狐总体上受到更严格的管理，但是，猎狐让参与其中的男士及女士都享受到了追逐的愉悦及兴奋——在某种程度上，是在模拟意义上的享受，以野外戏剧的形式，他们自己是观看者，演出者是猎狗和狐狸（参见本书第四章《关于体育运动与暴力的论文》）。在这种情况下，对文明化进发的诊断也并不是基于对自我控制的孤立的数量测量，而是基于整个场景所要求的自我控制的增加，这也是人和在这个例子里的马、猎狗及狐狸一起构成的型构的要求。

在特定的场景中，体育运动，与其他休闲追求一样，可以通过自身的设计来唤起特殊类型的紧张，即令人愉悦的兴奋，因此也就允许人们的感受可以更自由地流动。这有助于压力—紧张的放松甚至解除。和许多休闲活动的场景一样，体育运动的场景推动、搅动人们的情感来唤起一种以受控制的、非常温和的兴奋为形式的紧张，而没有通常与其他生活处境中的兴奋相关的风险和紧张。这是一种"模拟的"兴奋，可以被享受，可能还具有解放、宣泄的效果，即便这种针对想象而设计的情感共

49

鸣，也同样包含焦虑、恐惧或绝望的元素。[1]

---

[1] 体育运动作为一种比赛，最终只是一场游戏，与人们生活中真实的比赛和斗争有关系，但又有不同。体育运动的想象场景有些时候会引起这样的看法：体育运动是对真实生活斗争的模仿。模仿这一难题会出现在这种情境之中并不是完全不相干的，就像在艺术中那样。

　　对人类艺术中模仿特征的最古老也许也是最知名的讨论，出自亚里士多德的《诗学》。有很多关于这个文本真实性的质疑；这个文本在任何情况下都是片段式的。但是，我们所读到的已经足够表明，亚里士多德似乎是第一个对这样一个难题进行考量的人：一部悲剧，究竟模仿了什么？"悲剧不是对人类的模仿，而是对行动与生活的模仿，是对幸福与悲惨的模仿。"（John Jones, *On Aristotle and Greek Tragedy*, London,1962, p.30）尽管这句话的确切含义并不明晰，但仍指出了一个方向，我相信至少能够部分地回答人类休闲追求的模仿特征这个难题。在他关于雅典人的一些休闲追求的教导中，亚里士多德采用了，也可能铸造了对这个难题领域的探究最有帮助的两个概念——"模仿"和"净化"。人们不能够确定这两个概念原初的含义，但可以讨论这两个概念今天意味着什么。"模仿"这个词，如果不是简单地作为一种更有学问的"模拟"的表达方式，那么它的含义就会更清楚。拉斐尔的《圣母像》、伦勃朗的《肖像》，还有梵高的《向日葵》，都不是对真实事物的简单模拟。可以看到的是，被经验的对象中的一些元素，进入了一幅画作里的对同一个对象的呈现这一经验之中。对所画的对象的经验，尽管在某些方面，类似于对真实对象的经验；但是，与所画的对象有关的经验，也很难被称为对真实生活中的对象的经验的模拟。通过绘画，这个对象被转置到一个不同的场景中。对这个对象的经验，特别是与其相关的复杂感受，在某种程度上，被转移到了不同的挡位，就像从对真实物体的凝视，转向了对作为一幅画作的一部分的同一个物体的凝视。在这种情况下，这种经验的感受方面尤其经历了非常有特色的转变，也就是亚里士多德所说的"从一个类别转化为另一个类别的改变"（*metabasis eis alio genos*）。"模仿"这个词汇可以作为记录这种转变的一个概念符号。在这种意义上使用，它就可以弥平鸿沟。

　　如果对人类在体育比赛中的真实身体竞赛进行比较，就会看到非常类似的事情。赛马、拳击或者足球运动，这类体育比赛的模拟特征，是由于与真实身体斗争相关的感受—经验的许多方面都进入了体育运动的"模拟"斗争的感受—经验。但在体育运动的经验中，真实身体斗争的感受—经验被转换到了不同的挡位。体育运动允许人们在没有危险及风险的情况下，经历一场斗争的完整的兴奋。兴奋中的恐惧元素，尽管并没有完全消失，但大部分都消散了，而且战斗—兴奋的愉悦也就很大程度地提高了。由此，如果论及体育运动"模拟"的方面，即是指体育运动有选择地模拟了真实生活中的斗争。体育运动—比赛的设计以及运动员的技能，允许了战斗—享受的出现，却没有伤害或杀戮。

　　也正是在这一情境下，亚里士多德的"净化"概念可以弥平我们概念（转下页）

　　　　　　　　　　　　　　　　　　　　　　　　追寻兴奋

尽管体育运动与其他休闲追求一样都具有模拟的特征，即唤起类似其他处境中所经历的情感的一种能力，甚至具有"净化"（catharsis）的可能，然而，体育运动又与多数其他休闲追求不同，尤其是与艺术不同，所有体育运动的中心都是斗争，完完全全是活生生的人之间的斗争。在各种体育运动中，活生生的人彼此直接或间接地斗争。有些形式的体育运动，其设计最接近于对立群体之间的真实战斗，这些体育运动有特别强的倾向，要搅动人们的情感、唤起兴奋。因此，它们为许多体育运动的中心难题之一提供了生动的实例：如何通过一项体育运动的设计来调和两种相互矛盾的功能？一方面是令人愉悦地对人类感受的"去控制化"（de-controlling），也就是一种令人愉悦的兴奋的完全唤起，另一方面是维持一套检查，以确保愉快的"去控制的"（de-controlled）情感处于控制之下。

体育运动是以模拟战斗为中心的这一难题可能会更清晰地凸显，如果人们再次记起体育运动与我们这个时代的许多其他休闲追求一样，具有对令人享受的"去控制的"感受进行控制的功能。一场音乐会也能够起到这样的作用。但在音乐会中，表演者的身体动作——也许要将乐队指挥的身体动作除外——并不是注意力的中心。观众也必须将其身体动作置于非常严格的控制之下，以免扰乱管弦乐队的演奏。事实上，多年以来，束缚观众身体动作的倾向显著地增加了。一种自我升级的文明化进发可能在这里起了作用。如今，音乐会听众的行为准则明确地规定：在交响乐或任何多个乐章音乐的最后才能鼓掌。在一个乐章结束时就鼓掌，

（接上页）装备的鸿沟。体育竞赛使人们可以在身体斗争中击败了其他人，而没有在身体上伤害他们。战斗—紧张的消解和通过胜利实现的努力，具有令人振奋及净化的效果。人们可以问心无愧地享受对自己价值的确认；人们确信比赛是公平的，就可以享受自爱的正当增加。体育运动以这种方式提供了问心无愧的自爱。

即便不被指责，也会让旁人皱眉。然而，在海顿或贝多芬的时代，每个乐章结束之后就鼓掌，不仅是被允许的，而且是被期待的。许多乐章在写作的时候就考虑到了要引发掌声，将之作为音乐所产生的兴奋—紧张的愉快释放。然而今天，在本来是为掌声而写并期待掌声的每个乐章的结尾，观众却要保持沉默。

下面这段描写提供了这种处境的生动图景，也表明了产生一种受控制的但令人享受的情感兴奋并不局限于体育运动：

> 节奏加快了；小提琴手的左手变得模糊了，同时，钢琴演奏者的手指在键盘上上下翻飞。整个势头推向了最后的音阶以及胜利的和弦：哒哒！咚咚咚咚！小提琴手拉了一个很长的高强度下弓；随着最后的释放，他的手臂兴高采烈地挥向空中。
>
> 接下来却是令人尴尬的沉默和零星的咳嗽声，一些人从座位上站起来了，独奏者看着地板，拿着琴弓的手臂腼腆地下垂。钢琴演奏者好像正对一个音符或和弦重新调音；演奏者们都从他们所创造的兴奋的顶点松弛下来了，没有人听到对此的回应。
>
> 我们这是在哪儿？在一个大型的音乐厅，在一群老练的观众中间。否则的话，就会有几个受到这些演奏刺激的人已经做出了一些明显的举动；然后他们更有见识的邻座就会把手指竖立在嘴唇前，让他们保持安静。为什么呢？因为这只是第一乐章的结尾。尽管音乐说的是"请鼓掌"，但20世纪后期音乐会的得体行为则要求"请等待"。[1]

---

[1] Will Crutchfield, "To Applaud or Not to Applaud", *International Herald Tribune*, 1–2 June 1985.

追寻兴奋

以这种方式加诸于观众的约束相当重要，尽管他们的情感已经被搅动了，而他们的肌肉则要尽可能地不动。观众应该被打动，但身体不能动。只有在最后，观众可以通过鼓掌，通过掌声的强度及长度来表明：在之前的沉默中，这种感动已经是多么的强烈。[1]

在足球比赛的情况下，身体动作与情感是密切地相互连接的，至少对运动员而言是如此。甚至观众也有大得多的范围可以通过身体动作将他们的感受传达给彼此、传达给运动员，这些身体动作包括舌头、嘴唇和声带的运动。然而，不单是足球，体育运动一般都具有受控制的且非暴力的模拟战斗的特征。在斗争的一个阶段，也是战斗—紧张和兴奋的第一阶段，这可能会对体力运用及技能方面有要求，但也能够成为非休闲生活的日常及压力—紧张的一种解放，这本身就是令人振奋的；这个阶段之后通常是战斗—紧张的决断和释放阶段，要么是成功和胜利，要

---

[1]　各种例子表明：在文明化迸发期间，身体动作是倾向于被约束的，有些时候会被精细化。在处于文明化过程早期阶段的那些社会之中，言谈带来的动作往往与一个人的四肢或其他部分的动作更紧密地联系在一起。而在文明化过程的晚期阶段，大幅度的以及热情的姿态通常都不受欢迎。言说动作往往变得孤立了。在体育运动的发展中，也可以发现这种倾向。以我们现在称为"拳击"的这项运动的早期形式为例，如在法国和日本，使用脚和胳膊作为武器是被允许的。英式拳击则限定了腿的使用，只能用于运动员向前或向后的移动。与此同时，英式足球的规则也禁止使用手来移动球，只允许用腿运球（除了守门员和"界外发球"）。

心理学家经常会对社会中的成年人的情感进行研究，就好像它们具有与生理资料相同的特征，而生理资料并没有受到以习得的社会控制这种形式而建立起来的反冲动的影响。然而，人类的情感在它们的原初形式中，是与动作紧密连接的。婴儿和小孩都非常清楚地展示了这一点。人类自我约束的潜能是逐步被激活的，只有当习得的反冲动将自己介入到感受冲动与运动器官之间，前者才会具有可以在某些社会的成年人那里可以观察到的情感特征，在那些社会里，高度的文明化约束构成了被认为是"正常"的成年人的社会惯习的不可缺少的部分。我很怀疑，如果心理学家仍然把他们的学科当作自然科学来推进，那么准确的情感理论是否有可能。一般而言，不了解社会发展理论，具体而言，不知道文明化过程理论，就不能准确地探讨人类诸如此类的面向。

么是失望和失败。

体育运动可以是人类之间单独地或以团队形式进行的战斗；可以是骑着马的、跟在一群猎狗后面的男男女女和一只快速奔跑的狐狸之间的战斗；也可以是从山顶高处下降至山谷的滑道，这种形式的体育运动不仅是人类之间的战斗，也是与大雪覆盖的高山的战斗。登山运动也是如此，人们可能被一座山打败，或者在筋疲力尽之后，到达山顶，享受胜利。在所有的形式中，体育运动总是在想象场景之中的受控制的战斗，不管对手是高山或大海，是狐狸或其他人。以足球为例，是人类的想象使得人们只用脚摆弄一个皮制的球——两支队伍之间激烈但受控制的斗争的目标。与其他体育运动一样，在这种情况下，要解决的难题是如何降低运动员受伤的风险，但又能使令人享受的战斗—兴奋保持在高水平。如果为一项体育运动提供想象设定的规则及技能框架在实践中能够维持，并保持相关平衡，这项运动就可以说已经成熟了。各种类型的英式足球经过一段时期的成长及功能调整后已经达到了上述成熟的状态，比赛设计一再公平地给予运动员好机会，使得非暴力的战斗—紧张持续得长到足够令人享受，同时也使得紧张的累积和释放以胜利或失败的形式释放告终。[1] 如果太多比赛以平局告终，就意味着没有可以消解紧张的胜利，那么比赛的规则就需要调整。同样，如果胜利的获得都相当迅速，那么体育比赛就会丧失它的功能。在这种情况下，令人享受的紧张—兴奋消失了，或者太短促了。[2] 正如我们可以看到的那样，与其他休闲体育运动一样，足球在沉闷与暴力这

[1] 参见 Eric Dunning and Kenneth Sheard, *Barbarians, Gentlemen and Players: A Sociological Study of the Development of Rugby Football*, Oxford, 1979。

[2] 对一项体育运动——以足球为例——的设计的各种平衡的详细考察，可以参见本书第六章《体育运动群体的动态机制，特别是关于足球》。

两个致命的危险之间岌岌可危。一场精彩的足球比赛的戏剧性在于在比赛展开时具有与精彩的戏剧演出相似的方式。那也是一种令人享受的模拟紧张，也许是兴奋，在一段时间内逐步累积，然后达到顶点，也因此达成紧张的消解。但是，戏剧在大多数情况下是一位知名人士的作品。而多数体育运动是在未经计划的社会发展中走向成熟。

这种发展的一些情况，体育运动的社会发生的一些方面，已在这里有所介绍呈现。我们可以把它作为一种副产品，部分照亮了社会发展本身的性质。有些事物起初就非常新颖，而且就其自身而言相当完美，如板球、足球、网球还有其他类型的体育运动，实际是在长期持续的无计划的发展中形成的。这一点很有启发性。棋类运动、英语和德语，还有议会政府的早期形式，都是如此。

关于所谓的"观念"（ideas）的个人源起已经有很多讨论。谁第一个说出某个观念，会被当作一个研究主题受到高度重视。有学问的男男女女最喜欢的消遣，就是发现某个特定的"观念"比此前专家们的共识所认定的更早问世。然而，人类社会的许多方面不能按照观念史的模型来进行解释。谁第一个说英语，这并不是一个有意义的问题。同样，下列问题也没有意义：谁是第一个提出"议会政府制"这个观念的英国人？或谁是第一个发明了板球或足球的英国人？人类社会的这些方面以及许多其他方面不能够根据个人的观念来解释，也不能根据这些观念的累积来解释。它们需要根据社会发展来解释。

我在其他地方举过一个简单的例子，以说明两种类型的解释之间的一个关键性差异。[1] 我采用了一种特殊类型的游戏模型，以表明在游戏

---

[1]　参见 Elias, *What is Sociology?*, pp. 71 ff。

之中的一个动作——比如棋类游戏中的第二十步棋——不能仅仅根据两个参与者中某个人的计划或意图来解释。他们的计划及行动的相互关联所带来的模式是他们中任何一个人都没有计划过，可能也没有预见到的。虽然是意料之外的，但若回过头来看这个模式及其作为部分所构成的游戏过程，能够很清晰地看出其中结构。这就是为什么如果不继续深入讨论，只简单陈述筹划好的行动会有意料外的后果，并不比姑息自己无知要好。想象一下计划与行动之间的相互关联，便不只是两个参与者，而是两千个或者两百万个相互依赖的参与者。人们在这种情况下所遇到的进行中的过程，并不是独立地发生于个体之间，但正是这些个体的计划及行动使得这个过程得以进行。当然，这是有结构的，也要求自成一格的解释，而无法用个人的"观念"或"行动"来解释。

"社会过程"（social process）或"社会发展"（social development）这些术语只是概念符号，它们反映了人类在群体之中的计划及行动是连续相互交织的这一奇异的存在模式。这些概念是为了帮助探讨类型独特的结构，它是个体行动及经历相互关联的结果，是在多种群组中的个人行动者的功能相互依赖的结果。流行的术语"互动"并未能正当化人们的经验和行动的相互交织。它也与一种关于社会的传统模型密切，即认为社会是众多最初孤立的人类个体的纯粹聚积单元。

对一场进行中的足球比赛进行观察，对理解诸如"相互关联的计划及行动"这类术语，是相当有帮助的。每支队伍都已经根据他们对自己及对手的技能与不足的了解，制定了自己的策略。然而，随着比赛的进行，经常会出现任何一方都没有计划过或预见到的组合。事实上，足球比赛中球员与足球所构成的流动的模式，不仅是"型构"概念，也是"社会过程"概念的图示。准确地说，比赛过程是人们行动及经历连续相互

53

交织的流动型构，是微缩的社会过程。足球比赛快速改变的模式中最具启发性的一个方面，是这个模式由处于运动中的球员**双方**（both）共同构成。如果只把注意力放在一支球队球员的行动上，而未能注意另一支球队球员的行动，那么就不可能看懂比赛。如果人们试图以孤立且独立于其他人的行动及感知的方式来观察球队成员的行动及经验，也仍然难以理解一场比赛。在一场比赛的进行中，两支球队相共同成了一个单个型构。只有具备使自己与比赛保持距离的能力，才能认识到：每一方的行动都与他们对手的行动持续地相互关联，而对立双方也就因此形成了一个单个型构。敌对的国家也是如此。社会过程经常是无法控制的，因为它们是由敌意所推动的。对一方或另一方的党派偏见能够轻易地模糊这个事实。

足球比赛中，对手之间的相互依赖，也就是他们的活动的相互关联以及对立群体因此而在行动中形成一个单个构型这个事实，可能不难认识到。当下，可能更难认识到的是：在社会整体上，许多竞争对手群体也是完全相互依赖的，而且，如果不把这些对手理解为一个单个构型，也就不能理解他们关于彼此的行动和感受。在这方面，最有说服力的例子可能是两个超级大国之间的军备竞赛。这是一个自我持续过程的例子，如果试图孤立地理解一方，认为一方与另一方是相互独立的，就不能理解这个过程。在这个例子中，就双方领导群体的目的及意图而言，游戏过程的对等物，也就是自我升级的军备竞赛，也具有相对自主性。每一方都相信自己是自由的行动者，但事实上，双方都是"游戏"过程的俘虏；在这种情况下，游戏过程很可能会进入超出双方意图的轨迹。

困难的是，人们个人投入的深度及强度，对这一方或那一方的偏爱，不仅会阻碍对由双方构成的处于变化中的型构的理解，也会阻碍对这种型构的相对自主的动态机制的理解，而这种动态机制推动了被锁闭在扭斗中的相互依赖的敌人们走向不是他们任何一方所计划的情况。要将相互关联的对手处于变化中的型构理解为一个统一的过程，这需要相当高程度的疏离。如果是观看足球比赛，还相对容易做到疏离。就政治对手而言，即便对社会学家来说，要达到更大程度的疏离，并将双方理解为一个过程，这仍然相当困难。

另一个与这种情境有些关联的例子是足球暴力的难题。毫无疑问，比赛已经变得粗野，但球员们通常都会确保他们的暴力行为处于界限之内。公然打破规则所带来的处罚相当高，足以阻止过分违规，阻止球员自我控制的过多裂痕。但如果孤立地看待职业足球比赛，那么，即使是比赛变得粗野这件事，也是不能解释的。原因几乎很确定，必须在社会整体上的紧张水平上升中寻找；可以很明确地说，事关民众相当经常实施的暴力行为。我已经努力表明：体育运动，特别是由职业选手在业余观众面前进行的游戏—比赛，其中包括对感受及情绪的受控制的但令人享受的"去控制化"。受控制的兴奋构成了体育运动所带来的享受的不可分割的部分。但是，如果社会整体的情况未能在全部环节都配备充足有力的控制来容纳兴奋，如果社会整体上的紧张已经强大到足以使个体放松对暴力的控制，而且事实上已经引发了去文明化的迸发，导致一部分人发现暴力是令人愉悦的，那么，会发生什么呢？

此类的问题绝非只在足球情境中才显示出其相关性。议会形式的政府也只在某些社会中才能运转得相当良好，在这些社会中，相当稳定且平稳的自我控制，构成了绝大多数人的社会惯习的不可或缺的部分。如果部分人口稳定的自我控制能力减弱了，如果暴力经由自我升级循环使人们避免实施暴力行为的意识衰退了，那么议会政府也会衰弱。如果

追寻兴奋

人口的不同部分之间的敌意及仇恨上升到一定水平，按照既定规则进行的和平的政府轮换，也就不再能够正常进行。如果一个社会有非常悠久的君主专制传统，人口中的大多数都习惯于通过外在控制来约束公共事务，而且从来没有机会发展多党政体顺利运转所不可或缺的个人的自我控制，以及发展党派之间的竞赛和由此导致的政府改变都必须严格遵守的非暴力策略——议会政体同样无法在其中正常运转。

正因如此，在足球观众的例子中，暴力策略的反复爆发，也应该放在更宽泛的情境中理解，作为社会整体某种缺陷的体现，而不是简单认为有特定人群享受实施暴力行为——好像暴力行为只是一种已出现恶果的缺陷。

为什么一些观众采取了这类行动，埃里克·邓宁及其合作者对这个问题已经进行了大量的探讨。他们对理解这个难题做出了很大的贡献。我们可以在本书中看到他们的一些研究结果。也许我还可以增加一两点。我希望讨论的观点跟我之前与约翰·斯科特森（John Scotson）合作的一项研究有关，内容详见名为《建制者与外来者》（*The Established and the Outsiders*）的著作。[1] 这是对年代久远的定居者与附近 一个相当新的住宅区居民之间关系的一项调研，揭示了古老的定居者家庭对新住宅区居民的蔑视态度，以及他们抱团反对新住宅区居民、拒绝与后者有任何社会接触的强烈倾向。更令人吃惊的是，这两个家庭群体都是英格兰人，而且都是工人阶级。就他们对清洁或德性的标准而言，两者没有任何可观察到的差异，除了新住宅区里一个相对较小的家庭群体，属于邓宁及其合作者所称的"更粗野的"工人阶级。他们的家庭生活更不那么井然有

---

[1]　Herbert Elias and John L. Scotson, *The Established and the Outsiders*, London, 1965.

序；与住宅区里的其他家庭相比，他们的房屋更不整洁。与附近的其他孩子相比，他们的孩子也更粗野一些，更不那么容易控制。对这群孩子及青少年的细致观察，使得他们的困难得以显现。他们被附近的所有其他人当作外来者对待。孩子们很清楚整个社区如何轻蔑地对待他们的父母。如果他们日复一日地看到他们的父母被其他人轻视，那么，对孩子来说，可能就不容易培养出稳定的自尊以及某些骄傲的感受。无论这些孩子什么时候出现，他们看到的都是冷眼，还会被赶走。所以他们特别喜欢在自己最不受欢迎的那些地方，带着特殊的愉悦表现自己。他们最喜欢的游戏场地是老居民居住的街区。在那里，他们尽可能地吵闹，享受着邻居们试图把他们赶走时所受到的关注。他们进入那里的年轻人俱乐部，在随意尝试各种玩具及设施之后，就开始竭尽全力使自己惹人讨厌，开始尽可能地毁坏玩具及设备。

这个例子清楚地表明，使用"攻击性"来解释这些年轻人是不够深入的。他们为什么这么有攻击性？即便"无业"也不会让理解走得更远。这个例子有助于表明，用一个孤立的原因或者一大捆孤立的原因来进行解释都是不准确的。这些解释需要包括所关注人群的处境，还有他们的经历。事实上，不考虑建制者—外来者关系（the established-outsider relationship）及其对外来者人格结构的影响，就不可能完全理解这些人的攻击行为及破坏行为。可以肯定的是，与根据建制者—外来者关系进行的解释相比，用"攻击性"来解释，似乎更容易找到合适的补救方法。但是，这么做只是给出了一个病症的表面原因。

卷入足球暴力的多数人似乎都来自工人阶级的下层。但是，为了理解这种关联，我们必须将"地位"（state）翻译为"经验"（experience）。他们中的多数不仅来自其社群中声望较低的家庭，而且他们自己也被大多数居于更确定社会位置的人所轻视。毫无疑问，失业与此有很大的关系。但是，如果要找到对暴力爆发的解释，那么就必须感受并记住带有这种社会场景特征的个人经历。在平常的生活中，这些年轻人属于地位较低的小群体。他们在社会中的位置相当低。无论他们什么时候与既定世界发生接触，他们都会感受到这一点。社会的忽视可能会更让人难受，因为这些年轻人知道他们属于被忽视的人群。他们知道，这里还有其他外来者，来自国外的以及外表就是外国人的外来者。他们不算，他们也会被轻蔑地对待。但这些年轻人认为自己属于这里，他们知道自己是英格兰人、苏格兰人或者威尔士人。然而，他们受到的对待就好像他们不属于这里，就好像他们是外来者。他们平常生活中几乎没有什么让人兴奋的事儿；也许没有体育运动，他们自己也没有热情进行体育运动。他们可能没有工作，也许曾经有但失业了。通常情况下，他们的生活相当单调；没有什么事情发生。也许有个女孩，也许看场电影；没有前途，没有目标。于是，当地足球队的比赛就成了毫无波澜的生活之中重大的、令人兴奋的事件。在那里，他们可以向全世界显示自己的归属，而且可以报复这个既不关注也不关心他的社会。在去看比赛的路上，不管是在主场还是客场，他已经不再是独自一人，不再跟日常好友的小圈子在一起。那里有他的同类，成百上千，这会给一个人带来力量。在日常的生活中，人是无力的，受到的关注非常少。而作为人群的一部分，人就有了力量。在火车站，在去看比赛的路上，在足球场场内更是如此，他可以将人们的注意引向自己。其他人的存在让人敢于做某些事情，而如果只有自己的话，他们或许不可能做这些。就这样，尽管并不很清楚自己在做什么，但却能享受这种兴奋，他就实现了对既定世界的报复。人会因为无希望且不满足的生活而为自己复仇。报复是很强的动力。他们会捣毁火车车厢，在酒吧里砸桌子和酒瓶。

57

而球场上有成千上万的人，比警察这些既定秩序的代表要多得多。更妙的是，那里还有外国人，可以拿他们出气。身处众人之中给了他勇气，无力的人似乎有了力量。于是，通常过着卑微的、可能是令人沮丧的生活的人们，把盖子打开了，要雪耻了。他们摆脱了自我控制，这种自我控制通常会限制两支球队之间的游戏—比赛所创造出的兴奋。他们会寻求真正战斗的兴奋，他们可以投入其中，而不必让自己过分冒险。简单地说，这是虚幻的时刻，外来者成了主人，被践踏的占了上风。简而言之，我认为，足球暴力，不管对此还有些什么解释，也应当被视为一种外来者综合征，作为这些年轻外来者群体能够聚集并组成巨大的人群时所体现出的行为及感受的特征。

勒庞（Le Bon）的著名研究《乌合之众》（*The Crowd*），受到法国人——可能主要是巴黎人——骚乱的启发。[1] 在那时，穷人们为了面包而发生骚乱仍然相当常见。这些骚乱激怒并吓坏了体面的公民。尽管建制者—外来者这一角度不在勒庞的视野之中，这些骚乱还是使勒庞观察到了许多仍可在足球观众的暴力中看到的角度。在更发达且组织程度更高的国家，面包骚乱已经完全消失了，而足球骚乱还在持续，这并非一个无趣的反思。根植于前一种类型的暴力中的某些不安，诸如饿死的危险，在这些丰裕社会中可能已经大体上消失了。其他一些同样紧迫的不安现在在骚乱中表现了出来。面包匮乏的问题或多或少解决了，现在出现的是意义的匮乏。在更发达社会中，多数大城市都形成了灰色的外来者区域，那里的人们，特别是年轻人，是从这个区域出发来认识现存世界的。他们可以看到，比他们的生活更有意义、更有成就的生活是有可

---

[1]　Gustave Le Bon, *The Crowd*, New York, 1960, 1895 年初版.

能的。无论其内在意义是什么，这对他们来说都是有意义的，而且他们知道，可能只是能感觉到，他们已被剥夺了生活的意义。而且尽管他们经常相信自己遭受了巨大的不义，但他们并不清楚谁该为此负责。因此，复仇就经常是他们的战斗呐喊。有一天失控爆发，他们就会试图为自己向某人复仇。

对足球暴力的几个观察，再次将注意力引向本书的主要主题之一，即体育运动作为参与者及观看者的休闲活动与人们非休闲生活之间的互补性。体育运动事件之中的暴力控制的破坏与工人阶级年轻外来者的日常社会存在之间的互补性，比起休闲体育运动中受到严格管制的战斗所提供的更受控的令人愉悦的兴奋与对情感的温和控制之间的互补性，并没有更为隐秘。而对情感的温和控制已经成为更复杂社会的成员在所有非休闲活动中的第二天性，也就是社会惯习几乎不可或缺的特征。就这方面而言，体育运动在18世纪英格兰的生成，作为非常明显的社会和缓化的迸发的一部分，是很引人注目的。政治竞技场上对暴力的约束，在英格兰的社会上层要比在法国或德国的对应人群中更多，这种对暴力的约束带有自我和缓（self-pacification）的特征，是一种被强加的约束，不是来自君主及其大臣，而是由自我统治的寡头政体成员加诸于自身及彼此。与政治竞技场上对暴力的约束相对应的是对暴力更大的敏感，甚至体现于这些阶层的消遣之中。我们有充分的理由可以相信，这些受到更高度管理的消遣，也就是当时越来越为人所知的体育运动，开始变得更加重要，是因为它们为这些阶层的自我和缓提供了补充。休闲体育运动当时所提供的，正如今天它仍然提供的，是对一些社会具有特别重要意义的一道人类难题的解决方法。这些社会的和缓程度非常高，也因此对其成员反对暴力、反对任何人加诸于人的身体伤害的敏感程度相当高。体育运动形式的消遣所解决的难题是：在不伤害人的情况下，或是在身体伤害最小化的情况下，如何体验到完整的战斗愉悦？有人可能会问：为什么作为各种体育运动核心的战斗会提供一种让人们感到享受的兴奋？

令人高兴的紧张，也就是在令人愉悦的高峰以及紧张的释放之中达到顶点的令人享受的兴奋，众所周知这是性行为的典型模式。有人可能会认为，一场最终取得胜利的战斗之中的令人愉悦的紧张及兴奋，是在该行为中起作用的自然力量的衍生物。这并非不可能，但是可能不够。我更倾向于认为：一场比赛所产生的令人享受的兴奋，是对非常基本的、可能由社会性引发的人类需求本身的满足，特别是如果这种比赛需要体力的运用，就像在体育运动中那样。换句话说，我认为，如果一个社会没有为其成员，特别是更年轻的成员提供充足的机会以体验可能包括但并不必然包括身体力量及技能的斗争中令人享受的兴奋，这个社会就有可能会使其成员的生活处于过分麻木的危险之中。它可能无法为社会生活反复出现的例行日常所产生的乏味的紧张提供充足的补充式修正。

我要赶紧补充一句，这不是哲学陈述。我并未就此断定，斗争以及由此产生的令人享受的兴奋，为生活中同样不可或缺的约束提供了不可或缺的补充。如果我可以自由选择我的世界，我可能不会选择这样一个人与人之间的斗争被认为是令人兴奋且给人带来享受的世界。而且我肯定不会选择将此作为一种教义。我可能会选择说：避免斗争。让我们大家都在和平中相处。但事情就是这样，作为科学家，我不能以我希望它存在的方式来呈现整个世界。我不能随意呈现，除非我发现世界确实如此。而且，我已经发现，正如我所能观察到的那样，人类还需要其他形式的可以享受的兴奋，不同于性行为的那种兴奋，战斗兴奋就是其中之

追寻兴奋

一。我还发现，在我们的社会中，程度相当高的和缓已经建立起来了，避免斗争的难题在某种程度上已经通过提供模拟战斗解决了，这类战斗是以玩耍的方式在想象的情境下进行的，可以带来令人享受的战斗兴奋，同时对人类的伤害最小。这就像是把圆形变成正方形，本来是几乎不可能完成的任务。然而，它完成了，没有任何计划，就像完全是偶然。

人们经常会想当然地认为，在我们这个时代的科学解释中，驱动力以及其他自发的冲动是人类天性的一部分，而对这些驱动力的控制则是人类社会习得的特性，因此也就不构成人类天性的一部分。事实上，对冲动的限制如今经常被认为是与人类天性相悖的，是"不自然的"。然而，如果人类的自然构成之中没有包含必不可少的控制冲动的生物学倾向的部分，如果人的驱动力及其他基本冲动就其根本性质而言具有可以经由不同方式被限制、偏转或转化的潜能，那么，任何控制都不可能通过学习获得，也不可能作为其永久特点之一置入人类框架之中。事实上，人类对冲动进行控制的自然倾向应被视为人类的独特属性之一，这些独特属性中的每一个都有很高的存在价值。考虑到人们事实上缺乏本能的或天生的控制力，如果人们不具有学习冲动—控制的自然倾向，不具有自我且相互文明化的自然倾向，那么群体中的生活——也就是我们说的社会生活——就不可能在人类中出现。正如我已经指出的，如果没有一种对自发冲动进行控制、延迟、转化的自然倾向，也就是通过习得的反冲动以多种方式将自发的冲动模式化，人也无法以个体形式存活。如果一个人像新生儿一样完全任凭不可控制的欲望摆布，那么他/她将无法获得人的本质特征。有一个研究任务摆在我们面前，对冲动—控制的动员和模式化，到目前为止还没有得到充分理解，关于这些过程的知识还处在初期阶段。至此，难题已经说得足够清楚了。学习社会控制的倾向

60

是人类的自然构成中不可或缺的部分。人类的自然构成显然将冲动—控制的学习与一个人生命早期相当严格的时间安排连接在一起。

更重要的是，人类的自然构成，使得人类具有了特定的缓和机制及倾向，这些不是习得的，而是通过特定的社会处境或者通过社会学习过程在其时其地单独激活，从而缓解紧张的压力及张力；如果控制机制暂时或持续地与冲动斗争，即冲动对抗控制，紧张就可能会出现。一些生物机制和倾向旨在提供对压力—紧张这类重压的缓解，有些时候是某种解放，这一发现在此情境下具有特别重要的意义。社会制度可以利用特定自然机制来抵消，也可能是消解，与冲动控制联系在一起的压力—紧张的出现，体育运动比赛的模拟战斗所激发的令人享受的兴奋便是一个典型例子。有一个广为人知的笑话，讲的是一个外星人偶然看到足球比赛，并说："为什么不一边给一个皮球来结束这一切？"足球、棒球、网球、冰球、自行车、拳击、滑雪，以及我们这个世界的其他各种体育比赛，不管它们是不是模拟战斗，而且尽管有各种过分或扭曲，人们可以从中一再观察到解放的效应：首先是通过观看模拟战斗会带来的压力—紧张的释放，接下来是通过达到压力释放的顶点，也就是一方或另一方的胜利。在这种情况下，人们通过获得胜利来摆脱紧张，而不是通过暴力行为，或通过对其他人的身体伤害或死亡所引发的痛苦来达到目的。满足人类对享受的需求，更明确的说，是对令人享受的兴奋的需求，可以平衡非休闲生活中对情感的平稳控制，我相信，这是人类社会必须满足的基本功能之一。

体育运动当然不是从压力—紧张之中得到释放的这种生物学倾向能够在社会意义上被激活并模式化的唯一形式。这些生物学倾向中最基础且普遍的是人类笑的习性。就像微笑，笑声从根本上说是前语言形式的

61

沟通，它并不是习得的，而且从进化论的角度来说，它的出现可能相当久远。笑具有可塑性，也就是说，它可以通过经验来改变，尽管与构成语言沟通的自然基础的生物学倾向相比，其程度并不相同。作为一种生物学倾向，尽管笑毫无疑问源自前人类祖先，但它也具有人类的独特性。笑声相当生动地展现出，生物学倾向提供的方式及方法可以抗衡冲动—控制中的张力及压力。

　　这里谈及的一些难题并没有得到足够的重视，可能是因为这个领域的主要专家群体，即生物学家和心理学家，主要倾向于将人类与其他动物共享的那些构成特征视为自然的。[1] 因此，他们更关注符合将"进化"视为直线过程这一概念的那些特征，而不是那些尽管从基因上说是持续发展结果的具有创新突破和新颖特点的人类特征，后者在进化过程的早期阶段找不到对应物。必须通过学习来激活的那种冲动—控制的生物学倾向，还有可以带来压力—紧张的释放的生物配置，都属于这个范畴。它们都带有从前人类到人类层次的进化突破的特征。

　　追寻令人享受的兴奋，作为人们非休闲生活中的压力—紧张的抗衡，可以在社会制度及习俗中找到表现；而其方式在不同社会中存在很大的差异。在罗马社会，角斗士之间或者野生动物与人类之间的生死之战所起到作用，相当于当下社会中的赛马、足球比赛或网球锦标赛。短时段的视角很可能会只关注这样一个事实：在一些体育运动中，针对暴力的约束标准已经变低了。这会使我们忘记，从长时段视角来看，在今天的消遣之中，约束的标准是很高的。升华转型也是如此，对专业参与者技

---

[1]　我知道其中存在例外，比如朱利安·赫胥黎（Julian Huxley）的文章《人的独特性》（"The Uniqueness of Man"）就令我记忆深刻。

能水平的要求曾是一些体育运动作为休闲活动时的众多追求之一。

体育运动中的专业主义的提高，可能已经将人们的注意力从休闲体育运动转移开了。非专业人员参与的体育运动，与职业运动员所追求的体育运动相比，表现出的技能水平不可避免会更低。在另一方面，追求职业目标的体育运动，对参与者而言，可能相当无趣，因为和其他职业活动一样要遵守同样类型的约束。然而，这仍然可能带来某种程度的完美，这是在休闲时间、只是为了自己的愉悦而进行体育运动的人几乎不可能匹敌的。

然而，在我们这个时代更丰裕的那些社会中，休闲体育运动，不管是参与式的还是观赏型的，都有广泛实践。与职业且高水平的成就型体育运动相比，休闲体育运动作为一种社会制度，可能并不那么吸引人们的注意。可是，就像其他休闲活动一样，如果工作时间持续减少，休闲体育运动的重要性可能会大幅增长。我已经努力对休闲体育运动的社会功能及个人功能进行了一些澄清。在郊区花园里进行的网球比赛，在瑞士达沃斯的帕森滑雪场进行的长距离高山滑雪，或者是在一个阳光明媚的日子在村庄绿地上进行的板球比赛，其中每一个都可以是相当愉快的经历。如果自己这一边赢了的话，那就更令人享受了。不过，如果是一场精彩的比赛，比赛本身就相当令人享受的话，即使自己输了，也仍是令人享受的。

第一章　在休闲中追寻兴奋

诺贝特·埃利亚斯　埃里克·邓宁

一

　　人们在休闲中所寻求的兴奋，与其他类型的兴奋不径相同。[1] 大体而言，这是一种令人愉悦的兴奋。尽管这种兴奋，与人们在非常危急的情况下所体验到的兴奋具有共同的特征，但是这种兴奋有其独特的一面。

　　极端危急情况会让人们产生一种以高度兴奋的方式行事的倾向。我们可以看到的，在发达的工业社会，相比不那么发达的社会，以高度兴奋行事的情况不再经常出现。这是社会发展的另一面：人们公开地以高度兴奋行事的能力，已经受到了更多限制。在发展的过程中，对强烈兴奋的社会控制及自我控制公开地增强了。对每一个更先进的工业社会而言，尽管它们相互之间并非如此，但其内部的许多基础的人类危机处境，诸如饥荒、洪水、流行病，以及由社会上的优势人物或陌生人所施加的暴力，都已经被置于比以往任何时候都更严格的控制之下。人们的激情也是如此。不受控制的且不可控制的强烈社群兴奋的爆发，也已经变得

---

[1]　本章是《在不令人激动的社会中追寻兴奋》（"The Quest for Excitement in Unexciting Societies"）一文的修订版本。这篇论文曾经于英国社会学学会 1967 年在伦敦举行的年会上宣读，最早发表于 *Sport and Leisure*, no. 2, 1969。

不那么经常发生了。公然以高度兴奋的方式行事的个人，很可能会被送进医院或监狱。兴奋控制——也就是抑制公开的甚至还有私下的激情兴奋——的社会组织及个人组织，都变得更强大且更有效了。不是强大且有效，而是更强大且更有效。比较是有意义的。即使是在当代发展水平最高的那些社会之中，兴奋控制的标准以及一般而言的约束标准，在它们自己看来，似乎仍然不平稳且水平低。只有用社会发展早期阶段的那些标准作为标尺来比较，变化才显而易见。

　　系统的比较研究显示：不仅对强烈情感行动的公共控制及个人控制有所增强，而且随着社会的进一步分化，公共危机及私人危机的处境，与之前相比也都有更明显地分化。公共危机更加非个人化。在这些大规模的社会中，许多公共危机的处境——事实上，多数都与战争、与相对罕见的内部紧张及冲突转化为公开的群体暴力无关——都不能挑起任何自发的兴奋，尽管细致的组织及宣传可能会营造表面的兴奋。在先进工业社会中，地方农业收成很差，已经不会造成因面临饥饿及死亡的威胁而引发失望这样的大灾难。大丰收也不会带来喜庆。这类情况在这些社会之中的对应物是经济波动及危机，而这些在我们这个时代愈发丰裕的社会中，也不那么容易引发强烈的、自发的兴奋。与农业占主导的社会中反复出现的那类波动相比，这种类型的波动也更加非个人。感受的波动，还有与此相连的悲痛与喜悦，属于不同的音调。在这些先进工业社会中，人们可能无法获得对失业的缓冲，但他们通常能缓解饥饿及饥荒。这种类型的波动的特征是相对很长、很慢、很低，是从幸福及繁荣的相对温和气氛，转化为低落且沮丧的同样温和的气氛。与之形成对比的是欣喜及丧气的短期、快速、高度的波动，从一端到另一端的相对迅速且突然的转换。在分化程度较低且以农村为主导的社会中，人们可以看到第二种波动，比如在与过剩及饥荒相关的情况下。

即使人们的生活处在极大的私人危机之中，强烈情感的突然爆发就算仍会出现，通常也是隐藏在每个人自己私人圈子的亲密关系中。婚礼和葬礼、孩子的出生或者成年，还有其他类似的场合，这些社会仪式和庆典，几乎不再像更简单的社会那样，可以为在公共场合引人注目的兴奋提供机会。巨大的恐惧与巨大的喜悦、巨大的憎恨与巨大的热爱，都必须减弱其外在表现。只有孩子才会兴奋地蹦蹦跳跳及跳舞；只有他们在做出以下行为时不会被立刻视为失控的或反常的，比如在突如其来的悲伤之中公开地大哭、泪流满面，在疯狂的恐惧之中惊慌失措，或者在激动时握紧拳头并自暴自弃地殴打或者撕咬可恨的敌人。成年男性或女性公开地泪流满面并放任自己沉溺于痛苦的悲伤，或者在狂野的恐惧之中惊慌失措，或者在暴烈兴奋的影响下野蛮地互殴，这些已经不会被认为是正常的了。对旁观者来说，这通常令人尴尬；而对纵容自己受兴奋驱使的那些人来说，则经常是羞耻或愧疚的。为了能被评估为正常，在我们这样的社会中长大的成年人，被期待要适时地制止他们兴奋的上升高涨。作为规则，他们已经学会了不要向其他人展现太多兴奋情绪。通常而言，他们根本就不能再展示这些，他们加诸于自身的控制已经部分地是自动的了，不再受他们的控制，而是已经成了他们内在人格结构的一部分。

二

在发达工业社会中，休闲活动构成了一块飞地；在这里，适度兴奋行为在公众场合出现是被社会允许的。如果没有意识到与分化程度略低的社会相比，一般而言，发达工业社会在公共层面甚至私人层面的情感控制水平已经变得很高，人们就不能理解休闲在这些社会中的特定特征以及特定功能。根据现有证据可知，所有的人类社会都存在某种社会约束和个人约束。但是，正如其他研究[1]所显示的，在社会结构及个人结构的特定转型期间，出现了相对强大且平稳的覆盖式约束，这是处于更分化且更复杂的社会之中的人们的特点。这是相当漫长的文明化过程的表现，这种文明化过程又与复杂社会的专门控制组织即国家组织的有效性提升，处于循环式的相互依赖之中。

就我们可以看到的而言，休闲活动，作为放松非休闲约束的一个社会领域，可以在处于各发展阶段的社会中找到。古代希腊人的狄奥尼索斯酒神节——宗教兴奋或者如亚里士多德所称的"热情"（enthusiasm）——还有中世纪基督教社区的狂欢节，都是例子。在以前，许多类型的宗教活动都具有与今天的休闲活动类似的功能。我们这个时代的许多休闲活动，特别是"模拟"类别的，所具有的功能类似于以前某些类型的宗教活动。尽管压力和约束，还有减轻并松动它们的特殊休闲领域，似乎存在于所有已知的社会，但是，它们的特点以及它们之间的整体平衡，在文明化过程中都发生了变化。在这样一个过程之中，对人们行为的约束变得包罗万象。这些约束变得更加平稳，极端之间的波动更少，并且内化成了个人的盔甲，或多或少地自动实施自我控制。然而，对长时段的文明化过程的细致分析可以表明：这个方向上的社会发展导

---

[1] 参见 Norbert Elias, *The Civilizing Process*, Oxford, 1978 和 *State Formation and Civilization*, Oxford, 1982。

追寻兴奋

致了反向运动，即朝向社会约束及个人约束的平衡式松动。我们可以在当代生活的一些领域中发现这种类型的平衡式反向运动，其中之一就是休闲领域。音乐和戏剧的新发展、唱歌跳舞的新形式，都是例子。即使是在像英国这样传统上相当保守的国家，也可以看到观众更积极地参与到体育运动赛事之中，这也是一个例子。它们表明了对日常覆盖的约束的适度突破，也表明了公开兴奋的范围及深度的扩大，特别是在年轻人中。

在这种类型的当代社会中，我们可以看到，对约束的平衡式放松不再处于宗教活动及信仰的框架之下。但是，不管它们的特征是怎样的，这些社会的——与这些社会的结构之中的特定变化关联在一起，特别是不同年龄群体之间的权力分布——一些休闲活动中表现出来的补偿型兴奋及情感性本身，也由于文明化的约束而缓和。与此同时，近期，公众在展示出明显的兴奋这方面表现出了更大的容忍，这只是以更明显且直接的方式展现了休闲活动的一般功能，特别是我们已经提到的那个特定类别的一般功能。因为缺乏准确的社会学术语来描述这个类别，我们将称之为"模拟"类。大多数休闲活动，尽管不是所有，都属于这一类；从体育运动到音乐和戏剧，从谋杀电影到西部片，从打猎和钓鱼到跑步和绘画，从赌博和下棋到摇滚乐中的摆动和摇晃，还有许多其他。在这里，就像别的地方一样，在休闲活动中追寻兴奋，也就是追寻亚里士多德所称的"热情"，是补偿在我们日常生活之中的公开情感表达所受到的控制和约束。离开一个，就不能理解另一个。

三

这里开始出现的两极分化，与目前主导了休闲讨论的标准两极化，也就是休闲与工作之间的两极化，有相当大的差别。在今天，休闲活动通常被解释为是对工作的补偿。这很少会被认为是有问题的，甚至被作为休闲研究似乎是不言自明的出发点，而几乎不会把这种看法本身作为一个可以研究的对象。嘴边的那些词组，诸如"工作与休闲"，所表达的传统的流行刻板印象，就这样没有经过批判检验地被提升到了科学公理的地位。此外，对"休闲"与"工作"这两个概念的熟悉，倾向于掩盖它们的不准确。就实际情况来看，能将它们彼此区分开的那些特征还远不够清晰。两个概念都被价值判断的传承所歪曲。按照这个传统，工作，作为一种道德责任，排位很高，而且工作本身就是目的；休闲的排位就很低，是懒惰及放纵的一种形式。此外，休闲还通常被认定与愉悦有关，而愉悦在工业社会的定类价值尺度上得分也很低。尽管近来对工作满足这些难题有所关注，但通常认为，工作与愉悦存在内在的对立，被视为亚当的诅咒的世代传承。康德的推理指出：责任如果是令人愉悦的，那么就不会是道德的。这仍然可以在当代将"工作"与"休闲"当作两极的做法之中找到隐约的回声："休闲"似乎都是愉悦，而"工作"就一点也不愉快。不过，在我们这个时代的高度组织化的国家社会之中，相对持久类型的外在控制及内在控制的压力是包罗万象的，与迄今为止将较低的价值赋予休闲这种做法使我们所相信的相比，休闲满足——或者缺乏这种满足——对作为个体也作为社会的人们的福祉来说，可能更为重要。就我们可以看到的而言，将休闲活动仅仅视为工作的附属这一倾向的存活，更多是由于传统价值图示的存活，而并非由于对这两个概念及其所

　　　　　　　　　　　　　　　　　追寻兴奋

指涉的人类活动的社会结构及功能的系统考察。

如果开始对它们进行考察，会很容易发现：即便是在社会学的讨论中，"工作"和"休闲"这两个概念的使用通常也是相当松散的。目前的用法使得我们很难做出判断，比如家庭主妇的职责或者园艺师种植花木是不是应当被定义为工作，而职业足球运动员的比赛是否能被视为休闲。如果休闲社会学的理论研究与经验研究并没有像人们所期望的那样发达，这在很大程度上应该归咎于这种价值传承以及作为其结果的概念的含混不清。

四

在工作与休闲的常规两极化中，"工作"这个术语通常仅仅指特定类型的工作——人们为了谋生而从事的那类工作。在更分化也更城市化的社会中，工作是指有严格的时间管制的，而且，在多数情况下，也是高度专门化的那类工作。与此同时，这些社会的成员通常还在业余时间为自己做大量无报酬的工作。人们的业余时间只有一部分可以用于休闲，自由选择且无报酬地占用一个人的时间这个意义上的休闲——选择休闲的首要原因是为了自己的享受。据猜测，在我们这样的社会中，人们的业余时间有一半通常都用于工作了。要发展出与可观察的事实更紧密地保持一致的休闲研究的参考理论框架，首先的步骤之一就是要更明确地区分并更清晰地界定业余时间与休闲之间的关系。按照目前语言学的用法，业余时间是指职业工作之外的整个时间。在我们这样的社会中，其中只有一部分可用于休闲活动。宽泛地说，在人们的业余时间中可以区

68

分出五种不同领域，它们彼此以多种方式相互重叠并融合，但每一种都仍然代表不同类别的活动，而且在某种程度上提出了不同的难题。

业余时间活动：初步分类^[1]

（1）**私人工作和家庭管理** 许多家务活动，包括供养一个家庭这件事本身，都属于这个类别。所有大大小小的购买、所有各种类型的个人金融交易、所有对将来的计划，都属于这一分类。对孩子的管理，还有整个家庭战略，包括家庭争端及许多相关的任务，也都属此。所有这些活动都要求专门的能力，这些能力必须通过学习才能够获得。随着生活水平的提高，这个领域作为整体往往会占用更多的时间。作为一个研究领域，除了家庭支出这类难题以外，私人工作及家庭管理这个领域，大体上仍然尚未进入研究的视野。这一领域的许多活动都困难重重。很大部分活动是不得不做，不管人们喜不喜欢。在一段时间之后，这些活动在每个家庭都或多或少被例行化了。人们很难称之为休闲。

（2）**休息** 属于这个类别的活动包括坐下来抽根烟或编织、做做白日梦、在屋子里走走、什么都不做，还有最重要的，睡觉。可以把这个类别的活动称为休闲，但这个类别很明显与许多其他休闲活动不同，如后面会提到模拟类的休闲活动，比如体育运动和戏剧。

（3）**满足生物需求** 为了不留下误解的空间，需要说明：就像其他时间

---

[1] 这是在一些尝试探索之后提出的一份初步草稿，从中发展出了更准确且更全面的"业余时间光谱"。参见本书第二章。

一样，在业余时间里，我们不得不满足的所有生物需求，都是社会形塑的——吃喝与排便、做爱与睡觉。这些需求反复出现，它们要求得到满足，而人们也努力满足这些需要。满足是令人愉悦的。它们平静下来，减弱了，只是之后节奏重复，这些需求又再次出现。吃饭、喝水、做爱，给其他类别的活动特别是社交类的活动直接或间接地注入了活力。它们可以在一定程度上——通常也是——被例行化，但是它们能够而且事实上也可以时不时地以与通常情况相比更慎重的方式被"去例行化"（de-routinized）。与此同时，它们都与模拟类的活动有一些共同点：它们可以提供高度的享受，假设人们能够以非例行化的方式来满足这些需求，比如外出吃饭。

（4）**社交**　这也是"非工作"，尽管可能需要付出相当可观的努力。它的范围从高度正式的社交到高度非正式的社交，这两者之间还有许多中间等级。这个类别包括仍然与工作相关的活动，诸如拜访同事或上级、参加公司的外出聚会，也有跟工作无关的其他活动，比如去酒吧、去俱乐部、去餐厅或聚会、跟邻居八卦、跟其他人一起但不做太多其他事，这些活动本身就是目的。正如人们能看到的，多种类型的社交，作为花费业余时间的一种形式，在社会的不同层级中有很大差异。跟第（1）种和第（2）种类型的活动一样，这一类的业余时间活动大部分仍然还没有被研究。

（5）**模拟类或玩耍类的活动**[1]　许多对休闲活动的探究及讨论都集中于

---

[1]　"玩耍"（play）这个术语可以在多种意义上运用，对它经常性地宽泛使用，导致了特定困难及误解。尽管我们已经试图清楚地说明我们是在什么意义上使用这个术语的，但是，有一个更专门的术语可供使用，以指称我们归在（5）这个类别的业余时间的活动，这种做法似乎更有帮助。对"模拟"这个术语的选择，将在我们这篇文章中变得更加清楚。

这类活动。其他类别则经常被视为理所当然。本文的探究主要关注的也是这个类别，因为尽管致力于这类活动的调研的数量在增加，但是这类活动的典型特征并没有在任何研究中非常清楚地呈现，以供我们理解。很多关注都致力于对这类活动的共同特征的某些单一方面或单一难题，对其基本结构的关注相对很少。这些活动本身也表现出了很大的多样性。很多休闲活动都属于这一类别：去剧院或音乐会、跑步或去电影院、打猎、钓鱼、打桥牌、登山、赌博、跳舞、看电视，等等。不管人们是作为行动者还是观众参与其中，只要其不是作为谋生的专门职业，这个类别的活动就都是带有休闲特征的业余时间活动；如果是为了谋生，这些活动就不是休闲活动了，而变成了一种工作形式，会涉及在我们这类社会之中作为工作的特征的所有职责和约束，即便此类活动可以给人们带来高度享受。

70　　这个分类方法，虽然是暂定的，但可以作为澄清若干理论的出发点。它表明了将"业余时间"与"休闲"或多或少作为同义词的这种概念化有不足之处，不仅就实践目的而言，就研究目的而言也是如此。这个分类方法非常清楚地表明：我们的业余时间有相当一部分不能用于休闲。单就这个原因来说，传统形式中休闲与工作的两极化是不准确的。这种说法似乎是在暗示：即所有不用于工作的时间——这里的工作指的是有报酬的职业工作，所有的业余时间，都可以投入到休闲活动之中。

正如前面的澄清所表明的，有报酬的、职业的工作只是工作领域中的一种，它们要求个人感受稳定且平稳地服从于非个人的社会要求及任务，无论这些感受多么强烈且充满激情。在像我们这样的社会中，相对平稳覆盖的约束深入扩展到了业余时间活动的领域。由于程度不同，这种约束也渗透进了家庭内部圈子之外的人们的许多私人社会关系中。即使是在家庭圈子内部，社会所允许的松动约束的范围也相对小了。社会控制，甚至国家控制，缓和了诸如我们这样的社会之中丈夫与妻子之间、父母与孩子之间的关系。充满激情的爆发，兴奋控制更完全的放松，即使是在家庭圈子内部，也已经变得罕见了。在社会功能高度分化的复杂工业社会中，所有活动——公共活动还有私人活动、职业活动还有非职业活动——相应的高度相互依赖，都要求并产生了全面覆盖的约束。约束覆盖的平稳与严格，可能会在最亲密的关系之中放松一点，但是，与更简单的社会相比，这种约束覆盖也失去了其局部性的特征。它不再有人们在不那么分化的社会之中可以遇到的，为不受约束的那些放纵所提供的空隙与豁口。在分化程度略低的社会中，除了其他原因之外，不同社会层级之间的权力及地位的巨大差异，也给情感的放纵及不受约束留下了宽阔的空间，比如主人在与奴隶或仆人的关系之中的行为，或者一家之长（pater familias）在与妻子及孩子的关系之中的行为。而在像我们这样的社会中，不平等有所缓解，约束覆盖现在以相当小的差异程度扩展到了人们所有的关系中。这些社会的结构为充满激情的兴奋的自发却未经反思的爆发所留下的空间也很小，即使对最有权势的那些人也是如此。他们甚至永远不能放松与情感约束相伴而生的那种小心谨慎及深谋远虑，以免危害他们在社会中的位置。[1]职业工作的情感约束也深入到人们非职业的生活，成为几乎不可动摇的约束习惯。

71

体育运动、戏剧、赛马、聚会，还有总是与"休闲"这个术语联系在一起的其他活动及事件，特别是所有的模拟类活动及事件，它们的特定

[1]　在埃利亚斯《文明化的过程》一书中可以找到对这个难题的更广泛的讨论。

功能必须根据兴奋控制的这种普遍性与稳定性来进行评估。这就是我们在这里所关注的两极化。在休闲事件的形式中，特别是模拟类别的形式中，我们的社会满足了公开地体验强烈情感爆发的需要——因为这种类型的兴奋并没有扰乱并危害社会生活相对的秩序井然，与那些严重的兴奋类型容易导致的情况不一样。

五

很可能一些人会从我们的社会类型是"不令人兴奋的"（unexciting）这个描述之中，察觉到嘲弄的意思。前述讨论可能有助于明确这个术语用在这里的准确含义。它涉及到约束的类型和程度，这种约束强加于我们这类社会中自发的、基础的且未经反思的那类兴奋之上，无论是高兴与悲痛，或是热爱与憎恨。强劲且有激情的爆发这种极端情况已经受到了由社会控制所维持的内在约束的抑制；这些社会控制有一部分已经如此深地内化，以致不可撼动。

然而，"令人兴奋的"这个术语今天通常在不那么特定的且更形象的意义上使用。如果人们不认为在这个更广泛且更形象的意义上，我们的社会远离了不兴奋，那么，就可能会使自己处于被误会的境地。在这个意义上，认为我们生活的社会是人类发展中最令人兴奋的社会之一，这种说法并不是完全没有道理。也许可以用一段引用来帮助说明。下面这段话出自让－吕克·戈达尔（Jean-Luc Godard）的一篇文章：

> 我特别高兴能生活……在今天，在我们这个时代，因为变化是

极大的。对一个"以文字做画的人"来说，这令人非常兴奋。在欧洲，尤其是在法国，今天所有的东西都在变动。但是，人们要有眼睛看到它。青年、城市的发展、省份的发展、工业化的发展——我们生活在一个非同一般的时代。对我来说，对现代生活的呈现并不简单地在于努力呈现单个创新及工业发展，这是一些报刊采用的方式；而是在于呈现这种整体的变形。[1]

我们很多人可能都分享过这种类型的兴奋。也许可以说，自文艺复兴以来，很少有时代能像我们这个时代一样，向生活在其中的人们提供如此多的机会来尝试新思想及新形式，从传统的束缚中逐渐解放想象力。尽管仍有战争的威胁，这个时代的空气里有大有可为的承诺，依然令人兴奋。

但是我们在这篇文章中所讨论的则是另一种类型的兴奋。它不那么具有反思性，也不那么依赖于远见、知识，不依赖于从围绕着我们的苦难及危险的沉重负担之中暂时将自己解放出来的能力。我们关注的是自发且基础的兴奋，这种兴奋可能不利于贯穿人类历史的那种秩序井然的生活。在严重且具有威胁性的那类兴奋的倾向已经减少了的社会之中，玩耍—兴奋的补偿功能增加了。在这类兴奋的帮助下，模拟领域一再提供机会，在某种程度上，为日常的社会生活原本平稳的基调带来了新的"灵魂的振奋"。之后我们将会更多地谈及玩耍—兴奋与其他类型的不同。这是我们自愿去寻求的兴奋。为了体验这种兴奋，我们必须付钱，总是如此。而且，与其他类型相比，这种形式的享受总是令人愉悦的兴奋，

---

[1] Jean-Luc Godard, *Le Nouvel Observateur*, 1966；也可参见 *Die Zeit,* 10 March 1967.

也能够在一定限制内得到其他人的社会同意，以及我们自己良知的社会同意。

有人可能会有理有据地指出：我们的社会为模拟领域之外的完全现实主义的那类令人愉悦的兴奋，留下了很大的空间。很明显，内在于男性与女性的关系中的那种兴奋就是如此。也许我们应该通过接受这个挑战来进一步阐明到目前为止所遵循的思路。在我们的社会中，内在于性吸引之中的强大兴奋，已经以非常特定的方式被束缚住了。在这个领域中，残忍的激情及兴奋也蕴含着巨大的危险。我们很容易忘记这些，是因为在这里，程度非常高的约束也成为在更复杂社会长大的这些人的第二天性，而松动这种控制，会被归类为异常或者犯罪。在对另一性别的了解中获得巨大的、令人兴奋的经验，是按照正式的规范及我们社会的传统来进行管制的，以使得这种经验成为个人生活中的独特事件。最可能被社会认可的兴奋，是"爱情"，它被安放进我们井然有序的生活之中，并被限制为一个人一生一次的经历，至少在理想情况下。除了对爱情的呈现在模拟领域的许多产品之中占了很大一部分这一事实之外，可能没有什么其他东西可以更好地展示模拟领域在我们社会之中的特有功能。爱情故事在电影、戏剧、小说之中的呈现显然是永无止境的需求，简单地用人的原欲倾向来解释是不充分的。这些模拟式的呈现所提供的是特定兴奋的更新，这种特定兴奋与男性与女性第一次——也许后来还会有新的——的巨大依恋联系在一起，许多人在真实生活中沉溺于此。对于我们难题的澄清至关重要的是在这个情境之中区分满足（包括性满足）与特定兴奋，前者内在于长久且有序的婚姻生活之中，而后者内在于对鲜活且新鲜的爱情的独特依恋。数不胜数的对爱情的模拟呈现，所提供的是对这种兴奋的体验或者说再现，如果仅仅是在戏剧中的话，就只有兴奋的再现。经过所有紧张与冲突达到的满足是令人愉悦的，无论故事的结局是高兴还是悲伤。对爱情的模拟经验调动并激发了人们的情感，这种情感在平常的生活中容易变得懒洋洋的，即使人们并不缺乏通常意义上的性满足。

我们可以从这个例子中更好地看出，将职业工作单独作为与休闲相反的一极，并试图通过参照职业工作的特征及功能来解释人们休闲活动的特征及功能，这种做法是有缺陷的。在像我们这样相对秩序井然的社会之中，例行化攻占了生活的所有领域，包括最亲密的那些领域。[1] 例行化并不局限于工厂工作或办公室工作、管理工作及其他类似的活动。除了人类有机体间歇地受到某些令人兴奋的经验在强烈感受的帮助之下的冲击及激发，作为秩序与安全的条件，全面例行化和约束容易导致情感的枯竭，产生一种单调乏味的感受，而感觉工作单调只是其中之一。因为单调乏味并不是工作的属性，而是做这项工作的那些人所产生的需要评估的感受的属性。模拟类别的休闲活动所提供的特有的情感刺激及振奋，会在令人愉悦的紧张及兴奋之中累积，这代表情感约束的力度及平稳有或多或少高度制度化的对应物，而在更加分化且文明化的社会之中，人们各种类别的有目的活动情感约束是有要求的。人们在休闲时光

---

[1]　这里使用的"例行化"概念，在某些非常根本的方面与杜马泽迪尔（Joffre Duma-zedier）的《走向休闲社会》（*Toward a Society of Leisure*, New York and London, 1967）以及弗里德曼（Georges Friedmann）的《工业社会》（*Industrial Society*, Glencoe, Illinois, 1955）都有所不同。这两位作者使用这个词汇首要指的是导致以下情况的方式：机械化及理性化导致了工作任务中的单调与重复，在从事这些工作的人之中激发了无聊的感受。然而，这个概念在这里的使用，是指对感情的社会控制及个人控制，是指在所有处境中起到了作用的例行化，在这些处境中，人们不得不将一时的感受及冲动服从于一整套对他们的要求，而这些要求是由人们所处社会位置对他人的功能而直接或间接地提出的。

中所寻求的令人愉悦的玩耍—兴奋，就同时代表了对一种周期倾向的补充和对照，这种周期倾向是在生活的有目的的、"理性的"例行之中容易出现的情感效价僵化的周期倾向。[1] 而模拟式的组织及制度的结构本身就代表了对形式上非个人的，而且是任务导向的制度的对照和补充，后一种制度给充满激情的情感或者情绪的波动所留下的空间相当小。作为对有目的、任务导向且高度非人格化的活动所组成的世界的补充，休闲的制度，不管是戏剧和音乐会，还是赛跑和板球比赛，都只是"不真实的"奇幻世界的呈现。模拟领域构成了社会"现实"独特且不可或缺的一部分。

74

六

以这种两极化为出发点，可以更清楚地看到我们在对休闲的研究中面对的基本难题。宽泛地说，这个基本难题本身可以转化为两个相互依赖的问题：

（1）在我们这个时代更复杂且更文明化的社会之中发展出来的个人休闲需求有哪些特征？

（2）在这类社会中发展出来的、为了满足这些需求的特定类型的休闲事件有哪些特征？

为了给更细致且更疏离的考察扫清道路，似乎有必要挑出对特定类

---

[1] Norbert Elias, "Sociology and Psychiatry", in S. H. Ffoulkes (ed.), *Psychiatry in a Changing Society*, London, 1969. 也可参见 Norbert Elias, *What is Sociology?*。

型的令人愉悦的兴奋的需求，并将这种需求放在第一个难题的中心。我们可以表明，这种需求处于多数玩耍需求的核心。兴奋，在某种程度上，是所有玩耍—享受的调味料。

要看出第二个难题的目标和含义，可能不那么容易。为什么似乎必须将一个特定的术语用于可以合理归类为模拟的所有休闲事件？这么做的原因之一是承认所有这些事件都具有一个特定的结构，这个结构使得它们能够满足特定的休闲需求。将体育运动、音乐会、电影及电视这些休闲事件适合服务于人们休闲享受需求的那些特征，概念化为内在于其结构的做法似乎很有帮助。人们习惯于讨论工厂的结构或家庭的结构，却还不习惯讨论休闲事件的结构。希望这样说不算冒昧。但是，一旦人们开始习惯就不难看出，休闲难题的中心是我们这类社会特征的休闲需求的结构和为了满足这些需求而出现的事件的结构之间的关系。

我们第一次遇到这个难题，是在对足球的研究之中。在进行这些研究时，我们不由自主地注意到一种具体类型的群体动态机制（group dynamics），也就是在比赛中的一种特定的紧张—平衡，简单说就是一种可以清晰分析的结构，是极其令人兴奋且享受的经验；而另一种类型的型构，同样可以进行清晰的型构分析，却被认为是不令人兴奋且令人失望的。正是在这种情境中，我们第一次遇到了这个难题，经适当的修改后，这种难题可以适用于所有的模拟事件。我们已经阐述过这个难题，即关于在社会意义上产生的休闲需求，以及为了满足这些需求而在社会意义上制定的休闲事件的结构这两者之间的对应关系。我们并不是在暗示提出这个难题并加以澄清这么做本身，就足够指示确定的解决方案。这是一个复杂的难题，而且人们在探讨这个难题时遇到的一些困难，也都必须清晰地陈述。尽管我们并不认为我们能够或者应该在这篇文章中提出一个全面的解决方案，但是，我们希望能够迈出几步，走向解决方案。

这类难题的主要困难之一，可能也是为什么迄今为止人们几乎没有取得什么进展的原因之一，是它跨越了多个科学领域。但其是否可以被称为跨学科问题，这一点仍然悬而未决，因为这个难题的提出，并没有像人们在自己的探究中那样严格遵循任何人类科学的传统边界。这个难题有其生理学、心理学及社会学的层面。尽管按照目前的学科界限来说，三个领域的区隔是真实的，但这些区隔建立在不同学科各自的研究对象都是一种独立存在的假象之上。根据我们打算探讨的现实，这三个专门领域所关注的难题范围，尽管是可以辨识的，却是不能分割且相互依赖的。它们都关注人类，而人类并不是由分离且独立的分区所组成的。为了研究的目的而进行拆分，为了研究的目的也必须合为一体。

（1）兴奋综合征的一些生理学方面已经由专业人士诸如沃尔特·B.坎农及其他人[1]进行了研究。他们提供了动物与人类在突然遭遇危急情况时的一些最主要的躯体变化的图景。这幅图景已经足够清晰，我们可以至少初步指出，兴奋反应的器官结构，与激发这些器官结构的事件的社会结构之间存在对应的可能。但是，生理学的探究更关注的是不那么愉悦的兴奋类型。研究结果可以用"紧急情况"或"警

---

[1] W. B. Cannon, *The Wisdom of the Body*, London, 1947. 也可参见 W. B. Cannon, *Bodily Changes in Pain, Hunger, Fear, and Rage*, New York, 1929；进一步阅读可以参见 M. L. Reymert (ed.), *Feelings and Emotions: The Moosehart Symposium*, New York, 1950; A. Simon, C. Herbert and R. Strauss, *The Physiology of Emotions*, Springfield, Illinois, 1961; L J.- Saul, 'Physiological Effects of Emotional Tension', in J. M. Hunt (ed.), *Personality and the Behaviour Disorders*, New York, vol. 1, 1954.

戒"反应这些概念进行概括。[1] 对兴奋的生理装置的研究，几乎都与饥饿、恐惧、愤怒，以及一般意义上对突如其来的危险的特定反应有关。我们对与愉悦相关的兴奋综合征的了解似乎少得多。尽管有这样的局限，生理学研究仍表明：兴奋综合征是变化的传动装置，这种传动装置在各个层次上都关系到整个有机体，没有其他事物可以如此。而且，如果对整个有机体的多极紧张—平衡的整体变化没有一点了解，那么就不能理解令人兴奋的休闲事件，例如令人兴奋的足球比赛——的结构与众多观众中的"变化的传动装置"——我们概念化为"兴奋"——之间是同构的。

（2）兴奋综合征的心理学方面，就我们所能看到的而言，很明确只研究了最接近心理学层面的领域，也就是将研究对象局限于非常小的孩子。证据表明，一般化的兴奋反应是婴儿最早出现的反应之一。[2] 对婴儿期兴奋的研究表明，身体摇摆和其他有节奏的动作是兴奋综合征最早期的表现之一。它们可能有抚慰的效果，也可以跟令人愉悦的感觉关联在一起。或许一个不算牵强的假定是，令人享受的休闲活动的一种类型，如某些形式的舞蹈通过有节奏的反复动作所带来玩耍—兴奋，是源自人们可以在婴儿那里观察到的非常基础的兴奋。

　　心理学家对理解这些难题的其他方面的贡献非常有限。对控制的系统实验研究，还有对控制松动的反向运动的研究，以及与更强

[1]　例如参见 P. C. Constantinides and N. Carey, "The Alarm Reaction", in D. K. Candland (ed.), *Emotion: Bodily Change*, New York, 1962。

[2]　参见 K. M. B. Bridges, *The Social and Emotional Development of the Preschool Child*, London, 1931。

的控制及相应反向运动有关的、关于处于波动中的紧张—平衡的所有问题的研究，这些都仍然是开放的领域。在这方面，我们不得不依赖我们自己的资源。

（3）可以说，对休闲事件的社会学研究，情况或多或少也是一样的。这些社会事件的结构，特别是在满足行动者及观众的、经常达到顶峰的玩耍—享受之中可以找到共鸣的那些属性，多数都尚未探讨。我们的努力便是以足球为例解释这种类型的结构。

七

如果我们看看在这样的劳动分工尚未出现，也就是对知识的追求还没有被拆分为不同的专门领域的那个阶段，人们采用了哪些方式来处理当前不能被纳入到这个或那个学术专门领域的界限之内的同样的难题，可能有助于更好地理解在处理这些难题时会遇到的困难。在更早的阶段，这样的难题通常是放在哲学这一包罗万象的矩阵之中来考虑的。这种前专门化取向对同一难题的处理的最好例子之一，可以在亚里士多德那里找到。如果有人认为在社会学探究中提到亚里士多德对休闲兴奋难题的阐释是很奇怪的，而且在这个科学发达的时代可能还有点可疑，那么，对亚里士多德的假说进行简短且必然粗略的总结，可以展示出其优势。

正如希腊社会跟我们社会的结构不同，希腊的"休闲"概念的意思也与我们的不太一样。这种回看有一种额外的好处：通过将"休闲"与"工作"这两个概念跟另一个社会的相应概念放在一起，可以更好地看到我们对这一概念形成了多少刻板印象。

亚里士多德投入了相当大的努力来研究我们所说的休闲难题。[1] 然而，翻译很容易模糊亚里士多德的思考及写作方式所代表的不同经验及不同价值图示；译者们经常试图不仅将亚里士多德的词语翻译成我们的词语，而且将他的思考方式也翻译成我们的思考方式，却未能清楚地理解在一个不同的社会之中亚里士多德的经验所具有的不同特征。以亚里士多德用于讨论休闲与工作难题的那些词语为例。希腊语中"休闲"这个词是 schole，是英语"学校"（school）一词的词源。这个词还可以用来指闲人的事务，指人们用休闲时间做的那些事——交谈、参加学术争论和讨论、讲座，或者加入听讲座的群体。这个词语以这种方式逐步接近了英语"学校"一词的含义，但是只是接近。因为学习在当时是而且主要是"闲人"的特权。

但是，希腊闲人阶层的成员有一些要做的事情，使得他们远离了被理解为休闲的 schole。他们要做的事情包括管理他们的财产、市政事务、战争和兵役。这些以及许多其他事务占据了他们大量的时间，而且，当希腊人指称这些事务时，他们使用了希腊语中的"工作"。指代这些富裕闲人的工作的用词是展示他们与我们的价值体系之间不同的最好例子。希腊人只能用否定的方式来构词以表达这个意思——ascholia，意思是"没有休闲"。不参考实际的希腊词语，就不能理解亚里士多德的"我们工作是为了有休闲"。这句话意味着：我们工作是为了有时间去做更好且

---

[1] 亚里士多德对音乐的看法主要可见《政治学》第七卷和第八卷。他对一般意义上的感情的看法在《政治学》第一卷。心理学的（狂喜的）宣泄（清除）与躯体的宣泄彼此在某些方面相似，而在另一些方面则不同。相似之处在于：抛弃让人不安的事物，有助于恢复失去的平衡。不同之处在于：狂喜宣泄只是产生暂时的恢复，而且总是伴随着令人愉悦的感觉。

　更有意义的事情。

亚里士多德的休闲理论只留存下了一些片段，[1] 但是这些片段就足够有启发性了。亚里士多德的理论中心是音乐及悲剧对人们的影响。今天，用以泻药效果为模型的术语来解释在我们价值尺度之中排名很高的这些休闲事件的效果，可能还是会让人很犹豫。对亚里士多德来说，音乐及悲剧的排名并没有更低，但他毫不犹豫地这么做了。事实上，面对人类难题，当代科学的方法路径与亚里士多德及古典时代许多其他哲学家的方法路径之间的主要差异之一是：许多当代科学家似乎对非人类科学那些萦绕不去的范式都很推崇，由其是物理学的范式。而被古典时代的许多伟大思想家视为模型的最可靠的经验知识储备是医学。因此，亚里士多德在评论音乐及戏剧对人的影响时，从内科医生的实际观察之中得到了线索，这并不值得奇怪。亚里士多德关于音乐及戏剧效果的理论中有"宣泄"（catharsis）这一中心概念。这个概念源自医学，与将有害物质排出体外有关，与通过泻药来清理身体有关。亚里士多德指出，在比喻意义上，音乐及悲剧对人而言起到了一些类似的效果。音乐及戏剧的治疗效果不是通过肠道的运动，而是通过"灵魂的运动"（*kinesis tes psyches*）。如果人们过分兴奋或者紧张，令人兴奋的音乐有助于让他们平静；如果人们因绝望和沮丧而麻木，他们可以通过哀伤的曲调在他们感受的涌动之中找到缓解。这些模拟事件的疗效的根本在于它们所产生的兴奋是令人愉悦的，这与极端危急处境中的兴奋形成了对比。亚里士多德在这个情境中很明确地使用了"模拟药"（*pharmakon*）这个术语。他仍然可以看到后来在欧洲思想传统之中可能已经受到压制或者几乎被

---

[1]　亚里士多德《诗学》的现存版本仅仅是原始版本的一个片段。

　　　　　　　　　　　　　　　　　　　　　　　追寻兴奋

遗忘的一些东西，尽管基督教会传统对亚里士多德的思想有所吸收：模拟事件带来的相对温和的愉悦具有治疗的效果。如果"热情"中没有享乐的元素，音乐及戏剧所产生的兴奋之中没有享乐的元素，那么宣泄也就不可能了。

亚里士多德关于休闲事件的效果的理论，还有其他方面非常值得考虑。这里已经说到的可能足以表明，在那个阶段，人们可以非常清楚地看到那些在发展阶段很难再被看到的难题，因为在发展阶段，对人类的研究已经明确划分为几个不同的专门领域，这些领域之间的关系不确定且缺乏任何整合性的补救。看看亚里士多德在考察休闲享受的恢复效果时是多么严肃，这可能也是有用的——在现在这个阶段，甚至在心理学和社会学的科学理论之中，讨论一般意义上的愉悦难题，或专门讨论令人愉悦的兴奋的难题，都是相当拘谨小心的。考虑到今天可以接触到多得多的事实知识，我们能够超越亚里士多德一点也不奇怪。但是，作为一个出发点，亚里士多德的取向是很有启发性的。很难相信，人们可以发展出关于休闲的准确理论，而不注意休闲活动令人愉悦的方面。

八

亚里士多德的观点认为：愉悦是休闲活动的治疗效果即宣泄效果的必要成分，这些效果在他看来是最重要的，但他并没有在事实上特别强调。亚里士多德以实事求是的方式提出自己的观点。他的观点是有争议的，与其他希腊哲学家的看法矛盾，诸如柏拉图和斯多葛学派，后者即便不是公然蔑视也倾向于以怀疑的态度对待人们的感情；但它并不需要与社会禁忌的传承抗衡。在像我们这样的传统情境之中，对愉悦的难题进行讨论，很容易变得不平衡：禁止将愉悦作为严肃谈话的主题或研究主题的倾向，与过分强调愉悦的相关性的倾向，是势均力敌的，而我们接近禁忌禁区所必需的努力都带有此特征。这可以归结于找到适当的平衡是很困难的，即便是在今天，休闲活动作为愉悦来源这一功能，即便可能被提起，也并不总被认为是重要的。

然而，甚至在欧洲传统中，亚里士多德的观点，在过去的几个世纪之中，也时不时地帮助了一些反对消灭或压抑这类带来愉悦的活动的人的战斗，其中之一是弥尔顿（John Milton）。当他的清教徒朋友不仅打算压制轻戏剧的娱乐，甚至还打算压制悲剧演出时，弥尔顿写下了这段话：

> 悲剧，正如其在古典时代所创作出来的那样，一直被认为是所有韵文中最严肃、最有道德、最有益处的。因此，亚里士多德认为悲剧具有激发同情及恐惧的力量，能够净化人们的心灵；还有诸如激情，可以缓和它们，并将它们降低到带着某种喜悦的恰当程度，通过阅读或观看被模拟得很好的这类激情来激发这种喜悦。自然界并没有放弃它自己的努力来实现亚里士多德的断言：因此物理世界带有忧郁色彩和性质的事物，会被用来对抗忧郁，酸来对付悲伤，用盐来祛除影响心情及健康的体液。[1]

80

戏剧所引发的强烈激情具有宣泄的效果，还弥散着欣喜；而在现实

---

[1] John Milton, Preface to *Samson Agonistes, Collected Works*, vol. 1, part II, New York, 1931, p. 331.

生活中，同样的激情却并不令人欣喜，甚至是可怕的。这是亚里士多德的难题和亚里士多德的观点，在弥尔顿的时代，有学识的人仍然对此有所了解。它们与顺势疗法的一致性，使它们听起来很熟悉，而且令人信服。在我们这个时代，借助更发达的研究技术，还有今天可以获得的多得多的知识储备，亚里士多德的理论似乎就有些简单，而且不够精密，但是它让人们想起了如今通常被遗忘的休闲难题的许多方面，其中之一是，多数休闲事件所引发的情感，都与人们在其他领域的经历联系在一起；这些休闲事件引发了恐惧和同情，或者嫉妒和仇恨，与现实生活中的其他情况有共鸣，但是其方式并不像现实生活中经常出现的那样严重地令人不安且危险。在模拟领域中，这些在某种程度上都转换为一个不同的音调。它们失去了它们的刺，它们与"某种喜悦"混为一谈。

"模拟"这个术语指的就是一种特定类型的休闲事件及经历的这一方面。它的字面意思是"模仿"，但是在古典时代，它就已经有了更广泛、更具隐喻性的意义。它当时指的是与"现实"相关的各种艺术形式，无论它们就特征而言是不是有代表性。

然而，被归在"模拟"这个类别下的所有休闲事件，从悲剧和交响乐到扑克牌和轮盘赌，不管在当前的评价体系中是高雅还是低俗，都具有"模拟"这一共同特征。但"模拟"并不是说它们是"真实生活"事件的呈现，而在于其情感——这些事件所引发的感受——与"现实生活"中的经验联系到了一起，只是它换了音调并与"某种喜悦"混合。从社会角度和个人角度来看，"现实生活"与模拟事件对人们有不同的功能及不同的效果。比较"现实生活"状况所产生的兴奋与模拟事件所引发的兴奋，相似之处与不同之处都清晰可见。尽管遵循这些思路的生理学研究几乎没有什么进展，但我们仍然有理由认为，在"现实生活"和模拟事件这两种情况下，兴奋综合征就基本的生理学层面而言是相同的。找出特定的差异是什么，这会很有趣，也很值得做。在心理层面和社会层面，这种差异很容易辨认。在严重的非模拟兴奋中，人们很容易失去对自己的控制，容易对自己和他人产生威胁。模拟兴奋，在社会层面和个人层面，都是没有危险的，而且还有宣泄的效果。但是宣泄效果也有可能自行转化为危险。足球球迷或流行文化粉丝兴奋得失去了控制，都是很好的例子。[1]

因此，"模拟"这个术语是在一种特定意义上使用的。它可能起初被用于指称模拟事件本身与跟这些事件似乎类似的某些严重危急处境之间的关系，但实际上，"模拟"这个术语所指称的关联，就像它在本文中的使用那样，排在第一位的是指称模拟事件所引发的感情与特定的危急生活处境所引发的感情这两者之间的关联。因此，戏剧表演中戏剧化且悲剧式地呈现出来的冲突、胜利和失败，如欧里庇得斯的《特洛亚妇女》（*The Trojan Women*），也许没有承载与 20 世纪公众生活处境的任何直接关系，但它们所激发的感情是迅速的、强烈的、自发的，而且可以说完全是当代的。就这样，带有"模拟"领域特征的全部事件所引发的感情，以嬉戏且令人愉快的方式，具备了与严重危机处境中所经历的感情的相似之处，即使模拟事件本身与"现实"事件没有任何类似的地方。戏剧事件的模式及特征当然不会在所有社会之中都相同。情感需求的力度及模式，根据一个社会在文明化过程中所达到的阶段，也有所不同。服务于这些需求的模拟事件也就会产生相应差异。但是，某些类型的模拟事件如戏剧或音乐作品，在形态差异相当大的不同社会都能被接受。这个事

81

---

[1] 这里不能详细展开此情况可能发生的条件，尽管从这样的前提出发是很可能可以进行分析。可以说，这种类别转化（*metabasis eis allo genos*）——向另一个类别的转换——的因素之一，是相对于社会整体上的事件而言的，模拟事件相对缺乏自主性。

实表明：如果将模拟事件本身解释为对现实生活处境的模仿，"模拟"这个术语中所包含的关于模仿的暗示就会被误解。尽管模拟事件所激发的感受与严重危急处境中的感受之间存在非常特别且非常直接的关系，但这种关系通常十分微妙。

九

此前时代的人将享受及喜悦当作休闲事件情感共鸣的根本成分。以实事求是的方式回看他们对此的反思，这不仅是有价值的，也有利于对休闲事件的情感共鸣所呈现的明显悖论的清晰理解。亚里士多德提到了悲剧引发恐惧的性质，还有同情中的痛苦、怜悯，这些都是由悲剧所激发的。圣奥古斯丁在《忏悔录》中责备自己经常去剧院及其他娱乐场所，他向自己提出了非常尖锐的问题：我们为什么会认为娱乐表演激发了我们的恐惧、焦虑、狂怒、愤怒，还有很多其他感受？而这些感受在现实生活中常被视为洪水猛兽，如果可以的话，人们都对其避而远之。[1] 借

---

[1] 奥古斯丁，《忏悔录》卷三，二，2："我被充满着我悲惨生活的写照和燃炽我欲火的炉灶一般的戏剧所攫取了。人们愿意看自己不愿遭遇的悲惨故事而伤心，这究竟为了什么？一人愿意从看戏引起悲痛，而这悲痛就作为的乐趣。这岂非一种可怜的变态？一个人越不能摆脱这些情感，越容易被它感动。一人自身受苦，人们说他不幸；如果同情别人的痛苦，便说这人有恻隐之心。但对于虚构的戏剧，恻隐之心究竟是什么？"（中文翻译引自奥古斯丁著，周士良译：《忏悔录》，商务印书馆，1963/1996，第36—37页。——译者注）

这些问题不仅适用于悲剧，而且广泛适用于各种娱乐形式。罗马城的圆形剧场中的角斗士与野兽之间的搏斗，体现了罗马社会文明的水平；拳击比赛、自由式摔跤、赛车、高台滑雪、棒球，还有各种戏剧演出，都体现了20世纪先进社会的文明化水平。简单来说，这适用于所有类型的模拟表演以及其中的整个范围的情感。

助这些过去时代的反思，我们这个时代的一些人对相同的难题进行了奇怪的解读。在我们的时代，将休闲事件解释为"远离工作的休整""远离日常生活疲惫的放松"，尤其是"从紧张中释放"，可以说并不罕见。比如，两位诺伊迈耶（M. H. Neumayer 和 E. S. Neumayer）都认为休闲事件是：

> 通过从更严肃的生活追求中放松下来，一些活动得以重塑身心，重聚人们耗尽了的力量。当有人对体力劳动及脑力劳动感到疲惫，又不想睡觉，他就会愿意进行积极的娱乐。[1]

帕特里克（G. T. W. Patrick）则声称：

> 所有的玩耍都是消遣，但并不是所有的消遣都玩耍。有一些消遣似乎仅仅是为了满足对兴奋的渴望。与之前的生活方式比，我们整个现代生活是如此的令人兴奋。既然如此，为什么在我们的休闲时间之中，我们要寻求令人兴奋的消遣？……幸运的是，心理学家已经为我们解答了这个问题，而且我们现在对玩耍的心理学有了很好的理解。我们已经知道了我们在玩耍中寻求的不是兴奋，而是释放，远离某些形式的脑力活动，在日常生活的消磨中，这些脑力活动已经让人疲惫不堪了。[2]

---

[1] M. H. Neumayer and E. S. Neumayer, *Leisure and Recreation*, New York, 1931, p. 249.

[2] G. T. W. Patrick, "The Play of a Nation", *Scientific Monthly*, XIII, 1921, pp. 351-353.

不仅是对古典时代的观察，还有我们这个时代几乎所有的观察，都指向这样一个事实：人们在模拟类休闲活动中所追求的并不是逃离紧张的释放，相反，是一种特定类型的紧张，正如奥古斯丁清楚看到的那样，是与恐惧、悲伤以及我们在日常生活中努力避免的其他情感关联在一起的一种兴奋形式。我们可以给出种类繁多的例子，以显示紧张的引发是模拟领域中所有类型的休闲享受的根本成分。但是，就目前的目标而言，给出三种不同类型的模拟事件可能就足够了。下面这首诗歌呈现了披头士乐队一次演出中的人群行为的模式：

《披头士乐队在谢亚球场》(*The Beatles at Shea Stadium*)

初始的声响
把六万人
舔舐成了一个
整体
吼叫着
在知晓的
边缘
…………

刺痛的神经在等待
试探的和弦陡然下降
又立刻持久地
达到顶峰
…………

酒神的女孩倒下，

手舞足蹈地狂乱，

或昏厥，手臂下垂。

抓伤的脸

从扭曲到相信，

紧贴在栅栏上，

抓挠、挥举，

弓形的身体斜靠，

伸出乞求的手臂，

试图穿过中间的虚空。[1]

　　这首诗很好地描绘出一种在大量模拟事件中不断重复的特定的模式：紧张兴奋逐渐上升，就像这首诗说的那样，达到持久的顶峰。对流行音乐的听众而言，就是接近狂乱的顶峰，然后再慢慢地自我消解。在很多戏剧中都可以发现类似的模式：逐渐上升的紧张，达到顶点，再导向某种形式的消解。下面这篇剧评对戏剧以及观众的反应进行了总结。

　　他们带给我们的，并不是一个非常舒适的夜晚……但对准备好要接受它的那些人来说，收获颇丰。战场，当然是婚姻生活。一个无愧于作者的作品，其第一要求就是：扮演丈夫埃德加以及扮演妻子爱丽丝的两位演员能够呈现令人信服的、高于生活的表演。这两位在剧中上演了他们在二十五年的婚姻之中所致力的战争的最后且

---

[1]　David Kerr, "The Beatles at Shea Stadium", *Twentieth Century*, Autumn, 1966, p.48.

激动人心的场景。丈夫埃德加是驻扎在岛屿上的一支小分队的指挥官，而在这个岛屿上，憎恨和挫败会抓住一切机会恶化，并陷入暴力。观众可以带着完全的确信来猜测：这个角色给了劳伦斯·奥利弗爵士一个机会，全力以赴，呈现一场精彩绝伦的表演。

观众对杰拉尔丁·麦克尤恩小姐的期待就不那么明确了。麦克尤恩小姐应该能够产生足够的威力，貌似合理地使她获得不可避免的、斯特林德伯格经常描写的那种胜利，即女性的狡诈战胜了男性的力量。麦克尤恩小姐还是做到了。演出的效果并没有因观众偶尔发出的不安的笑声而减少或变质。很明显，这些笑声并不是因为嘲弄，而是因为观众们紧绷的情感需要一些缓解。[1]

这篇评论中提到的"从紧张中释放"非常具体，而且比非常模糊且界定不清的"从紧张中释放"概念更具有可检验的特征，后者经常被用作对休闲活动进行假设性解释。这里提到的紧张，是休闲活动本身所激起的。而提到的笑声，则具有安全阀的功能。它阻止了这种模拟紧张变得过分强烈。在剧场中，观众不能允许自己达到流行音乐的听众在谢亚球场的那种疯狂。从表面上看，剧场观众通常更克制。自发的兴奋综合征之中不可或缺的身体动作受到更严格的约束。兴奋被更严厉地限制在我们通常所说的感受水平。不同年龄群体和不同阶层之间，在通过身体动作来展示紧张与兴奋的开放程度方面，存在显而易见的差异。不同模拟事件的整个社会场景也有差异。所有这些都为社会学探究提供了更大的空间。

---

[1]   W. A. Darlington, review of Strindberg's *The Dance of Death* at the Old Vic with Geraldine McEwan and Sir Laurence Olivier, *Daily Telegraph*, 23 February, 1967.

但是，有一点首先是很明确的：为了找到对此类难题的解释，依靠根据"从紧张中释放"或者"远离工作的休整"这些说法来提出的假设是不够的；如果多数人将他们的业余时间花在第（2）类活动上，如果他们只是闲逛、放松、休息的话，那么这些说法才可能会更准确。

十

我们第一次遇到这个难题，是在进行足球研究的时候。之后的一个阶段，我们将不得不考虑不同类型的模拟事件之间的差异，我们会在等级秩序之中赋予这些事件更高或更低的排位。但是，为了能够达到可能对这些进行探究的阶段，首先必须更加精确地判断各种类型的模拟事件的共同特征。如果能在已有的例子中增加运动领域的例子，那么可能可以更好地看清这个难题。人们会用不同的术语来谈论他们在所有的消遣中都在寻找的令人愉悦的兴奋。在披头士乐队的演出之后，年轻人可能会说他们"被踢了一脚"，从中获得了乐趣。年纪更大、更严肃的人在看了一场他们喜欢的戏剧后，可能会说"我被深深地打动了"。足球粉丝可能会告诉你他们"被震颤了"。尽管有些差异必须探讨，但是，令人愉悦的兴奋的一个强大元素，也是愉悦的必要成分，即一定程度的焦虑和恐惧，总是会出现，不管是去参加赛跑带来的紧张—兴奋，尤其是人们会感到身体还稍微有点战栗；还是聆听贝多芬第九交响曲时安静得多却更深层的兴奋——当合唱队吟唱席勒的《欢乐颂》时，这种兴奋会提升到精彩的顶峰。

令人愉悦的兴奋，也就是休闲活动带来的令人享受的情感涌动，在

85

表达方式上存在很大的变化。而且，只有对休闲活动的结构与演员及观众的情感共鸣结构之间的关联进行过非常详细的研究，我们才能略地对提供的各种享受提出尝试解释。

尽管对足球的研究仍有很多局限，但它本身相当适合对一些在模拟领域遇到的基本难题进行澄清，而且比许多其他研究都更适合。在这里，我们可以对模拟事件本身的动态机制与观众的心理动态机制这两者之间的复杂关联进行非常细致的研究。

下面的片段出自我们自己的一个个案研究：

　　主队的第一个进球相当意外。拥挤的人群欢呼雀跃，那些是主队的支持者。他们兴奋地挥舞着旗帜，还有用来助阵的响板，大声且得意洋洋地唱歌，支持他们喜欢的球队。跟客队一同前来的支持者群体要小得多，他们一开始也很嘈杂、兴奋，但此时沉默不语、呆若木鸡。

　　通常认为，在全国范围内，这支客队更厉害，但他们却并没有立刻反击。他们集中于紧逼防守，遏制主队的进攻。他们的前锋，甚至他们的边锋也时不时地回撤进行防守。开始是几个、后来越来越多的客队支持者开始齐声大喊："进攻！进攻！……进攻！进攻！进攻！"但是球员们明显有他们的计划，他们在等待时机。主队的支持者接受了挑战，开始唱反调。他们唱着"我们是冠军"，嘲弄对手，也激励他们支持的主队。

　　有一段时间，比赛不甚明朗地来来回回。球场上的紧绷度很低。观众中的紧张也相应地减弱。人们耸耸肩，变得不耐烦。他们讨论起上周的比赛。突然，球场的表现拉回了人们的注意力。客队的右前卫在边线附近向内传球；他的队友闪电般接过传球，主队无人盯防。在主队组织防守之前，这位球员迅速地将球带到中场。中锋接过球，在无人盯防的情况下射门。守门员完全没有机会，中锋大力射门，球精准入网。这一表现出人意料。客队的支持者发出了惊喜的叫喊，混杂着另一边的主队的愤怒。看台上出现了短暂的口角，夹杂着怪叫声，还有挥舞的旗帜。三个兴奋的小男孩要跑过去祝贺他们的英雄，被警察赶了出来。主队的一些支持者在小声地咒骂，而另一些则用手拍着脑门，表达失望，大声诅咒。一比一平，离终场只有二十分钟了！

如果在主队球员再次就位时看看他们的脸色，就会看到他们气愤而决绝。比赛节奏加快。客队的中锋再一次快速突破，眼看又要射门，却在禁区被绊倒了。裁判哨响。右前卫就站在那儿，比赛的结局就在他脚下。全场观众都安静下来。他射偏了。球打在门柱上，又很快被主队抢到。主队的支持者松了一口气，发出了大声的嘲笑。接下来，主队的球门前出现了长时间的混战。主队打破了僵局，运用传球和运球的巧妙结合，把球踢出了禁区。现在主队掌握了主动权。观众的头和身体跟着球来回移动。咆哮声此起彼伏，随着场上紧张气氛升级，咆哮声越来越大。主队客队交换控球，快速地从球场的一端到另一端。紧张不断累积，变得难以承受。人们忘记了他们站在什么地方。他们被推到这边，又被推到那边；在看台上，前前后后、上上下下地推搡。客队球门的左侧出现了一次争抢，快速传中，头球。突然之间球入网了，主队支持者的愉悦和欢快在雷鸣般的咆哮声中爆发，半个城市都能听得见："我们赢了！"

戏剧和交响乐的哪些特征为观众提供了或高或低的满足，要找到对此的清晰共识并不容易，尽管这些困难即便是在音乐会这样更具复杂性的难题中可能也不是不能克服的。若论体育比赛，比如足球，就简单了。如果有人规律地追踪比赛，就能够看出哪种类型的比赛型构至少在大体上提供了最佳的享受：那就是技术和力量都相当的两支球队在球场上进行的一场持久的战斗。在这样的比赛中，观众的兴奋逐步上升，不仅是因为比赛本身，也是由于球员所展示出的技巧。在这样的比赛中，局势来回摇摆。两支球队势均力敌，进了第一球又一球，随着比赛时间耗尽，每支球队都决心要攻入制胜一球。比赛的紧张明显地传递给了观众。观众的紧张、观众逐渐累积的兴奋，又反过来传递了球员，直到这种紧张累积到一个还可以被忍受并抑制而不失控的点。如果兴奋以这种方式达到了顶点，而且如果接下来其中一队突然踢进了决胜球，这种兴奋就消解在胜利与欢庆的喜悦之中。这就是人们会记住，而且会长时间谈论的一场伟大的比赛，一场真正令人享受的比赛。

懂行的人在这样的休闲活动中可以发现许多不同程度的享受及满足。无论如何，并非所有人都能享受到最佳的满足。一场非常令人兴奋的比赛也是有输有赢的。一般来说，人们会带着对令人愉悦的兴奋的回味回到家中，若是自己这一方失利，这种享受，与第一种情况相比，就显得五味杂陈了。若一场精彩的比赛以平局告终，感受和满足也不尽相同。在这种情况下，我们就已经进入了争议领域。共识——在我们已经提到的一些情况中非常普遍——会很容易消失，直到人们到达了标尺的另一端，可以在这里发现另一种高度共识。足球比赛中，就像所有其他的模拟事件一样，存在毫无疑问的失败。就对休闲满足的探讨而言，对失败的可辨识特征进行研究，与研究提供最佳满足的特征相比，并不会更不相关。令人不满意的比赛可以是一方比另一方强大，缺乏紧张；你事先就知道谁可能会赢。气氛中也几乎不会有惊奇，而没有惊奇就不会有兴奋。人们无法从这样的比赛之中得到很多愉悦。我们还可以给出其他例子，但要点已经都提到了。

沿着一个标尺来定位模拟事件的特定类型，并不是很难。一端是提供了最佳享受的休闲事件，另一端就是获得了高度共识，被认为是失败的休闲事件。很明显，多数事件都会位于两极之间，但是对两端的分析可以获得大量信息。这种研究可以作为更大范围研究的初步准备，而且就某种程度而言，其实际效果已是如此。对本身提供了最大或最小满足的那些事件的结构进行探究，非常有助于理解特定类型的休闲事件比如足球的社会动态机制，与就个人参与者而言带来更多或更少享受的个人动态机制这两种动态机制之间的关联。尽管我们很容易将后者归为心理学，而将前者归为社会学，但它们实际是不可分割的整体。因为对参与特定类型休闲事件的人来说，作为行动者或者作为观众，获得的或多或少的享受就是这些事件存在的理由。它为休闲事件的独特结构提供了标准，可以区分出哪些是成功的，哪些是完完全全的失败。再则，人们还可以对休闲事件的发展进行很好的想象，就其本身而言，这些事件向公众开放并向他们提供了更大的感知力和更丰富的内容。正是如此，学术分工不必拒绝承认生理学、心理学及社会学难题之间存在密切关系，尽管它们可能被分离在了不同的形式之中。

假如已经准备好要使用统一的理论框架，那么，针对足球及其他体育运动来设计不同类型的探究也并不太难，这些体育运动使得同时攻克来自个体层面及社会层面的同一个难题成为可能。前面的讨论指明了这个方向。举例来说，很有可能，至少在生理学层次，通过测量足球比赛过程中观众的脉搏、心跳和呼吸，可以确定观众兴奋起伏的最基本要素。通过拍摄视频来确定一场比赛中紧张—平衡的起伏波浪，也同样有可能。人们可以努力找出，就最佳比赛及与之相对的、标尺另一端的失败比赛而言，观众的享受及兴奋在生理学层面是否有差异，及以何种方式有所差异。若想设计调查问卷，以扩大我们对比赛的社会动态机制与观众的个体及群体动态机制之间相关性的理解，这也不难。

这些例子都体现出对相对可控的体育运动领域进行经验研究，可以作为探讨从赛狗到悲剧、从彩头图钉游戏到诗歌等其他模拟类休闲活动的模型。总的来说，我们仍然处于这样一个阶段：人们在他们的休闲时间**应当**做什么这类观点，容易优先于对人们实际上做什么的研究。因此，前者并不总是建立在关于现有休闲活动的性质及结构的牢固知识这一基础之上。

十一

没有人敢说我们已经对休闲活动所要满足的需求有了相当充分的了解。我们已经试着表明了在我们看来与这些需求有关的中心难题是什么，而且，我们还提出了一个初步计划，展示了人们可能可以找到答案的方向。即便后者会被认为不够充分，但是，作为将难题本身放入一个更清晰的视角的方式，这看起来很有帮助。我们收集了不同类型模拟事件的一些例子，发现共同的特征不是释放紧张，而是产生特定类型的紧张，即令人享受的紧张—兴奋的出现，这是休闲享受的核心部分。一种反复出现的需求是强烈的令人享受的情感涌动：情感需求出现，一旦得到满

89

足就会减弱，一段时间之后再次出现。我们的社会中能够感受到这种情感需求，就像许多其他社会那样。无论这种需求与其他的需求之间是什么关系，比如最初级的饿、渴和性等需求，所有的证据都指向这样一个事实：情感需求代表了相当复杂、相当不纯粹的生物学现象。人们很可能会发现，忽视了对情感需求的关注，是心理健康问题当前研究方向的主要不足之一。

这个难题在某种程度上被社会学及心理学话语中紧张概念所带有的消极含义所掩盖。我们已经指出：一场足球比赛本身就构成了一种具有内在紧张的群体动态机制的形式。[1] 如果这种紧张，即比赛的"紧绷度"太低，那么它作为休闲事件的价值也会降低。比赛就会沉闷枯燥。如果紧张度太高，比赛虽能为观众提供大量的兴奋，但也会带来巨大的危险，对运动员和观众都是如此。它会从模拟领域转化为非模拟领域的严重危机。人们必须抛弃"紧张"的惯常概念之中的消极含义，而用另一种含义来取代它，即允许一个正常的最佳紧张，在型构动态机制的过程中，这种最佳紧张会变得过高或者过低。

这种更加动态的"紧张"概念，不仅可以用于足球比赛，还可以用于参与者。个人也可以在生活中带着内在的紧张，可以比普遍水平更高或更低，但他们不紧张的情况，只有在去世后才会出现。我们这样的社会要求一种全面的情感规训及谨慎，强烈的令人愉悦的感受可以公开表达的范围是被严格限制的。对很多人来说，在他们的职业生活和私人生活中，每一天都跟另一天一样。对他们中的许多人而言，没有什么新鲜事，也没有什么激动的事情曾经发生过。他们的紧张、他们的紧绷度、他们

---

[1]　参见本书第六章。

的活力，或者不管人们怎么称呼它，也就这样被降低了。休闲活动，以一种简单或复杂的形式，在或高或低的水平上，在短时间内提供了强烈的令人愉悦的感受的高涨，这在平常的生活中通常是缺乏的。正如通常认为的那样，它们的功能并不是简单地从紧张中解放，而是恢复一定程度的紧张，这种紧张是心理健康的核心要素。它们的宣泄效果的根本特征是通过令人愉悦的紧张的暂时且转瞬即逝的高涨来恢复正常的心灵"紧绷度"。

只有意识到人们允许自己变得兴奋将要承担很大的风险，这种效果才可能被完全理解。对理性的行为或合理的行为而言，这就是自我控制的反面。对法律及秩序负有责任的那些人，就像在足球发展研究中发现的那样，一再地激烈反对人们兴奋的高涨，尤其是集体兴奋，那些人将此作为重大的社会紊乱。人们经历的与模拟事件相关的、令人愉悦的兴奋也就代表了一块社会飞地，在这里，人们可以在对社会及个人没有危险的潜在影响的前提下享受兴奋。享受这种兴奋通常需要其他人的陪伴，这一事实还会增加人们的兴奋。这意味着以这种形式、在一定限度内，在伙伴们的允许下，我们可以享受到如果不如此就很危险的高涨的强烈感受。在我们这个时代，当人们为自己打开仍处于实验性的兴奋的新视野时，就可以清晰地看到围绕休闲兴奋的特有的模糊性。不能清楚地理解休闲活动中模拟兴奋的功能，就难以在事实层面对它们潜在的个人影响及社会影响进行评价。

90

第二章　业余时间光谱中的休闲

诺贝特·埃利亚斯　埃里克·邓宁

一

人们的不同决策是交织在一起的，可能所有人对此都很清楚，除了哲学家。[1] 但人们决策的交织方式在职业工作之中与业余活动之中是不同的。再则，业余时间的活动可分为致力于休闲的活动与并非休闲的活动，人们决策的交织方式也是不同的。在其中的一些方面，所有的决策，也就是个体的所有活动，都有其他人作为他们的参考框架；而在另一些方面，参考框架就是行动者自己。就工作活动的情况而言，这两部分之间的平衡是向前者倾斜的；就休闲活动而言，则向后者倾斜。也就是说，在职业工作中，因为它在诸如我们这样的社会中是结构化的，人们做出的决策在很大程度上总是要考虑被称为"他们"的其他人，甚至要考虑被称为"它"的更非人格单元，尽管"我"当然从来不是完全缺席的。[2] 然而，在休闲活动的决策中，我们将看到：对其他人的参考可能比乍看起

---

[1]　这篇文章的一个节录发表于 Rolf Abonico & Katarina Pfister-Binz (eds), *Sociology of Sport: Theoretical Foundations and Research Methods*, Basle, 1972。

[2]　对人称代词作为型构模型的讨论，可以参见 Norbert Elias, *What is Sociology?*, pp. 122 ff。

来更多，尽管与职业工作及不带有休闲性质的其他业余时间的活动相比，个体本身在休闲活动的决策权重中占比大得多。当选择自己的休闲活动时，在社会规定的一定限度内，自己的愉悦、自己的满足，是最优先、最重要的考虑。这些活动能提供什么样的满足，还有它们将如何提供这些满足，这些还有待观察。

在当前的社会学研究文献中，有将休闲仅仅视为工作的附属的趋势。[1] 休闲活动带来的令人愉悦的满足，往往被当作实现目的的手段——这里的目的包括从工作压力中解脱，还有提升人们的工作能力。然而，如果我们首先询问休闲对工作的功能是什么，就会发现休闲对人们的功能往往是很模糊的。要指出的是，在工作社会中，休闲是一个公共领域，在这里，个体决策可以首要考虑自己的令人愉悦的满足。而指出这一点就已经朝着清除障碍迈出了一步。这是现行社会学取向展开对休闲难题研究——既包括理论研究也包括经验研究——进行批评的一步。我们并不希望这篇论文承担详细阐述这一批评的重负。更合适的做法是用这篇文章来积极展示，如果摆脱了这些限制，我们可以走多远。但对一些批评的要点进行简要概括，也是有好处的。

（1）在休闲难题研究中，工作中心的取向盛行，这确保了对这些难题的处理存在一定的一致性。但这种一致性主要还是由于共同的价值及信仰系统，这套系统在很大程度上是想当然的，也就因此仍然未受质疑。个人生活真正的本质，生活中美好且有价值的事物，即似乎是生活

---

[1] 这类研究文献有代表性的例子，参见 Stanley Parker, *The Future of Work and Leisure*, London, 1971; Joffre Dumazedier, *Toward a Society of Leisure*, New York, 1967 及其 *The Sociology of Leisure*, Amsterdam, 1974; Alasdair Clayre, *Work and Play*, London, 1974。

追寻兴奋

主旨的东西，就是他/她做的工作——这种说法体现了休闲意识形态的一致性，并非完全不当。在人们不必工作的那几个小时，他们所作的事情是不那么有价值或者根本就无价值的，而社会容忍了人们享受闲散愉悦的倾向。但从根本上说，这么做只是为了消除工作的张力和紧张。按照这种休闲意识形态，休闲活动的主要功能是使人从这些张力中得到放松。

作为一个科学命题，这种认为休闲活动应当被视为工作的辅助的观点，所能获得的最高评价无非是：这是一个需要检验的假设。现在，似乎没有人清楚地知道，人们在休闲中寻求的要从中缓解的工作张力是什么，如果只是简单的身体疲惫，去睡觉要比去剧院或去观看足球比赛好得多。由于不知道工作给人们带来了何种"张力"或"紧张"，也就不知道休闲活动如何试图提供放松。与其盲目地接受日常话语中的常规假设，更好的做法是将其视为"一个开放的难题"而重新开始。既不需要接受休闲活动的功能是让人们更好地工作这种传统看法，也不需要赞同休闲的功能仅仅在于服务工作这种观点。这些像是呈现为事实陈述的价值判断，都令人生疑。有很多证据表明：要理解休闲活动的结构和功能，就要考虑到休闲活动是有其自身独立性的社会现象，它们与非休闲活动相互依赖，但在功能上并不比非休闲活动的价值低，也并不从属于非休闲活动。休闲活动和非休闲活动显然都对人们有功用，我们的任务是找出这些功能是什么。

（2）尽管休闲活动在我们这样的社会中的人们实际生活之中，所占的比重越来越高，但休闲仍然是社会学研究中相对不受重视的领域。这很有可能是相同的传统价值图示的体现。这些评价式语调更明确的表现可以在一些陈述中看到，有些陈述强调休闲是"不真实"的、是"幻想"，或仅仅是"浪费时间",还有些陈述暗示只有工作才是"真实"的。[1]当前多数关于社会的理论都显示出了这些假设的影响。体现在一些概念——如"角色""结构""功能""系统"以及许多常用的其他概念——之中的人际关系的模型,其发展首要关注的是在人们可以称为"生活的严肃事务"之中的、在非休闲生活中的那类人际关系。它们很少注意到,在许多休闲活动中,就像我们应该看到的那样,存在一些不同的关系类型。如果不考虑不同的关系类型,诸如在休闲中与在工作中所发现的那些,社会学理论也就很难说与生活中可观察的事实保持了一致。

（3）一种趋势是按照它们的功能,将休闲活动解释为提供"从紧张中放松"的手段,或者提供"远离工作张力的休整"的手段。这种趋势表明了在当代社会学文献中相当广泛的一种假设:紧张会被评价为某种负面的东西。它们首先不被视为是要研究的事实,而是要被"去除"的东西。于是,将休闲主要作为去除紧张的一种方式的那些探究,就容易产生误导。这些研究者先入为主的评价取代了对功能的事实探究。如果紧张纯粹且简单地被当作人们试图从自身去除的干扰,那么,为什么在人们的休闲时间,他们一再地寻求特定的紧张升级?与其谴责紧张是讨厌的东西,难道不是应当探讨人们将一定程度的紧张视为他们生活的正常成分这样的需求吗?难道不应该对让人感到愉悦的紧张与让人感到不快的紧张进行更清楚的区分吗?几乎所有休闲事件的共同点都是激发令人

---

[1] 关于体育运动是"非真实"的讨论,参见如下 Gregory P. Stone, "American Sports: Play and DisPlay", *Chicago Review*, vol. 9, no. 3, (Fall 1955), pp. 83-100; reprinted in E. Larrabee and R. Meyersohn (eds), *Mass Leisure*, Glencoe, Illinois, 1958; and in Eric Dunning (ed.), *The Sociology of Sport: A Selection of Readings*, London, 1971。还可参见 Peter McIntosh, *Sport in Society*, London, 1963, pp. 119-120; and Roger Caillois, *Man, Play and Games*, London, 1962, pp. 5-6。

追寻兴奋

愉悦的紧张，这一点很容易看到。那么，如果有人说休闲的功能是使紧张得到放松，这是什么意思？这是需要检验的问题之一。

（4）对休闲难题进行的社会学探究往往在术语的使用上要遭受相当的困惑。举例来说，有些时候"休闲"与"业余时间"作为社会学概念，彼此之间没有清楚的区分。[1]两个术语经常可以互换使用。它们所应用的活动类型也千差万别。并不存在对这些类别的准确分类。既然没有这种分类，那么，休闲在人们业余时间中的位置，业余时间活动的多种类型之间的关系，就仍然很模糊。"业余时间光谱"就是在试图提供这样一个分类。

（5）我们提到的这些不足，对休闲难题研究的设计及方向有若干影响。给出两个例子应该就足够了：

A.社会学研究的努力往往高度集中于休闲活动的某些有限的领域。例如，大众媒体是受欢迎的研究主题。戏剧、体育运动、社交舞蹈、酒吧、音乐会、斗牛，还有覆盖众多领域的其他休闲活动，都很少作为探究的中心主题。研究集中于电视、广播、报纸和其他媒体，可能部分是由于它们作为政治社会化媒介及社会控制媒介的重要性，部分则是由于这些休闲活动，似乎占据了人们较多的业余时间。然而，即便如此，也不能在没有进一步研究的前提就假定人们花在特定类型的业余时间活动上的时间，是衡量其意义的尺度。在一段时期中，业余时间的增长很快，超出了人们将这些时间用于休闲的能力，这并非不可想象；这时大众媒体在某种程度上充当了"时间填充物"，这是另一种形式的"四处闲逛"，也是人们在大众媒体上花了大量时间的原因之一。

---

[1] 杜马泽迪尔和其他一些人已经开始进行这样的区分，但是粗略的"工作—休闲"二分法，将"业余时间"（"自由时间"）和"休闲"这两个术语互换使用的倾向，在提及休闲的社会学作品中仍然很常见。

B. 没有一个关于休闲的中心理论，能够为对所有类型的特定休闲难题的探究提供共同的框架。我们可以怀疑：只要经验研究大部分被局限在非常有限的休闲活动领域，那么这种理论是否可能有所发展。在如此薄弱的基础上，既不能确定也不能解释所有休闲活动共同的特征及功能。我们也不能说明是什么将这样的休闲活动与所有其他人类活动区分开了。这篇文章就是为了在这个方向上迈出一步，是向统一的休闲理论推进。通过明确休闲活动的共同特征，才可能更充分地辨认出把不同类型的休闲活动区分开的特征。

二、业余时间光谱

诸如此类的观察已经表明：在能够了解所有多样的业余时间活动以及休闲活动之间的关系及差异之前，需要对思考进行一定的重新定位。"业余时间光谱"（The Spare-Time Spectrum）是勾勒这些关系及差异的简要轮廓的一个努力，它旨在提供到目前为止还缺乏的东西，即相对全面且详细的业余时间活动的类型学。它一目了然地显示出，休闲活动只是各种业余时间活动中的一种。与此同时，它还表明了休闲活动与其他业余时间活动之间的关系。区分是相当明显的，所有的休闲活动都是业余时间活动，但并非所有的业余时间活动都是休闲活动。孤立地看，这个陈述并不特别发人深省。只有在本文所体现出的更广泛的理论模型这一情境中，才能体现出这个陈述的重要意义。如果没有这样的理论模型，相当大量的业余时间活动并非用于休闲这样一个事实，就不能得到清楚的认知。在某种程度上，这个事实似乎没有完全切中要害。

任何对可观察资料的随意分类都是无用的。如果业余时间光谱的分类模型，与这个领域更进一步探究的结果不一致，那么，就应该埋葬它。但前提是我们能够在新的基础上给它一个更合适的后继者。现在，业余时间光谱至少指出了一些结构特征，这些结构特征将不同种类的业余时间活动相互连接在一起，还将业余时间活动与非业余时间活动、职业工作区分开来。其中所体现的基本理论模型将在本文中逐步展开。《在休闲中追寻兴奋》一文（本书第一章）中，我们就开始了这项工作。在本文中，我们将参考更全面的休闲及其他业余时间活动，进一步地发展它。我们不应该认为，作为业余时间光谱的基础的统一理论，构成了提出分类模型的先验出发点。只有对业余时间活动的观察范围不断扩大，这个分类模型才能在与之持续的交叉融合中逐渐出现。就像别名"布里塞休斯"（Brisaeus）的酒神跟大地的关系，理论思考只有在不与经验事实的大地脱节的情况下，才能保持其作为社会学探究一部分的威力。

我们将下面的类型学称为"光谱"，是因为不同类型的业余时间活动就像色彩光谱中的颜色一样融入彼此。它们经常重叠并融合，经常结合了几个类别的特征。但是，这种混合物的属性，所有临界及过渡类型的属性，只能从它们的特征出发来理解。一旦从头开始并确定好问题，那么，要发现明显多样的休闲活动的共同结构特征，也就是将休闲活动与非休闲活动区分开的特征，就不会特别困难。举个例子，作为贯穿整个光谱的理论脉络趋势的指针，我们可以说：所有休闲活动都包含了一种受控制的对情感约束的去控制过程。我们可以看到，业余时间光谱的各个类别作为整体，可以通过例行化与去例行化的程度来进行区分，或者换而言之，通过这些类别中所包含的例行化与去例行化之间的不同平衡来进行区分。在休闲活动中，即便去例行化走得最远也仍然有平衡的问题。去例行化以及对情感约束的去控制，两者密切相关。休闲活动的一个决定性特征是：情感约束的去控制化本身，在社会层面及个人层面都受到了控制；不仅在高度有序的工业社会中如此，在所有其他类型的社会中也是如此。

业余时间光谱 [1]

1. 业余时间的例行活动

（1）**例行化饮食以满足自己的生物需求，还有对自己身体的例行化照料**　比如吃、喝、休息、睡觉、做爱、锻炼、洗漱、洗澡、应对身体不适及疾病。

（2）**家务和家庭的例行活动**　比如整理屋子、晨间惯例、洗衣服、购买食物和衣物、准备聚会、处理报税事务、家务管理，还有为自己及家庭做的其他形式的私人（即非职业的）工作；处理家庭内部的紧张和压力；给孩子准备食物、锻炼并照看孩子；照顾宠物。

97

2. 中间型的业余时间活动，主要服务于反复出现的定向需求和 / 或自我满足及自我拓展的需求

---

[1] 以同样的理论框架为基础来设计一个相应的非业余时间活动的分类系统是可能的。不仅可以显示不同，也可以显示工作光谱与业余时间光谱的连续性。在这个标尺的一端是工作的类型，完全没有任何内在且自发的、令人享受的情感共鸣的机会。尽管人们经常试图从本身情感枯燥的工作日常中找到在"他律意义"上特定形式的令人愉悦的满足，比如通过闲聊陪伴、折磨新加入者、以在日常工作中所表现出的技术为荣、竞争式胜利，还有罢工。这个标尺的另一端是本来就有机会传达个人情感共鸣的那些类型的工作，比如，在大学里教书或做研究、作为议员参与议会斗争、在专业交响乐团指挥或演奏、作为专业人士参与体育运动或在舞台上表演、写小说，还有满足他人的休闲需求的其他形式的餐饮业专职。

（1）私人（即非职业的）志愿工作，主要是为其他人　比如参与地方事务、选举、教会活动和慈善活动。

（2）私人（即非职业的）工作，主要是为了自己，具有相对严肃的且非个人化的性质　比如私下学习以期职业提升，或培养没有明显职业价值的技术爱好，而这些又要求坚持、要求专门的学习及技能，诸如搭建无线电传输装置或成为天文爱好者。

（3）私人（即非职业的）工作，主要是为了自己，相对轻松、要求不那么高　比如成为摄影爱好者、木工和集邮。

（4）宗教活动

（5）自愿性更强，在社会意义上受到更少控制，而且经常带有随意特征的定向活动　从更严肃更不娱乐到更不严肃更娱乐的各种形式的知识吸收，存在许多中间状态，比如阅读报纸和期刊、收听政治谈话节目、参加成年人的教育讲座、观看知识型电视节目。

3.休闲活动

（1）纯粹是或主要是社交活动

　　A.作为宾客参加较正式的聚会，比如婚礼、葬礼或宴会；受邀去上级家中吃饭。

　　B.参加相对非正式的"休闲—社群活动"，这些活动所具有的友好且开放的情感特征的程度，远远超过其他的业余时间活动和工作活动，如酒吧和派对聚会、家庭聚会、八卦社群。

（2）"模拟"活动或玩耍活动

　　A.作为组织成员，参加（相对）高度组织化的模拟活动，比如业余剧团、板球俱乐部、足球俱乐部。在这些例子中，人们通过自愿接受并共享贯例及控制这样一个外壳来达到去例行化、去控制化的模拟活动的核心。这个范畴的模拟活动多数都包括通过身体及四肢的活动也就是通过运动特质来达到一定程度的去例行化及约束松动。

B.作为观众，参加高度组织化的模拟活动，但没有成为这个组织的一部分，很少或没有参加组织的例行活动，相应地，也就带有相对更少的通过运动特质的去例行化，如观看足球比赛或者观看戏剧。

C.作为行动者，参与不那么高度组织化的模拟活动，比如跳舞和爬山。

（3）**各种各样不那么高度专门化的休闲活动，大部分带有愉快的去例行化的特征，并且经常是多功能的**　比如假期旅行、外出吃饭、去例行化的恋爱关系、周日早上"赖床"、日光浴等非例行的身体护理、外出散步。

业余时间光谱呈现了一个分类模型，它表现了在我们这样的社会中的业余时间活动的主要类型。在它的帮助下，我们可以一目了然地看到一些经常被将业余时间活动等同于休闲活动的倾向所遮蔽的事实。一些业余时间活动带有工作的特征，它们构成了可以与职业工作区分开的一种工作类型；一些业余时间活动，但绝不是所有，是志愿型的；并非所有的业余时间活动都是令人享受的，有一些是高度例行化的。要理解休闲活动的特殊特征，就不能仅仅将休闲活动与职业工作联系在一起，还要与多种非休闲的业余时间活动联系在一起。通过这种方式，业余时间光谱有助于更准确地把握休闲难题。

业余时间光谱所开拓的探讨领域相当宽广。正如我们可以看到的，这个领域的中心是其多个频段所特有的例行化程度。我们理解的"例行活动"，是指因与其他人相互依赖而经常反复出现的行动渠道，这些行动渠道向个体强加了相当高程度的规律性、稳定性，还有在行为中的情感控制，而且，这些行动渠道也阻碍了其他的行动渠道，即便那些渠道更符合那个时刻的情绪、感受及情感需要。例行化的程度可以有所不同。一般来说，职业工作是高度例行化的，归类在类别1中一些业余时间活动也是如此，归类在类别2中的业余时间活动例行化程度稍低，归类在类别3中的程度就更低了。

我们可以看到，有一些业余时间活动逐渐融入了休闲活动。从长远来看，不关注它们，我们就不能向前推进。但是，因为只能一步一步地推进，业余时间光谱所提出的相当一部分问题，都不能在本文中得到讨论。

前面已经提到了休闲活动核心的典型特征。在一个社会中，多数活动都已经例行化了，同时数量巨大的人群之间强烈地相互依赖，而且相应类型的个人目标和非个人目标，都要求直接的情感需求必须高度服从于他人或服从于非个人的任务。在这样的社会中，休闲活动在一定限度内提供了情感经验的机遇，这些情感经验是被排除在人们生活中的那些高度例行化的部分之外的。与任何其他活动相比，休闲活动对情感的例行约束在一定程度上可以公开放松，而且是社会许可的。在这里，个体可以找到机遇，以供中等程度的令人愉悦情感的激烈焕发，而且对他/她自己没有危险，对其他人也没有危险或需要持续投入。而在其他生活领域中，伴随着强烈、激烈感情的活动，或者要求个体能够超越强烈焕发的时刻，就会引起重大的危险和风险——前提是对当下个人情感的例行化服从没有被完全阻碍，而这种情感是在对外在于自身的目标的关注中产生的。在休闲活动中，以或多或少公开的且同时获得社会许可的形式关注自己，尤其是关注自己的情感满足，可以优先于所有其他的考虑。

与其他业余时间活动——特别是类别 1——相比，休闲活动的社会强制参与程度更低，自愿程度以及个体选择范围相应更高更广，与职业活动相比则更是如此。社会强制程度在整个光谱中呈阶梯式递减，而休闲活动位于程度较低的一端，在强制与个体自愿这两个类型之间还有很多中间种类和色调。正如这里所理解的，与任何其他公共活动相比，休闲活动为激烈且相对自发的个人短期享受提供了更大的范围。这些休闲活动所呈现出的生活领域，比任何其他领域都为人们提供了更多个体选择的机遇。它们都可以让人体验到令人愉悦的情感涌动、令人享受的兴奋，并且可以在公共场合体验，与他人分享，而且是在社会许可的情况下问心无愧地享受。在许多情况中，休闲活动中的愉悦情感的焕发，是与特定类型的令人享受的紧张、与生活领域所特有的令人愉悦的兴奋形式关联在一起的，尽管人们可能会期待它们在根本上与其他类型的兴奋关联在一起。正如我们能够看到的，休闲兴奋包含着会将自身转化为其他类型兴奋的风险。这种"濒临绝境"的风险是许多休闲活动的组成部分。它通常构成了享受中不可或缺的一部分。

休闲制度及事件是如何以及为什么提供了这类体验的机遇，这是一个需要探讨的难题。但是，我们已经可以说，这个功能即便不是所有也是多数休闲制度及事件的关键方面。它们都带有某种特定类型的冒险。它们很容易挑衅人们例行化生活中的严苛秩序，而不会使他们的生计或地位处于危险之中。它们使人们能够消除或嘲弄非休闲生活的规则，而它们做的所有这些都不会冒犯良知或社会。它们"玩弄规则"就像"玩火"一样。有时它们会走得太远。这种"玩弄规则"所带来的情感振奋值得更细致的考察，既是为了理解情感本身，也是为了让我们可以从中了解自己。

三

很容易看出，休闲制度及事件都是结构化的，以便提供令人享受的兴奋，或者至少是令人愉悦的情感涌动与程度相对较高的个体选择的结合。它们如何能够提供这种类型的体验？为什么它们提供了特定类型的情感振奋？为什么至少在我们这类社会中，这种振奋的需求如此广泛、如此急迫，以至于人们要花费大量的金钱来寻求它？人们期望从休闲活动中获得的特定的情感涌动有什么功能？休闲制度及事件的结构，与群体结构，与通过参与休闲活动来寻求特定满足的这些人的结构之间，存在怎样的对应关系？

为了在一般意义上回答这些问题，在借助特定类型的休闲活动以更详细的方式来考察这些问题之前，花时间考虑某些更广泛的、在当代社会学理论中相当常见的假设是很有帮助的。如果不对这些假设进行批判检验，就不能奢望对这类问题进行探讨。在这里，我们会发现，在这个领域中，休闲社会学对社会学理论一般问题的影响，以及在更广泛意义上，对人们关于人类图景的可能影响，已经很明显。

所需的检验最好可以分两步来进行。第一步是检验某些假设，这些假设暗含在当前社会学理论对"规范"及"价值"等概念的运用之中。根据常规，人们倾向于认为共同组成这个社会的人所进行的所有活动，都受到一套单一规范的约束。[1] 很容易就可以看到，事实上，社会中的人们在生活的不同领域之中通常遵循不同的规范。换句话说，规范在某种程度上是"领域绑定"的，在一个领域被认为是正常的，可能在另一个领域就是异常的。如果将休闲当作一个领域，非休闲作为另一个，那么可以观察到，在这两个领域中，人们都遵守某些规范，但是这些规范是不同的，有些时候还是矛盾的。正因如此，劳莱和哈台（Laurel and Hardy）[2] 给一位顾客送圣诞树，树被门卡住，他们就把门给拆了，顾客跟他们打了起来，在毁灭的狂欢中，所有人都疯狂了，而银幕外的我们放声大笑。他们和我们都违反了非休闲生活的规范，他们击打彼此，我们对此哈哈大笑。在拳击比赛中，非休闲生活的规范，如不能对他人进行身体攻击，就被悬置了，其他规范取代了它们。饮酒社群也发展出了特定的休闲规范。比如，你可以比其他人多喝，但绝不能比其他人少喝；你可以有一点醉，但不能太醉。简而言之，如果不能在一个理论模型中体现出适用于休闲活动与非休闲活动的相互依赖的众多准则，人们就不能确定休闲活动与非休闲活动在功能上的相互关系。当代社会学存在一相当广泛的假设，认为每个社会的规范都是庞大单一且浑然一体的，而上述做法正是对此假设进行批判的第一步。

但我们对"规范"和"价值"等概念的批判检验必须更深入一些。经过更细致的考察，我们很快就会发现，这些术语的使用仍然是令人吃惊地模糊且不准确的。即使我们只关注休闲社会学，我们也不能完全避开

---

[1]　这种倾向可能在塔尔科特·帕森斯（Talcott Parsons）的著作中最为常见。

[2]　指斯坦·劳莱（Stan Laurel，1890—1965）与奥利弗·哈台（Oliver Hardy，1892—1957），喜剧电影史上最出名的二人组，师从卓别林，代表作品有《音乐盒》（The Music Box）、《飞天两条友》（The Flying Deuces）等。——编者注

这个事实。社会学术语"规范"在今天的使用，可以指称相当多不同类型的现象。它可以纯粹且简单地指道德方案，这些道德方案被认为对所有人都有效。它也可以指一个具体的国族群体所遵守的、但其他人不遵守的规范。它还可以应用于语言学。人们会说："你应该使用第一人称单数'I am'而不是'I be'。"或者说（因为语法规范绝非语言学规范的唯一类别）："你应该这样发音：'Beaver'不是'Belvoir'。"[1]再者，这个术语也可以用来指游戏的规则。正是如此，规范不需要具有高度一般化方案的形式，不需要诸如"士兵应该遵守他们长官的命令"这样的说法，这是帕森斯（Talcott Parsons）提到的作为他的规范概念的一个例子；[2]规范也能够用于选手在棋盘上或在足球场上交错移动的框架形式。于是，在某场比赛中，如果你对手能够做动作乙，你可能不能进行动作甲；如果你的对手不能做动作乙，你就会被允许做动作甲。游戏规则类型的规范与道德法则类型的规范相反，后者似乎并非与特定的型构绑定在一起，而前者是型构绑定的。[3]这是许多实例中的一个，这些实例表明，人们应该做什么或不应该做什么，这类陈述不必遵循高度一般化的模型，这种模型似乎经常决定了"规范"这个术语在社会学话语中的使用，即作为适用于个别情况的一般道德法则的模型。这类术语使用也可以遵循一般性水平较低且抽象类型不同的模型，诸如游戏规则。除了未经检验的哲学传统，并没有理由假定更低的一般性等同于更低的认识论价值或科学价值。

我们可以对不同类型规范的特征进行考察，诸如道德法则类与游戏

---

[1]　Belvoir 街（发音是 Beaver 街）是英国莱斯特市的一条著名的街道。

[2]　参见 Talcott Parsons, *The Structure of Social Action, New York*, 1949, p. 75。

[3]　关于对型构概念的讨论，参见 Elias, *What is Sociology?*, pp. 13 ff。

规则类，而不考虑任何评价性的关联。这两类规范都是针对在群体中行动的个体的社会规定。然而，道德法则是以高度内化的规定为模型的。就像人会受到良知的控制，这类社会规范似乎既不要求也不能够进行进一步的解释。我们不会问这些规范是如何起源的，或者它们是不是可以改变且发展，而如果可以的话又是什么原因。这类规范被视为社会行动的泉眼和源头，就像人们自己的良知那样，好像并无出处——在将人们凝聚成社会的同时，似乎既非起源于、也不依赖于任何其他事物。这类规范具有决策的一般法则的特征，每个个体都必须独立于所有其他人，自己遵循这类规范。

另一类值得考虑的规范，是在游戏规则图景中构想出来的规范，这类规范在许多方面都有不同的特征。尽管都是针对在群体中行动的个体的规定，道德法则类规范是个体中心的，而游戏规则类是群体中心的。由于是个体中心，道德法则类规范并不明确地指涉特定群体，而游戏规则类规范则相当明确，是针对特定、有限的群体中个体的方案。前者通常关系到个体在特定时刻的单个行动，而后者则关系到相互交织的个体行动的动态机制，关系到时间序列中的个体策略，关系到处于变化着的人群型构之中游戏参与者的动作。

此外，前者与良知模型一致，通常被认为是绝对的、严格的且不能改变，后者则代表了群体活动的灵活框架，每个选手在他／她参与其中时，都可以发展出他／她自己的规则，甚至建立新规则。因此，足球运动员或无挡板篮球运动员可以逐步发展他们自己的技术、个体的比赛风格，或者换句话说，就是他们在比赛经历之中发展出来并遵循的规范。一支特定的球队可能会逐渐发展出他们自己的传统，一种体现他们自己的规范的比赛方式，也就是规范中的规范，存在于所有足球或无挡板篮球都会遵循的规

　　　　　　　　　　　　　　　　　　　　　　　追寻兴奋

则之中。反过来，这些规则又处于更广泛的、很多层面的规则之中，比如奥林匹克委员会所制定的对所有业余运动员都通用的规则，或者一个国家的法律规则，这些法律规则就它们本身而言可能还体现了某些不成文的、被认为是对所有人都有效的道德方案，等等。

最终，我们会看到，毫无疑问，以高度内化的个体方案为模型的单层的"规范"概念是非常不准确的。不论是对一项具体的团队运动的分析，还是对群体中个体的相互交织策略进行更细致的分析，都可以展示不同层面的规范——可以是规范中的规范或规则中的规则——这些都会随着社会中的新发展及新经验而改变。经验研究，如对文明化过程的经验研究以及对足球发展的经验研究，都很清楚地展示出，规范是作为社会结构的一部分而发展起来的。[1] 然而，在迄今为止的社会学理论中，规范通常都被当作是绝对的，是所有问题的终点：这就是良知的规范是如何在一个人自己的经验之中直接被感知的，即便人们可能知道——在反思的层面上——它们已经通过在社会化过程中的学习被吸收且内化了。零点并不存在，人类参与游戏的开始并不存在，因此也就不存在规范或规则的开始。一个人从一开始就卷入到了与其他人进行的游戏之中，而且跟其他人一样，可能知道也可能不知道，他 / 她影响了游戏进行所要遵循的规则的改变。

---

[1]　参见 Norbert Elias, *The Civilizing Process*; and Eric Dunning and Kenneth Sheard, *Barbarians, Gentleman and Players*。

四

前面提到的两个步骤中的第二步是使用游戏作为休闲活动与非休闲活动之间关系的一个模型。通过这种方式来推进，并且毫不畏惧那些隐藏的且未经检验的评价，我们会发现更容易理解它们之间的关系，即这两者都不简单是个体的行动，而是处于特定群体之中的个体的行动。如果研究城市化及分化程度都相对较低的社会——这些社会几乎总是社群式的——的休闲活动，我们就可以很明显地看到这一点。就高度分化的城市及工业社会而言，这一点不那么明显，却同样正确。尽管在这些社会中，休闲活动的个体选择范围要广得多，无论多广，都不是无限的。在更发达的社会中，休闲活动的个体选择也依赖于在社会意义上预先设定的机遇，而且这些活动本身通常都是由对社会刺激的强烈需求、对直接或模拟的休闲陪伴的强烈需求而形成的。在高度分化的社会中，个体休闲活动属于社会活动，在更简单的社会中亦是如此，如果不能清楚地理解这一点，仍将难以理解这里所讨论的休闲理论。即使这些活动从形式上看是一个人从其他人之中退了出来，但从本质上说，它们或是从其他人指向某一人，一个人听录音或读书就是如此，或是从某一人指向其他人的——不管他者是否身体在场——比如一个人独自写诗或拉小提琴。简单地说，这些活动都是特定群体型构中的人接受的或发出的沟通。这就是游戏模型所要传达的。休闲活动组成上的社会特征在反思中经常被忽视，如休闲活动是"真实的"或"仅仅是幻想"。这并非不经常，举例来说，威廉·斯蒂芬森（William Stephenson）的一些陈述认为，工作与游戏之间的区分"表明了游戏就是幻想，在某种意义上是非真实

追寻兴奋

的，而这个世界中真实的东西，就是工作"。[1] 罗杰·凯洛伊斯（Roger Caillois）也经常强调游戏的"非真实性"。[2]

所有这些讨论的内在困难，从根本上都是由于两个因素。第一个是隐含的评价，这类评价经常决定了什么被认为是"真实"而什么不是。因此，将工作判断为真实，将休闲判断为非真实，这些是与社会的传统及价值密切相关的，在其中，工作是最高价值之一，而休闲往往被当作无用的装饰。具有不同价值系统的那些社会的代表人物，不大可能同意将休闲视为"非真实的"这种评价，比如亚里士多德就认为休闲的价值比工作更高。第二个因素是未能考虑"真实"这个术语本身就具有事实含义，能依据可检验的证据进行核查。这也就是将"真实"这个概念作为纯粹意义上的个体梦想及幻想的反义词，尤其是精神失常的人的梦想及幻想。就"可沟通"这个词语通常的意义而言，其他人也难以理解这些人，可能医生除外。在这个意义上，"真实性"是所有人类活动的属性，服从于沟通的纪律，即所有个体幻想的"不真实性"并不与其他人共享。这个澄清不再明确规定真实与非真实之间静态且绝对的区分；这为不同类型与程度的真实留下了空间。这表明，所有以沟通为基础、以人们共同参与游戏行为为特征的人类活动，都是真实的。

人们在休闲中的组合，与人们在休闲活动之外的组合，毫无疑问是彼此不同的。我们通过以下陈述所努力表达的正是这种差异：休闲与非休闲都是人所组成的群体在彼此之间按照不同规则进行的游戏。无疑，与人们的非休闲生活相比，在休闲游戏中，幻想和各种情感被允许占有

[1] William Stephenson, *The Play Theory of Mass Communication*, Chicago, 1967, p.46.

[2] Caillois, *Man, Play and Games*, pp. 5–6.

更大的部分，但是这些幻想在社会意义上是模式化且经过了沟通的，这些幻想体现在戏剧演出、画作、足球比赛、交响乐之中，体现在赛马、跳舞和赌博之中。与纯粹私人的、非社会化的幻想截然相反，这些幻想对参与其中的人来说，跟业余时间照顾自己的孩子或妻子一样真实，或者说，就这方面而言，跟一个人的工作一样真实。

在使用这些术语时稍微做些改变，也许就能有助于理解这个在本质上很简单的澄清。如果人们在心理上把画作、小说、戏剧和电影归类在"休闲活动"的标题之下，人们可能会犹豫能否将它们视为"真实"。若在心理上把它们组合在"文化"的标题之下，就更容易接受它们是"真实"的。人们常常因为隐藏在这些词语含义之中的价值差异，而无法抓住显而易见的东西。

休闲活动与非休闲活动都是社会活动，两者都是一群人相互之间的游戏。这个事实确保了这两类活动的真实性，尽管如此，它们仍属于不同类型的游戏。因此，我们的任务是要确定它们在社会中相互依赖的功能，还有它们的典型特征（其中相当一部分已经讨论过了）。这有助于更好地理解诸如我们这样的社会，人们玩的不仅是一种游戏，而是几种有不同规则的、相互依赖的游戏。休闲与非休闲游戏是这些互补游戏的一个例子。还有很多其他例子。在一些情况下，两个或更多的游戏是同时进行的，例如"正式"关系与"非正式"关系。而在其他情况下，相互依赖的几个游戏是在不同时间进行的，比如"战争游戏"和"和平游戏"。休闲与非休闲的关系属于后者。这两类游戏的典型结构，它们彼此的关系，还有它们中每一个对参与游戏的人而言的功能，都需要进行细致的系统考察。这些差异的某些方面可以被非常简要地呈现。业余时间光谱以及随后的评论都是为了说明这些。非休闲游戏中的主导活动是目标指向的。它们具有直线向量的特征。它们的首要功能是为他人效力，为了"他们"或者是为了非个人的组织，诸如商会或民族国家，尽管这些活动也具有为自己的次要功能。对参与游戏的那些人而言，虽然可以——而且在事实上也经常如此——通过收到他人的信息及激励而获得的满足，但个人满足仍然是其首要功能。在这个意义上，我们可以说，休闲构成了一块飞地，是在非休闲世界中获得了社会许可的自我中心的一块飞地，而这个非休闲世界要求且强化了以他人为中心的活动的主导位置。非休闲是目标指向的、向量式的，而休闲则可以形象地说具有"波浪式"特征。休闲活动所引发的感受是对立之间的紧张，如恐惧与欢喜，而且这些感受在某种程度上是在一个与另一个之间来回移动的。因为我们传统概念的不准确以及一般意义上语言学工具的不准确，所以我们难以表达并理解这样一点：在休闲活动中，看起来是对抗的感受，比如恐惧与愉悦，并不简单是（像它们"在逻辑上"看起来那样）彼此对立的，而是休闲享受过程中不可分离的部分，因为休闲满足只能被概念化为过程。在这个意义上，我们可以认为，如果没有短暂的恐惧与愉悦的希望交替出现，如果没有短暂的焦虑与预期的喜悦交替出现，人们就不能从休闲活动中获得满足。而且，在一些情况下，人们还可以通过这类的波浪起伏达到宣泄的顶峰，所有的恐惧和焦虑都会暂时自我消解，只留下令人愉悦的满足感，尽管只是一段相当短的时间。

这就是为什么多种形式的兴奋在休闲活动中起到了中心作用。只有这样，人们才能理解休闲的去例行化功能。例行，体现了高度的安全。只要不将自己暴露在一定程度的不安全之中，或暴露在多少有些玩笑的风险之中，例行的外壳就不会松动或被剥除（即使只是暂时地），那么，休闲活动的功能也就丧失了。

然而，特定的休闲活动会丧失它们的去例行化功能。它们只有在与特定的一套例行联系在一起时，才能保留去例行化的功能。具有去例行化功能的活动今天也能变为例行活动，或者通过重复，或者通过非常严格的控制手段，因此也就失去了提供一定程度的兴奋的功能。在这种情况下，它们就无法再提供一定程度的不安全感，满足对意料之外事物的期待，还有对随之而来的风险、紧张以及焦虑躁动的期待。这些上上下下、或长或短的波浪起伏的嬉戏式的对抗感受，如希望与恐惧、欢喜与沮丧，是我们前面讨论过的情感振奋的源泉之一。即使是准备去一个新的地方度假——表面上好像是直截了当的愉悦——也意味着期待品味在那里可能遇到的意外，意味着害怕可能存在的轻微的不确定性，遇到讨厌的人或者不舒服的住处等不愉快经历的可能性，或者结识一些总体上使人快乐的新朋友的希望。于是，即使是在这种情况下，些微的焦虑中也总是夹杂着一种充满期待的喜悦的躁动。

我们已经可以看到，非休闲与休闲（我们目前还没有恰当的分类术语），也就是我们生活之中的例行部分与去例行化的飞地，它们在功能上的相互依赖，只能用平衡来表达。休闲活动本身可能很容易被例行化，而且如果没有其他情况，它们也很容易被去功能化。

什么是例行？我们有可能在没有休闲飞地的情况下，追求平稳的例行生活吗？这个提问涉及到了例行难题的核心。我们并不是要说，没有人不是以这种方式生活的。很可能在像我们这样的社会中，大量的人的生活都是完全例行化的，是没有任何解脱的完全不兴奋的生活。不仅是老人，他们休闲形式的匮乏好像已经相当常见，部分是因为他们尽管还活着，但他们的生活在不同程度上变得不那么"真实"了，他们已经停止参与工作游戏，又难以或者不能放开自己去适当参与休闲游戏；也包括部分中年人甚至一小部分年轻人。有证据表明，在非休闲活动与休闲活动之间缺乏平衡，意味着人的贫乏，一些人会情感枯竭，这会影响他们的整体人格。也许我们在这里可以更清楚地看到，任何将休闲活动归为"不真实"的分类，都有内在的危险。

更进一步，我们可以至少在我们这样的社会之中，建立起非休闲与休闲活动之间平衡功能的暂定模型。对休闲与非休闲之间功能依赖的现行概念化，即所谓从张力及紧张之中得到放松，是具有误导性的。其中的理由之一是，这种说法意味着职业工作，还有高度例行化的业余时间活动，都会产生紧张，尽管这些紧张的本质仍然不清楚。"紧张"这个术语经常以模糊的方式出现在这类情境中，与疲劳混为一谈。在这一基础上，休闲活动的特征仍然难以理解，就像我们前面已经讨论的那样，事实上休闲活动本身就会制造紧张，同时又是对刺激需求、兴奋追寻的回应。可以被其他类型的紧张抵消，并且可以通过它找到办法解决，而这通过休闲活动引发又愉悦消解的紧张，究竟是什么类别？

108

五

如果不对休闲的各个方面进行考虑，我们就不能对此类问题做出回答，而按照当前的研究常规，休闲是被置于社会学领域之外的。我们在这里遇到的难题已经使其自身贯穿了整个探究。现在是公开它的时候了。这一问题是：在任何单个人文科学诸如社会学、心理学或者人类生物学的框架之中，如果这些科学之间的关系仍然像今天这样模糊，提出一个合理准确的休闲理论是可能的吗？事实上，休闲难题属于一个大的问题类别，这些难题在科学专门化发展的当前阶段已陷入多头落空的局面。就这些科学目前的构成而言，它们不完全适合于这些科学中的任何一个的参考框架，但这些难题属于这些科学之间无人涉足、未经开垦的土地。如果社会学被当作是抽离了人们心理层面或生物层面的科学，如果认为心理学或人类生物学是即便不考虑社会学层面的人也可以进行推进的科学，那么休闲的难题就会处于束手无策的状态。事实上，这些难题以可能是最清楚的方式表明，将人类分区化为科学研究的一个类别有其内在局限。作为一种分类模型，业余时间光谱已经表明，将人们的不同方面区分开，把它们当作彼此分离的而没有指示其间关系的整体参考框架，这种做法永远都不够。多种社会科学的当前构想都受到这个缺陷的影响，这些科学中的任何一门在处理人的多个方面时，就好像这些方面**事实上**是相互独立的存在。这种分离是彻底的。不存在一个整体的参考框架能够表明这些不同方面如何相互适应。通过将休闲活动放在业余时间光谱这一更广泛的框架之中，我们已经表明：研究者遇到的难题是，尽管需要对人类的不同方面进行区分，但不应将其分离，以至于不同方面通常被分配到了不同的人类科学。

109　　如果人们去剧院、去跳舞、去参加聚会，或者去参加赛跑，正如我们已经讨论过的，这是因为在休闲中，人们可以选择以承诺给他们带来愉悦的某种方式来分配自己的时间。于是，人们的愉悦，即对特定类型的令人享受的刺激的展望，构成了这些制度的社会结构，构成了戏剧、跳舞、聚会、赛跑以及在这个探讨的过程中已经提及的许多其他制度的社会结构。可能有人会说，愉悦的难题属于心理学或生理学的领域，而休闲的难题则落入了社会学家的能力范围。在社会学这门科学的整个历史中，社会学家已经力争将他们自己的难题类型与心理学家及生物学家的研究区分开。这一必不可少的努力是为了建立这样一个事实：社会现象代表了一种有它自己独特特征的探究层次。在这个意义上，社会学家为获得他们研究类别的相对自主性的战斗已经被证明是成果丰富的。但是人们可能认为，这种自主性到目前为止已经足够稳固了，因为社会学家不仅可以考虑自身难题的独特性，也可以考虑他们与邻近领域的关系。这种做法已经取得了丰硕的成果，社会学家在他们的探究中将遇到的心理学难题及生物学难题抽离出来，在一段时间内，沿着一条独立的道路，迈向对人类更好的理解。但这种分离不可避免地导致了对大批问题的忽视，其中之一就是休闲难题。我们正在进行的探讨也面临同样的阻碍，如果在试图处理社会学难题时，没有超越这个领域的边界，就会遇到这种阻碍。就休闲事件及制度的情况而言，它们存在的理由是特定的心理体验，任何试图从这一点抽离的企图都会使其目的落空。在这里，对社会结构的研究以及对情感的研究，都不能在分离的区隔中进行。

然而，这并不意味着我们可以将一种努力化解到另一种努力之中。生物学家和心理学家有时相信，最终，他们能够使用生物学或心理学术语解答所有社会学难题。就此而言，社会学家争取他们自己难题的自主性的斗争具有相当程度的正当性。也许有人会认为，并不是所有当代社会家都能够清楚地看到这种相对自主性，即社会学难题不能简化为生物学及心理学的难题。[1] 如何在两种观点之间进行选择引发了大量困惑。一种观点认为，对社会的研究是完全自主的，因此也就与心理学及生物学研究完全无关；而另一种观点则认为，通过心理学及生物学对个体的

---

[1] 比如乔治·霍曼斯（George Homans）在 1966 年当选美国社会学会主席的演讲中指出：社会学缺乏作为一个学科门类的自主性，而心理学是基础的社会科学。相同的观点还可以参见 W. G. Runciman, *Sociology in its Place*, Cambridge, 1970, p. 7.

单独研究，社会的难题作为一个研究领域，或早或晚都会被完全解决。

　　正如我们已经说过的，对休闲的研究是实例之一，在这些实例中，社会层次的现象与心理学及生理学层次的现象之间的实际关系问题不能漠视。在这里，我们不能逃避多层次分析的任务，不能逃避至少以宽泛概括的方式思考这样一个问题：在休闲研究之中，这三个层次——社会学的、心理学的和生物学的——是如何连接的。

六

　　关于情感的心理学及生理学层面的理论有很多，而且很难说它们都彼此认同。但是，就我们的目的而言，指出已经相当成熟的、具有一定比较意义上的基础理论就足够了。情感反应最初级的形式，体现在非常年幼的孩童身上，似乎具有未分化的兴奋反应的特征，这种反应可能根据情况跟愉悦及不愉悦的感受关联在一起，而没有具体的情感分化。恐惧、爱和愤怒这些反应，曾经被认为是情感的初始三元素，可能作为分化过程的一部分，从一般化的兴奋模式中逐渐出现。

　　但不管怎么样，对年幼孩子的情感反应的一瞥，可以让人清楚地意识到一个经常被忽视的事实：在说到情感的时候，人们想到的只有成年人的情感。在我们这样的社会中，成年人通常不表露他们的情感，但所有社会的小孩都会表露情感。对他们而言，我们称为情感的那种感受状态，是整个有机体对刺激处境进行回应的一种被搅动状态的一个方面。感受与行动还没有分离，就像活动人的骨骼肌、胳膊和腿，还可能是整个身体。我们可以认为，这就是我们称之为情感的那种感受状态的原初特征。只有当人们学会不像那些年幼的孩子一样根据情感冲动所要求的行动来活动他们的肌肉——也就是说不行动，情感似乎才在人们的体验中逐步成为一种感受状态。我们通常会说人们"控制他们的感受"，实际上，人们没有控制他们的感受，而是控制了他们的活动，控制了整个有机体处于被搅动状态之中的行动部分。这种状态的感受部分，可能实际上具有情感的特征，部分是因为情感不能在运动中自行释放。但我们并没有停止感受。我们只是阻止或延迟了我们按照这种感受来进行的行动。

作为规则，至少是在我们这样的社会中，成年人已经习惯了不按他们的感受来行动，以致这种约束对他们来说是正常的，是人的自然状态，尤其是对成年人自己而言，约束在很大程度上成了自动行为。他们不能放松这种内生的控制，即使他们想。在很大程度上，他们已经忘记了，不能做想做的事曾经对他们来说有多么艰难；他们忘记了成年人要多么努力，才能扬起眉毛，说着艰难且甜蜜的词语，可能还有比这更糟糕的，要控制他们的行为，直到无需努力控制行为就能符合其所处社会的惯习模式。它已经成为了第二天性，而且似乎就是他们本人自我理解的部分，是他们与生俱来的东西。这种自我控制训练的程度与模式，根据各个社会特定的发展模式的所处阶段而有所不同。一般而言，我们可以认为，以高度工业化为特征的那类社会化，带来了更强且更严格的个体自我控制的内化，也就是造成了自我控制的盔甲，这种自我控制能相对平稳且比较温和地在所有处境、在生活的所有领域中运作，而并没有很多漏洞。

如果我们能够找到心理学及生理学对这里提出的自我控制的多种难题所进行的探究的话，将对社会学家关于休闲难题的探究有巨大帮助。休闲是少数几块飞地之一，即使是在工业社会，人们依然能够在这里寻找到是适度的、获得公众充分许可的情感兴奋；而且，它们甚至可以在一定程度上以在社会意义上受到管制的形式来进行展示。然而，不仅是社会学家，还有心理学家和生理学家，都基于不同的理由，避免对处于多种领域之间的中间难题进行研究。即便是社会心理学，在其当前的形式中，对这些难题也几乎没有帮助。对于学习应对这个难题，心理学及生理学有大量研究文献，但关于通过学习来实现的人格结构形成，研究却很少。在出自较低生物水平的驱动及情感冲击的反复高涨，与这些高涨所指向的骨骼运动器官这两者之间，可以对此进行干涉的冲击控制的建立——作为未经学习的人类潜能的习得性发展——则几乎毫无研究问津。

并非没有指向这个方向的强有力的前科学类证据。有足够的证据使我们能够说明难题所在，尽管无法解决。这个难题展示了社会引发的情感控制现象与休闲活动中特别提供的情感振奋之间的连接。在高度发达社会的生活之中发挥了相对较大作用的文明化的自我控制，并不是任何深思熟虑且具有批判性的规划的结果。正如已在其他地方表明的那样，自我控制在相当长的一段时间里多少有些盲目地成长为如今的模样。[1] 人们经常想当然地认为，在工业社会的运作中，这些控制是必要的部分，但这从未得到证实。对某些控制的反抗日益高涨，尤其是在年轻世代之中。因此有人可能会希望这能有助于对某些问题的系统探究：内化的控制与外在的社会制约是否对社会的运作有正面功效？哪些方面有？哪些方面没有？我们已经探讨过的一些休闲难题与这类问题是紧密关联的。如果一个社会的社会限制及内在自我控制对个体的压力都非常强，以致消极后果超过了正面功效，那么又将发生什么？

112

---

[1]　参见 Elias, *The Civilizing Process*。

这类探究应该留到以后。但是，对自我控制的一些初级方面进行简短的附带讨论，有可能小小地推进之前已经讨论过的非休闲活动与休闲活动之间的关系。可能有人记得，对这两种类型活动之间差异的最简洁的——但当然不是唯一的，而且肯定也不算详尽的——论述，提到了所有活动对行动者而言的两类功能：即对行动者自身的某种功能（或某些功能），还有对其他人的某种功能（或某些功能），尽管有时并非总是以对非个人的社会单元诸如国家有功能的形式出现。我们所涉及的两种类型的活动之间的差异，简单说就是：在非休闲活动中，对行动者自身的功能从属于对其他人的功能；而在休闲活动中，对其他人的功能则从属于对行动者自身的功能。用更心理学的术语来说，这意味着非休闲活动彻底要求程度相对高的情感控制。不仅具有职业工作特征的活动是如此，在业余时间光谱中被分为非休闲的业余时间的活动也是如此。因为考虑其他人，是这些活动与其他人的活动之间通常具有的非常复杂的相互依赖所要求的。这就是为什么我们说这些活动是"例行化的"。与发展水平稍逊的社会相比，在我们的社会中，多数相互交织的行动都被管制得非常有序且非常严格。只有当人们或是通过直接参与、或是通过间接学习，体验到生活在管制得不那么好的社会之中究竟意味着什么，人们才能评价高度发达社会的相对井然有序，才能评估相对高度内化的个体控制在他们之中所起的作用。另一方面，这种内化毫无疑问造成了特定的挫败，大量的沮丧及痛苦，而且可能还有一些病态，不管这种内化是以良知的形式，或是采取了强迫式的有序形式，或是将社会控制吸收为个体人格一部分的内隐社会化所带来的任何其他后果这类形式。这意味着在更发达的国家社会中，一个双环的限制确保了个体行为处于他们群体的行为边界之中：外在限制体现在如法律及其执行机构无所不在的威胁之中；

内在控制表现为良知与理性这些个人控制机制。和许多其他术语一样，这些术语似乎具有某种实质，是"机器中的灵魂"，而不是从其他人那里习得的，不是作为社会化的结果而被吸纳的。这些术语指的正是我们在前文提到的那些类型的冲动，它们被置于以下两者之间：一边是我们称为驱动力、感受或情感的那些更基本、更直接的生物基因冲动，另一边则是身体的运动器官。它们使我们能够控制我们自己；也就是说，它们使我们能够不动用我们的肌肉，不立刻按照我们感到被驱动的方式去行动，或者说以不同于我们自发的驱动及情感所指引的方式来行动。于是，它们就不仅使我们能够按照我们相互依赖的高度复杂结构来指导我们的行动，并安排行动的时机；它们还能给予我们摆脱短时冲动的高度自由，还有更大的决策范围。另外，通过阻止这些驱动、感受及情感寻求并找到直接且及时的满足，它们也创造了一种特定类型的紧张。

然而，如果看看目前心理学及精神病学关于人类行为及体验的情感层面的研究文献，就会注意到：除了少数的例外，将实例发展为理论的过程，都受到关于人类的传统概念的阻碍；作为所有理论命题的框架，这个关于人类的传统概念或多或少是想当然的，而且也没有对其适用性进行过系统考察。我们在前面提到了这个传统概念，即将人视为一种非社会的机器。有些时候，它会被比喻为"黑箱"：我们可以观察到黑箱的行为，但我们不知道黑箱里面是怎么回事。在很多情况下，隐含的假设是人们会对特定的刺激做出特定的回应。在这个假设基础上，人们可能会被引导认为，人类不会以某种方式回应，除非刺激或释放装置激发了具体的回应模式。然而，有大量证据表明，人类不是仅仅消极地等待特定的刺激。事实上，越来越多可见的证据表明：为了使其能够令人满意地运转，人类有机体需要刺激，特别是通过他人陪伴所获得的刺激。我

114

们已经获得了关于极端孤立的效应的许多经验，这些经验对人类这个概念的意义，也许并没有得到充分的表达。[1] 它们表明：一个人对通过其他人得到的焕发的需求，并不是局限于我们称为性特质的专门领域。它是一种更宽泛的、远没有那么专门化的对社会刺激的需求。这可能是起源于原欲，也可能不是。它的生成尚有待探讨，但是不论如何，"黑箱"在没有受到刺激的时候，并不是静止的。在整体构造上，每个人都是指向其他人的，指向只有其他人可以带来的情感刺激，尽管可以有替代物，诸如宠物或集邮。人类的一些层面一方面是由心理学家和精神病学家来研究的，而另一方面则是由社会学家来研究的；这两者之间是相互依赖的。意识到这种相互依赖的最重要的一点是要理解"黑箱"不是关闭的，它是打开的，还会准备好针对他人发出触角，并且以相同的方式回应其他人发出的触角。[2] 事实上，人们不能完全理解驱动力与情感的性质，除非人们意识到它们代表了双向交通中的一条线。在整体构造上，每个人都是指向他人的，即指向通过活着的人类来获得的情感刺激；而且，这类令人愉悦的刺激，即从与他人在一起之中接收到的刺激，或者是实际情况，或者是在一个人的想象之中，都是休闲享受最常见的元素之一。这里已经有两个关于人类的形象，一个是人类适合于诸如此类的观察，另一个就是"黑箱"这一的比喻所代表的。如果有人试图以比喻的方式来概括这两种人类形象之间的差异，一个更合适的明喻是——如果无论如何都要将人与机械装置进行比较的话——有些人配置了一个无线电的发

---

[1] 对极端隔离的研究发现所进行的讨论，可以参看 Peter Watson, *War on the Mind: the Military Uses and Abuses of Psychology*, Harmondsworth, 1978, ch. 13。

[2] 关于对"封闭的人"（*homo clausus*）这个概念的批评以及将此概念化为"开放的人"（*homines aperti*），参看 Elias, *What is Sociology*? , pp. 119 ff。

送与接收装置，这个装置不断地发出信息，他／她接收到回应，而且他／她还可以回应那些回应。把一个孩子单独留在房间里待几天，看看会发生什么。无论能得到多么美味的食物，孩子都会"枯萎"。原因就是，对所有我们非常不完美地称之为"驱动力"或"情感"的"双向"交流的初级需求，即对自己的情感信息的刺激式情感回应的需求，被切断了。这种痛苦，即小孩子所遭受的疼痛，是非常强烈的。它来自前面所说的切断，或者说仅仅来自一种无法得以满足的需求，这种需求要将自己的情感牢固地与他人绑定，并引发深情的回应，这些回应将牢固地与这些孩子绑在一起，而对这些孩子来说，这些回应又会引发对这些情感的强化回应，如此往复。简单来说，向他人发出、以搜索可以牢固绑定的锚定点的这些向量，不管我们称之为"驱动力""原欲""情感"还是"感情"，都是人际过程、社会过程的一部分。如果这些过程被打断，或者仅仅是受到干扰，这个孩子的整个人格发展都会或多或少地受到严重的损害。在成长的过程中，也就是个体在我们的社会之中经历"文明化过程"时，他们被教育要最严厉地、而且部分是自动地控制人类对一类刺激总是不满足的需求。这类刺激是从人们发出并接收在情感上有意义的信息来获得的，对年轻人来说，这些信息就像食物一样至关重要。我们社会中的成人，在他们非休闲的生活中，也不得不以最严格的方式阻止自己发出情感信息。他们生活中的那个领域禁止发出与接收特定波长的信息。而在另一方面，休闲活动则提供了特定的范围，可以发送，尤其是可以接收处于这些波长的信息，即被我们粗略地称为情感的信息。但由于在各种人类社会中，特别是像我们这样秩序井然却复杂的社会中，放松控制总是带有风险，因此，为情感振奋打开方便之门的休闲活动的去控制功能，由于其本身就是围绕预防规则所展开的，在社会意义上便是可容忍的。

　　基于以上所述，非休闲活动与休闲活动之间关系的一个核心方面开始越来越清楚了。也许通过参考贯穿了整个生活、以波动中的紧张—平衡为形式的特定两极，我们可以在概念上对此进行总结。这里所说的是在情感控制与情感刺激之间的紧张—平衡。这种紧张—平衡的表现形式在不同社会各有不同。在我们的社会中，对整个感受连续分布的控制，从动物性的驱动力到最崇高的情感，都部分强有力地内化了；而对情感的外在控制则相对温和，而且，在休闲活动之中获得了公众许可的情感刺激，大体上也同样具有温和的特征。简单来说，这两种控制都要求一定程度的情感成熟。

　　但是，上面简要提到的这个事实表明，社交能力可以说是孩童生活中的持久特色。它提示我们，在我们的社会之中，休闲活动的首要功能之一就是社交。也就是说休闲活动有助于缓解非常严厉的有意识或无意识的自我控制，这是职业活动及非休闲活动这些类型对所有参与者的要求。一般而言，我们不得不让我们自己对此适应，通过允许我们以成年人的形式进行在孩子的生活中普遍存在的活动。精神分析师可能会将这类情况表述为"社会许可的撤退"到童年行为，但此表述只揭示了任何强调以下观念的心理学理论是不准确的，即认为成年人的行为是一体的，并在所有的行为中遵循相同的模式。事实上，通过休闲的制度，社会发展本身就为适当松动对成年人的控制留下了空间，即通过同样适度的情感兴奋对个体进行温和的"去控制"，这种温和的情感振奋能够有助于抵消控制的窒息效应，而这种效应在没有这类社会制度的情况下是很容易产生的。

七

最好将非休闲活动与休闲活动之间的关系以视觉化的方式呈现为一种波动中的紧张——平衡。在高度例行化且秩序井然的生活领域中，为"你"或者为"他们"的功能，主导了为了自己的功能；我们为了高度复杂社会的长期需求而努力，从而也是为我们自己的长期需求而努力。但是，我们这么做，是以牺牲一些即时且自发的需求及其满足为代价的。我们没有告诉某位男士或女士、我们的秘书、我们在其他系所的同事、我们的顾客、我们银行或保险的工作人员，我们有多么喜欢他们，他们多么有吸引力，我们想跟他们交往。我们有一百零一种方式来找到很好的理由以约束我们的情感。如果每个人都松动或者失去了约束，我们社会的整个基本结构就会瓦解，而且所有的长期满足也都会丧失，我们从这种长期满足中获得了如舒适、健康、多样的消费与休闲满足，还有与更不发达国家相比的许多其他特权——虽然我们经常不再将这些当作特权。

我们已经习惯于认为，在没有更精确的关系模型的情况下，在我们的社会生活的更高度例行化的部门之中，盛行的是非个人类型的关系，对此的抗衡是由家庭提供的。在一定程度上，这种说法可能是正确的。家庭可以提供一些情感平衡，这些情感平衡可以抵消人们的职业生活所特别要求的相对的情感约束。事实上，如果认为家庭作为一种制度在城市化及工业化的过程中丧失了一些功能，那么，我们可以补充一点，家庭为满足人们本能需求及情感需求的社会机制之一，也获得了一些功能，这些需求在家庭之外的其他地方，尤其是与许多其他类型的社会相比，可能受到了更强的控制。但是，有很多迹象表明：家庭本身并不足以满足所有这些需求，否则这些需求就会受到严格的约束。其中的一个

追寻兴奋

原因是，在我们的社会中，家庭生活本身是高度例行化的。尽管家庭这一社会场所，可提供特定的、社会许可的约束放松，而那些约束确保我们的驱动力处于核查之中。但也必须认识到、家庭已经产生了新型的约束和新型的紧张，特别是与性别之间、代际之间的权力的更大平等有关。另一个原因是，在家庭的框架中，家庭所提供的对驱动力及情感的满足这一抵消功能是与非常强烈的、且几乎是不可逃脱的承诺联系在一起的。这种承诺的特点具有三个层次，在这三个层次中，每两者各组成一环，这是更发达社会中的许多承诺的典型。丈夫和妻子彼此之间的关系、父母与他们孩子的关系，其间的相互承诺处于各种类型的社会压力之下，尤其是来自邻居或朋友的社会压力，还有来自法律的社会压力。丈夫和妻子之间彼此承诺，也对他们的孩子有承诺，正如我们说的，是靠"责任感"，或者换句话说，靠他们自己的良知。在一些情况下，他们也在情感上相互承诺，依靠相互的感情，也许还有他们在彼此之间感受到的爱。这三个层次的家庭承诺以何种方式相互影响，我们对此所知甚少。通常的猜测是：这些承诺中的第一层、第二层是必要的，这样第三层就能自我形成或持续。如果我们诚实地对待自己，那么就应该承认我们对夫妻之间长久的情感依恋所知甚少。尽管作为人类构成方式之一的性满足在其中起了一定的作用，但这种长久延续的依恋具有不同于短期性行为的特征。从理论上说，就我们对人类彼此之间长期延续的情感承诺的性质及条件的探讨而言，我们几乎还没有触及其表面。如果情感承诺是相互的，这可能是最令人满意的人类经验，但是这个表述必须有所限定，由于就爱情难题而言，要穿越理想状态触及事实本身，这仍然非常困难。制度性的压力对情感承诺的影响，还有通过一个人自己的良知来做出承诺，这两者之间的关系也还没有人进行探讨。即便是达到概念澄清的这个阶段，也是很困难的。如果我们可以对家庭承诺的这三个层次在功能上的相互依赖了解得更多一些，我们就能够比现在更现实地面对并处理家庭生活中不断变化的情况。但无论如何，我们可以更好地理解休闲作为飞地的独特特征：在这里，可以发现在家庭中也可以看到的一种类型的情感振奋，但不需要任何我们在家庭中看到的这些承诺；还可以在这里找到另一种不同的情感振奋，只与情感及其他的承诺有关。

休闲活动不要求强制型的承诺。罔顾这一事实，就不能很好地理解休闲活动在工业社会的生活之中所承担的特定功能。家庭框架中所提供的本能满足和情感满足，是与强大的制度的约束以及规范的约束密切相关的。因为这些满足是长久持续的，所以它们本身在某种程度上就容易例行化。个人满足要部分地从属于对他人的考虑，这些"他人"，就他们这一方而言，就是这些满足的提供者。休闲满足在相当高的程度上被限制于某个时刻。这些满足是高度转瞬即逝的。与此同时，这些满足也提供了抵消情感约束的机会，情感约束意味着相对缺乏可以公开表达的情感刺激，这是更分化的社会中的人们活动的主要部分的特征，而另一些类型的活动提供了抵消情感约束的机会，这些活动的首要功能就是为自己提供享受。这些活动能够抵消正常的情感约束，而不需要任何承诺，除了个体愿意在任何时候自愿承担的那些承诺。但这种承诺的匮乏，与高度的情感刺激结合在一起，共同赋予了许多休闲活动一些特征，我们称之为"玩耍"或"嬉戏"，而这种承诺的匮乏也引发了一些特定的难题。

我们已经讨论了这样一个事实：在所有秩序井然的社会中，会刺激强烈感情的那些处境都会被怀疑地对待，特别是对负责维护良好秩序的那些人而言。前面提到的情感作为行动推动力的性质，就解释了这种倾向。在强烈情感的影响下，人们容易以他们自己都不再能控制的方式行事，因此，社会上良好秩序的守护者可能也会发现很难控制这种行事方式。一个社会的所有领域，特别是在高度复杂社会之中的所有领域，必须维持通过相互依赖的长链条来实现活动的衔接，正是因为这个原因，人们的行事通常受到管制和制裁的限制，以阻止脱离了控制的情感焕发。多数社会将性满足及其他情感的满足的合法化方式，与家庭的制度框架结合在一起，与此相伴的有社会化的训练、信仰，还有直接的约束和禁令，以抵消一个人本能的及情感的威力的任何解放给他人带来危险。在休闲活动中出现了同样的问题，这一点则可能并没有得到充分的认识。我们已经提到，许多类型的休闲活动都体现了它们的不可或缺的一个特点，就是冒险元素，也可以称之为"玩火"。乍一看，这似乎只是那些参与特定活动的人自己的风险——赌博的风险是对赌徒而言的，赛车的风险是对车手而言的。但这并不是故事的全部。正如我们努力展示的那样，休闲活动构成了一块飞地，在这里情感控制可以在一定程度上得到放松，可以受到刺激产生兴奋，还可以公开展示这种兴奋。在像我们这样秩序井然的社会之中，对自我控制的任何松动进行合法化，都有风险，不仅是对将自身卷入其中的人们而言，对其他人、对社会的"良好秩序"也是如此。在对足球发展进行的调研中，我们就遇到了这样一个例子：在中世纪，国王以及城镇的当权者尝试了几个世纪，试图阻止足球运动，各种理由中的一个就是足球比赛几乎一成不变地会以流血事件告终，如果是在城里的街道上进行，则会打破许多窗户。[1] 当权者们没有能力阻止所有这一切，主要是由于相关人士都从游戏的兴奋中得到了非常巨大的

[1]　参见本书第五章。

愉悦，也就是约束的松动。国家的控制组织只是简单地不够有效，无法抵制比赛的情感兴奋对参与者的吸引。

　　今天，国家的约束力量的有效性已经变得相当得强了，如果要对我们这个时代休闲活动的一些结构特征以及反复出现的问题有所理解的话，就必须牢牢记住它是如此巨大这个事实。存在这样一种紧张—平衡，一边是参与休闲活动的那些人这一方对情感振奋的渴望，另一边是国家权威机构要对这些保持警惕，确保这种控制的放松不会给寻求休闲的那些人或是其他人带来伤害。这两者之间的紧张—平衡是当前休闲活动的组织及行为举止的基本特征，就像它在我们提到的中世纪社会中一样。但现在国家的控制要有效得多，这一事实对这些活动有一定的影响。目前来看，指出这样一个事实可能就足够了：对高度管制的需求，似乎引发了一种更强烈的趋势，即休闲的制度有意要诉诸情感反应的复杂精细与升华。如果想要更好的理解我们这个时代的休闲活动的整个模拟层面就要考虑这样一个事实：许多休闲活动的吸引力不再是最初级形式的情感需求或本能需求，尽管看起来可能仍是如此，但实际上是感情需求的复杂集合，其中混杂的综合感受起到了作用。但国家的控制是如此得更加有效，这个事实也意味着它的操作也更加平稳且更可预期。国家控制通常只是作为"长翅膀的守护者"来运作的，在相当程度上依赖于"被守护者"的自我控制。我们需要考虑这样一个事实，以确保对休闲活动的社会学分析不会很碎片化，即前文在对家庭的讨论中提到的三层承诺中的前两层，在休闲活动的控制框架中也起了一定的作用。

120

　　　　　　　　　　　　　　　　　　　　　　追寻兴奋

八

借助我们在前面阐述的理论框架，各种休闲活动背后的结构一致性越来越清晰可见了。处于其中心的是：以高度分化为特征的社会加诸于其成员的相当严格的两个领域之间的分离。在社会生活领域中，直接指向非个人目标的活动及经验占据了主导。在这个领域中，一个人所做的每件事的为他人的功能，都严格优先于那些为自己的功能，而且在这个领域中，情感满足严格服从于冷静的反思；而在另一个领域中，优先顺序则是相反的。相对非情感的且非个人的思考过程被弱化了，情感过程却被强化了，而且，为自己的功能获得了比为他人的功能更大的权重。休闲活动通过多种方式来完成这些功能。由于缺乏一个更好的词语，我们可以将它称为"休闲元素"。基本上，有三种休闲元素：社交、运动能力和想象力。我们可以在业余时间光谱中列出的那些休闲活动类型中清楚地看到：这三种情感激发的初级形式没有缺席任何一个休闲活动类型。这些元素中的两个或三个通常结合在一起，尽管在特定的活动中，它们中的一个可能居于主导。这些元素中的每一个，都能够以它自己的方式充当控制松动的手段，而在非休闲领域中，这些控制将人们的感情倾向置于严格的监查之中。对它们的考察可以回溯到处于两个领域之间的、不稳定的紧张—均衡之中时的人类的一般模型：在一个领域中，非个人的智识活动，还有与之携手并进的对情感的控制，超过了情感活动的激活；而在另一个领域中，这类情感过程令人愉悦的激发占了上风，约束式的控制减弱了。通过讨论休闲活动在我们这样的社会中的两个首要领域，就足以说明休闲的这些元素的功能。这两个领域就是我们所说的"社交"领域和"模拟"领域。

121

（1）社交作为休闲的一个基本元素，在多数休闲活动中都发挥着作用。这就是说，享受的一个元素，是通过他人陪伴所获得的令人愉悦的焕发，不需要承诺，对他们没有任何责任要求，除了那些人们自愿承担的。如果去参加赛跑、为了参加竞技比赛而训练、参加赌博俱乐部、去打猎、去跳舞，甚至跟自己的丈夫或妻子去餐厅吃饭，这种类型的刺激都能起到作用。我们在前面讨论过，即使是最后这种情形，在外、在其他人——即便一个人也不认识——之中吃饭这个事实本身，就会在一个人的享受中起作用，即使与休闲状况中的其他首要因素相比，这可能是次要的。社交本身在聚会、去酒吧、拜访朋友等此类的聚集中，都起到了首要作用。在社会学的研究文献中，我们可以看到许多对社交难题的偶然观察；然而，仍然缺乏以连贯的休闲理论为基础、将社交难题作为其中心论题的社会学探究。这种类型的探究与关于社会的理论的相关性是显而易见的。许多社交聚会都具有一种特点，由于缺乏一个更好的词语，可以称之为"休闲共同体"（leisure-gemeinschaften）：它们提供了在公开的及——在意图上——友好的情感层面上的更紧密的整合的机遇，这里的情感与职业活动的及其他非休闲的接触之中的那些被认为是正常的情感有明显的区分。酒吧共同体、在军官食堂里的聚会或饮酒社交，还有非休闲的组合，诸如车间集会或委员会会议，这类社会聚集在情感层面的差异很容易进行观察，但不容易概念化。将共同体（*Gemeinschaft*）这个概念通过简化应用于这些活动，赋予这个概念与传统用法相比稍微不同的意义，这种做法可能不是很恰当。结合我们给出的例子，就可以很容易抛弃传统上与"共同体"这个概念联系在一起的浪漫意涵。有些人发现在他们的休闲时间中加入"酒吧共同体"很令人满意，还有些人很享受参加某些聚会，这些聚会鼓励在更高程度上的公开的且或多或少友好的情感融合。这些人，与浪漫地希望重返昔日村庄共同体的那些人，并不一定有相同的心态框架。城市工业社会中休闲共同体的倾向，与浪漫地怀念村庄共同体的倾向，这两者之间存在某种类型的结构关系——这一点并不需要在这里进行讨论，但两者之间的差异相当清楚。有一点很值得怀疑，今天愿意彼此共同组成反复出现的但短暂的休闲共同体的成年人，会不会愿意永久地排除在他们非休闲生活中普遍存在的、在情感上更克制的关系类型。许多人在休闲时间享受社交聚集，但如果这成为一种永久的生活形式，他们并不会那么享受，或者可能根本不会感到享受，这种情况并非不可能。参与非休闲的社会（*Gesellschaft*），还有在许多成年人生活中参与短暂的休闲共同体，这两者之间的有特色的交替，指出了这两种类型的关系在我们的社会中是互补的。

以这种方式提出的"休闲共同体"这个术语打开了相当广泛的研究领域。在工业社会中，这些暂时的飞地具有更多的公开情感，而且还有相对自发的、尽管不稳定的整合，这些飞地处于平常的、在社会意义上标准化了的制度之中，而很多人的休闲要求也以相当有规律的方式引流到其中。在这里，与模拟型休闲的制度截然相反，人们加入彼此，不需要具有任何专门的技能，不需要为他人或者为他们自己（尽管偶尔会出现）"表演"，只是简单地享受彼此的陪伴，也就是说，享受更高水平的情感温暖、更高水平的社会整合，还有由于其他人在场而带来的更高水平的刺激。与生活中任何领域的可能情况相比，这是一种没有任何承诺和内在风险的嬉戏的刺激。

与此同时，休闲社交，就像模拟活动一样，表明了工业社会特定的结构特征。休闲共同体特别抵制例行化，这种例行化内在于这些社会的

122

非休闲领域之中普遍存在的相对非个人的接触。在那里，人们之间的情感屏障，就像一般意义上要求人们做到的情感约束，通常是很高的。多种类型的休闲共同体的存在指出了一种反复出现的需求，降低屏障，让人们的情感公开程度更高，且不会陷入矛盾的气氛中，接触这种气氛的积极层面。即便不总是在事实上，就意图而言它也具有明显的优势。但在休闲共同体中，就像在其他休闲事件中，屏障降低、情感浓度升高，作为对例行的外壳的对抗力，也带有一定的风险。正如多数人都知道：社会许可的去例行化的程度可能会被逾越。

就本文的目的而言，不需要论及休闲社交难题的这种研究取向所打开的更广泛的研究可能。然而，有一个领域的研究难题值得花一些篇幅来讨论。在许多情况下，人们参加社交聚集所得到的愉悦，似乎能够通过共同饮酒得到提高。作为许多这类聚会中的正常成分，酒精的功能是什么？如果来自这些社交聚集的满足与人们之间的屏障降低、与情感层面令人愉悦的升高关联在一起，人们为什么需要喝酒来产生或至少提高社交的愉悦？我们可以说一起喝酒起到了整合的功能吗？人们期待从参与这类饮酒共同体中获得什么样的满足？这些聚集的共同特征是什么？这些聚集的正常进程是什么？最佳进程呢？怎样的进程会令人失望？在什么条件下，一起喝酒会起到瓦解而不是整合的功能？

如果我们暂定的假设是正确的，我们可能会发现：在这种情况下，人们期望从他们的休闲追寻中所获得的，并不单纯是通常所说的"放松"，而是刺激和激动。同样，在我们看来，处理这类难题的医学取向，没有补充式的社会学调查就是不完整的。有大量证据表明，在这类休闲活动中，人们也在寻找令人愉悦的情感焕发及兴奋，简单地说，就是在其他人的陪伴之中产生特定类型的强化了的紧张。

123

有些刺激只能通过其他人来提供，而人们对多种形式的这类刺激的需求很明显是无所不在的。如果像传统的医学取向的通常做法那样将个体有机体作为一个自足的系统，这一点就很容易被忽略。正是因为这个原因，解释作为休闲聚集正常成分的饮酒的医学努力容易有些不准确。如果有人试图解释饮酒的社会功能，仅仅指出酒精消耗所带来的"大脑约束中心的压制"，会"产生短暂的幸福感"这样一个事实，并不完全。如果人们在酒精的使用中所寻求的仅仅是一种幸福的感觉的话，他们可以好好地待在家里喝酒。更有可能的是，人们在一起喝酒是因为通过压制大脑的约束中心，有助于在相对较高的情感浓度上进行友好的相互刺激，而相对较高的情感浓度是休闲社交的精髓。一两杯酒使人们相对很快地松动了通常总是深度内在的约束盔甲，于是也就会开放自己，享受嬉戏式焕发的相互作用，这可以成为一种对抗力，抵消全副武装个体的相对孤立，抵消他/她在非休闲领域包括家庭生活中的承诺及例行。于是，通过饮酒得到强化的休闲共同体，就像许多其他休闲事件一样，提供了在公共场合、在其他人在场的情况下提高情感公开水平的机会。这样产生的兴奋通常也期待不要超过一定的限度。就像在其他休闲事件中，兴奋可能会超出控制。风险总是存在的。这很可能就是"玩火"，在这种情况下，风险也是愉悦的一部分。就像在一些其他形式的休闲活动中，这种玩火、这种风险，似乎对令人愉悦的兴奋有所贡献，而且以这种方式对休闲共同体的享受有所贡献。接近社会许可的边界，并在有些时候越过边界，简单地说，就是在其他人的陪伴下有限度地打破社会禁忌，这可能给这些聚集增加了调味料。

这些飞地无处不在，人们在那里能够与其他人一起相互松开他们的盔甲；这表明人们对人类情感刺激的需求，即便是不特定、无要求且相对温和的，也比通常认为的要强烈得多，更具有一般性。酒精消耗很明显地充当了一种帮助，如果没有酒精，人们可能就不能这么快，或者可能根本不会，从相对非个人接触主导的、高度例行化任务主导的以及由外在于他们自己的目的所主导的那类组合，转向相对更不那么秩序井然、有更多的个人陪伴、本身没有任何目的的休闲共同体。

（2）社交作为一个休闲领域的典型特征是相当清楚的。而处于休闲活动核心的我们称为模拟活动的特征，则可能并不那么清楚，也就需要更多的讨论。"模拟"这个术语强调了这样一个事实：有一些休闲的制度及活动，经常在较低的概括水平上被认为是多样的，但它们都有共同的特定结构特征。在我们的使用中，这个术语指的是被分组在这个名字之下的事件及活动共享了如下结构特征，即它们会引发特定类型的情感，这些情感与人们在非休闲生活的日常过程中所体验到的情感有密切联系，尽管是以不同于日常非休闲生活的特定方式。在模拟事件的情境中，人们能够体验到、在有些情况下还能表现出恐惧与欢笑、焦虑与热爱、同情与厌恶、友善与憎恨，以及人们在非休闲生活之中也能体验到的许多其他情感及情操。但在模拟的情境下，与这些相连的所有情操，如果形成了的话，还有与它关联在一起的情感行动，都发生了转换。它们失去了它们的刺。即便是恐惧、惊恐、憎恨以及其他平常不愉快的感受，还有相应的行动，都与模拟场景关联在一起了，并在一定的范围内带有享受的感觉。人们在模拟情境中的经验及行为，也就这样代表了经验及行为的特定转换，这些经验及行为具有被称为生活中的"严肃"事务的特征，不管"严肃"这个术语指的是职业工作还是其他业余时间的活动。"模拟"这个术语所表达的是生活中的非模拟事务与这种类型的休闲活动之间的特殊关系。这并不意味着后者就是对前者的模仿，也不意味着是后者是前者的镜像。它表明了在模拟情境中，日常生活的情感行为及经验采用了一种不同的颜色。在这个情境中，人们能够体验，在某些情况下还可以表现出强烈的感受，而不会遭遇任何风险，这些风险在正常情况下是与在强烈情感兴奋影响下的所有行动关联在一起的，特别是在高度文明化的社会之中，某种程度上也在所有其他社会之中。事实上，特定类型的兴奋的焕发是所有模拟休闲活动的核心。在模拟情境之外，强烈兴奋的公开焕发，还有兴奋行为的展示，通常都是受到严厉控制的，它们被社会控制所限制，也被人们自己的良知所限制。在模拟情境中，令人愉悦的兴奋可以展示出来，它得到了伙伴以及其自身良知的许可，只要这种兴奋不会逾越特定的限制。人们可以体验到憎恨以及杀戮的欲望，可以体验到击败对手并羞辱敌人。人们可以分享与最向往的男性或女性做爱的经历，体验战败的焦虑以及胜利的公开喜悦。简单地说，在一些社会中，人们可以在一定程度上忍受非常多样类型的强烈情感的焕发；在这些社会中，在其他情况下强加于人的生活的，都是相对平稳且无情感的例行，而且这些社会在所有人类关系中，都要求高度的且非常持久的情感控制。

正是如此，模拟活动与另外两种类型的休闲活动，分担了作为例行生活的解毒剂的功能。但在这些情况下，至少在高度工业化的社会中，人们遇到了非常多样的机构与组织，在它们的休闲任务、在模拟兴奋的焕发方面特别专业，并将此作为相当广泛范围内的其他经验的聚合结晶点。这种高度专门化的任务将模拟的制度与活动绑在了一起，而这些制度与活动通常会被分组到相互分离的分区之中，比如娱乐与文化、体育与艺术。更细致地考察它们的差异当然很必要，但是，如果不能同时探讨它们不仅作为休闲事件也作为模拟型休闲事件的共同特征，考察就无法实现。

第三章　作为社会学难题的体育运动生成

诺贝特·埃利亚斯

一

今天在全世界以或多或少相同的方式进行的许多类型的体育运动都起源于英格兰。[1] 这些体育运动主要是在 19 世纪下半期及 20 世纪上半期从这里传播到了其他国家。其中之一是足球（football）——在英格兰，更广为人知的叫法是 "association football"（协会足球），或者用流行的缩写 "soccer"。赛马、摔跤、拳击、网球、猎狐、赛艇、槌球和田径都是如此，但没有一个像足球那样广泛传播，且往往被其他国家快速地接纳并吸收为他们自己的体育运动，也没有一个像足球那样受欢迎。[2]

英文术语"体育运动"（sport）作为一种特定类型的消遣的通称，也被其他国家广泛采用。这类消遣在 1850 年至 1950 年间传播到了许多其

---

[1]　本文此前发表在下面这本书中：Eric Dunning (ed.), *The Sociology of Sport: A Selection of Readings*, London, 1971. 本文所体现的理论框架与"文明化过程"理论有紧密关联，而且实际上是对这一理论的扩展。"文明化过程"理论的最早提出可见下列两本书：Norbert Elias, *The Civilizing Process; State Formation and Civilization*。

[2]　当然可以进行更细节的探讨，如与英式足球在几乎全球范围内的扩散与接受相比，为什么拉格比球的扩散与接受相当有限。但可能值得一提的是，对诸如此类难题的探讨能够提供大量的证据，而且能够作为体育运动社会学理论特定层面的一个测试案例。

他国家。它们具有某些共同的典型特征，用以表明其以"体育运动"为名是正当的。"Sport"这个英文词汇在其他国家可能比在英格兰更引人注意。一位德国评论家在1936年写道：

> 众所周知，英格兰是体育运动的摇篮和慈母……看起来，指称这个领域的那些英语技术术语，可能成了所有国家的共同财富，就像音乐领域里意大利语的技术术语一样。文化的一个片段，未经太大改变就从一个国家移入另一个国家，这种情况并不常见。[1]

有许多例子可以表明，"Sport"——作为社会资料（social datum）以及作为词语——最初在许多国家都是外来者。在社会学诊断分析的情境之中，扩散及接受过程的时机通常是很重要的资料。在1810年的德国，一位了解英格兰的贵族作家能够说："Sport是不可翻译的，就像gentleman这个词一样。"[2] 1844年，另一位德国作家在论述"sport"这个术语时写道："我们没有这么一个词语，所以几乎是被迫将它引入了我们的语言。"[3] 作为一个能够被德国人理解的英文术语，"sport"一词的扩散一直到19世纪50年代仍理所当然地进展缓慢。当它与体育运动本身的扩散结合在一起，才逐渐获得了发展势头。最后，在20世纪，"sport"一词完全融入了德语。

127

---

[1] 作者将德文翻译为了英文。原文出自 Agnes Bain Stiven, *Englands Einfluss auf den deutschen Wortschatz*, Marburg, 1936, p. 72.

[2] Prince Puechlser-Muskau, *Briefe eines Verstorbenen*, 9 October 1810.

[3] J. G. Kohl, quoted in F. Kluge, *Ethymologisches Worterbuch*, 17th edn, 1957, article on sport.

在法国，《19世纪拉鲁斯大百科全书》这样界定"sport"这个术语："sport或sportt，英文词语，来自古法语'desport'，意思是愉悦、消遣……"它还抱怨这些术语的输入"显然败坏了我们的语言，但是我们并没有关税壁垒以阻止它们的输入"。[1] 它所指称的是这些既在事实层面也在词汇层面从英格兰输入到法国的体育运动，如"turf"（草皮场地赛马）、"jockey"（骑士赛马）、"steeplechase"（障碍赛马）、"match"（对抗赛）、"sweepstake"（赌金独得赛马）和"le boxe"（拳击）。在路易十八执政时期，法国的赛马和赌马就已经以英格兰为模型变得更加规范化了。这种时尚在大革命期间曾一度消失，又随着贵族上层的重建而重新兴盛。1833年，巴黎成立了第一家赛马俱乐部。事实上，贵族式的或者"社团"式的消遣，19世纪上半期在英格兰本土就已经主导了"sport"这个词汇的含义，并被传播到其他国家，为那里的社会精英所接纳。在那之后，像足球这样更流行的类型，发展出了"体育运动"的特征，在英格兰本土被当作中产阶级及工人阶级群体的消遣，也以同样的形式传播到了其他国家。与在法国一样，早在18世纪，一些属于上等阶层体育运动类型的英文术语，就已在德国使用了。从大约1744年开始，"拳击"的古老术语"baxen"以更文雅的形式"boxen"出现。这对我们理解欧洲社会的发展很有意义，就体育运动本身而言，英式体育运动中最早被其他国家采纳的是赛马、拳击、猎狐等消遣；而球类运动如足球及网球的扩散，还有一般而言更具当代意义的"体育运动"的扩散，则直到19世纪后半期才开始。

多形态的英式民间游戏转化为了"协会足球"或简称"足球"，这一

<hr>

[1]　Pierre Larousse, *Grand Dictionnaire universel du XIXiéme Siécle*, 15 vols, 1866–1876.

转型具有相当长期的发展特点，即朝向更多规范性及更强一致性。这一转型在 1863 年达到了顶峰，在那一年，这项体育比赛的规则在国家层面成型了。第一个按照英式规则进行比赛的德国足球俱乐部于 1878 年成立，汉诺威的俱乐部表现得尤为充分。在荷兰，第一个足球俱乐部成立于 1879 年或 1880 年；在意大利，大约是 1890 年。瑞士在 1895 年成立了足球联盟，德国是 1900 年，葡萄牙是 1906 年。足球联盟的建立表明这些国家足球俱乐部的数量增加了。以荷兰为例，早在 1900 年至 1901年，荷兰就有 25 家不同的足球俱乐部，每家俱乐部都有至少十位成员。到 1910 年至 1911 年，俱乐部的数量增加到 134 家。从 1908 年起，足球成为奥运会的常规比赛，尽管曾有中断。

随着这项体育比赛传播到其他国家，"足球"（football）这个术语经常仅经过适当改造就进入了其他语言，而且在多数情况下，都与英式足球相关联。在法国，它保留了原初形式；在德国，它顺利地转化成了"fussball"；在西班牙成了"futbol"，还有相应的衍生词"futbolero"（喜爱足球的人）和"futbolista"（足球运动员）；在葡萄牙是"futebol"；在荷兰是"voetbal"。在美国，"football"这个术语也一度与英式足球运动关联在一起，但是随着这项运动本身的时运在美国发生了改变，这个词也改变了它的含义。英式足球在这里不再是主导运动。这似乎是由于美国的一些一流大学偏离了原本的规则，他们最开始受到在英格兰作为足球对手的拉格比球——被称为"rugby football"或"rugger"——在加拿大的变种的影响，后来以自己的方式进一步发展了这项运动。这一体育比赛在美国逐渐演化并最终标准化，"football"这一术语则与这种形式的体育比赛关联在一起。而英式的"协会足球"在美国则以"soccer"为人所知。但在拉美国家，这种形式的体育比赛仍然继续使用"futbol"和

"futebol"。

一项体育运动及与其有关联的术语从英格兰扩散并被其他国家吸收，还有许多其他例子，不过，以上几个可能就足以阐明这个难题了。

二

在19世纪和20世纪，一种被称为"体育运动"的英式消遣，成为全球范围内休闲运动的模型。这个事实如何解释？这种类型的消遣很明显符合特定的休闲需求。在那段时间，许多国家都注意到了这些休闲需求，为什么这些消遣首先出现在英格兰？英格兰社会的发展及结构具有哪些129特征，可以解释"体育运动"这一特定特征的休闲活动的发展？这些特征是什么？是什么使得带有这些特征的消遣与更早的消遣区分开来？

乍一看，有人可能会认为这一系列问题是以错误的假设为基础的。当然，当代社会并不是第一批，也不是唯一一批其成员能享受体育运动的社会吧？在中世纪的英格兰及其他欧洲国家，人们不踢足球吗？路易十四的大臣们不是有网球场，而且很享受他们的"室内网球"吗？还有古希腊人，"田径"及其他"体育运动"的伟大先锋，他们不是跟我们一样组织了地方比赛，还有规模宏大的国家之间的游戏—比赛吗？奥运会在我们这个时代的复兴，不是足以提醒我们"体育运动"并不是什么新鲜事吗？

古希腊的游戏—比赛跟我们今天认为的"体育运动"，是否具有同样的特征？如果不对这个问题进行讨论，就很难明白在18世纪及19世纪的英格兰，以"体育运动"的名义发展起来又传播到其他国家的游戏—比赛，是否是新的东西，抑或只是一些古老的事物在经历了难以解释的衰落之后的复兴。"体育运动"这个术语在目前通常相当宽泛地涵盖了许多类型的游戏—比赛。和"工业"这个术语一样，既可以在广义上使用，也可以在狭义上使用。就广义而言，"体育运动"既指"前国家"（prestate）时代的部落社会及前工业化的国家社会中的特定活动，也指工业化的民族国家的相应活动。如果人们在广义上使用"工业"这个术语，就会很清楚其狭义及更准确的含义——19世纪及20世纪的"工业化过程"是相当新的东西，而且近期发展出来的、在"工业"这个名称下的特定类型的生产及工作，都具有某些独特的结构。在社会学意义上，这些结构可以被相当精准地确定下来，而且可以清楚地与其他类型的生产区别开来。然而，"体育运动"可以在广义上和狭义上不加区分地使用。在广义上，"体育运动"指的是所有社会中的游戏—比赛和体育锻炼；在狭义上，指的是特定类型的游戏—比赛。就像这个词本身，这种类型的游戏—比赛起源于英格兰，又从那里扩散到了其他国家。如果听起来不是那么不吸引人的话，我们也可以把这个过程称为游戏—比赛的"体育运动化"，它可以引发一个思考：在这些休闲活动的结构及组织的近期发展之中，能够发现我们所称的"体育运动"倾向吗？这些倾向是很独特的，正如我们在讨论"工业化过程"时所提及的工作的结构及组织一样。

130

这是一个开放的问题。人们很容易对此有误读。考虑到对工作的流行评价比所有类型的休闲活动的价值都高得多，那么似乎可以很容易地指出：不管是一般的休闲活动，还是具体的游戏—比赛，它们的转变都发生在过去的约两百年间；这些转变应该是工业化这个"原因"的"效应"。这类因果关联之中所隐含的期待，使得一些议题在被正确开启之前就被封闭了。比如，我们可以讨论这样一种可能性：工业化，还有特定

　　　　　　　　　　　　　　　追寻兴奋

的休闲活动转型为体育运动，这两者都是国家社会在近期的整体转型中相互依赖的部分趋势。但只有停止把社会价值尺度上排名更高的社会领域之中的变化作为"原因"，而把排名更低的领域中的变化作为"效应"，我们才有希望解决遇到的难题。理解"体育运动的发生"这个难题，就是本文的主要任务。如果我们非常明确所要面对这个难题是什么，那么就会更容易找到解决方案。

<h1 style="text-align:center">三</h1>

下面这段摘录出自《大英百科全书》最近的一个版本之中关于竞技体育运动的短文，可以被视为是对关于这一难题的传统观点的合理总结：

> 对竞技体育运动的最早历史记录是希腊的奥林匹克运动会（公元前 800 年前后）……在公元 394 年，狄奥多西一世（Theodosius I）下令将其终止。从公元 5 世纪罗马陷落到 19 世纪，竞技运动的历史相当简略。中世纪的宗教仪式经常伴有对立的市镇或行会之间的粗鲁的球类比赛。这是 20 世纪伟大的观赏型体育运动——足球、棒球、网球、拉格比球等——的先驱。18 世纪中期工业革命的到来，还有后来托马斯·阿诺德（Thomas Arnold）在 1830 年前后将体育运动引入公学作为常规的课外活动，带来了一次迸发：在维多利亚时代的英格兰，体育运动经历了伟大发展。为 19 世纪竞技运动的复兴加冕的是 1896 年奥运会在雅典的恢复。随着 20 世纪的到来，人们对所有竞争型体育运动的兴趣达到了高峰。尽管有两次世

界大战以及许多小规模的敌对，这种兴趣仍持续提升。

我们可以看到，这段总结叙述了一些合乎逻辑的有充分记录的事
实。它也偶尔暗示了一种解释，诸如据说是通过阿诺德博士的倡议，体
育运动获得了一次迸发。但这段总结没有试图让读者看到这段叙述的平
滑表面之下，还埋藏着许多尚未解决的难题。比如，如何解释中世纪的
宗教节庆总是伴随着被认为是"粗鲁的"（crude）游戏，而古典时代在
奥林匹亚及其他地方的宗教节庆则很显然不那么"粗鲁"，也因而更接近
19 世纪及 20 世纪的那些活动？又如何可以确定这些活动更不粗鲁？人
们如何以合理的精确程度来判定及解释游戏表演中"粗鲁"的变化、文明
化标准的变化？如何解释"体育运动的伟大发展""19 世纪竞技运动的
复兴"？如果人们记得中世纪的骑士比武或者那个时代多得数不清的民
间游戏——这些是不受压制且事实上亦难以压制的，即便当权者并不赞
同，如英格兰及其他欧洲国家一再颁布法令禁止踢足球——我们就很难
认为那时候没有对游戏—比赛的浓厚兴趣。人们在 18 世纪之前所享受
的游戏—比赛，与工业革命时期所享受的，这两者之间的差别只是"粗
鲁"程度高低的问题吗？是由于后者更不野蛮、更"文明化"这样的"事
实"吗？这是"体育运动"的典型特征之一吗？就这个个例而言，适合称
之为一次"重生"（renaissance）吗？ 19 世纪及 20 世纪体育运动的发展
又是一次"文艺复兴"（Renaissance）吗？这里指的是某些事物解释不清
的"重生"，这些事物存在于古典时代，在中世纪堙灭，但在我们这个时
代因为不可知的原因轻易地复兴了。古典时代的游戏—比赛就更不粗鲁、
更不野蛮吗？它们就像我们这个时代的游戏—比赛，相对克制，并且表
现出了比较高的警惕，反对了为了观众的喜悦而嬉戏式地给他人造成严重

的伤害？或者说，将现代体育运动的发展当作古典时代类似活动的复兴，这种倾向是善意的意识形态传说之一，被天真地用来作为一种手段，以加强充满了紧张及冲突倾向的体育运动发展之中的团结一致，并提高其魅力及威望？在这种情况下，实事求是地考察我们这个时代的体育运动的生成及崛起的特定条件，正视我们称为"体育运动"的那类游戏—比赛——就像正视它们出现于其中的工业民族国家——具有区别于其他类型的某些独特特征，并开始着手一些艰巨任务如探讨及解释这些典型特征的本质，这种做法是不是可能更好？

132

四

在更为细致的考察后，不难看到，被视为体育运动伟大范式的古典时代的游戏—比赛具有一些特点，而且是在跟我们所说的游戏—比赛非常不同的条件下发展起来的。参赛者的精神气质、用于评判他们的标准、竞赛的规则，还有表演本身，都与现代体育运动的相关方面有显著差异。今天的许多相关写作都展示出一种很强的倾向，要将差异最小化，并将相似之处最大化。结果就是对我们自己的社会、对希腊社会，以及对两者之间关系的歪曲描绘。这些议题被混淆，不仅是因为将古典时代的游戏—比赛作为当代体育运动理想化身这样的倾向，还出于要在古典时代的写作之中找到对这一假设进行证实的相应期待，还因为忽视矛盾证据，或者将矛盾证据自动当作对例外个案的论述倾向。

在这里，我们只需指出古典时代与19、20世纪的游戏—比赛的整体结构之间的一个基本差异。古典时代的拳击和摔跤这些"重型"竞技体育运动的惯常规则，与我们时代相应类型的体育运动—比赛的规则相比，所允许的身体暴力程度要高得多。此外，后者的规则也更加细致且更具区分度；这些规则不是惯例，而是成文的规则，明确地接受合理的批评及修订。古典时代的游戏中，更高程度的身体暴力本身并不是孤立的存在。它体现了希腊社会组织中的特定特点，尤其是在我们现在所称的"国家"组织，以及其所体现的对身体暴力的垄断程度所达到的发展阶段。对暴力手段的相对坚固、稳定且非个人的垄断及控制，是当代民族国家的中心结构特性之一。与此相比，在希腊的城邦国家中，对身体暴力的制度垄断及控制都还很初步。

将研究置于文明化过程理论所提供的清晰的理论模型的指导之下，将有助于解决此类难题。[1] 根据文明化过程理论，我们可以期待：在社会发展的不同阶段中，国家形成与良知的形成、社会所允许的身体暴力的水平以及因使用或见证暴力而产生反感的临界点，这些在具体方面有所不同。令人惊讶的是，古典希腊时期的例子之中的证据如此充分地证实了这些理论期待。在这种方式中，理论与经验资料一起扫除了在理解诸如存在于古代与当代游戏—比赛之间的发展差异时的主要障碍之一，也就是这样一种感受：人们诋毁别的社会并降低其人文价值，是通过承认别的社会在游戏—比赛之中对身体暴力水平的容忍更高，而且在其竞赛中，人们为了观众的喜悦彼此相互伤害甚至杀戮，他们对这些做法的反感也比我们自己的时代要相应地弱一些。就古希腊的例子而言，人们会因此而感到撕裂，一方面，传统上会认为其在哲学、科学、艺术及诗歌方面的成就有很高的人文价值，而另一方面，如果论及他们对身体暴

---

[1]　Norbert Elias, *The Civilizing Process*; Norbert Elias, *State Formation and Civilization*.

力的反感程度更低，人们又会赋予古希腊以很低的人文价值，如果与我们自己进行比较，人们似乎甚至会认为古希腊人是"未文明化的"且"野蛮的"。这很明确就是对文明化过程的事实性质的误解，流行的倾向是使用像"文明的"与"不文明的"这些词汇作为"我族中心"的价值判断的表达，作为绝对且终极的道德判断：我们是"好的"，他们是"坏的"，或者与之相反。这会将我们的推理引入这些看似无可逃避的矛盾。

我们是依照我们这个时代的工业民族国家之中对暴力手段的特定社会组织及控制，是依照对暴力冲动的自我控制的特定标准而被抚养长大的。我们会自动使用这些标准来衡量各种侵犯，不管它们是出现在我们的社会之中，还是出现在处于不同发展阶段的其他社会之中。这些标准是内化的，它们提供了保护，并以各种方式强化了我们对过失的防御。对有关暴力的行为高度敏感、反感在现实生活中看到的超过所允许程度的暴力、对我们自己过失的负罪感，所有这些都是"对坏的良知"这类防御的体现。然而，在国家间事务不断滋生暴力时，这些反对暴力冲动的、内化的防御，不可避免地维持着不稳定且脆弱的状态，持续面临着相互冲突的社会压力：有些社会压力鼓励对同一国家—社会内部的人际关系之中的暴力冲动进行高水平的自我控制，还有一些社会压力则鼓励在不同国家—社会的关系之中放松对暴力冲动的自我控制，甚至鼓励暴力训练。前者可以解释相对高水平的人身安全，尽管当然不包括心理及其他形式的安全，这些都是更发达民族国家的公民在他们自己的社会之中所享有的。就这些国家的公民所提出的要求而言，这些社会压力不断冲突，是由于在国家间的关系之中缺乏任何有效的对身体暴力的垄断及控制。结果就是双重道德，也就是分裂且矛盾的良知形成。

毫无疑问，在社会发展的许多阶段都可以发现这种不一致。在部落阶段，社会群体内部的暴力控制水平，总是要高于这类社会群体之间的暴力控制水平。以希腊城邦国家为例，当然也是一样。但在他们的例子中，这两种控制水平之间的不一致，要少于我们这个时代。有大量证据表明：一方面是人身安全水平与对暴力冲动的社会控制及自我控制的水平，这些与今天在国家内部关系中所达到的、相应的良知形成是一致的；另一方面是国家间关系之中的人身安全水平与对公开暴力感受及——间歇的——公开暴力行为的社会规范；这两者之间的差距，也可以称之为梯度，在今天比之前任何时候都要更大。更发达的工业民族国家之中的人身安全水平，尽管可能对生活于其中的人来说似乎是足够低了，但是十有八九比不那么发达的国家社会通常更高，而国家之间的不安全几乎没有减少。在当前的社会发展阶段，国家间的暴力冲突对于卷入冲突的国家来说，仍然像以前一样无法处理。就国家间冲突而言，文明化行为的标准相应较低，而反对身体暴力的社会禁忌的内化，即良知的形成，在这方面又是短暂、比较不稳定的。通常而言，工业民族国家之中的冲突及紧张已经变得更不暴力，更容易处理，这是长时期、无计划的发展的结果。这当然不是当前这些世代的功绩。然而，当前这些世代更容易把它看作就是这样。他们更倾向于对过去那些世代进行评判，过去世代的良知形成、他们对身体暴力的反感程度都较低，比如就统治精英与被统治者之间的关系而言。当前这些世代会以为：自己程度更高的反感只是他们的个人成就。

现在通常是用这种方式来判断过去时代的游戏—比赛之中可以观察到的暴力水平。我们总是很难对以下两种情况进行区分：一是在我们的社会中，个人违反暴力控制标准的行为；二是在其他社会中，符合**他们的**社会许可的暴力水平、符合**那些**社会规范的类似的个人行为。正因如

　　　　　　　　　　　　　　　　　　追寻兴奋

此，我们立刻做出的、几乎是自动的情感回应，经常诱导我们对一些社会进行评判，只因那些社会的暴力控制标准及对暴力的反感都与我们不同。我们在进行评判时，就好像那些社会的成员可以在他们的标准、规范与我们的之间进行自由选择似的。我们假定他们有这样的选择，而他们做出了错误的决定。如果我们把他们的行为称为"不开化的"或者"野蛮的"，以这种方式来表达我们的道德优越感，那么，相对他们而言，我们享受着道德优越感"更高"的感受，这与跟我们自己社会中的个别犯规者相比时所体验到的感受是相同的。其他社会的成员遵守他们的社会规范，这类社会规范允许一些形式的暴力，而这在我们的生活中被谴责为可憎的。我们把他们对自己社会规范的遵守当作他们在道德品质上的污点，作为他们是更低等人类的标志。另一个社会就是这样在整体上被我们进行评判和评价的，就像那个社会是我们自己社会的一个个体成员。通常我们不问，因此我们并不知道：暴力控制的水平、对暴力进行管制的社会规范或者与暴力的出现联系在一起的感受，这些方面的变化是如何出现的。通常我们不问，因此我们并不知道：它们为何出现。换句话说，我们不知道应该如何解释它们，或者说如何解释我们自己的对身体暴力程度更高的敏感，至少是就国家内部关系而言。我们最多只能通过选择我们的表达来含混地解释，而不能明确且批判地进行解释，例如，是作为所关注群体的性质之中的一种"流变"，还是作为他们"种族"或族群构成的不可解释的特征。

五

正是如此，处于不同发展阶段的社会在游戏—比赛中所使用且允许的暴力的惯常水平，可以展示更为广泛且更为根本的难题。几个例子可能有助于准确地进行描述。

就以我们时代与古典时代都有的摔跤为例。今天，体育运动是高度组织化且受到高度管制的。摔跤由总部设在瑞士的国际摔跤联合会来管理。根据1967年1月制定的奥运会规则，自由式摔跤的犯规动作包括锁喉、半锁喉，还有从背后双手穿过腋下锁颈且同时直接向下用力或用腿攻击。猛力击打、踢、用头顶，这些也都是禁止的。一场摔跤比赛，持续时间不能超过九分钟；而且被分成了三节，每节三分钟；每两节中间都有一分钟的间歇，一共两次；比赛由一名裁判长、三名裁判员和一位计时员来控制。尽管有这些非常严格的规则，在今天的许多人看来，自由式摔跤仍是更不优雅、"更粗鲁"的体育运动类型之一。作为由职业选手参与的一种观赏型体育运动，有些粗糙但通常有预先安排的摔跤仍然很受欢迎。但职业选手很少会相互造成重伤。在各种可能发生的情况之中，公众并不愿意看到骨折和流血。表演者在相互伤害方面表演得很好，而公众似乎也喜欢这种假装的比赛。[1]

在古代奥林匹克运动会的游戏—比赛中，有一种古希腊式搏击，也是一种场地摔跤，是最受欢迎的项目之一。但这种搏击的惯常决斗所表现出的暴力水平非常不同于当代自由式摔跤所允许的暴力水平。比如，

---

[1] 对现代职业摔跤作为一种闹剧的讨论，参见 "American Sports: Play and Display" & "Wrestling: the Great American Passion Play", by Gregory P. Stone, in Eric Dunning (ed.), *The Sociology of Sport: a Selection of Readings,* London, 1971。

追寻兴奋

曾经在公元 5 世纪的前半期两次获得摔跤奥林匹克桂冠的梅萨纳的利昂蒂斯科斯（Leontiskos of Messene），他获得胜利不是靠把对手扔出去，而是通过打断他们的手指；两次在奥林匹克搏击中获胜的菲加利亚的阿雷希翁（Arrachion of Phigalia），在公元 564 年试图第三次赢得奥林匹克桂冠时被勒死了，但在被勒死前，他成功地弄断了对手的脚趾，后者因疼痛被迫放弃了比赛，因此，裁判们将桂冠授予了阿雷希翁的尸体，并宣布这个死去的人是胜利者。[1] 很显然，这是一种惯常做法。如果一个人在盛大节庆的游戏—比赛中被杀死，这个死去的人会被戴上胜利者的桂冠。但幸存者只是失去桂冠，并不会受到惩罚。就我们能看到的来说，他的行动也不会被视为社会耻辱。被杀，或者受到严重的伤害，甚至可能终生丧失行为能力，是一位古希腊式搏击的斗士需要冒的风险。从下面这段概括，可以看到摔跤作为一项体育运动与作为"古希腊比赛"的差异：

> 在古希腊式搏击中，比赛者用他们身体的每个部位进行战斗，他们的手、脚、肘、膝盖、脖子和头；在斯巴达，他们甚至用他们的脚。古希腊式搏击允许把对方的眼睛抠出来……他们还被允许绊倒对手，抓住对手的脚、鼻子、耳朵，使对手的手指及胳膊关节脱位，还可以锁喉。如果一个人成功地把另一个人扔了出去，他还可以坐在对手身上，击打对手的头、脸和耳朵；他也可以踢对手，踩踏对手。还没说到这种残忍比赛的参与者会受到的最可怕的伤害，而且也并非不经常：有人会被打死！斯巴达成年男子的搏击可能是

---

[1]　H. Foerster, *Die Sieger in den Olympischen Spielen*, Zwickau, 1891.

最残忍的。保萨尼亚斯告诉我们：双方就是字面意义那样用牙、用指甲来战斗，撕咬并抠彼此的眼睛。[1]

这种古希腊式搏击有一个裁判，但没有计时员，也没有时间限制。战斗会一直持续到其中一方放弃。规则是传统的、不成文的、没有细化的，而且它们的运用就可能有弹性。看上去，在传统上，撕咬以及戳抠是被禁止的。但在裁判能够要求犯规者远离对手之前，战斗就已经陷入狂暴之中，伤害可能已经造成。

古老的奥林匹克运动会延续了一千多年。在此期间，打斗中的暴力标准可能会波动。但是，无论这些波动是怎样的，在整个古典时代，就游戏—比赛之中所引发身体伤害甚至杀戮的敏感的临界点而言，还有相应的整个比赛的精神气质，都与我们今天称为"体育运动"的比赛非常不一样。

拳击是另一个例子。与古希腊搏击式摔跤一样，相较于现在体育运动式的拳击，当时的拳击所受到的规则限制相当少，因此也就在相当大的程度上依赖身体力量、自发的战斗激情以及持久力。比赛**不会**对不同级别的拳击选手进行区分。因此，也就不会试图按照他们的体重来匹配对手，不管是这类比赛，还是任何其他比赛。唯一的区分是男孩与成年男性。拳击选手并不是只用拳头进行战斗。在几乎所有形式的拳击中，腿在争斗中都起到了作用。踢对手的小腿是古典时代拳击传统之中很正常的攻击方式。[2] 只有手及四个手指的前端是用皮带绑着，再固定在前

---

[1]   Franz Mezö, *Geschichte der Olympischen Spiele*, Munich, 1030, pp. 100–101; quoted in Ludwig Dress, O*lympia; Gods, Artists and Athletes*, London, 1968, p. 83.

[2]   Philostratos, *On Gymnastics* (Peri Gymnastike), first half of the third century AD, ch. 11.

臂上的。可以握紧拳头，也可以张开手指，再加上坚硬的指甲，猛烈撞击对手的身体及脸。随着时间推移，软皮带换成了用鞣制的牛皮特制的硬皮带。[1] 然后，硬皮带上又装配了边缘尖锐凸起的坚硬厚皮条。雅典的阿波罗尼斯（Apollonius）在公元前 1 世纪创作了一位坐式拳击手的雕像，现在收藏在罗马的国立戴克里先浴场博物馆，这座雕像相当清楚地展示了当时的配套装备。但可能"拳击"是个误导性的词汇。这种类型的打斗，不论在方式上，还是在目标及精神气质上，都不同于作为体育运动的拳击。非常重要的是，用拳头进行的这些比赛的精神气质，就像一般意义上的希腊的比赛（agones），与体育运动比赛中的战斗精神气质相比，要更直接地来源于武士贵族制的战斗精神气质。体育比赛中的战斗精神气质是源自一个国家的传统：与大多数进行陆战的欧洲国家相比，这个国家发展出了海战的独特组织[2]；这个国家拥有土地的社会上层——贵族和绅士——发展出的行为规则，与多数其他欧洲上层精英相比，更不直接关注陆军军官团队的荣誉军事准则。

希腊的"拳击"，通常与希腊城邦国家其他形式的对抗训练及实践有关，但与 18 世纪及 19 世纪英式"拳击"不一样。希腊的"拳击"既被作为战争训练，也是游戏—比赛。菲洛斯特拉托斯（Philostratos）提到，当马拉松战役发展成了一般意义上的混战，古希腊搏击的打斗技术使得希腊的公民军队在这场战役之中处于优势；温泉关战役也是如此，斯巴

138

---

[1] 菲洛斯特拉托斯提到，用猪皮做的皮带是被禁止的，因为据信这种皮带引起的伤害会非常严重。此外，也不应该用拇指来击打。这些细节是非值得提出，我们不应该认为古典时代游戏—比赛中的惯常规则完全不考虑参赛者。但是，这些规则是简单地通过口述传统来传递的，于是仍然为严重的伤害留下了非常大的可能性。

[2] 参见 Norbert Elias, "Studies in the Genesis of the Naval Profession", *British Journal of Sociology*, vol. 1, no. 4, December 1950。

达人在剑矛都被打断时，还在赤手空拳进行战斗。[1] 在菲洛斯特拉托斯所记述的罗马帝国时期，战争的参与者不再是公民军队，而是职业士兵，是罗马军团。一方面是军事技术与战争行为，另一方面是游戏—比赛之中的传统打斗技术，这两方之间的距离已经变大了。菲洛斯特拉托斯带着可以理解的怀旧来回顾古典时期。可能即使是在当时，在重装步兵时代，战争中的打斗技术与游戏—比赛之中的打斗技术不再如他所说的那样关联在一起。但二者之间的关联，跟游戏—比赛之中与工业民族国家时代战争之中的打斗技术之间的关系相比，还是要紧密得多。菲洛斯特拉托斯可能非常接近这个判断了，当他这样写道：在之前，人们认为游戏—比赛是战争的练习，而战争则是这些比赛的练习。[2] 古希腊盛大节庆之中的游戏—比赛的精神气质仍然反映了荷马史诗中所表现的英雄祖先的精神气质，而且通过对年轻人的教育，在某种程度上得以一代一代传承。在大多数社会中占统治地位的贵族精英的地位及权力争夺等展示型精神气质有许多特征。和在战争中一样，在游戏—比赛中，打斗是以炫耀性地展示武士美德为中心的，这能使得一个人获得最高的赞扬及荣誉，既为他自己在群体其他成员之中，也为他的群体——他的家族或他的城邦——在其他群体之中。征服敌人或对手是很荣耀的，但被击败并不会有损荣耀，就像赫克托被阿基里斯打败，只要用尽全力战斗，直至残废、受伤或被杀而不再能战斗为止。胜利或失败都在上帝手中。不光彩且羞耻的，是没有充分展示勇敢及坚韧就投降。

在奥林匹亚竞技赛的拳击或摔跤比赛之中被杀死的男孩或男性，通常

---

[1]　Philostratos, *On Gymnastics*, ch. 11.

[2]　Philostratos, *On Gymnastics*, ch. 43.

会被授予桂冠，以荣耀他的家族和城邦，而幸存者——那个杀人者——既不会受到惩罚，也不会被污名化。这些做法与武士的精神气质是一致的。希腊的体育比赛并不特别关注"公平"。关注公平的英式精神气质有其非军事的根源。它在英格兰的发展是与游戏—比赛所提供的享受及兴奋本质发生的特定变化关联在一起的。在比赛结束或胜利的时刻，对体育运动战斗结局所感到的真切但短暂的愉悦得到了延伸和延长，因为最初的前戏，还有参与并目睹了游戏—比赛本身的紧张，都带来了同等的愉悦和兴奋。更强调游戏—比赛之中的享受及其所提供的这类紧张—兴奋，这在某种程度上是与下注的享受关联在一起的。在英格兰，下注起到了相当重要的作用，不仅在"更粗鲁"的游戏—比赛向体育运动的转型之中，也在公平精神气质的发展之中。绅士们在观看他们的儿子、他们的仆从或者知名专业人士参与的游戏—比赛时，喜欢押钱赌一方或另一方赢，这是比赛所提供的兴奋的调味品。尽管这些比赛本身已经被文明化约束所缓和。下注赢钱的预期仍能够为观看比赛增加兴奋，只要一开始双方的获胜概率大致平均，且比赛结果的可预见性极低。这些都需要比古希腊城邦国家更高的组织水平，也正是因此，这些设计才能成为可能：

> 奥林匹亚的拳击选手和摔跤选手一样，没有按照体重分组，也没有拳击场地，比赛就在体育馆里的一块开放场地上进行。目标范围是头和脸……比赛会一直进行下去，直到两位选手中有一方不再能够自卫或者承认失败。选手要承认失败，或者是举起他的食指，或者是伸出两根手指，指向他的对手。[1]

---

[1] Dress, *Olympia*, p. 82.

第三章　作为社会学难题的体育运动生成　　　　　　191

希腊花瓶上的图案经常会展示采取传统姿势的拳击手，他们彼此如此接近，一个人的脚向前挨着甚至就跟着另一个人的脚，没有什么步法范围。而现代拳击手可以快速移动，向右或向左，向前或向后。根据武士的准则，向后移动是懦夫的表现。通过躲闪来避开敌人的猛攻，是令人羞耻的。拳击手，就像近身搏斗的武士一样，被期待站住脚跟，决不让步。技巧高超的拳击选手的防守可能密不透风；他们可能会通过使对手疲惫不堪以获得胜利，而自己也能不受伤害。但如果战斗持续时间太长，裁判可能会要求两位选手都采取猛攻，不能防守，直到一方不能继续战斗。正如我们可以看到的，这种古希腊比赛式的拳击强调高潮、决定时刻、胜利或失败，这些被当作比赛中最重要且最有意义的部分，比游戏—比赛本身还要重要。这是对身体耐力的考验，是对纯粹的肌肉力量的考验，也是对技巧的考验。眼睛、耳朵甚至头部受到严重伤害是常有的事；耳朵肿胀、牙齿折断、鼻子打扁也经常发生。曾有两位拳击手同意用猛攻对猛攻。第一位选手猛烈击打对手的头部，而对手幸免遇难。当这位选手放松警惕时，对手向他肋下进攻，并伸出手指，用坚硬的指甲戳进了他的身体，抓住了他的肠子，杀死了他。[1]

六

"所有的奥林匹克比赛之中，与我们今天最不相似的就是拳击。无论我们多么努力地尝试，我们都仍然无法想象：一个具有出

---

[1] Dress, *Olympia*, p. 82.

类拔萃运动品位的有教养的人如何能够从这种野蛮的景象中获得愉悦——两个人用他们有指甲的沉重拳头，击打彼此的头部……直到其中一个认输，或者陷入困境不能继续战斗。不仅在罗马人那里，在希腊人那里也是如此，这种形式的比赛都不再是一项体育运动，而是极其严肃的事务……大于一个奥林匹克选手在体育馆内丧生。"

研究早期奥林匹克的学者阿道夫·博蒂彻（Adolf Boetticher）在 1822 年所做的批评，今天仍然有效。就像他们在摔跤及搏击中的同伴一样，拳击选手为了获胜要不惜一切代价。[1]

事实是不可置疑的，但评价可以讨论。上面这段引文呈现了一个几乎是典范的关于"误解"的例子。这种误解是下面这种做法的结果：不加质疑地使用自己在面对特定类型的暴力之时的反感临界点，将此作为所有人类社会的一般标尺，而不管这些社会的结构以及它们所达到的发展阶段，尤其是它们在身体暴力的社会组织及控制方面所达到的阶段——作为社会发展的一个方面，这与"经济"生产资料的组织及控制具有同样的重要意义。我们在这里遇到的是一个非常突出的例子：他律（heteronomous）[2] 评价的主导，超越了对功能相互依赖的认知，也就产生了理解这些社会的障碍。按照我们这个时代的价值标尺，古希腊时期的雕塑排名很高，而搏击之类的希腊游戏—比赛中所体现的身体暴力类型，则会得到高度负面的评价。我们将一个与高度正面的价值联系在一

---

[1] Dress, *Olympia*, p. 81.

[2] 对这个术语的解释以及对社会学中"客观性"难题的讨论，参见 Norbert Elias, "Problems of Involvement and Detachment", *British Journal of Sociology*, vol. 7, September 1956；还可参见 Norbert Elias, *Involvement and Detachment*, Oxford, 1987。

起，而将另一个与高度负面的价值联系在一起。对一些易被先入为主的价值判断引导理解的人来说，这些资料似乎不可能是彼此关联的。用这类评价来判断过去，这些人就会遭遇无法解决的难题。

如果我们关注对同一社会不同方面之间关联的社会学分析，那么我们就没有理由假定：只有那个社会的那些表现形式——那些被外来观察者赋予同样价值（不管是正面还是负面）的事物——才是相互依赖。人们能够发现，在所有的社会中，一方是观察者，另一方是组成这些社会的那些人自己，这两方会将相反的价值赋予一些事物，但这些事物在事实上是相互依赖的。希腊艺术的美与希腊游戏—比赛相对的残忍，就是这样的例子。它们远非不相容，而是存在于相同发展水平及相同社会结构的，是紧密关联在一起的表现形式。

如果不能理解在希腊城邦国家的统治精英中，一个人的外貌是他获得的社会尊重的决定因素，那么希腊雕塑从古典时期的古老模型及理想现实主义之中脱胎而成，也将是难以理解的。在那个社会，一个虚弱或身体畸形的人几乎不可能获得或维持较高的社会权力或政治地位。跟我们的社会相比，希腊社会在决定一位男性的社会地位时，身体的力量、体态的优美、稳重及忍耐起到了更大的作用。人们经常意识不到，身体残障的男性能够获得并维持领导者的位置或者较高的社会权力及排位，是在社会发展之中相对晚近的现象。在我们的社会中，比起智识或"道德品质"，"身体形象"或者外貌的排位要低很多。[1] 所以，我们通常难以理解那些外貌对判断人的公众形象起到更大作用的社会。而古希腊毫无疑问就是如此。我们可能可以指出这样一个事实：在我们的社会中，外

---

[1] 这里指决定人们的排位，还有形成对他们的整体印象的价值尺度。

貌作为个人社会形象的决定因素仍然起到很大甚至可能越来越大的作用，就女性来说是这样；对男性则有所不同，尽管电视可能对此有些影响，但外貌，特别是身体力量及美貌，对一个人的公共声望而言并没有非常重大的作用。我们这个时代最强大的国家之一，选举出一位因脊髓灰质炎造成残疾的人担任最高职务，就是这方面的证明。

在希腊城邦社会中，情况则完全不同。从孩童时代开始，虚弱或者有残疾的人就会被淘汰。虚弱的婴儿会任其死去。不能够战斗的男性不值一提。对于残疾、生病或年纪很大的男性来说，获得或维持公共领导者的位置是非常罕见的。古希腊时期的社会用来表达他们的理念的词汇是"arete"，通常被翻译为"美德"（virtue）。但事实上，那个希腊语词汇并不像"美德"那样指涉任何道德特征。它指的是武士或绅士的成就，其中身体形象——他作为强壮且有技能的武士的资格——起到了主导作用。在他们的雕塑及游戏—比赛之中所表达的正是这种理念。多数奥林匹克获胜者会把他们的雕像树立在奥林匹亚或他们的家乡。[1]

这仅仅是古典时代希腊社会同一典型特征的另一方面：当时运动员的社会位置，与我们自己社会之中的运动员所处的位置，有很大差别。与体育运动等同的是身体的"文化"，在某种程度上与今天的专业化运动不同。在当代社会，拳击手是专业人士。如果我们将同一个术语用于古

---

[1] 这里不必讨论世俗化浪潮的原因，世俗化浪潮表明了世俗化自身与很多其他东西一起处于转换之中。古风时期对神及英雄的呈现更庄重、更令人敬畏，可能也有更富于表现力。一个例子是公元前 6 世纪科西拉的阿耳忒弥斯神庙的三角楣饰上的美杜莎。而古典时期则转化为了理想化的现实主义，天神和英雄都被呈现为身体匀称的武士，或者是年轻的，或者是年老的。他们的身体会说话，尽管他们的脸及眼神可能有些空洞，就像德尔斐神庙的驾战车者雕像那样，即便镶嵌的眼睛以及部分颜色都被保存下来了。

典时代获得了"拳击手"声望的人，仅仅是这个词语的使用，就容易使我们的脑海中浮现出一幅似曾相识的画面。事实上，通过盛大节庆中的胜利，其中最有名的是在奥林匹亚举行的那些，有些人展示了他们的身体力量、敏捷、勇气和忍耐，他们便有非常高的机率可以在家乡获得较高的社会地位及政治影响，即便他们此前可能默默无闻。奥林匹亚游戏——比赛的多数参与者都来自"好的家庭"，来自城邦中相对富裕的精英，来自土地所有者群体，也有可能来自较富裕的自耕农家庭。参与这些游戏——比赛需要长期且艰苦的训练，只有相对富裕的人才能负担得起。有潜力的年轻运动员如果缺乏训练所需的金钱，可能会找到富裕的赞助人；或者专业的训练人士可能先借钱给他。如果他在奥林匹亚取得了胜利，他就会给他的家族及家乡带来名望，也就有很大机会成为统治精英的一员。古典时代最知名的摔跤选手可能是克罗顿的米伦。他在奥林匹亚及其他泛希腊的节庆上获得了相当数量的胜利。他是一个力量惊人的人，在当时非常知名。他还被认为是毕达哥拉斯最好的学生之一，也是他家乡在对抗锡巴里特人时取得胜利的那场战役的军队指挥官。击败锡巴里特人之后，米伦在暴怒之下对他们进行了大规模杀戮。由此可知，如果我们注意到有些人因为他们的智识成就而被今人记住，那么同一幅画面就要反过来看：在他们自己的时代，他们被记住是与他们作为武士或运动员的成就紧密关联在一起的。埃斯库罗斯、苏格拉底和德摩斯梯尼等人都加入过艰苦的重装步兵战斗学校。柏拉图在一些竞技体育盛会上获得的胜利为他赢得声誉。于是，古希腊雕塑中产生了对武士的理想化呈现，甚至天神们的呈现也要与贵族武士的理想身体外观保持一致，还有游戏——比赛中的武士的精神气质，这些实际上都是相互兼容的；他们都与同一个社会群体的表现形式密切相关。二者都具有那些群体的社

追寻兴奋

会地位、生活方式及理想状态的特征。但对这种事实上的相互依赖的理解，并不会损害对雅典艺术的欣赏。如果有任何影响的话，也是提升了这种欣赏。[1]

---

[1] 在国家组织发展的早期阶段，其对所有人类关系的影响程度的特征，特别是就身体暴力的垄断及控制而言，表现为希腊传说之中经常出现的父子冲突。就希腊社会而言，弗洛伊德对俄狄浦斯传说的诠释可能被误导了，或者至少他只看到了单个人，也就是儿子的这一面。在希腊社会的情境中，人们会情不自禁地注意到，这个神话就像其他相关的希腊神话一样反映出了特定的社会型构。人们会情不自禁地质疑儿子与父亲之间的关系，也就是年轻国王与老国王的关系，不仅从父亲一方，也从儿子一方。从儿子这方来看，正如弗洛伊德所说，很可能带有对父亲拥有妻子的嫉妒；另外，还可以加入对父亲身体力量及权力的恐惧。然而，如果从父亲这一方来看，正如希腊传说所反映的，老国王对儿子的恐惧及嫉妒在两者的关系中也起到了同等的作用。因为父亲会不可避免地变老，身体会变弱，而儿子，尽管在孩童时期很弱小，但会长大，身体更加强壮，也更有活力。在古代，整个共同体的幸福、族系或旁支的幸福，都不仅仅事实上，而且——在这些群体成员的想象中——魔法般地与国王或领导者的健康及活力绑定在一起；当他变老，当他的力量及活力消失，这个更老的人经常会被仪式性地杀死，并且被他的一个儿子——年轻的国王——所取代。好几个希腊传说都表明：年轻的儿子，也就是未来的继承人，在还很年轻的时候，不得不躲避父亲的怒火与迫害，而且经常不得不由陌生人来教育。因此，"我们知道"，按照一个最近的研究（Edna H. Hooker, *The Goddess of the Golden Image, in Parthenos and Parthenon, Greece and Rome*, supplement to vol. X, Oxford, 1963, p. 18），"在原始农业社区中，皇室的孩子处在持续的危险之中，作为国王王位任期的潜在威胁，或者有些时候是因为继母对自己儿子的野心。在古希腊神话和传说中，很少有王子是在家中被抚养长大的。一些人被送到了半人马贤者喀戎的家中，但多数都是带着他们出身的标记而被丢弃，由陌生人抚养"。

国王拉伊俄斯丢弃了他的儿子俄狄浦斯，担心自己会被他所杀。宙斯由保姆抚养，秘密养大，因为他的父亲克罗诺斯觉得他是个威胁，想杀了他。宙斯自己，就像耶和华，担心人类学会运用他的魔法知识，因此暴虐地惩罚了那个胆敢从天上偷火给人类的更年轻的普罗米修斯。

相互竞争及嫉妒的升级很可能是父子之间的复杂关系的一个成分。我们可以在希腊及许多其他的传说中找到对这种特定的升级过程的反映，但在国家已经垄断了使用身体暴力的权力的社会，男性亲属也不再危害彼此的生命，这类传说便不会再出现。而身体暴力的使用曾经在一些社会起过作用，在那里，父亲会杀死或丢弃他们自己的孩子。这将需要对父子关系进行更多的型构探讨，以便找出在何种程度上，儿子会感受到与父亲的竞争以及对父亲的嫉妒，正如弗洛伊德在他的病人中所发现（转下页）

七

将古希腊时期的游戏—比赛中所呈现的暴力水平，或者中世纪骑士比武及民间游戏中的暴力水平，与当代体育运动—比赛中的暴力水平进行比较，可以展示出文明化过程中的一个特定环节。但对这个环节的研究，即对游戏—比赛的文明化的研究，如果不能与社会的其他层面——游戏—比赛是社会的表现形式之一——连接在一起的话，仍然是不准确且不完全的。简单地说，如果不能将此与特定社会之中在社会意义上得到许可的暴力的一般水平、对暴力进行控制的组织的普遍程度以及相应的良知形成等关联在一起的话，游戏—比赛中的文明化水平的波动也仍然是不可理解的。

几个例子可能有助于对这种更宽泛的情境进行聚焦。20世纪德国纳粹对被征服群体的大规模屠杀，已经激起了几乎全世界范围的厌恶。对此

（接上页）的那样，而这同时也是对父亲针对儿子的竞争及嫉妒的回应。但如果有人考察希腊传说，首先是俄狄浦斯传说本身，那么就几乎不可能发现两面性，不可能发现父与子之间竞争式的相互情感。用这个传说作为理论模型似乎是不完全的，还需对这种型构的动力机制、父亲与儿子之间——儿子一方是由弱变强而父亲一方是由强变弱——的感受对等所起到的作用进行更全面的探讨。在一些社会中，身体力量及权力在家庭内外所起的作用都比今天的社会要大得多，这个型构一定有非常重大的意义，而绝不只是无意识的意义。从这个情境来看，俄狄浦斯传说读起来很像是为了威胁儿子们而定制的：如果他们杀死自己的父亲，便会受到天神的惩罚。然而，这个传说最突出的一点，最初可能并不是杀死老国王，或者对年轻国王的偏爱，而是打破了乱伦禁忌：禁止儿子与母亲发生性关系，这当然是比杀死父亲要古老得多的社会禁令。就这方面而言，俄狄浦斯的神话很明显地体现了社会发展之中相对较晚的阶段；在更早的阶段，无论是杀死年轻的儿子，还是杀死年老的父亲，都不是罪过。于是，这些传说能够帮助我们理解存在于社会发展某个阶段的人类关系的一种类型。在这个发展阶段，我们现在称为"国家"的组织还处于婴儿期，而当时个人的身体力量、通过自己的战斗力确保自己生存的能力，是所有类型的人类关系的主要决定因素，包括父亲与儿子之间的关系。

　　　　　　　　　　　　　　　　　　追寻兴奋

的记忆，一度玷污了德国在世界其他国家之中的名誉。许多人都生活在这样一种幻象中：这是 20 世纪，这种野蛮行径不可能再发生了。所以它带来的冲击就更大了。这些人心照不宣地默认，人们已经变得更加"文明化"，作为他们本性的一部分，他们已经"在道德上更好"了。跟他们的先辈相比，跟许多其他人相比，这些人自豪于他们不再那么野蛮。他们未曾考虑过自己相对更文明化的行为意味着什么。他们也没有思考过为什么他们自己、他们的行为及感受变得更文明化了一些。纳粹的插曲充当了一种警告，它提醒人们：反对暴力的那些约束，并不是"文明化了的民族"**本性**优越的体现，也不是他们的种族或族群构成的永恒特征，只是特定类型的社会发展的一些方面——它带来了对暴力手段更细化且稳定的社会控制，带来了相应的良知形成。但很明显，这种类型的社会发展是可逆的。

这并不必然意味着，视此人类行为及感受的发展结果比其早期发展阶段的相应表现形式要"更好"，是没有依据的。对事实节点的更广泛理解，为这类价值判断提供了更好的、事实上也是唯一可靠的基础。如果不这么做，我们就不能理解，诸如我们建立起的反对身体暴力的个人自我控制方式是不是与心理畸形无关，而心理畸形本身对更文明化的时代而言，可能显得非常野蛮。此外，如果认为行为及感受的更文明化的形式比更不文明化的形式"更好"，如果认为通过达到自己的标准而嫌弃厌恶之前常见的暴力形式使得人类实现了进步，那么就要面对这样一个难题：为什么未经计划的发展带来了人们评价为进步的一些东西。

关于文明化行为标准的所有判断都是比较型的判断。不能在任何绝对意义上说：我们"文明化"了，他们是"未开化"的。但如果人们已经提出了清晰且精确的发展测量尺度，便可以非常自信地说：甲社会的行为及感受的标准，跟乙社会相比，更不"文明化"。希腊的比赛与当代的体育运动—比赛之间的比较就是一个例子。公众在面对大规模杀戮时的反感标准是另一个例子。正如近年来所显示的那样，对种族灭绝几乎是普世的厌恶感受表明：人类社会已经经历了文明化的过程，尽管范围有限，而且结果也不稳定。与过去的态度进行比较，我们可以更清晰地看到，在古典时代的希腊和罗马，对被击败及被征服的城市之中的所有男性进行屠杀，将女性和孩子卖作奴隶，尽管可能会引起遗憾，但不会引发大规模的谴责。我们的资料来源可能不完备，但即便如此，也可以看到大规模屠杀的个案在整个时代是一再出现的常规事件。[1] 有些时候，长期受威胁或受挫的军队的战斗怒火导致了对敌人的大肆屠杀。克罗顿的公民们在知名摔跤手米伦的领导下，摧毁了他们可以触碰到的所有锡巴里特人，这个例子就是如此。有些时候"种族灭绝"是精心策划的行动，其目标是破坏对立方的军事力量，阿尔戈斯城就是这样。这个城邦的军事力量被认为是斯巴达人的潜在对手，斯巴达将军克莱奥梅尼（Cleomenes）下令杀戮所有能够携带武器的阿尔戈斯男性，阿尔戈斯的军事力量就这样几乎被彻底摧毁了。公元前 416 年，雅典公民大会下令屠杀米洛斯所有的男性人口，修昔底德生动地记录了这件事。导致这件事的型构与导致 1986 年苏联占领捷克斯洛伐克的型构非常相似。雅典人把米洛斯视为他们帝国的一个部分。对雅典人来说，米洛斯在他们与斯巴达人的斗争中具有特殊的战略意义。但米洛斯的居民不希望成为雅典帝国的一部分。因此，雅典人杀死了米洛斯的男人，将女性和孩子卖作奴隶，把米洛斯岛变为雅典的殖民地。一些希腊人认为战争是城邦之间

145

---

[1]   Pierre Ducrey, *Le Traitement de Prisonniers de Guerre dans la Grece Antique*, Ecole
       Francaise d'Athenes, Travaux et Memoires, Fas. XVIII, Paris, 1968, pp. 196 ff.

的正常关系。它可能会被有期限的条约打断。天神通过他们的祭司传达神谕，还有作家们，可能也会表达对这类屠杀的不赞同。但对我们现在所称的"种族灭绝"的"道德"反感程度，还有对更一般的身体暴力的内在抑制的水平，都肯定更低；与这些抑制联系在一起的负罪感或羞耻感，与 20 世纪相对发达的民族国家相比，也肯定更弱，甚至完全缺乏。

对受害者的同情并不缺乏。伟大的雅典剧作家们，最重要的是欧里庇得斯，在他的《特洛亚妇女》中生动地表达了这样的感受。这种同情如此强烈，因而不会被道德上的厌恶及愤慨所遮盖。然而，没有人会质疑将战败一方的女性卖为奴隶、将母亲与孩子分离、杀掉男孩，以及暴力和战争的许多其他论题。对雅典公众来说，这些事件在他们生活的情境中所具有的现实性，要远远大于对处于我们的情境中的当代大众而言的现实性。

总而言之，在古典时代的社会中，身体不安全的水平要远远高于当代民族国家。那个时代的诗人们展示了更多的同情，而不是道德义愤。这并非不符合这一差异。荷马已经表达过对以下事实的反对：阿基里斯对挚友帕特洛克罗斯的死亡感到悲痛和愤怒，他不仅杀死了马、牛、羊，还杀死了 12 个年轻的特洛伊贵族，把这些都放在好友火葬的木材堆上焚化，作为对好友灵魂的献祭。但是，诗人仍然没有坐在审判席上，在自己高高在上的道德正义及优越感的宝座之上，谴责他的英雄犯下了将人类作为献祭的野蛮暴行。诗人对阿基里斯的批评没有道德义愤的情感色彩。他的批评并非在我们所说的"品德"方面怀疑他的英雄作为，没有怀疑英雄作为人的价值。人们在悲痛和愤怒的时候会做一些"坏事"（荷马用的词是 *kaka erga*）。游吟诗人摇了摇头，但他并没有诉诸听众的良知；他并没有要求他们把阿基里斯作为道德堕落的人，"品德败坏的人"。诗人只是诉诸听众的同情，让他们对激情有所理解：激情会捕获处于压力之下的那些最好的人，甚至是英雄，并使他们做"坏事"。但他作为贵族及武士的人的价值是不被置疑的。把人作为献祭，对古希腊人来说，并不是多么可怕的事，这与20世纪更"文明化"的国家不一样。[1] 希腊每个受过良好教育的男孩都知道阿基里斯的愤怒，都知道在帕特洛克罗斯葬礼上进行的献祭以及游戏—比赛。奥林匹克的游戏—比赛是这些祖辈葬礼上的比赛的直接承继。这跟当代体育运动—比赛处于非常不同的系谱。

八

就我们所能看到的而言，荷马的英雄和天神们的激情及暴力的正常水平，或者换句话说，他们的内在自我控制，也就是"良知"的一般发展水平，并没有比古典时代雅典人所达到的水平落后多少。幸存下来的石头，包括神庙以及希腊天神及英雄的雕塑，都有助于塑造出古希腊人的形象：特别平和、平衡且和谐。"古典"（classical）这个术语本身，在"古典时代"(classical antiquity) 这样的词组中，使人将希腊社会描绘为平衡美与均衡的模范，之后的世代再也不可能有望效仿。这是一种误解。

我们在这里无法准确地阐述在"良知"的发展之中，在对暴力或其他生活领域的内化控制的发展之中，希腊古典时期所处的精确位置。可以说，即便是在希腊，古典时期也仍然只是代表着"良知的黎明"；在这个阶段，外在的超人的社群形象——多少有些随意地告诉人们应该或不应该做什么的命令型或恐吓型的恶魔——所代表的自我控制良知，开始转

---

[1]　Fr. Schwenn, *Die Menschenopfer bei den Griechen und Romern*, Giessen, 1915.

化为相对非人格且个体化的内在声音，按照公正与不公、正当与错误这类一般的社会原则来发声；这种转化仍然是例外而不是常态。苏格拉底的"神灵"（*daimonion*）可能是古希腊社会中最近似于我们所说的"良知形成"的表述，但即便是这种高度个体化的"内在声音"仍然在某种程度上带有"守护神"的特征。此外，我们在柏拉图所描绘的苏格拉底那里看到的规范与社会控制的内化及个体化程度，在那个时代毫无疑问是非常例外的现象。非常重要的是，古希腊的语言中没有一个独立的专门词语用于表达"良知"。有一些词语，如"synesis""euthymion""eusebia"等偶尔可以翻译为"良知"；但是，经过更细致的考察，很快就可以意识到¹⁴⁷这些词语中的每一个都不明确，涵盖的范围也要宽泛得多，包括"有顾忌""虔诚""敬畏神灵"这些含义。并没有像现代"良知"概念这样高度专门化的单个概念以表示高度权威的、不可逃避的、通常是专横的内部机制，作为自我的一部分来指导个体的行为举止。这里会使用负罪感的"剧痛"或"撕咬"来要求服从，并惩罚不服从。这也跟"对神灵的恐惧"和"羞耻"不一样，是自我行动，似乎不是由任何地方引发的，似乎也没有任何来自外在机制——不管是人还是超人——的权力和权威。也就是说，在古希腊的智识装备中，"良知"这个概念是缺席的。"良知"概念在希腊社会中未有发展这一事实，可以作为另一事实非常可靠的指标：在那个社会中，良知的形成无论在何种层面都没有达到可以与我们的社会相提并论的内化、个人化及相对自主的阶段。

如果希望理解希腊游戏—比赛中所体现的较高水平的暴力，还有希腊社会普遍对暴力程度较低的反感，以下这点需要注意：在希腊城邦的社会框架中，每个人仍然在相当程度上依赖于其他人，依赖于外在机制及制裁，这些是限制他们激情的手段；与当代工业社会的人们相比，他们不那么依靠内化的阻碍，依靠他们自己来控制暴力冲动。还要补充一点，希腊人，至少是他们的精英，与他们在前古典时期的先辈们相比，已经能够在更高程度上从个体意义角度约束自己。希腊天神形象的变化，对他们的专断及残暴的批评，也见证了这种变化。如果我们牢记希腊社会在自我统治的城邦时代所代表的文明化过程的特定阶段，那么就更容易理解与我们的时代相比，古希腊人在行动中表现出非常高昂的激情，是与希腊雕塑中所反映的身体平衡与均衡、身体移动中的贵族风度与骄傲一致的。

作为最后一步，我们可以简要指出相互依赖链条中的一个个环节。相互依赖链条将希腊式的游戏—比赛及战争之中所体现的暴力水平，与希腊社会的其他结构特征关联了起来。就国家组织在希腊城邦时代已经达到的阶段而言，有一点非常重要：保护其公民的生命免受他人侵害，还没有像今天这样被当作国家的垄断式关注来处理，即使是在雅典，也没有以这种方式来处理。在古典时期，如果一个人被同城邦的另一个公民杀死或伤害，这仍然是他/她亲属的事务，可以报仇来了结此事。与我们的时代相比，那时亲属群体在保护个人免受暴力方面所起到的作用要大得多。这意味着，每个健全的男性都不得不准备好护卫他的亲属；如果出现这种情况的话，要准备好攻击，以帮助他的亲属或为他们复仇。即使是在城邦内部，身体暴力及不安全的一般水平，也是相对很高的。这也有助于解释对导致他人痛苦受伤——或者看着这样的事情发生——的厌恶水平较低的事实，因为对暴力行为的罪恶感并没有深刻地扎根于个人。在组织如此良好的社会中，这些都会是严重的障碍。

伟大的希腊哲学家德谟克利特的一些说法可能有助于更深入地理解这些差异。这些都是那种处境之中的人们共同社会经验的体现。它们表明——也说明了为什么——"对"和"错"在那个社会与我们的社会意味着不同的东西。在那个社会中，每个个体都必须为自己和他的亲人挺身而出，护卫他们的生命。如德谟克利特所言，根据惯常规则杀掉造成了伤害的任何生物，是正确的；不杀，则是错误的。这位哲学家完全是用人类及社会的词汇来表达这些观点，没有诉诸于神，也没有诉诸于正当与神圣，而在后来苏格拉底与普罗泰戈拉的对话之中也可以发现这类呼吁，如果我们可以信任柏拉图的话。我们可以看到，德谟克利特没有呼吁法庭、国家机构、政府等的保护。那么，那时的人们在纯粹的身体存活方面仰赖自己的程度，与我们相比要高得多。下面的引文就出自德谟克利特：

68（B257）

就像禽兽在某些情况下

杀还是不杀，要跟从规则：

如果禽兽做了坏事

或者渴望做坏事

如果有人杀了它

他应该免于处罚。

这么做会提升幸福

而不是相反。

3（B258）

如果一个东西造成了伤害，违背了正当

有必要杀了它。

这覆盖了所有的情况。

如果一个人这么做

第三章　作为社会学难题的体育运动生成

他应增加他的份额，他参与了正当

和安全

在任何[社会]秩序中。

5（B256）

正当就是做必须的

错误就是没有做必须的

还拒绝这么做。

6（B261）

如果有人受了冤屈

有必要为他们复仇，只要可能

这不应该置之不理。

这种事是对的，也是好的

另一种事是错的，也是坏的。[1]

---

[1] 我引用的这些片段，出自哈维洛克的译本（Eric A. Havelock, *The Liberal Temper in Greek Politics*, New Haven and London, 1964, pp. 127-128）。我认为他在尝试向当代英文读者传达这些片段的意义这一方面，在可能的范围内，已经相当成功了。哈维洛克比许多其他作家更清楚地展示了柏拉图和亚里士多德所强调的国家的中央权威是政治难题的首要议题；这一点经常被错误地认为是古希腊一般意义上的特征，而事实上这种强调最多只是希腊独立城邦国家的发展过程的后期，甚至可能仅仅是最后阶段的特征。然而，我并不是很同意哈维洛克教授把德谟克利特这些哲学家的学说诠释为"自由的"。自由主义，作为一种政治哲学，预设了一个高度发达的国家组织，尽管自由主义的目标是防止国家的代表过分干涉其个体成员的事务。德谟克利特所倡导的个人的自力更生，在另一方面，也是某个发展阶段的特征；在这个阶段，个人和他／她的亲属群体还不能依靠一个理性、有效率且非个人的国家组织的保护。认为人有权利与责任为自己复仇，杀掉他们的敌人，这并不是真正的"自由"观念。

　　　　　　　　　　　　　　　　　　　追寻兴奋

第四章　关于体育运动与暴力的论文

诺贝特·埃利亚斯

一

在几个世纪前，"sport"这个词在英格兰，与更古老的"disport"一起，指多种形式的消遣及娱乐。在写于 16 世纪末的《伦敦调查》[1] 中，我们可以读到"公民们准备的演出是为了娱乐（disport）小王子理查德"，或者"体育运动（sportess）和消遣活动一年举办一次，首先是在圣诞节的宴会上……在国王的宫殿……庆典的司仪就是欢乐的娱乐活动（disports）的主人……"[2] 随着时间的推移，"sport"这个词标准化了，成了一个技术词汇，指的是特定形式的消遣活动，其中体力消耗是一个重要部分。这类特定形式的消遣活动最早出现在英格兰，然后从那里传播到了全世界。这些英式业余时间活动得以广泛传播，是因为采纳这些活动的社会都经历了类似英格兰之前已经经历过的结构变化吗？是因为英格兰就"工业化"而言领先于其他国家吗？两个过程的平行模式是相当令人吃惊的：一方面是生产、组织和工作的工业模型从英格兰开始扩散；

---

[1]　John Stow, *A Survey of London*, Oxford, 1956. 初版于 1603 年，1908 年重印。

[2]　Ibid., pp. 96 ff.

另一方面是被称为"体育运动"的这类业余时间活动，以及与此关联的不同类型的组织的扩散。作为最初假设，如下假定看起来并不是非理性的：人们使用业余时间的方式的转型与他们工作方式的转型是携手并进的。但是，这其中关联如何呢？

151　　　人们对工业化的过程及其条件进行了大量的探讨，但说起"体育运动化"（sportization）的过程，就不那么悦耳了。这个概念听起来就很奇怪。尽管它非常符合可观察到的事实。在 19 世纪——有些情况下是早在 18 世纪下半期——一些要求体力消耗的休闲活动就将英格兰作为模范国家，在其他国家也获得了相应结构特征。规则的框架，包括提供"公平"——所有参赛者都有相同机会获胜——的规则框架，也更严格了。这些规则都更精确、更明确、更具体，对遵守规则的监督也更有效，因而，因违反规则而受到的惩罚也就不容易逃脱了。换句话说，在"体育运动"的形式中，涉及肌肉运用的游戏—比赛，获得了一定程度的秩序，而就参与者而言，则是达到了一定水平的自我规训，这是之前没有达到的。此外，在"体育运动"的形式中，游戏—比赛形成了一整套规则，这套规则确保了尽可能达到高度的战斗—紧张与合理保护、避免身体伤害之间的平衡。简而言之，"体育运动化"具有文明化迸发的特征，与武士"宫廷化"（courtization）的总体方向一致，在武士的"宫廷化"中越来越严格的礼仪规则起到了重要的作用，我将在其他地方对此进行了讨论。[1]

　　　将几乎所有在 19 世纪出现的东西都解释为工业革命的结果，这种广

---

[1] Norbert Elias, *State Formation and Civilisation*, pp. 258 ff. "封建化"是在截然不同的方向上迸发的一个例子。

泛传播的倾向使人们对用这些术语做出的解释有些谨慎。无疑，工业化及城市化在带有"体育运动"特征的业余时间活动的发展及传播中起到了作用，但工业化与体育运动化这二者也有可能都是欧洲社会更深层转型的体现，这种转型要求其个体成员行为举止更自律，也更加细分。相互依赖链条的长度及区分度都处于增长之中，可能就与此有些关系。这个过程可以描述为：人们的感受以及他们的行动都屈从于按分钟细分的管理时间表，屈从于同样无法逃脱的、按照金钱进行的可计算性。宽泛地说，或许可以认为欧洲社会自 15 世纪以来经历了一场转型，社会成员行为举止及情感的规律性在此期间逐渐加强。欧洲大陆国家欣然接受了体育运动类型的消遣活动，很可能就是一个信号，显示了整个社会对更有秩序、管制更严格及身体暴力更少的消遣活动的需求在不断增长。将来的研究可能有助于为这些问题找到答案。就目前而言，围绕着体育运动本身早期发展的一些问题已经足以澄清并理顺。在过去，"体育运动"这个词经常不加区别地使用，既指特定类型的现代休闲活动，也指处于更早发展阶段的社会中的休闲活动，就像人们经常谈及现代"工业"，与此同时也会谈论石器时代的人们的"工业"。我所说的已经足以更清楚地表明：体育运动是相对晚近且相对新兴的事物。

152

二

如果想从体育运动向英格兰之外传播这个简短讨论出发，以自己的方式回溯之前体育运动在英格兰本地的发展，那么就必须考虑一下最好的推进方式。如何找到可靠的证据来讨论成长的过程，也就是游戏及其他休闲活动如何发展成为我们今天所说的"体育运动"形式？有人可能会认为，这些发展都没有留下记录。有足够的、可以重建这个过程的记录留存吗？正是在这个过程中，消遣活动获得了体育运动的特征，而每种体育运动也逐步形成了其自身的典型特征。

证据并不缺乏，但在寻找的过程中，人们常常受到阻碍，注意不到这类证据，因为一般意义上的历史写作，特别是体育运动的历史写作，存在一些先入为主的看法。于是，在对体育运动发展的研究中，人们经常受一种愿望的指引，即要找到其久远且值得尊敬的祖先。在这种情况下，当人们要为某种特定类型的体育运动编写历史时，人们倾向于选择与其历史相关的资料，比如与这种体育运动相似的一些游戏在过去是如何进行的。如果有人在12世纪的编年史中发现，在那个时候，伦敦的年轻人就已经会在某些特定的日期到田野中去玩球，人们就倾向于推测这些年轻人已经在玩与今天名为"足球"同样的游戏了，而这种游戏现在已经成了英格兰的主要比赛之一，并且已经传播到了整个世界。[1] 这种做法就是认为相当久远的过去的休闲活动，与我们自己时代的这些体育运动，或多或少是一样的：12世纪的"足球"与19世纪晚期及20世纪的足球是一样的。但这种做法阻碍了人们去探究如何以及为何要与一个皮质大球玩耍，以及这一活动如何发展成这种特定的形式？还阻碍了就"如何以及为何特定的规则及惯例，发展成了现在决定球员在踢球时

---

[1]　于是，杰夫瑞·格林（Geoffrey Green, *History of the Football Association*, London, 1953, p. 7）引用了威廉·菲茨斯蒂芬的赞美诗（William Fitzstephen, *Descriptio Nobilissimae Civitatis Londinae*, 1175，引自 Stow, *A Survey of London*）之中的《著名的球类比赛》（*ludum pilae celebrem*）作为下述事实的证据：在12世纪，伦敦的年轻人就踢足球了。莫里斯·马普斯则更为谨慎地推断："有很好的理由来假设菲茨斯蒂芬所描述的是足球。"（Morris Marples, *A History of Football*, London, 1954, pp. 19–21.）

　　　　　　　　　　　　　　　　　　　　　　追寻兴奋

的行为举止的一些事物"提出疑问。没有这些，这个比赛就不是我们意义上的"足球"了。可供研究的还有如何以及为何发展出了特定的组织形式？这些组织形式的发展，为这类规则的发展提供了最直接的框架，没有这些组织形式，这类规则就不能得到维持和控制。

在所有这些方面，与我们现在使用的"社会学的"这个术语有关的训练、研究以及视野，引导了对这些难题的关注，因而也引导了对证据的关注。这些在历史写作的主导传统之中通常不被认为是高度相关的。社会学家的历史不是历史学家的历史。关注特定时期支配人们行为的规则与规范，关注这些规则得以维持且对这些规则的遵守在其中受到控制的那些组织，这些都已经成为社会学探究中相当正常的任务。

目前仍然不太常见到对发展过程中的规则或规范的关注。如何以及为什么规则或规范在特定时期成为现在这样，这个难题通常还没有得到系统地探讨。可是，如果不对这些过程进行探讨，社会现实的整体维度就仍然遥不可及。对体育运动—比赛的社会学研究，除了其内在意义之外，也具有作为试点方案的功能。人们在这里遇到的研究领域是相对有限且可进入的，而遇到的难题则经常出现在其他更大、更复杂且更不容易接近的领域。对体育运动的发展的研究可以为许多方面提供经验，有时候还可以引出理论模型，有助于对其他领域进行探讨。规则是如何以及为何发展起来的，这个难题就是一个例子。将规则或规范视为既定的东西，这种静态研究在过去通常会——现在也仍然会——导致对社会的模棱两可又有些不切实际的描述。

如果对当前的社会理论进行检验，就会发现一些承袭自涂尔干的强劲趋势，要将规范与规则当作独立于人的存在。人们经常说起规范或规则，好像它们就是资料，是可以自行整合用以说明的资料，可以说明将个体以社会的形式整合起来，可以说明特定类型的社会整合，即社会的模式或结构。简而言之，人们经常认为，规范或规则，就像柏拉图的"理念"，自有其存在；它们的存在就好像是在某种程度上完全依靠它们自己，并进而构成了反思的出发点——活着的人们是以何种方式将他们自己组成社会的。

如果要探讨规则或规范是以何种方式发展起来的，最好能了解涂尔干学派的取向。这种取向根据人们所遵循的规则或规范来解释人类及群体的凝聚、相互依赖及整合。涂尔干学派的取向仍然具有很强的唯名论色彩，助长了对社会本质的误解，而这种误解现在相当普遍。按照这种取向，在评价行为举止的形式及人类组合的形式时，对遵守既定规范的与不遵守这些规范的人们的评价存在尖锐的区别。这种评价区别被一些研究并尽可能地解决社会难题的人不加批判地纳入了他们的概念装置。社会学研究是以解释社会中的事件之间的关联为目标的，如果用这种方式来对事件进行区分，社会学的研究目标就无法实现。就解释而言，遵守既定规范的活动及组合，与那些偏离规范的活动及组合，也就是"整合"与"瓦解"、"社会秩序"与"社会失序"，这些都是相互依赖的，而且构成了完全同类的事件。[1]

如果有人对规范和规则的发展过程进行研究，就会清楚"秩序"与"失序"、"功能"与"功能障碍"之间在事实上的相互依赖。因为在这类过程之中，可以一再看到人们是如何对特定的规则或规范进行设定，以修复特定形式的"功能失调"；功能失调又如何反过来带来规范的其他变化，也就是支配着群体中人们行为举止的规则标准的变化。

---

[1] 关于这一点的详细阐述，参见 Norbert Elias, *What is Sociology?*, pp. 75-76。

追寻兴奋

我们也可以更清楚地看到所有关于社会的构想都带有虚幻的特征，这使得规范或规则看上去有它们自己的力量，就好像它们是外在于且脱离人群的，而且能够对人们将自己组成社会的方式提供解释。对"体育运动—比赛"[1]的发展进行研究，还有对其中某一方面的规则的发展进行研究，使我能够在这个相对可处理的领域里探讨社会学研究的技术，这一技术的准确名称是"型构"分析与综合；另外，这也使我能够展示我认为这一技术应该如何运用。更具体地说，这个研究可以非常清晰地展示一般意义上的社会结构的基本事实之一：假定非人的条件是不变的——人们将自己组织起来的特定形式，只能根据人们将自己组织起来的其他特定形式来解释。在当前阶段，如果有人说，被人们当作"社会模式""社会结构""型构"来研究的这些，都是由人类构成的模式、结构或型构，仍会让人感到奇怪。语言学的用法以及思考习惯使我们倾向于认为：这些模式、结构及型构基本是外在于且脱离了共同组成它们的人的某种事物。

当然，许多社会学的标准术语，就可观察的结构而言，已经达到了程度相当高的恰当性。其中之一就是"结构"（structure）这个术语本身。可是，我对这类标准表达有些保留意见，比如当我们说一个社会或群体**有**结构时。人们可以很容易地将这种说话方式理解为似乎群体是脱离了组成它的人的某种事物。我们称为"结构"的，事实上，只是组成群体的或者在更宽泛意义上组成社会的、相互依赖的个人的模式或型构。当我们将人们看作社会时，我们用"结构"这个术语，而当我们把人们当作个

155

---

[1] 并非所有的游戏都是"体育运动"，也并非所有的体育运动都是"比赛"。"体育运动—比赛"这个表达指的是两个都适用的，比如足球、英式拉格比球、网球、板球、高尔夫球等。

体时，则使用"型构"这个术语。

如果要研究体育运动，那么，型构就构成了研究的核心。每一项体育运动——不管是什么项目——都是以至少两方之间的比赛为中心的、组织化的群体活动。它要求某种类型的体力消耗。它是按照已知的规则来进行的，如果可以使用身体力量的话，还要有规则来界定被允许的暴力的界限。规则决定了选手的起始型构，以及随着比赛的进行而相应改变的模式。但所有类型的体育运动都对参与者、观众或者他们的国家而言，具有特定的功能。当体育运动的既定形式无法恰当地行使这些功能，规则就可能会被改变。

体育运动的差异源于其不同的规则以及因规则而不同的比赛模式，换句话说，是源于相关个体的不同型构模式，而这些是由其各自的规章制度以及控制遵守这些规章制度的组织所决定的。难题显而易见：是什么将英式的"游戏"——也就是我们现在称为"体育运动"的、有规则有组织的游戏比赛类型——与其他类型的游戏比赛区分开？它们是如何形成的？规则、组织、关系，体育运动所特有的处于行动中的运动员群体，这些的典型特征是如何发展起来的？很明显，这就是所谓"过程"之一。在这类过程之中，通过许多个体的行动及目标的汇聚，群体关系及活动的特定结构经过许多世代发展了起来，尽管没有任何一个参与者，不管是作为个体还是作为群体，打算或计划了他们行动的长期结果。于是，如果人们将体育运动的出现设想为一个发展难题，而不只是一个历史难题，这就不仅仅是一种言说的方式。在历史书中，体育运动的历史总是呈现为一系列的几个人的几乎是偶然的活动与决定。引导游戏发展出"最终"（ultimate）"成熟"（mature）形式的那些事物被放在了聚光灯下，与"最终"模式不同或者相反的事物，则经常被认为是无关紧要的，被留在了阴影之中。我们可以看到，如果体育运动在很大程度上被当作几个知名人士或群体的活动及决定的随意混杂，就不能准确地呈现体育运动"成熟"形式的发展，也不能以当前社会学理论所建议的方式来呈现为一系列"社会变迁"。人们可以观察到的在体育运动发展中的这些变化，诸如在板球和足球中，还有在猎狐和赛马中，都有其自身的模式和方向。如果将此作为一种"发展"的话，这就是人们所说的体育运动的历史的一个方面。但使用"发展"这个术语，人们就不得不使自己脱离这个术语的哲学或形而上学的用法。只有在细节化的经验研究的帮助下，我们才能发现社会发展意味着什么。它只能在特定的情境中被发现，比如当人们的研究涉及到猎狐、拳击、板球、足球，以及其他体育运动事实上的"发展"方式时。我曾经暂定在使用游戏的"成熟"或"最终"形式这样的表达时要加引号，这是在探究期间的发现之一：游戏在其发展期间可能达到某种特定均衡的阶段。而且，在到达这个阶段时，其未来发展的整个结构都改变了。因为达到其"成熟"形式，或者不管怎么称呼它，并不意味着所有的发展都停止了，只是意味着它进入了一个新的阶段。然而，不管是这个阶段的存在，还是其特征，或者是其对社会发展的意义，都不能以其他方式来确定，只能通过对证据本身的经验研究。另一方面，人们在研究一项体育运动的历史时所寻求的初步知识，并不仅仅是个人或群体的孤立的活动，而是不仅包括一些不能够模式化的变化，还包括在组织、规则以及游戏本身的实际型构之中的变化的模式化序列，这些在一段时期内都指向某个特定的紧张—均衡（tension-equilibrium）阶段，而这种紧张—均衡暂且可以被称为"成熟阶段"，但这一阶段的性质也还没有确定。运用灵活且在人们的脑海中总是带有不准确可能性的这种知识本身，就可以引导人们选择资料，并帮助人们感知其中的关联。

三

正如前文所言，无论什么体育运动都是至少双方之间的、以比赛为中心的组织化的群体活动。它要求某种形式的体力消耗，而且按照已知的规则来进行，在适当的情况下，还包括有规则来界定身体力量被允许的限度。参赛者的组合是以这样的方式进行的：每次相遇，群体动态机制的特定模式都会重现——这种模式是有弹性的，有些时候弹性大，有些时候弹性小，因此其过程及其结构都是多变的，更好的是，这些不是可以完全计算的。人们在这类比赛中的型构就是这样安排的，以方便它既产生紧张，也抑制紧张。在成熟的形式中，它体现了处于不稳定的紧张—均衡状态中的相互依赖的两极之间的复杂情况；而且，在最好的情况下，也允许适度的波动，这就为所有的竞争者都提供了占上风的机会，直到他们中间的一个通过赢得游戏而成功地打破紧张。体育运动—比赛的成熟状态的特征之一便是拥有既不太长，也不太短的紧张的时间段。多数体育运动，就像好的葡萄酒一样，需要相当长的时间来成型、成熟，并找到最佳的形式。发明一项令人满意的体育运动项目并不容易，尽管有的已经做到了。[1] 作为一种规则，它需要确保足够的时间内有足够的紧张，而且不会助长平局的趋势——在达到这一标准前，它会经历试错阶段。突然的胜利以及反复的僵局，都可能因为各种原因而出现，其中一些原因在于游戏模式的建构，即型构及其动态机制本身的建构。如果参赛的一方在力量及技巧方面比另一方强太多，那么，型构所必需的紧

157

---

[1]　篮球是一个很好的例子，它的最初形式是由詹姆斯·奈史密斯（James Naismith）博士在美国马萨诸塞州斯普林菲尔德市发明的。

张就会不足，因为比赛会很快以更弱一方的失败而告终。如果参赛双方在力量及技巧方面太过于势均力敌，那么比赛时间就可能会拉长，并以平局告终，紧张—兴奋将不能在合适的时间、在胜利的高潮得到释放。在这些情况下，是参赛选手的临时型构导致了体育运动—比赛特定的、复杂的紧张—均衡的不完美，而不是制度化的比赛模式本身所建立的更持久的型构的责任。在其他情况下，速战速决或平局的倾向是由于比赛本身对选手的制度化型构。在一项体育运动—比赛的发展中，可以发现某些阶段型构安排会有利于进攻的一方，而不利于防守的一方，或者相反的阶段。在第一种情况下，进攻者更容易赢得所有的比赛，而且非常迅速地取胜。据称，当板球的投球手发展出一种可以非常频繁得球，并且看起来很容易射中柱门的技术后，柱门的中央门柱才被引入了板球。[1]而在第二种情况下，比赛则经常以平局告终。[2] 于是，一场体育运动—比赛中的紧张—均衡及其型构的动态机制，这两者的恰当性大多都依赖于这样一种安排：它确保了参赛者都有同样的输赢机会，不管是进攻一方还是防守一方。但这不是比赛的紧张—均衡所依赖的唯一两极。如果选手不能充分控制自己，他们就很可能会犯规，胜利就可能会归于他们的对手。如果选手对自己的控制过分了，他们就会缺乏胜利必需的激情及动力。如果他们死板地遵守规则，他们就会因缺乏创造力而要冒失败的危险；如果他们尽最大可能地绕开规则或进行变通，他们就要冒着因犯规而失败的危险。他们不得不找到一条恰好处于中间的道路，一边是

158

[1] 根据例如游戏—比赛的过程及其已经达到的阶段，板球及类似比赛中的"击球手"与"投球手"交替进行防御与攻击。此处的判断不会被前述事实削弱。

[2] 一个例子是 1923 年足球"越位法则"的改变。对这个规则改变的讨论，参见本书第六章。

严格遵守规则与惯例，另一边是最大限度地逃避规则或进行变通，并在犯规的边缘试探。如果为了比赛公平以及良好的运动呈现，选手们没有充分利用每一个取胜的机会，那么他们就可能失去获得胜利的机会；如果他们全力以赴只求胜利，那么比赛本身就可能恶化。

在体育运动—比赛发展的早期阶段，运动员或他们的赞助人所组成的相对小的地方群体自己制定规则，此时，改变规则来适用运动员及公众的需求就相对容易。但当国家层面的组织机构成了法规的制定者，参赛选手遵守规则的倾向与绕开规则或进行变通的倾向就在新的层次上有了对应：这是两个不同群体之间的对立，一方面是处于国家组织中心的规则制定者，另一方面是运动员。前者在立法时着眼于游戏的整体情况以及游戏与一般公众的关系；后者通常远离权力中心，他们的兴趣主要是自己赢得游戏的机会，他们会通过寻找漏洞并规避立法者的意图来利用所有文字规则的弹性。

两方之间的不均衡是体育运动—比赛朝向更大的紧张—均衡发展的因素。至少有三个层次在这个过程的动态机制中起了作用：比赛，在既定时间、由人们知道名字的人之间进行的比赛；既定的比赛模式，在比赛发展的特定阶段，比赛是按照这些模式来进行的，还要考虑控制比赛的组织（或多个组织）；发展出比赛模式的过程，这贯穿于比赛的存在之中。单个比赛的动态机制、特定时期的比赛模式的内在动态机制，还有比赛发展到成熟阶段及达到成熟之后的长期成型过程的动态机制，构成了一个复杂的模式。在概念上，这些层次可以被区分开来，但在事实上它们是不可分离的。为了观察与研究的目的，进行以下探讨将会很有帮助：比赛模式的改变是由于它本身在当时被认为是不足的那些部分，而就社会整体而言，进行比赛的那些条件在很大程度上并没有改变？或者比赛模式的这些变化是由于被认为是不足的那些部分，但很大程度上是源于整个社会的比赛条件发生了变化？换句话说，一项体育运动—比赛，特别是当它已经达到了成熟，就其与其所在社会的结构之间的关系而言，能够具有一定的自主性；因此，改变的原因可以就在于比赛模式本身。但这种自主性也是有限的。一般而言，体育运动的发展，跟特定体育运动项目的发展一样，都可以被视为社会更大发展的一部分，体育运动是在社会中进行的，而且由于是在国际上进行的，它们也就越来越处于世界社会的发展之中。

在这些初步的评论中已经进行了足够多的讨论，足以说明体育运动—比赛的基本型构特征的复杂性。所有的体育运动—比赛——网球、足球、拳击、曲棍球、还有许多其他体育运动形式，包括英式猎狐——都在一些特定的方面展示了相似的特征。型构分析有助于深化对这些特征的理解，有助于对它们的典型属性进行更精确地概念化。对这些初步的观点考察，至少可以更好地看到体育运动的一些典型特征。参与体育运动的群体，其型构的中心总是一场模拟的比赛，其中有它所产生的受控的紧张，还有在结束时的宣泄，即压力的释放。根据有关思考及感受的主导传统，紧张作为社会现象，倾向于被认为是与规范相违背的某种东西——是非常态的、有害的且不受欢迎的。对体育运动的型构分析表明调节好了的那类群体紧张是正常成分。事实上，它们是所有休闲活动的中心元素。一项体育运动是群体紧张的一种组织化形式，即便在给定时间内，参与体育运动的群体只是两个群体中的一个。"紧张—均衡"是为了表达这样一种观点而引入的术语，这种观点认为：一项体育运动的基本型构就是为了产生并抑制紧张的。这些技术是为了在人们所组成的既定型构之中、在一段时间内、在处于紧张中的各种力量之间维持一段时间的均衡，同时在最后还有很大的可能可以实现宣泄，或者释放压力。这些技术仍然需要研究。无论这些技术是什么，行动中的型构就像处于意大利墨西拿海峡似的，一边是速战速决的斯库拉巨崖，另一边是平局的卡律布狄斯大漩涡。

很明显，体育运动的基本特征都不是被计划好的。把带有这些特征的人们所组成的动态型构，设计为休闲活动，这不是任何特定群体曾经表达过并清晰地概念化了的目标。然而，虽然未经计划，而且很大程度上也并非有意，许多英格兰的消遣，主要是在18世纪及19世纪，都往这个方向发展起来了。社会学家的任务，首先应从总体上更清楚地了解作为体育运动特征的特定的群体动态机制、比赛模式、人们所组成的型构；接下来，就要尽可能地了解更多的细节，如特定的消遣是如何从缺乏体育运动典型特征的状况开始逐渐发展，并形成这些特征的；最后，再确定在一个国家——即一般意义上的社会——的发展之中的特定特征如何说明了消遣在特定方向上的发展。

这是一项长期的任务。下面的讨论是沿着这条道路迈出的几步。

四

最早出现的、带有体育运动典型特征的消遣的例子之一是英式猎狐。在我们的时代，各种类型的狩猎都被认为最多只是体育运动的边缘形式。在18世纪及19世纪早期的英格兰，猎狐肯定是"体育运动"这个词汇所指称的主要消遣之一。如果对猎狐所具有的独特特征进行研究，就能更好地理解"体育运动"意味着什么。英式猎狐远离了其他国家的以及更早期的那些相对简单、监管不那么严格、自发性更强的狩猎形式，在那些狩猎形式中，人本身是主要的行动者，猎狗仅仅只是附属物，狐狸也不是唯一被狩猎的动物。

在英格兰，猎狐成为高度专门化的消遣，有自己的组织和惯例。在猎狐时，绅士们被严格禁止追逐并杀戮在路上遇到的其他动物。[1]这令国外观察者惊叹不已，他们不能理解这种限制的原因。即使参与猎狐的英格兰绅士自己，他们了解并享受他们的习俗，但多数情况下也不能或不愿解释他们的狩猎仪式。追踪一只狐狸，并且漠视任何路上遇到的其他动物，即便这些动物可以成为餐桌上最美味的佳肴，这只是绅士们的社会准则的一部分。绅士参与狩猎不是为了带回餐桌上的佳肴，是为了参与一项体育运动。他们告诉彼此一些相当有趣的故事，这些故事显示了外国人对英格兰猎狐的不解，特别是法国人。有一个故事讲的是一个法国猎手（*chasseur*）在英格兰目睹了一次猎狐，当发现一些小猎狗在打算顺着野兔气味去追踪的时候遭到了鞭打时，这位法国猎手表达了他

---

[1] 人们经常没有意识到社会制度以及个人人格结构发展到这个阶段是多么慢。在这个阶段，这是所有社会阶层的规范：成年人应该能够一心一意地从事专门活动，而不被其他短期内可能更有吸引力的目标分散注意力。猎狐仪式在追逐狐狸的过程中需要这种一心一意以及相应的自我规训，这个事实就是一个例子。

　　另一个例子，可能有助于增进对以下事实的理解：将注意力及行为举止集中于一个目标，连续几个小时、几天、几年，这种做法——并非完全没有与自己的斗争——在许多国家现在都被认为是所有阶层的人们的正常成就，但事实上这是在时间进程之中发展得很慢的某种事物。在早期阶段，这远不是可以被认为是想当然的。正是如此，1585年由莱斯特伯爵批准的、用于由他指挥的在荷兰服役的军队的纪律准则，其第四十八条是：在田野上列队行进的士兵，如果在路上碰巧遇到野兔或其他野兽，他们不应当叫喊，这可能会扰乱整个队列（参见 C. J. Cruikshank, *Elizabeth's Army*, Oxford, 1966, p. 161）。这一整条准则很有启发，可以提醒人们：可能现在看起来是简单自明的或者是理性的那些行为举止及情操的形式，很少可以想当然的。

的惊奇与嘲笑。还有一个故事是另一位法国绅士在一次狩猎过程中听见一位英格兰人说："多么令人钦佩！在两个小时十五分钟令人着迷的奔跑中，狐狸表现出了体育运动精神。"这位法国绅士回答："我的天啊！你们费了这么大劲，它一定很值得一抓。能做成一道炖肉吧？"[1]

我们可以看到，这就是"体育运动"——高质量的奔跑、紧张、兴奋，而不是炖肉。

161　　在更早些时候，狩猎中令人愉悦的兴奋曾经是某种提前体验到的愉悦：在对真正的愉悦——杀戮及吃的愉悦——的期待中。杀死动物的愉悦因动物的实用性而得到了提高。许多被猎捕的动物都危害了人们的劳动果实。18世纪的大部分时间，野生动物（其中包括狐狸）在多数国家仍然数量较多。为了控制它们的数量，狩猎是必需的。特别是狐狸对农户及绅士们的鸡、鸭、鹅是持续的威胁。狐狸的威胁甚至可以与被称为"田地偷窃者"的野兔相提并论。更早之前，猎狗们被允许不加区别地猎杀鹿、野兔、貂和狐狸。田野和森林里有大量这类动物，而且它们都被看作有害的动物。它们同时也是食物，在干旱和饥荒到来时，可怜的人们可能更不愿意浪费狐狸肉，因为狐狸肉有相当强烈的味道。"按法国人的说法：'狐狸肉远不如狼肉美味；狗，还有人，在秋天都会吃狐狸，特别是如果狐狸吃了葡萄而长得肥肥壮壮的话。'"[2]

于是，狩猎的早期形式对参与者的限制很少。人们享受以任何方式进行的猎捕及杀戮动物的愉悦。他们还可以想吃多少就吃多少。有些时候，一大群动物被驱赶到了猎人附近，这样他们就可以享受杀戮的愉悦，

---

[1]　Blaine, *Encyclopedia of Rural Sports*, London, 1852, p. 89.

[2]　引文来自 Peter Beckford, *Thoughts upon Hare and Fox Hunting*, London, 1796, p. 197。

而不需要太多的体力消耗。对地位更高的上流社会（social cadre）来说，猎捕和杀戮动物的愉悦，在某种程度上是与战争时期杀人关联在一起的兴奋在和平时期的对应物。当然，人们为了这两个目的都会使用他们所拥有的最合适的武器。自从枪械发明以来，狐狸就跟其他动物一样，会被一枪毙命。

简单回顾早期狩猎的形式，可以帮助我们从更准确的视角展示出英式猎狐的独特之处。英式猎狐是一种猎手将一些高度而具体的限制加诸于他们自己以及他们的猎狗的狩猎形式。猎狐的整个组织，包括参与者的行为和对猎犬的训练，都受到了非常详细的规则的支配。但这种准则将禁忌及限制强加给猎人的理由，却远不那么明显。为什么猎犬要被训练得不追踪狐狸之外的其他气味？为什么要尽可能地追踪它们第一次发现的那只狐狸，而不能是其他狐狸？猎狐的仪式要求猎手不应该使用任何武器，为什么射杀狐狸被认为是一种重大的社会罪行？为什么绅士们在猎狐时使用任何武器都会被认为是不得体的？猎狐的绅士们用代理的方式，把杀戮的任务交给了他们的猎犬，为什么猎狐的准则禁止人们自己杀戮猎物？在早期的狩猎形式中，人类在狩猎中扮演主要角色，猎犬只是从属角色。为什么在英式猎狐中主要角色被留给了猎犬，而人要将自己限定为跟随者及观察者，或者是猎犬的控制者这些次要的角色？

由于主要狩猎角色的转授以及随之而来的需求，猎手们需要在某种程度上将自己与猎犬视为一体，就好像他们仅将自己的一部分用于嗜血和杀戮，而不是全部自我的投入。许多猎手都通过情感与自己的猎犬连接在一起，这种情感通常是相互的。猎手们按照名字了解他们的每一只猎犬，对每一只猎犬的素质进行评估和讨论，并且进行比较。猎手们欣赏猎犬的技能、凶猛和无畏，并鼓励它们之间的较量。

"它们应当，"贝克福德（Peter Beckford）写道，"对猎手既爱又怕。它们应当很害怕猎手，尽管它们应该更爱他。毫无疑问，如果猎犬们更爱猎手，那么，它们就会为他做更多的事。"[1] 猎手与猎犬之间亲密的个人关系，包括猎人感受的投射程度，构成了猎狐的基本型构中不可缺少的方面。

> 想想猎犬盖洛普，它是怎么带领它们的！要区分出谁跑在第一位是很困难，它们都是用这样的方式奔跑；但它是一流的猎犬。它鼻子的优势不亚于它的速度。看看它是怎么追踪气味的！……那里！现在！现在它又跑在最前面了。[2]

最后是这样的：

> 现在是猎犬雷纳德，你看看——它们叫得多么欢快啊！小雷纳德，它做得多棒！还有小猎犬们，它们也在冲狐狸尖叫。瓦金斯追得多么接近啊！它的压制多么厉害！它就要追上狐狸了！天啊，它们的冲击多么棒！整个树林都在颤抖！那个转弯真短！那里！现在！啊！它们现在抓住了它！啊哈！[3]

人们将追逐的主要部分和杀戮的功能都分派给了猎犬；此外，参与

---

[1] Beckford, *Thoughts upon Hare and Fox Hunting*, p.239.

[2] Ibid., p.166.

[3] Ibid., p.169.

狩猎的绅士们都遵从一套详细的、自我加诸的限制准则。这样，狩猎的兴奋就部分变成了视觉的兴奋；源于做事的兴奋，已经转化为看到它完成的兴奋了。

猎狐方式的变化方向，可以通过对英式猎狐的仪式与早期的狩猎形式的比较来发现。这非常清晰地显示了文明进发的一般方向。[1] 在使用身体力量方面的限制逐渐增加，特别是就杀戮而言；另外，作为这些限制的一种表现，在观看暴力的实施中所体验到的愉悦，替代了使用暴力所体验到的愉悦；这些都可以看作人类活动在许多其他领域中的文明化进发的体现。正如已经显示的那样，这些都与一个国家向更和缓方向的改变关联在一起，而国家的和缓是与这个国家中央机构的代表对身体力量垄断的增长——或者说垄断有效性的增长——关联在一起的。此外，它们还与一个国家的内部和缓及文明化最关键的一个方面联系在一起——将暴力的使用从反复出现的对中央机构的控制的斗争中排除出去，还与相应的良知形成联系在一起。如果认为在其全盛时期就禁止人们直接参与杀戮的英式猎狐仪式代表了文明化的进发，就可以说这意味着社会对暴力的禁止逐渐内化，对暴力的反感也在增加，尤其是反对杀戮甚至反对看见杀戮。就人们对实施暴力的反感而言，这就是进步。然而，在今天，从这种敏感的持续进步来看，不少人会认为，即使早期文明化进发的这种代表也仍然令人反感，并希望看到它被废除。

文明化的过程的性质，有些时候会让人产生如下误解：在这个过程中，那些限制或者有时被称为在人群之中滋生的"压制"增加了，而人们追求令人愉悦的兴奋以及享受生活的能力则相应地降低了。但这种印象

---

[1]　Norbert Elias, *The Civilizing Process*, pp. 202 ff.

可能在某种程度上是由于这样一个事实：人们感受到的令人愉悦的满足，与约束型的规则相比——与社会限制及其工具诸如法律、规范和价值等相比——更少被作为科学研究有价值且有趣的对象。对体育运动发展的探究将有助于修复这种平衡。现在和过去都可以在研究文献中发现切中要害的简短陈述。于是，狩猎经常被视作战争的替代。有些时候还可以相当清晰地认识到：英格兰的狩猎形式，代表的是对狩猎中不那么文明化的那些方面的一种温和化。它对文明化了的绅士们的敏感做出了更好的回应：让猎狗们杀戮，将绅士们自己的行动限定为辅助猎犬、预期的兴奋以及观看猎狗们的杀戮。贝克福德这样写道：

164　　如熟悉猎犬，还可以时不时地协助它们，这使得人们发现这项体育运动更有趣，而且可以满意地认为他们自己对那天的胜利是有贡献的。这是你经常可以享受的那种愉悦；没有任何遗憾掺杂其中的那种愉悦。我不知道这对你会有什么样的效应；但我知道我在参与了一次好的狩猎体育运动之后精神高涨；其余部分也没有任何让我不快的。没有什么体育运动可以像这个一样充满了激情！钓鱼在我看来是一种无聊的消遣。射击即便可以有陪伴，但也不能人太多。因此，这两个都可以被认为是自私的且独处式的取乐，相比之下，狩猎会欢迎尽可能多的人……

　　因为狩猎就是一种战争，它的不确定性、疲惫、困难及危险都使它比其他消遣更有趣。[1]

---

[1] Beckford, *Thoughts upon Hare and Fox Hunting*, pp. 199 ff.

这个富有启发的段落以几个方式指明了难题的核心。自贝克福德所处的年代以来，文明化过程就已经在一部分人中开始了，沿着贝克福德及其所处的社会阶层所代表的同一方向上，并超越了他们所代表的那个点。这一社会阶层目前已经不再是主导的、模式设定的社会阶层了。如果说在他自己的社会里，良知及相应的敏感已经成型，亲手手杀死狐狸对他们来说是令人反感的；那么，今天社会各部分的人们都已经更有力量，而且可以更大声地表达，他们对被猎捕动物的敏感及认同是如此强烈，以致为了人类的愉悦而猎杀狐狸这件事，对他们来说，总体就很令人反感了。

在贝克福德的时代，内部的和缓，也就是一个社会的中央机构及其部门能够提供的个体保护的稳定和有效性，特别是在反对各种类型的身体威胁方面，以及对个体的相应限制，包括外在及内在的，都没有走到今天这么远。但与早期的猎狐及一般而言的消遣形式相比，行为及敏感的改变在方向上是相同的。杀戮及一般而言的身体暴力的使用，即便是针对动物的身体暴力，已经被禁忌及约束更精心地限制住了。没有什么比间接形式的暴力、委托式的杀戮更能体现文明化倾向的中心难题的特征。其中的事实是人们一度可以协助猎狗来进行自己不希望自己再做的事情，这使得人们可以享受"没有任何遗憾掺杂其中的那种愉悦"。

贝克福德在这里所观察到的，事实上是体育运动，特别是体育运动—比赛的中心方面之一。它们都是人的动态型构，某些时候还有动物；这些型构使得人们可以通过同样一种方式整个人（如人们常说的"身体和灵魂"）直接或间接地展开较量：通过这种方式，人们可以享受这场斗争的兴奋，没有任何遗憾，也问心无愧。

事实上，体育运动是伟大的社会发明之一，人们没有任何计划要发明这些，但却发明出来了。它为人们提供了在一场斗争中获得了解放的兴奋，这场斗争涉及体力消耗与技巧，而在这个过程中，任何人受到严重伤害的可能都被限制在最小。

18世纪，对直接或间接地伤害他人感到反感的临界点，是与人们从体育运动竞赛这种模拟战役中所获得的令人愉悦的兴奋联系在一起的；这个临界点并没有改变太多，在很多情况下，与今天的许多发达国家——社会相比，当时还处于较低水平。但人们在这一点上可以观察到的行为举止及情操的变化方向，与在更晚近时代可以观察到的方向是一样的。

处在文明化过程中的社会所遭遇到的关键难题之一，曾经是——现在也仍然是——在愉悦与约束之间找到新的平衡。不断收紧的对人们行为及相应良知形成的管制控制，对生活的所有领域都进行更细致管制的那些规则的内化，确保了人们能够在彼此的关系之中获得更多的安全与稳定，但也意味着人们失去了一些令人愉悦的满足，这些令人愉悦的满足与更简单、更自发的行为举止形式相关。体育运动是这个难题的解决方式之一。无数人不具名地为体育运动的发展做出了贡献，但他们可能并没有意识到这个难题，他们以一般的形式与这个难题做斗争，而目前这种一般形式呈现在了反思型社会学家的回顾中；然而，他们中有一些人很好地意识到了这是一个特定的难题，这是他们在自己有限的消遣中会立即遭遇到的。猎狐——由狩猎转型成为体育运动——的型构显示了人们仍然试图从涉及身体暴力及杀戮的追逐中获得愉悦。在那样一个阶段，整个社会甚至富有且有权力的人，在没有法律许可的情况下使用武力的能力都逐渐受到束缚，而且他们自己的良知也对残忍力量的使用以及血液的喷洒变得越来越敏感。

这是如何做到的？人们如何能够享受愉悦而问心无愧？尽管事实上社

会内化的良知变得更加强烈，几乎无所不包；尽管与对此要敏感得多的当今发达工业社会的情况相比，当时的人们对暴力的敏感度仍然较低。当暴力是针对动物而不是针对人的时候，这个难题要解决也不那么困难了。随着文明化的觉醒，敏感的临界点已经进步到了将动物包括在内，这就足够惊奇了。正式法律法规中所表达出的外在社会控制的加强，只与人有关。关注暴力对动物的影响，这种敏感具有超出了初始目标的感受扩散的特征，这也是良知形成的一般特点。在这一阶段，这种进步已经足以使人们作为参与观察者来间接地享受杀戮猎物，而不是直接作为执行者。

但如果对猎狐的型构进行更细致的研究，并将其与早期的狩猎形式进行比较，我们很快就会注意到，就愉悦获得的活动而言，这其中发生了非常有特色的重点转换。在早期的狩猎形式中，愉悦的主要来源倾向于蕴含在杀戮及随后的猎物食用之中。而英式猎狐的特征是：吃的愉悦作为狩猎的动机已经消失了；而杀戮的愉悦，尽管仍然不能忽略，也已经变弱了。这是一种通过代理获得的愉悦。杀戮是由猎犬完成的，追逐本身的愉悦事实上成了娱乐的主要来源以及这项活动的中心部分。狐狸最终被猎杀——胜利的喜悦——仍然是狩猎的高潮，但它本身已经不再是愉悦的主要来源了，这个功能已经转移到了对动物的狩猎过程，也就是追逐中。在更简单、更自发的狩猎形式中，对杀戮与食用的期待的前置愉悦比之后重要得多。关于狩猎的其他目的，模拟战斗本身的紧张以及它给予参与者的愉悦，都获得了高度的自主。杀掉狐狸是容易的。狩猎的所有规则都设计成了使它不那么容易，要延长竞争，要暂缓胜利——并不是因为直截了当杀掉狐狸不道德或者不公平，而是因为狩猎本身的兴奋已经逐渐成了人类参与者的主要享受。向狐狸开枪是被严格禁止的；在这种狩猎方式起源的圈子中，也就是在贵族及绅士之中，这被认为是不可原谅的无礼；而佃农们不管愿意不愿意，都不得不遵从他们之上的阶层制定的规则，即便狐狸在偷他们的鸡和鹅。向狐狸开枪是一种罪恶，因为它剥夺了绅士们在狩猎之中的紧张—兴奋；这会毁掉他们的体育运动。

为杀戮并食用猎物这些主要的愉悦而进行的准备，之前曾经被作为前置愉悦，现在已经变成了愉悦的中心部分，在动物的杀戮中达到顶峰并结束；动物本身仅作为交谈的话题，而不再作为随后宴饮的一部分。"体育运动"这个词汇的含义在 18 世纪深刻地受到了人们在消遣享受这方面的特别转化的影响，它显示出了感受的深刻升华转换。在中世纪，"体育运动"这个词汇没有特定的含义，可以应用于许多不同的休闲及娱乐。到了 18 世纪，这个词变成了更加专门化的词汇：它转化为了专门术语（*terminus technicus*），指特定类型的消遣，这是当时在有土地的乡绅及贵族之间发展起来的；非常怪异的猎狐形式就是在这些人群中发展起来的，也是最引人注目的体育运动之一。猎狐可以提供一种模拟战役的紧张—兴奋，这也许是它最具特色之处，其中有体力消耗，也有享受，这是这场模拟战役给予参与者或观看者的。

就我们可以看到的来说，参与猎狐的群体并不是完全没有意识到他们的"体育运动"所具有的特定自主性，模拟战役的欢乐相对超然于其他的社会目的或功能。"狐狸给了我们好的体育运动"或者"我们的体育运动完全依赖于猎犬所特有的那种敏锐的嗅觉"，这些表达非常清楚地表明，在当时，"体育运动"这个词是多么紧密地与模拟战役的紧张及由此而来的愉悦联系在一起。[1]

---

[1]　Beckford, *Thoughts upon Hare and Fox Hunting*, p. 38.

猎狐的追随者也不是完全没有意识到以下事实：令人愉悦的紧张—兴奋是"好的体育运动"的本质，这可能只能指望猎狐，因为猎狐的基本型构确保了适度不稳定的紧张—均衡，也就是竞争者之间短暂的力量平衡。一本体育运动手册曾这样表述：

> 高贵的科学——猎狐的爱好者这样称呼猎狐。这是公认的狩猎的完美形式。猎物恰好足够快，也具有误导追逐者的各种手段。它留下了明确的气味，非常浓烈，并且这种动物的数量也足以提供合理的运动机会。[1]

英式猎狐在这里成为了一个经验模型，以展示被称为"体育运动"的那类消遣的一些原初的典型特征。这可能有助于更好地理解作为令人愉悦的紧张—兴奋来源的体育运动的某些结构特征，而这种紧张—兴奋后来通常仅用功利主义的术语来解释。猎狐群体当时已经发展出了特定的"精神气质"，这也是所有体育运动的特征之一。但在这个阶段，"体育运动的精神气质"并不是工人中产阶级的那种精神气质，并不适用于"道德"或"德性"这类术语。这是富裕的、见多识广且相对克制的休闲阶层的精神气质，这些人逐渐把管控良好的模拟战役所带来的紧张与兴奋当作了他们愉悦的主要部分。猎狐的规则由绅士设计、遵循，并严格惩戒违反者，这些确保了狩猎将给予他们"好的体育运动"的精髓——充足的、可享受的紧张以及战斗的兴奋，也确保了人们想要且必需的令人愉悦的紧张—兴奋所需的条件能够通过型构的动态机制高度规律地产生

168

---

[1]   Stonehenge, *Manual of Sports*, London, 1856, p. 109.

出来，骑马的猎手、猎狗以及狐狸，在这种型构中被绑在了一起。

今天我们容易按照"道德"假定，以安排的"公平"来解释作为所有体育运动特点的双方相对平均的机会。但是，跟其他情况一样，"道德"容易掩盖其社会学的层面，即这样安排的结构与功能。如果没有一个型构能够在一段时间内维持对手之间适度不稳定的机会均衡，就不能期待有"好的体育运动"；没有"公平"的安排，战斗的紧张所带来的愉悦和兴奋，也就是体育运动的主要功能，就会太过短暂，而且不能指望它具有高度的规律性。于是，猎狐从本质上显示出：人们已经习得了将他们自己组织起来的特定技术，这被用于各种类型的体育运动。这种技术在一定时间内能够维持在参与者的既定型构之中的、处于紧张中的力量之间的均衡，同时最后又会有很大的机会宣泄，从紧张中解脱。

一般而言，体育运动中反复出现的另一个难题，也是运动员在相当早期遇到的与猎狐有关的难题：一方面是更进一步扩大战役本身的紧张—兴奋的机会，另一方面是宣泄紧张—兴奋所带来的相对短暂的愉悦高潮的机会，也就是高潮及从紧张中解脱的机会；在这两者之间找到恰当的平衡，是一个难题。强调两极之一所带来的难题，造成了人们之间的争论——有人更强调狩猎本身，而另一些人则更强调杀死狐狸。就更为普遍的"体育运动"而言，也就是提倡"好的体育运动"，还是提倡"赢得胜利"。不同的体育运动在不同时期都出现了类似的讨论，这种持续是体育运动基本结构延续的一个指标。正如前面已经讨论过的，体育运动的型构动态机制必须达到均衡，一方面避免频繁出现速战速决，另一方面避免频繁地出现平局。前一种情况缩短了令人愉悦的紧张—兴奋，没有足够的时间来激起最佳的愉悦状态；另一种情况又使紧张超出了最佳范围，而且平局出现，就没有高潮，也就没有随之而来的从压力中解脱的"宣泄"。只要体育运动的基本型构能够确保在这两种边际可能性之间的一定的均衡，运动员就能够通过在不同情况下多做一些努力来进行选择。

至于猎狐，贝克福德早在18世纪末就讨论了这个难题。他强调高潮——杀死狐狸——的重要，但这并不意味着他认为杀戮的愉悦及兴奋是独立于之前狩猎的愉悦及兴奋的。为了解释他为什么推荐人们应该一早就带着装备出门，特别是让家里的猎犬们处于"嗜血"状态，贝克福德写道：

> 早晨一般而言是一天里气味最好的时间；猎物本身也不那么容易从你身边逃离，而在这种情况下，你比任何时候都希望杀戮（猎犬们处于"嗜血"状态）。想休息的愿望，可能还有吃得饱饱的愿望，这些都给猎犬带来了很大的优势……我期待你，我的朋友，可以对此做出回应："那么猎狐的猎手，并不是**真正的运动员**。"当然不是；更重要的是，他会很遗憾被误认为是运动员。从原则上看，他就不是。在猎手看来，真正的运动员与愚蠢的运动员是同义词；因此，他会尽可能地占狐狸的便宜。你可能会认为，猎手也许某些时候会这么做，因而玷污了他自己的体育运动。这是真的，他有些时候确实会，但是……猎狐的整个艺术就是使猎犬处于最佳的嗜血状态。体育运动只是"猎狐"第二位的考虑；第一位的是，**杀死狐狸**。于是，这就激起了追逐的渴望，也就是追赶的主要愉悦。我坦白，我认为鲜血对一群猎犬来说是非常必要的；至于我自己，如果平淡无奇的追赶以狐狸的死亡告终，我回到家总是感觉更愉快；而非在最刺激的追赶之后却让狐狸跑了。一般而言，好的追赶总是漫

长的；如果没有最后的胜利，那么，对猎犬的坏处也要多于好处。我们人的愉悦，我相信，在多数情况下，是期待过程大于最后的享受的；在这种情况下，现实本身即是理念的证明，而目前的成功几乎肯定了这是未来体育运动的先行者。[1]

当人们在文明化过程中遇到需要在愉悦与约束之间取得新平衡时，人们偶然发现的策略之一是，与对高潮的短期享受以及暂时从紧张之中解脱相比，人们更有能力享受由斗争及紧张所扩大了的兴奋，这些也会带来高潮。"我们人的愉悦……在多数情况下，是期待过程大于最后的享受的"这类陈述，尽管不是必然正确的判断，但仍然足够清晰地指出了两者之间的权重转换，一方面是紧张—享受，另一方面是完成—享受；狩猎这类消遣的发展可以很好地体现这一点，而且，在更一般的意义上，这也是文明化倾向的特征。我们可以看到，"体育运动"这个术语成为一个技术术语，指的是此前作为狩猎或游戏的准备部分，再加上人们期待从中得到的愉悦。说狐狸"给了我们很好的体育运动"，这个表达同时指向了型构的动态机制本身，以及这些动态机制所提供的可享受的兴奋的程度。这个表达指出了狐狸与猎犬及作为辅助的猎手之间的比赛，也指出了之后会带来的满足。贝克福德仍然可以毫不愧疚地说出几个世纪之前大多数人都认为理所当然的话，但随后的几个世纪里越来越少有人会这么说——参与猎狐的猎手渴望做到的第一件事就是杀死狐狸，而体育

[1] Beckford, *Thoughts upon Hare and Fox Hunting*, p. 173. 将贝克福德的话换一角度说就是：如果猎狗受到的训练是杀戮并喜欢杀戮，那么它们将来就会带来很好的运动呈现。我们可以看到，贝克福德希望强调，紧张—兴奋的愉悦与高潮的愉悦是相互依赖的。

运动是次要的考虑。

此外，由于与最后的简短行为——杀戮及其愉悦——相比，更长的紧张及紧张—享受的权重增加了，所以，愉悦本身也更加多变了。事实上，它成为一种复合的愉悦。就像许多其他类型的体育运动，猎狐的基本型构安排得非常好，由此而来的兴奋及享受不仅在于一种比赛，而是同时发生的几种比赛。基本的比赛照常发生在捕猎者和猎物之间。但在猎狐这个例子中，型构不是通过两类而是通过三类参与者形成的：一群骑马的人、一群猎犬，还有狐狸。猎狗与狐狸之间的斗争是首要的，其中产生的紧张及兴奋主导了其他所有的比赛。与首要比赛紧密联系在一起的次要比赛是猎犬之间的比赛。猎手们跟随着猎犬，满怀渴望地看着它们。最勇敢、最快、嗅觉最好的猎犬，还有一直紧跟狐狸的猎犬，都会使猎犬的主人或所有者的骄傲膨胀。猎犬们会得到赞赏和爱抚，它们的后代价格会很高。最后，内在于型构的另一种次要比赛存在于人类猎手之间：谁能最好地跟随猎犬，谁能在明知危险的前提下抄近路，谁能够跨越围栏、河流或其他障碍物，谁在杀戮的现场……

猎人之间的比赛极大地加强了狐狸与猎狗之间的比赛所引发的兴奋。在 18 世纪及 19 世纪早期，猎狐通常比今天更加兴奋和狂野。这是对绅士——有些时候也有女士——的勇气、强健及技能的测试。在狩猎最激烈的时刻，猎人们常常相互挑战彼此的极限。他们会冒险，即使他们知道自己可能会为这种兴奋的愉悦付出代价，比如摔倒、受伤，甚至丢掉性命。英式猎狐是由贵族及绅士在这一时期确定成型的，在这个时期，他们作为社会精英的整体地位之争，越来越少以决斗及其他直接身体对抗的形式进行——尽管在更年轻的人群中这些仍然还很常见——而更多是通过采用这样一些武器，诸如炫耀消费以及炫技。猎狐给了两者机会。对它的许多拥护者来说，它的惯例具有仪式的性质，这几乎就是一种崇拜。

在 18 世纪的英格兰，也不仅仅是英格兰，有产阶层的和缓化及教化程度明显提高，相应地，他们的举止也有显著改善。内乱的威胁正在减弱。关于 17 世纪内乱的记忆存续了一段时间。[1] 正如在内乱之后经常发生的那样，许多人担心乱局会再次出现。他们对人与人之间的暴力感到疲惫。在内部纷争之后的一段时间里，经常会有一个特定的群体成为最强大的集团。但在英格兰情况不是这样的。一个国家所有地方的内部和缓化 (internal pacification)，特别是其统治群体的和缓化，所依赖的是对身体力量的逐渐垄断。英格兰在对身体力量的逐渐垄断方面采取了与多数其他欧洲国家不同的道路。一个国家司法程序的有效性及许多其他事务，都依赖于对身体力量的制度化垄断的行政管理及利用，还有相伴的对税收的垄断；这两种垄断还不是永久的，没有成为几种处于竞争中的制度基础之一。当然，不像法国及其他君主专制国家那样，它们也没有被国王和宫廷所垄断。社会冲突愈显暴力的时期给英格兰带来的，是处于竞争中的几个统治群体之间适度不稳定的紧张—均衡，没有任何一个群体愿意，或者说足够强大到能够通过直接尝试使用身体力量来挑战其他人的合力。相反，在整个社会之中，敌对的既有势力之间逐渐形成了默契。他们同意了一系列规则，按照这些规则，他们可以轮流组成政府，管理或利用所有政府职能的中心项目——对身体力量的垄断以及征税。

172 当然，这些规则绝不是在一夜之间制定出来的。直到 18 世纪中期还出

---

[1] 贝克福德在他的书中引用了一首诗来强调诸如猎狐这样和平的田野体育运动的优点："这里没有凶狠的、不守规矩的元老院的威胁，没有斧头或断头台出现在视野。没有嫉妒、失望和绝望。"

现过不同既有势力的追随者之间的零星斗争与冲突。但是，担心这些竞争群体中的某一个及其追随者会对其他人带来人身伤害或毁灭的恐惧逐渐消退了。不通过暴力手段，而仅按照大家赞同的规则，通过语言表达、投票及金钱来争夺政府职位及其权力资源的协议开始确立。值得注意的是，这个协议也体现了几个群体之间的适度不稳定的紧张—均衡。能向如此复杂的安排过渡的一个重要的原因是：竞争的派别之中没有任何一方，可以任意地、不受限制地控制常备军，即便是国王也不能。

解决中心难题花了一些时间。这个中心难题一直是、现在也仍然是转变的主要绊脚石，这里的转变是指从几个利益群体之间的暴力相向转化为用非暴力的制度手段来解决冲突的一种政体。难题总是相同的，就是如何克服相互之间的恐惧和怀疑：对手一旦获得了对政府职位及其中蕴含的权力资源的控制，会停止按照协商一致的规则来玩游戏，会不顾这些规则试图继续掌权，会使用政府的权力资源来削弱或消灭另一方。在对主导权的争夺中，曾经相互使用或威胁使用身体暴力的、处于竞争中的社会群体，如何以及为什么在18世纪前半期基本停止继续这样行事了呢？议会政体体现了通过非暴力手段并按照协商一致的规则来行事的政府之中的变化。这种政体是如何以及为什么开始相当有规律地运行，而且几乎没有退行？这就是在此情境中需要探讨的难题。但我们不能完全忽略事实本身。这是有关联的，应当指出，获得政府职位及获得对其主要权力资源——对身体力量及税收的垄断——控制的特定形式，是这一时期在英格兰实现的。人们习惯于用"多元主义"或"议会制政府"来指称这种政府形式。但这些例行化的词汇很容易掩盖中心难题，也就是为了使这种政体能够有效运转而必须解决的中心难题——按照既定规则，非暴力地从一个政府转换为另一个。如何敦促政府成员放弃政府职位提供给他们的大量权力资源，如果根据协商一致的规则，这样做是必要的吗？作为国家中央垄断的控制者，他们所掌握的军事及财政资源的比例都相当大，怎么能确保他们会遵守规则？

在经历一段时间激烈的内乱纷争之后，多极议会政体在18世纪英格兰的发展以及相对平稳的运转，解决了这个难题。议会政体的逐步建立，代表了非常明显的和缓化的进发。这要求更高水平的自我约束。这种自我约束是必要的，只有所有相关组合都坚定地放弃了使用暴力，根据协商一致的规则，自己的对手才可能上台并享受其果实及权力资源。有产阶级相对更暴力且管制不够得当的消遣活动，现在转化为了相对不那么暴力且管制得更细致的消遣，这几乎不是偶然，这些消遣将现代含义赋予了"体育运动"这个表达。在同一时期，正是这些社会阶层，开始宣布放弃暴力，并学会了自我约束的强化形式，而这是议会形式的控制，尤其是议会形式的政府轮换所要求的。事实上，议会竞争本身并非完全缺乏体育运动的特征，以言辞及非言辞为主的议会争斗也并不缺乏令人享受的紧张—兴奋的机会。换句话说，18世纪英格兰政体的发展及其结构，与同一时期英格兰社会上层消遣活动的体育运动化之间存在很明显的密切关系。

就像17世纪末18世纪初以来的议会转型，18世纪社会上层消遣活动的转型反映出一个特定的难题，这个难题体现了在整个国家结构之中出现的总体变化所具有的特征。随着和缓化的推进，随着自我克制的压力增加——特别是对政治上最有权力的英格兰有产阶层来说——随着作为防止未经许可的暴力的社会装置——主要由有产阶层成员控制——逐渐变得行之有效，这个难题也被暴露得愈发明显。如果这种方式不能提供更多安全，不能推进内部和缓，经济发展及商业化的提高都很难走得更远。和缓化及商业化共同有助于并且也要求人们的个人行为举止更加规范。这不仅仅发生在工作事务之中。生活中行为举止更加规范的趋势，不仅受到外在控制的支持，也受到社会诱发的自我控制的支持。[1]在17世纪，除了克伦威尔的共和国，朝臣及平民的文化、理想状态及行为举止标准，尽管有一些交叉，但很明显仍然是分离的。也许有一点夸张，但可以这样说：一边是没有道德的礼貌，另一边是没有礼貌的道德。在18世纪早期，这两种传统开始向彼此靠拢。艾迪生（Joseph Addison）和斯蒂尔（Richard Steele）他们力图调和道德与礼貌的努力，只是这种更广泛的倾向的一个表现形式。不仅是平民，有地产的阶层、贵族和绅士，都受到了这种压力的影响。在这个政治上更稳定且快速商业化的国家里，对使用身体力量的限制，还有对生活中行为举止规范化的压力，都已加诸于个人。

然而，与更加规范的趋势一致，生活也逐渐变得更加无聊。强烈的个人兴奋的条件，特别是可能导致失去自我控制的、在社会意义上共享的兴奋，越来越少，甚至在社会意义上也不那么可被容忍。如何确保人们能够体验到似乎是人类最基础需求之一的、完全令人愉悦的兴奋，而不带来对他人或自己的社会危险及人身危险，成为一个难题。我们知道，良知的形成容易压制许多形式的兴奋，这些兴奋在此前的时代是高度令人愉悦的满足的来源，也是动荡、伤害及人类苦难的来源。在越来越规范化的社会中，如何确保人类有足够的、作为共享经验的令人愉悦的兴奋，且不需要因为在社会意义上不可容忍的失序及相互伤害而冒风险？

---

[1]　关于遵守特定类型的社会控制所带来的自我控制的发展，参见 Elias, *State Formation and Civilization*, pp. 229 ff.

英格兰对这个难题的解决方法之一是：消遣活动以逐渐被人们称为"体育运动"的形式出现。尽管英式猎狐只是这种转型的许多例子中的一个，但它非常生动地展现了这个难题解决方式的早期阶段——从强调赢得比赛，转为强调比赛本身长时间的令人愉悦的兴奋。就此方面而言，这种变化是非常有意义的。在之后的发展中，猎狐在众所周知的体育运动的精神气质之中找到了自己的表达。根据体育运动精神，重要的不是胜利，而是比赛本身。猎狐的猎手仍然能够在事实上伤害或者杀戮，即使只是通过代理，即便只是动物。其他形式的体育运动，诸如板球和足球，则展示了在所有的参与者都是人类的情况下该如何解决这个难题。

追寻兴奋

第五章　中世纪及现代早期英国的民间足球

诺贝特·埃利亚斯　埃里克·邓宁

被称为"足球"（football）的球类比赛，在英文资料中能够找到的合理可靠的参考资料是从大约 14 世纪开始的。但名称一致，并不能代表比赛本身也是一致的。[1] 我们对这种比赛的进行方式的所有了解，都指向了一种类型迥然不同的比赛。在中世纪的英文资料中，与足球有关的大多数参考资料，或者来自在国王及市政权威当局的法令之中对这项比赛的官方禁令，或者来自起诉因参与这种比赛而违反官方禁令的那些人的法庭案件报告。没有什么能比国家及地方权威持续但总体上显然相当不成功的压制这种比赛的企图，更能说明当时以足球的名义进行的比赛是什么样子。它应该是一种狂野的比赛，符合那个时代的人的性情。当权者认为自己有责任维护这块土地上的和平，但他们对此无可奈何。这对勾勒出国家及地方权威当局相对普通市民而言的位置差异非常有启发。最重要的是可以勾勒出，就执行法律的社会机器的有效性而言，中世纪国家相对于现代国家的差异。

---

[1]　许多足球历史学家认为更早的一些提到这种比赛的文献是同样可靠的。我们认为这种信心并不是完全正当的，埃利亚斯在本书的第四章中给出了这种批评的一些理由。此章此前曾发表于 Eric Dunning (ed.), *The Sociology of Sport: A Selection of Readings*, London, 1971。

对这项比赛最早的禁令之一出现在 1314 年的伦敦，是由市长以国王爱德华二世的名义发布的公告。内容如下：

> 为维护和平而发布的公告……鉴于吾主吾王正要前往苏格兰地区，与他的敌人作战，特别命令我们严格维护他的和平……然而，城市里有各种喧嚣，在公共场地进行的大规模足球活动造成了某种骚动，其中许多罪恶很可能会出现，这些是上帝禁止的。我们，以吾王的名义命令，禁止这类比赛今后在城市范围内进行，违者将受牢狱之苦。[1]

在 1365 年国王爱德华三世给伦敦市治安官员的命令中，也可以看到当权者是如何强烈地反对这些不受约束的消遣。很明显，在当权者看来，这些消遣就是浪费时间，也是对和平的威胁，而当权者希望引导人们将精力投入到他们认为更有用的事务中。他们希望训练人们使用武器，而不是沉溺于这些不受约束的比赛。但在那个时候，人们就已经很明显地更喜欢他们的比赛，而不是军事训练：

> 伦敦的治安官员们：公告命令晓喻周知。这座城市里每个身体健全的人，在节假日，当他有闲暇进行体育运动时，应当使用弓箭或弹丸弩箭……禁止他们进行石头、木棍、木环的投掷，还有手球、足球……或者其他徒劳无价值的比赛，违者监禁。王国诸人，

---

[1] H. T. Riley (ed.), *Munimenta Gildhallae Londoniensis*, Rolls. Ser., No. 12, London 1859-1862, vol. III, appendix ⅱ, 引自 *Liber Memorandum*, pp. 439-441. 原文是拉丁语及盎格鲁法语混合的文本，附有对盎格鲁法语文本的英文翻译。

追寻兴奋

贵族和平民，在此之前曾经在他们的体育运动中练习使用弓箭、弩箭这些技艺，那时在上帝的帮助下，荣耀降临王国，协助国王在战争中获胜。现在这些技艺几乎被完全废弃，人们忙于前述比赛，还有其他不诚实的、病态的、散漫的比赛，因此王国很可能会缺乏弓箭手。[1]

尽管传统的球类比赛狂野且暴乱，但人们喜欢它们。人们与官方就这些消遣进行的拔河断断续续持续了几个世纪。官方反对这些体育运动的理由各有不同。其中最突出的是危害公共秩序，以及构成了与练习弓箭的军事训练的竞争。

从下面这个精选的列表可以看出这类法令出现的频率。这些法令的反复出现表明：在英国社会发展的那个阶段，官方处于相对无权的状态，他们不能对我们今天可能会称为一种形式的"越轨行为"（deviant behaviour）长久地贯彻司法禁令。通过将"越轨行为"这个术语用于不同时代对法律的违犯，我们可以很清楚地看到，从社会学意义来说，这个概念是相当不准确的。特殊类型的违法行为反复出现，与其说是个人意外的或任性的失败，不如说是社会的无能。因为这个社会已经组成了国家，以便将个人需求疏导至合适的渠道，确保其对社会而言是可容忍的，而同时对个人而言是满意的。

| 1314 | 爱德华二世 | 伦敦 |
| 1331 | 爱德华三世 | 伦敦 |

---

[1] Calendars of Close Rolls, Edward. III (1910), pp. 181-182.

1365	爱德华三世	伦敦
1388	理查二世	伦敦
1409	亨利四世	伦敦
1410	亨利四世	伦敦
1414	亨利五世	伦敦
1424	苏格兰的詹姆斯一世	珀斯
1450		哈利法克斯
1454		哈利法克斯
1457	苏格兰的詹姆斯二世	珀斯
1467		莱斯特
1471	苏格兰的詹姆斯二世	珀斯
1474	爱德华四世	伦敦
1477	爱德华四世	伦敦
1478		伦敦
1481	苏格兰的詹姆斯三世	珀斯
1488		莱斯特
1572		伦敦
1581		伦敦
1608		曼彻斯特
1609		曼彻斯特
1615		

尽管这种比赛对官方来说近似反社会行为，但几个世纪里，在这个国家的许多地方，足球一直是人们喜欢的消遣：人们踢足球自娱自乐，可能骨折、流鼻血，也可能没有。正如我们可以看到的，国家机关在对

这些禁令的执行上相当初步，跟他们找到同样可以满足公民们休闲需求的另一个出口的能力一样。有些人因为参与这些暴乱的比赛而被罚款，或者被关进监狱。也许这种习俗在某地消失了一段时间，那么它一定会在其他地方继续。这种令人兴奋的比赛本身并没有消亡。

我们还有许多针对违反禁令者的法庭案件记录。1576年到1581年间的记录中，有两份足以显示在这段时期，人们踢足球是多么频繁。尽管很不幸，这些记录并不能展示比赛的细节：

在所述日期，在米德尔塞克斯郡的路斯利浦，亚瑟·雷纳德斯，农夫，（与另外五人）都来自前面提到的路斯利浦；沃克斯布里奇的托马斯·达西，自耕农，（与另外七人，其中四人是农夫、一人是裁缝、一人是马具匠人，还有一个自耕农）都来自前面提到的沃克斯布里奇。他们非法地聚集了一百多位不知姓名的恶人，进行了一种被称为"足球"的非法比赛。因为这场非法的比赛，他们之间发生了严重的斗殴，很可能因此导致了凶杀及严重事故。

验尸官的查验——在米德尔塞克斯郡的南米姆斯进行了尸检，自耕农罗杰·路德福德躺在地上，已经死亡。陪审团裁定：尼古拉斯·马丁和理查德·特维，都是南米姆斯人，自耕农，在本月三日下午三点与四点之间，与其他人在南米姆斯被称为埃文塞斯球场的地方踢足球。据称，罗杰·路德福德和一个名叫西蒙·马尔塔斯的人，也是前述教区的人，自耕农，一起来到球场。罗杰·路德福德大喊大叫，跳过栅栏，喊着尼古拉斯·马丁的名字，后者回应说你行你来。于是罗杰·路德福德冲着球跑了过去，打算踢一脚。当时

178

尼古拉斯·马丁以右小臂，理查德·特维以左小臂，从身体正面打了罗杰·路德福德一拳，打在胸部下方。这一致命的击打和震荡，导致他在一刻钟内死亡。尼古拉斯和理查德用这种方式邪恶地杀害了罗杰·路德福德。[1]

还有一些记录展示了沉溺于暴力习俗的人们与试图控制或改变他们的官方之间的拉锯。正如一份日期为 1540 年 1 月 10 日、由切斯特市的市长及市政委员会签署的文件提到：当地有一个习俗，在忏悔星期二（Shrove Tuesday），鞋匠要与布料商进行一场比赛，踢"一个皮革做的球，叫作足球"。市长及市政委员会措辞强硬，反对这些有"邪恶倾向的人"，他们给城市造成了"巨大的不便"。市长及市政委员会试图用由市长监管的竞走运动来取而代之，我们不知道是不是成功了。[2]

1608 年，曼彻斯特颁布了禁止足球的法令，而且几乎就是字面意义上地每年重复一次。这里显示了与前面完全一样的画面。我们从中可以读到："一群粗野、不守秩序的人不合法地在大街上玩耍足球"，造成了巨大的危害。法令中提到他们打碎了大量的窗户，给其他居民造成了多么重大的损失，还有很多"罪大恶极"的行为。[3]

再增加一个与足球无关的例子，这可能会有助于说明，一般而言，在中世纪的英国，约束很松懈，人们相对来说非常地自在。相应地，对

---

[1]　J. C. Jefferson (ed.), *Middlesex County Records*, London 1886–1887, p. 97.

[2]　当时对这件事的记述可以参见 D. Lysens, *Magna Britannia*, London, 1810；T. F. T. Dyer, *British Popular Customs*, London, 1900, pp. 70–72 中也有引用。

[3]　J. F. Earwaker (ed.), *The Court Leet Records of the Manor of Manchester*, London, 1887, p. 248.

于人们在自己的国家或城镇里相互使用暴力的约束也很松：

> 1339 年，国王计划外出。他向伦敦市长、市政官及市政厅颁布了一道命令：在他不在伦敦期间，要维护城市的和平。国王赋予他们权力，对任何危害并扰乱伦敦和平的人，立即给予应有的惩罚。[1]国王离开后不久，皮革商与鱼商之间的一场比赛，以血腥的街头冲突告终。市长与官员赶往骚乱地点，抓捕了几个扰乱和平的人，这是他们的职责；但是，托马斯·霍恩萨德和约翰·勒布鲁勒，还有他们的一些同谋，反抗地方官员的搜捕，他们不仅解救了作乱者，托马斯还拔出剑，暴力袭击了市长安德鲁·奥布里，试图推翻市长；在此期间，前面提到的约翰还重伤了一位市政官员。经过一番搏斗，他们被抓获，并立即被送往市政厅。在那里，他们在市长及市议员面前被起诉并受审，他们各自认罪，被判处死刑，并被立即送往西齐普，即齐普赛德街，并在那里被斩首。对在那些日子里维护城市内部的和平并防止如此频繁的骚乱及暴行来说，市长的最高权威是非常恰当的……国王对此也非常满意。在日期标注为 6 月 8 日、由爱德华三世在伦敦塔签署的第十五号敕令中，他不仅宽宥了市长对前述人员实施斩首，而且也批准并确认了这种做法。[2]

英国中世纪的编年史，和其他中世纪社会的编年史一样，描述了许

179

---

[1] “当时的市长是一家名为‘胡椒人’的公司的安德鲁·奥布里，非常富有。”*The Chronicles of London*, Collectanea Adamantea X, Edinburgh, 1885, from 44, Henry III to 17, Edward III, p. 27.

[2] *The Chronicles of London*, p. 27.

多类似的场景。如果不提及非制度化暴力在中世纪爆发的频率，人们就不能理解足球是一种更制度化的形式。[1]地方群体之间的半制度化争斗，被安排在一年中的特定日期，特别是圣徒纪念日和神圣日，这是中世纪社会生活传统模式的正常组成部分。踢足球是组织这种争斗的一种方式。事实上，这也是这些传统社会正常的年度仪式之一。记住这种制度有助于我们从更好的视角来理解他们的生活方式。在那个时代，足球及其他类似的交锋不是简单的偶然争执。它们组成了一种平衡型的休闲活动，这些活动深度交织在社会的经纬之中。在我们看来，这似乎有些不协调：年复一年，人们在圣徒纪念日及神圣日进行这种争斗。在文明化过程的一个不同阶段，我们的祖先显然将此作为相当令人享受的安排。

今天人们忧心忡忡于大城镇生活中令人不愉快的一面，还有生活在大众社会中的种种不利；偶尔会怀旧地回顾大多数人生活在小社区的那些时代，这些社区在特征及社会结构上与我们所说的大村庄或小镇很相似。当然会有一些例外，伦敦可能是最突出的例子。但是，即使在社会学的研究文献中，也长期存在关于这些"传统"或"民间"社会的生活方式的一种观念；根据这种观念，这些社会弥漫着强大的"团结"感。这一点很容易理解，事实上人们也往往认为，与我们自己的社会相比，这些社会内部的紧张及冲突不那么强烈，更为和谐。[2]使用这些范畴是很困难的，并不是因为这些范畴是错误的，而是因为将所有这些一般术语

---

[1]　有充分理由相信，相对非制度化的足球形式与更仪式化的足球形式，两者在中世纪的英格兰共同存在。要注意到的是，后者的暴力程度相对较高。

[2]　例如罗伯特·雷德菲尔德曾写道："于是，我们可以把民间社会描述为小的、孤立的、无文化的且同质的，还具有强烈的群体团结意识。" Robert Redfield, "The Folk Society", *American Journal of Sociology*, no. 52, 1947, pp. 292–308.

如"团结"（solidarity）用于不同类型的社会，会很容易误导读者。在当代工业社会中看起来不相容的各种制度类型及行为类型，对习惯于在另一个不同类型的社会之中生活的人们而言，绝非总是同样不相容的。因此，当我们将我们的语言应用于其他社会时，会反映出区别，进而并不适用于处于不同发展阶段的其他社会。"团结"这个术语，在我们这里会唤起长久统一、友善且没有纷争等印象。正如就这一主题进行写作的一位作者写道："当他们彼此密切地交流时，（民间社会的）每个成员都要求得到所有其他人的同情。"[1] 实际上，人们在传统社会中经常能够观察到强烈且自发的"伙伴情感"（fellow feeling）这类表达。但我们可以概念化为"强烈团结"（strong solidarity）的这类表达，与同样强烈且自发的敌意及仇恨是完全兼容的。真正有特色的是，至少在中世纪的传统农民社会中，当时人们的感受波动要大得多，一般意义上的人际关系也因之相对不稳定得多。因为内在约束的稳定性较差，激情的力量，也就是情感行动的热情及自发性，在善良与乐于助人，和不友善、冷酷与伺机伤人两方面都表现明显。这就是为什么将诸如"团结""密切""伙伴情感"以及其他类似的术语，用于描述前工业化民间社会的属性，是相当不恰当的。它们只展示了图像的一个方面。

甚至许多传统制度就是我们意义上的"两面派"。它们允许"密切的整体"及"团结"这类表达，也允许"密切且强烈的敌意"这类表达，但丝毫不会带来这样的印象：参与者自己在这些波动中看到了任何矛盾或不相容的东西。

---

[1] Robert Redfield, "The Folk Society", *American Journal of Sociology*, no. 52, 1947, pp. 292-308.

忏悔星期二的足球就是一个明显的例子，它是邻近群体之间的仪式化行动，而且按照我们的观念是相当野蛮的斗殴，这个例子可以说明在充满情感的活动之间具有相容性，尽管根据当下的标准，这些情感活动似乎是不相容的。正如我们看到的，世俗权威从很早就开始试图压制这些暴乱的争斗比赛，并持续了很长时间，但都没有成功。如果在这些习俗中只看到了我们意义上的"比赛"，就不能完全理解这些习俗强大的生存力量。中世纪的足球构成了一种传统仪式的一部分。它是属于忏悔星期二的庆典，这在某种程度上是一种教会庆典，与圣人日及神圣日的整个周期紧密相连。就这方面而言，对我们来说几乎是自明的一种分化，即宗教活动与世俗活动之间存在的分化，在中世纪社会还没有达到与当代社会相同的程度。偶尔会看到这样的说法：中世纪的人所做的所有事情都"沉浸于宗教之中"。同一个作者甚至走得更远，认为人们可以使用"神圣社会"（sacred society）这个术语来表达"民间社会的本质"。[1] 这类陈述很容易使人们认为，这些社会中的每件事都具有今天教会服务之中普遍存在的特征：真诚与高度的纪律严明。但真相是，与今天相比，在中世纪，即使是教会服务也经常是更嘈杂、不那么纪律化且不那么远离人们的日常生活的。另一方面，更好也更糟的是，人们的日常生活在较大范围内充斥着对上帝、魔鬼以及他们的各种助手的信仰，包括圣人、恶魔、各种精灵，好的或坏的；人们希望通过各种形式的祈祷，还有白巫术或黑巫术来影响他们。就这个领域而言，在我们看来是排他选择的"宗教的"或"世俗的"等抽象术语的使用，也阻碍了对某些类型的生活

---

[1] Robert Redfield, "The Folk Society", *American Journal of Sociology*, no. 52, 1947, pp. 292-308.

的理解，这些生活可能不符合我们在制度上及概念上对宗教活动与世俗活动进行区分的标准。如果一定要用我们的术语来描述这种较低的分化程度，那就只能说：与当代社会相比，在中世纪的民间社会中，世俗活动更具宗教性，宗教活动也更具世俗性。

　　同样的说法也适用于中世纪的足球民间比赛。它反映出了更紧密团结的可能性，也反映出了冲突及纠纷的可能性。邻近社区、地方行会，还有男性群体和女性群体、年轻的已婚男性群体和更年轻的未婚男性团体，他们之间的摩擦往往是很常见的。当然，如果情绪高涨，他们随时都可能引发公开争斗。与我们的社会不同，在中世纪社会中存在一些传统场合，在这些场合中，一个社区内部的群体之间，或者邻近的村庄社区之间的这类紧张关系，会以争斗的形式表现出来，而且这种争斗形式得到了传统的准许，可能在相当长的一段时间内也得到了教会及地方行政官员的准许。那些古老的记载一再展示出地方群体代表之间的争斗，有或没有足球，这种争斗组成了一年一度的仪式的一部分。我们可以从中感受到：这些群体的年轻成员热衷于争斗，若非紧张提前爆发，他们都会怀着令人愉悦的期待等候忏悔星期二的到来，或者是一年中任何一天的到来，而这一天就是为这样一种公共交锋而安排的。在这个时期，足球比赛为地方群体之间存在的紧张提供一个出口。比赛成为传统仪式一部分的事实并不能防止一方或另一方按照自己的喜好来扭曲这个传统，尤其是当他们渴望与对手对抗时。举例来说，在 1579 年，一群剑桥学生依照传统去切斯特顿的村庄踢"足球"。我们可以得知，他们非常和平地到了那里，没有带任何武器，但切斯特顿的镇民们在教堂的门廊里偷偷藏了一些木棍。比赛开始后，切斯特顿的镇民们挑起了与学生的争端，拿出木棍砸在学生头上，狠狠地打了他们一顿。学生们为了逃走，只好跑着过了河。一些学生要求切斯特顿的治安官出面维持"女王的和平",但治安官是反对学生的人之一,并指责学生先破坏了和平。[1]

这个例子很好地展示出足球被当作偿还旧账机会的方式。传统、规则和仪式等词语很容易让人在脑海里浮现出一幅图像——管制型的制度以相当严格且非个人的方式运作,因为这就是这些词语在我们这个时代的内涵。但如果有人使用相同的词来指称中世纪社会,那么就一定不能忽视这样一个事实:他们所说的管制型的制度,包括我们所说的"传统",尽管那时的人们比我们现在更坚定地依附于这些制度,与此同时,这些制度在它们的实际运作中也更依赖于人们多变的个人感受以及一时的激情。这能帮助我们理解,中世纪英国人年复一年以传统的方式进行他们忏悔星期二比赛之时非同寻常的坚韧,不管国王的命令以及地方行政官员对他们的抨击;同时,他们在他们感受高涨之时,也有能力打破传统惯例,也能够像切斯特顿那样耍一两个把戏来对付他们的对手。

一份日期为 1533 年、来自多塞特郡的科夫堡的报告,更详细地展示了足球比赛之中所体现的一些民间仪式。一家名为弗里曼大理石人或采石者的商行每年都会进行足球比赛,将其作为忏悔节一系列庆典的一部分。首先是从职员中进行选拔,然后会培训一些学徒。商行里每一位在前一年结婚的成员都支付了一笔"婚姻先令",这样,他的妻子就有权利在他去世之后让学徒为她工作。然而,最后一个结婚的人不用付"婚姻先令"。作为替代,他必须提供一个足球。那么,在忏悔星期二之后的第一天,也就是圣灰星期三(Ash Wednesday),足球被带到当地领主那里,还要付给领主一磅胡椒,这是这家商行为了获得一种古老的通行权而付

---

[1] C. H. Cooper, *Annals of Cambridge*, Cambridge, 1843, p. 71.

追寻兴奋

出的习俗款项。当作为礼物的胡椒被送达，足球比赛就会在这家商行声称具有权利的场地上开始。[1] 很多例子都非常清楚地显示出：在那个时代的人们看来，狂野且暴乱的传统比赛，同时也是庄严仪式的一部分，这没有任何不协调之处。正式的庄严仪式与喧嚣的庆祝活动通常是自然而然地相互渗透的。

与所有活动不那么非个人的特征紧密联系在一起的，而且与更高度公开的情感性紧密联系在一起的，是包括比赛在内的传统习俗奇特的可变性。人们深度依附于他们的传统生活方式。这种情况的一个原因是，相当多的紧张及冲突状况，在今天是受统一的法律准则进行正式管制，而这些法律准会在相对非个人的法庭上讨论并执行；但在那时，这些紧张及冲突是地方群体情境之中高度个人化决策的主题。尽管不成文的传统习俗在某种程度上与我们这个时代的成文法律具有相同的管制功能，但它绝对不像今天从远处看起来那样是完全不变的。它们能够不知不觉地变化，以改变群体关系；或者在战争、国内动乱、流行病以及经常深刻扰乱中世纪社区社会的其他事件的影响下更激进地变化。人们接下来会发展出新的习俗，并很快将这些新习俗作为他们的传统，无论它们与变化之前的习俗是否一致。中世纪的民间传统多是通过口耳相传的方式传递到下一代的。它们是口述传统。关心这些传统的大多数人没有受过教育。将诸如足球这类比赛的任何规则正式地写下来，并不是惯常的做法。儿子们像父亲们那样踢球，或者在遇到变化的情况下，以他们认为的他们父亲踢球的方式来踢球。

---

[1] O. W. Farrer, *The Marblers of Purbeck, papers read before the Purbeck Society* (1859-1860), pp. 192-197.

由于既没有成文的规则，也没有任何中央组织来统一踢球的方式，因此，不像我们这个时代对文献的类似援引，中世纪文献中提到的"足球"，并不意味着在不同社区中使用足球来进行的比赛在所有地方都是一样的。比赛实际上如何进行，这有赖于地方习俗，而不是共同的国家规则。与今天相比，比赛的组织要松散很多。斗争的情感自发性也要浓烈很多。身体打斗的传统以及一些限制决定了比赛的方式，而那些限制是由习俗所施加的，并不是由高度详细的、要求很高程度的训练及自我控制的正式规章所决定的。而那些传统及限制也决定了这些比赛的进行方式，并且在所有比赛中带来了一定的亲缘相似性。被冠以不同名称的比赛之间的差异，并不必然像今天不同的体育运动——比赛那样进行了明确的划分。中世纪文献在提到地方比赛中的一些时，将其称之为"足球"，而另一些则称以不同的名字，产生这种情况的主要原因是进行比赛时采用了不同的器物。这并非不可能。事实上，文献中的提到的"足球"，通常就像是在完全字面意义上指称的一种特定类型的球。但是，只有不同类型的球或者一般而言不同类型的玩耍器物可能规定了不同的玩耍方式，才能被指称为一种比赛类型。事实上，一些中世纪的文献确实提到了"用足球玩耍"（playing with a football），而不是"玩足球"（playing football）。[1] 就像人们看到的那样，在中世纪文献中被称为"足球"的那种球，与今天足球比赛中使用的那种，有一些共同点：当时的足球是一个充气的动物膀胱，有些时候会用皮革包在外面，但并非总是如此。世界各地的农民社区都曾将类似的球作为他们的娱乐器具。中世纪欧洲的

---

[1] 例如，在 1608 年和 1609 年颁布的曼彻斯特法令。参见 O. W. Farrer, *The Marblers of Purbeck*, p.194。

　　　　　　　　　　　　　　　　　　　　追寻兴奋

多数地方都有使用此物的记录。如果这个球尺寸合适，又有弹性，并不太小也不太大，那么，这样一个充气的动物膀胱，不管有没有皮革包裹，很可能比一个小的实心球要更合适用脚来踢。但并没有理由假定中世纪的"足球"只能用脚来踢，也不能反过来假定中世纪的"手球"只能用手来打。这些比赛在名称上的差异，其首要原因可能只涉及一个简单事实：这些活动是直接用球玩耍，而球的大小形状各不相同；或者这些活动是在用棍子或类似的其他器物来击打球。但其基本的特征，也就是比赛的特性，都是不同群体之间的一场斗争，一场公开且自发的战斗——享受、狂欢，还有社会对身体暴力相对宽松的容忍。就像人们能看到的，这些总是相同的。如果比赛参与者激情推动，他们还会出现打破那里的无论什么样的习俗规则等倾向。既然所有这些比赛在某些方面非常相似，于是就可以得到关于人们"用足球玩耍"的鲜活印象，尽管我们没有真正详细的记载，而且从这一时期留存下来的一些更广泛的记载来看，人们实际上并不是真的在用足球玩耍，而是在用其他器物玩耍。

在这些更广泛的记载中，有一份非常值得一读。这是康沃尔的一种比赛，它有一个现在仍让人熟悉的名字——投掷球（hurling）。这份记录非常生动地展示出，与我们这个时代对规则甚至习俗传统的处理相比，中世纪社会在处理传统习俗及规则方面，是非常不严格、个人化且非正式的。

这份记录自己会说话。没有任何转述能模仿其中传达出的关于投掷球比赛及其氛围的印象： 185

投掷球

投掷球通过投球来得分。投掷球有两种形式：在康沃尔东部，是球门投掷球；在西部，是野地投掷球。

球门投掷球

为了向球门投掷球，每一方要选出十五、二十或三十名参与者，也可以多些或少些；参与者会穿着最轻便的装备，然后手拉手、一个挨一个排位。排位之后，每位参与者都要找到自己在对方队伍中的对手，相互拥抱，就这么传递下去：每一对对手在比赛期间都要特别地互相防守。

此后，他们会在地上放置两丛灌木，相距约八英尺或十英尺；然后，与这两丛灌木直线相对，距离它们十英尺或十二英尺，另外两丛灌木被放在了平齐的距离，他们称这个为球门。两边球门中的一个通过抽签指定给了一方，另一个则指定给对手一方。还要指定守门员，通常是在阻断投掷球方面表现最好的一对选手。剩下的人就站在两个球门之间，某个不特定的人会扔出球，能抓住球的人，就会带着球穿过对手的球门，这样就算赢一分。但这些如古希腊神话中的大力士赫拉克勒斯一般的勇士之中的一个，还有些别的事可以做：一旦他拿到了球，而他的对手就站在旁边等着，试图抓住他；他的对手会握紧拳头猛击他的胸膛，阻止他前进。这被称之为撞人，能做好这件事，就会被认为具有不一般的男子气概。

如果勇士躲开了对方的第一个人，那么第二个人就会接手上前，然后是第三个，对方不会让这位勇士落单。直到勇士（就像法国人说的）"为他的脚找到合适的鞋"（*trouver chaussure à son pied*），他或者在格斗中部分身体着地，或者大喊"中止"，这是投降的意思。接下来，他必须投出球（称为"出球"），投给他的队友。

队友抓住球，就像前面一样带球跑；如果队友的运气很好或者很敏捷，就可以甩掉或超过他的对手。到球门处，他会发现有一两个精力充沛的人，正在等着阻拦他。因此，丢掉几个球，就意味着是一场实力悬殊的比赛，或者说是非常意外的情况；然而，每一方还是都能够获得好的声誉，比如在比赛过程中阻断球最多、持球最久、在自己的球门附近能够压制对方等。有些时候，每一方都会选择以一个人为主来传球。

投掷球的参与者必须遵守许多规则，比如，他们必须一个接一个上前，不能两个人同时对付一个人；参与者在投球的时候，手**不能**在放腰带以下；谁持球，球就**必须**抱在胸前；参与者也不可以投前场球，也就是说，他不可以把球扔给任何一个比他自己离球门更近的队友。最后，关于传球，如果球在双方之间飞行过程中，任何一方抓住了球，或是比对方先抢到球，拿到球的人就为自己一方赢得了机会，直接成为进攻者，而原本是进攻的一方就要防守。一些对规则的最轻微的违反是被允许的，如投手应该只是拿着球跑，听着各方的动静，但他却在向前跑的过程中用了拳头。不会有任何一方因为这种犯规或者伤害进行报复，相反比赛会继续进行。这种投掷球比赛经常在婚礼时进行，通常客人们都很愿意通过这种方式来认识彼此。

野地投掷球

野地投掷球更令人困惑不解，但需要遵守以下规则：通常需要两位或更多男士来进行这种比赛。通常是在某一个神圣日，他们会一起去西康沃尔的东部或南部两三个或更多的教区里的一个并不特别的地方。他们投掷球比赛的对手可以有很多，比如来自西部或北部教区。他们的目的地，或者是那些绅士的家宅，或者是城镇或村庄，通常是在三四英里的范围内，每一方都会选择最接近他们住所的地方。双方的人数可能不一致，也不需要相互配对；他们扔的是一个银色的球，接下来，就是抓住球，带着球跑，使用武力或者计谋，到达指定的地方，这样就赢得了胜利。无论谁拿到了球，都可能会被对方推倒；在他（在各种意义上）平躺在上帝热爱的大地之前，对手们不会离开。一旦他摔倒了，他就不能再拿着球了。他就要把球扔给离他最近的队友（类似于避免球被拦截的危险，就像球门投掷球一样）。这个人会以同样的方式带着球跑。在玩这种球时，拿着球的人要给队友信号，大喊"往西往西"，诸如此类。

投掷球的参与者们会跑过山峦、山谷、篱笆、沟渠；还要穿过灌木、荆棘、沼泽、泥潭和河流等等。所以有些时候可能会看到二三十个人在河水里相互拖拽、争夺、抓挠，只为了拿到球。这种玩耍（真是玩耍）既粗鲁又粗野，但尽管如此，也并不是没有规则，有点像战争中的技艺。因为每个人前面都有许多人等着，一部分人是为了迎战那个带着球的人，另一部分是为了帮助那个带着球的人继续前进。还有一些人则在两翼周旋，就像翅膀一样，准备帮助或阻止逃脱的人。球往哪儿走，参战双方就往哪儿走，走得慢的人就会落后，作为后卫；对了，每一方都还有骑手（如影随形），准备骑马带着球跑，如果他们能抓住有利时机。但他们很难这么就把球偷走，因为他们中的任何一个人即使骑马飞奔也不够快，在树篱拐角处、十字路口、桥或深水区都会有人等着他，（在野地里接到球）大家都知道他必须经过这些地方。如果他的好运对他的指引不够好，他就很可能要为偷球付出代价，他自己和他的马都会被绊倒，摔在地上。有些时候，整个队伍都会跟着球跑，他们一路下来得跑七八英里。有时一个走路的人偷偷得到了球，更好的情况是在没有被发现的情况下还有个替罪羊。他就会带着球走在后面，就这样，最后顺顺利利地达到目的地。一旦确定一方胜利了，这一方的所有人都会非常高兴。如果最后的目的地是某位绅士的家宅，他们就会把这个**胜利**之球献给他，把他家的啤酒喝光。

这场比赛中的球可能可以跟地狱火灵相比：无论谁拿到它，都会像一个疯子一样带着它向前，跟任何想拦住他的人争夺打斗；没多久，这个球就离开了他，他把这个罪恶交给了下一个携带者，他自己又恢复得跟之前一样平静。我不能很好地决定，是应该赞扬这种比赛，称赞其中的男子气概和锻炼，还是谴责它的孩子气，还有它带来的伤害。因为一方面，这种比赛使人们身体强壮、坚韧、灵活，将勇气注入了他们的心脏，以便直面他们的敌人；另一方面，这种比赛也伴随着许多危险，有些危险是所有参与者都要面对的。为了证明这一点，当投球比赛结束时，你会看到回到家中的参与者们，像从令人遗憾的战斗归来，头上血迹斑斑，骨头断裂，关节脱臼，还有一些擦伤，这些都会缩短他们的寿命。然而，这总体上还是一个好比赛，从来没有哪个地方官员或者国王为这件事烦恼过。[1]

如果想对英国社会更早发展阶段即中世纪晚期与现代早期的这些比

---

[1] Richard Carew, *A Survey of Cornwall*, London, 1602, pp. 73-75.

第五章　中世纪及现代早期英国的民间足球　　　　　259

赛所具有的典型特征——即不同的"结构"——形成一个合理清晰的看法，这样一段描述是非常有帮助的。这段描述也有助于阐明在那个发展阶段英国社会更广泛的结构差异。在某些方面，民间比赛的传统，就像这里所描述的那样，一定受到了英国社会最有影响力的特征的影响，尽管明确知道受到影响的方式不太可能。只有与其他社会及其比赛结构进行比较研究，才能让我们有所了解。民间比赛，正如我们在这里看到的，反映了土地所有者与农民之间非常独特的关系。土地所有者会把民间比赛当作自己的事，出面组织，并充当其赞助人。这些比赛对我们来说是残忍且无序的，但这并不简单是在村民与城镇居民之间进行的根本不涉及能够对其进行核查的更高当权者的比赛。按照当时的标准，这样的比赛可能已经表现出了过度的暴力。正如我们所知，这种比赛体现了岛屿上社会发展模式的特征：一边是农村人口，生活在不同程度农奴制下的农民，将他们自己转化成了或多或少算自耕农的农村人口，一边是在有土地的贵族阶层之外，出现了没有贵族头衔的地主阶层，也就是"绅士"。据我们所知，这就是我们在这里看到的比赛所处的背景：一种地方娱乐，参与者是一群可称为自耕农的人，推动者是当地的地主，通常是非贵族，当然也有例外。如果在比赛期间有人骨头断了，可能偶尔会有人死于比赛中所受的伤，那么简单来说，整个事态就违背了国王的法律，受到国王的代理人的反对，而当地人——包括农民和绅士——都很享受这项比赛，那么，我们可以知道，他们已准备好了对国王及其代理人说不。前面那一大段引文的作者卡鲁（Carew）在谈论激烈的战斗、流血的头颅以及骨折时，我们仍然可以听到他话语中狡黠的弦外之音——不过，"从来没有哪个地方官员或者国王为这件事烦恼过"。

　　然而，其中的暴力绝不是不折不扣且完全目无法纪的。事实上，就

188

　　　　　　　　　　　　　　　　　　　　　　追寻兴奋

像我们从这份记录中得知的那样，已经有了习惯"法"（laws），或者更严格地说，有规则（rules）。被称为"公平"的初步感受已经出现，而且，很可能这种特定的社会场景——相对自由的农民和中产阶级地主——对此是有影响的。如果拿到球的人与他的对手之间发生了争斗，"法"规定了每次只能有一个人对他进行攻击，而不是两个人。另一条规则还规定参与者不能击打彼此腰带以下的部位，胸膛是唯一合法的目标。然而，在这些参与者之外并没有正式的组织来确保这些规则得到遵守，也没有裁判，就算出现争议的话，也没有外来的仲裁者。在某些方面，这种比赛方式展示了早期社区社会生活的一面，如果没有这种比赛，我们很难对其有所了解。正如我们看到的那样，关于当时社区的社会生活的一种说法是：与我们现在相比，那时的人们更紧密地整合在一起，或者有一种特殊类型的团结感。然而，这些农民社区也有冲突，要么是在他们自己内部等级中，要么是与邻近的社区。当时解决这些冲突的方式，与之后的阶段相比，要暴力得多。足球以及其他民间比赛，是释放紧张的一种方式。但是，它们没有成文的规则或者中央权威，也没有裁判来监督参与者或者进行仲裁，但这并不意味着这些比赛的进行根本没有任何规则。传统规则、习惯规章，就像我们看到的那样，已经发展了几个世纪，就像某种共同的自我约束。它代替了我们今天更详细且通常更仔细考虑过的制度化规则的位置。很可能是这样的：在早期社会中，人们坚守传统；我们知道，在这些传统中，有一些对紧张及冲突的习惯约束是非常顽强的。这正是因为如果丧失了这些传统，通常就意味着失去了这样的约束之中非常重要的部分，而这类约束对他们来说是对抗激情的可能。但如果这些习惯约束被打破了，那么除了他们自己，没有别人可以来核查那些违反者。人们在这里遇到的是民主制度非常早期的类型，即村庄

189

民主制。对违反了比赛之"法"的人进行惩罚的方式，如作者卡鲁描绘的那样，是这种自我规范的农民民主的小范围范式，来自外部官员的监管相对很少。按照我们的标准，这种阻止人们违反习惯规则的方式给人的印象可能并不那么有效。对这些规则的违反，就像卡鲁所描述的那样，经常会造成又一次相当暴力的争斗，而这次大概率没有人会遵守限制。

从卡鲁的描述中也可以相当清楚地看到，今天被作为两种类型且看起来没有什么联系的体育运动，它们的传统形式仍然构成了一些古老的民间比赛中未分化的比赛模式。事实上，投掷球一方面包含了球类比赛的元素，另一方面包含了徒手的模拟搏斗或表演搏斗的元素。在这类民间比赛中，很明显，所有参与者及观看者都将这些当作比赛的正常元素，而且当作人们相互之间进行某种身体对抗所带来的乐趣的一部分。然而，在"中世纪"类型的社会中，徒手打斗也要遵守某种类型的规范传统，这确保了竞争者们身体动作的相互协调，也限制了他们给彼此带来的伤害。在康沃尔进行这类投掷球比赛的时代，有一种被称为"摔跤"（wrestling）的模拟、展示式打斗，也构成了村庄生活常设娱乐的一种。普通的康沃尔摔跤手都宣称自己在当地是最好的，在整个国家是最有名的。因此，摔跤技术是投掷球这种球类比赛的一部分，这并不奇怪。正如卡鲁所描述的，决定比赛胜负的因素之一，是给对方造成的"摔倒"的次数；"让他摔一跤"，意思是让对方仰面躺下，肩膀和脚跟这两头都要触地，这实际上是投掷球的主要目标。这方面的技术与成功，提高了村庄队伍的声望。可以想象参赛队伍，还有他们所代表的社区，事后肯定会讨论谁在这方面做得比其他人更好，有时甚至会为此产生额外的分歧。

190

然而，即使是在"球门投掷球"的比赛中，也就是卡鲁描绘的两种投掷球中更规范的那种，胜利的标准也并不像我们时代的体育运动——比赛那样，界定清晰且可以计算。因为我们这个时代的体育运动—比赛经常与一些毫不含糊的测量尺度联系在一起，比如"进球""得分"或者"跑位"。在诸如投掷球这样的民间比赛中，决定胜利者的因素，就像我们在卡鲁的描述中看到的那样，远不够精确，管制也不那么严格。在这种意义上，这反映了这些传统民间比赛区别于一般而言的现代体育运动—比赛的典型特征。即使在 16 世纪初，欧洲社会也还不是"可测量"的社会。然而，最值得注意的是，跟我们的体育运动—比赛相比，投掷球比赛远未受到高度管制，包括其中摔跤的部分，但它也肯定不是完全无法无天的。我们的概念词汇表还发展得不够，我们的感知能力也没有得到足够的训练，我们还不能清楚且准确地区分不同程度以及不同类型的规章。很明显，一系列详细的比较研究，既包括与我们自己社会的民间比赛进行比较，也包括与处于社会发展的可比较阶段的那些不同社会中的民间比赛进行比较，将在这方面起到有益的作用。

第六章　体育运动群体的动态机制，特别是关于足球

诺贝特·埃利亚斯　埃里克·邓宁

某种类型的理论一度主导了研究方向，直到其限制变得非常明显，这在一门科学或者其中一个分支的发展中经常发生。[1] 人们会逐渐认识到，这种理论不能清楚地陈述一些意义重大的难题，也不能解决它们。该领域的科学家就会开始寻找一种更广泛的理论框架，或另一种理论，希望能用它们来处理超出了现行理论能力范围的那些难题。

当代社会学中的所谓"小群体理论"（small group theory）似乎正处于这个阶段。很明显的是，小群体中的大量难题超出了当前形式的小群体理论的能力范围，更不用说其作为模型设定理论在对更大社会单元进行探讨时的局限。不管怎样，当我们试图调查参与足球等体育运动的小群体的难题时，这种理论并没有对我们产生很大帮助。就对体育运动群体的**活体**（*in vivo*）研究而言，小群体理论让我们失望了。[2]

我们打算借助对足球长期发展的更广泛研究，来探讨参与这类比赛的群体的动态机制的一些理论层面。一般意义的体育运动，具体来说是

---

[1]　本章最早发表在 *British Journal of Sociology*, vol. XVII, no. 4, December 1966，之后收录于 Eric Dunning (ed.), *The Sociology of Sport: A Selection of Readings*。

[2]　这里所说的小群体理论，是在目前社会学中使用这个术语的意思的基础上的。我们并不涉及其他小群体理论，诸如那些关注群体治疗难题的，虽然在那些情况下，型构取向可能也有帮助。

足球，能够成为建构小群体动态机制模型的有益出发点。我们要建构的小群体动态机制模型与当前小群体理论的框架所提供的模型有所不同。本文将讨论这样一个模型的一些方面。尽管这个模型主要是参照足球建立起来的，但出自我们的分析的这些概念可能会有更广泛的用途。它们当然不仅适用于足球，也可以用于其他的群体游戏。

研究足球及其他体育运动——比赛，一开始就会遇到一些特定的语义困难。人们经常说"一场足球比赛"，就好像它是外在且脱离于球员群体的。这么说并不是完全不正确，许多不同的群体都可以参与诸如足球这样的比赛，因此，比赛也就部分独立于任何一个群体。同时，每一场单独比赛的模式本身就是一种群体模式。为了比赛，人们以特定的方式组成群体。随着比赛的进展，人们不断地重新组织，以类似于舞者群体在舞蹈过程中重新自我组织的方式。参与者开始时的最初型构在持续的身体移动之中变成了参与者的其他型构。我们使用的术语"比赛模式"（game-pattern）指的就是这种参与者型构的持续运动变化。这个术语可能会造成误导，使人们忘记自己在看一场比赛时，实际上观察到的是由活生生的人组成的小群体，在持续的相互依赖中改变着他们的关系。

在一场比赛期间，参与者的这种组织及再组织的动态机制，在一定层面是固定的，而在另一些层面，则是有弹性的、多变的。固定是因为如果参与者之间就他们要遵守的一整套规则没有达成一致，比赛就不称之为比赛，而是"大家随便"了；它又是灵活且多变的，不然一场比赛就会完全跟另一场比赛一模一样，比赛的特定特征也就丧失了。于是，为了使群体关系能具有一场比赛的特征，必须在规则的固定与灵活之间建立起非常特定的平衡。比赛的动态机制依赖于这两者的平衡。如果参与比赛的那些人之间的关系受到的规则束缚太僵化或太松散，比赛都会受到影响。

以协会足球中球员的初始型构为例，它受到一些特定规则的约束。1897 年的规则中关于"开球"型构的那一条，其中有一些限定条件现在仍然有效，其行文如下：

> 比赛应该从**赛场中心**（centre of the field of play）、朝向对方球门线方向的定位球开始；在开球之前，**比赛双方**（the opponents）不得接近球所在位置的十码以内；在开球前，任何一方的球员都不得越过场地中心、向对方球门方向移动。[1]

从中可以很容易地看到，这给比赛双方留下了多大的空间和弹性来操纵这类规则。在开球规则的框架内，球员们可以组成"W 阵型"（2—3—5）或者"水平 H 阵型"（4—2—4）。如果他们愿意，防守方甚至可以坚定地聚集在自家的球门前；尽管在实践中，很少有人这么做。在开场时，球员实际上如何站位，是由正式规则决定的，也是由惯例决定的，还有他们之前的比赛经验，还经常包括结合了他们对对手预定战术进行分析所制定的战术计划。这种独特的特征，即固定与弹性的混合，可以如何应用于对其他领域中人们关系的调节，是比这个问题迄今为止得到的关注还要更值得关注的问题。

从始发位置开始，逐步发展出由两支队伍形成的流动型构。在其中，所有的个体都或多或少是相互依赖的，而且这种相互依赖会在整场比赛中一直保持；球员们相互回应，跑动并重新进行组织。这可能有助于解释为什么我们将这类比赛当作一种特定形式的群体动态机制。因为相互

193

---

[1]　　G. Green, *The History of the Football Association*, London, 1953.

依赖的球员彼此回应的这种移动及再组织**就是**比赛。

在这种情境中使用"群体动态机制"（group dynamics）这个词组，可能并不足够清楚。我们指的并不是两群球员中每一群的变化着的型构，就好像两支球队可以分开来看待，每支都有自己的动态机制。这并不是实际情况。在足球比赛中，这方球员的型构与另一方球员的型构，是相互依赖且不可分离的。他们事实上形成了一个独立型构。如果将体育运动—比赛视为群体动态机制的特定形式，那么它指的就是双方球员一起组成的型构的整体变化。与足球群体动态机制的其他方面相比，这一点更清晰地展示出体育运动—比赛可以作为许多其他领域群体动态机制的模型。

不仅是足球，实际上，所有体育运动—比赛都是如此，其根本特征在于：它们构成了某种类型的群体动态机制，这是由至少两个子群体之间的受控制的紧张所产生的。单就这个理由来说，传统的社会学小群体理论，在探讨我们这里遇到的这类难题时并不是非常有帮助。这些难题需要特定的概念，它不同于目前在小群体的社会学研究中所用的那些，可能也比通常用于讨论体育运动—比赛的那些要更复杂一点。根据目前的概念使用情况来看，人们可能会满足于认为，足球比赛是在两个不同的群体中进行的。这就是那些语言学惯性的一个例子，它会诱导人们认为比赛是脱离与此有关的人的某种东西，并在这个误解的基础上进行思考和讨论。足球比赛是围绕着一个移动中的球的球员本身变化着的型构，通过强调这一点，我们就同时明确了焦点并不是分开来看的、两支队伍中每一支的变化着的型构，而是**两支**（both）队伍的球员们一起在相互争斗之中变化着的型构。许多观看足球比赛的人可能知道，这也是他们试图要把握的——不仅是这支队伍或那支队伍，而是两方构成的流动的

194

模式。这**就是**比赛的模式——处于紧张中的群体的动态机制。

正因如此，这种群体动态机制的模型具有超越小群体研究的理论意义。它可能有助于多种类型的难题的研究，例如婚姻紧张，或者工会—管理层之间的紧张。和体育运动群体的情况一样，这些紧张都不是外在于型构的，而是内在于型构本身；这些紧张在一定程度上是受控制的。它们如何以及在何种程度上是这样的，它们是如何被控制的，这都是可以研究的难题。国家之间的关系是具有内在紧张的型构的另一个例子。但在这个案例里，有效且永久的紧张控制还没有实现，而且，就当前的社会发展水平以及社会学对处于紧张中的群体的理解程度来看，这种控制可能也不能实现。无法将处于压力中的两个国家或多极国家系统作为单个型构来理解并研究，正是阻碍实现更好控制的因素之一。人们在接近这类系统时，通常是作为卷入其中一方的参与者，因此也就不能够将这种型构形象化，也不能确定其最显著的动态机制，这里的型构是各方共同形成的，而且决定了每一方的行动。对足球之类体育运动—比赛的研究，可以作为对紧张及冲突进行研究的型构取向的相对简单介绍；在这种取向中，注意力并非集中于一方或者另一方的动态机制，而是双方共同作为处于紧张之中的单个型构的动态机制。

今天，对这类难题的社会学思考，看起来是围绕两个可替代选择展开的：一是群体紧张的问题，一是群体合作与和谐的问题。群体紧张看起来是一种现象，群体合作与和谐则是另一种。因为使用了不同的词汇，看上去仿佛这些现象本身是不同的，而且是相互独立的。对体育运动—比赛的分析，说明了这种取向是不准确的。比赛的群体动态机制，预先假定了同时处于多个层面的紧张与合作。没有另一个，这一个也不会是这样。

传统的小群体理论容易将注意力从这类难题上移开。传统理论的代表人物经常选择研究紧张在其中不起作用的那些小群体难题；或者如果他们选择研究紧张难题的话，他们也会局限于特定类型的个人紧张，诸如个人竞争。阅读他们的讨论时，经常能感觉到他们对群体竞争及冲突这一主题的讨论是关于政治哲学与政治理念的讨论，而不是来自严格科学探究的结论。在这种情况下，当代社会学似乎时常受到两极化的威胁：一边是对社会群体中紧张的作用视而不见，或者至少是极大地低估了这种作用；另一边则是过分夸大了紧张及冲突的作用，从而忽视了群体动态机制其他同样有价值的层面。例如，霍曼斯（George Homans）发展了小群体理论，而在其中，冲突及紧张最多只扮演边缘角色。可能这么说并不公平，这种和谐倾向，与预先设定的价值体系，即社会政治的**世界观**（*Weltanschauung*）有关，它设定了理论讨论及经验观察的道路。看起来就像是霍曼斯发展出了对紧张与冲突讨论的情感过敏。他写道：

> 如果我们将自己限定于行为……（关注回报行为的交换），我们一定会使得以意制坚定为职业素养的那些社会科学家将愤怒发泄到我们的头上。"永远不要低估冲突。"他们会说，"冲突不仅是社会生活的现实，而且冲突具有积极性，能够激发出人们之中一些最好的东西。"结果发现，这些科学家并不比其他人更愿意在任何由人组成的、由他们自己负责的实体内部来鼓励冲突。冲突对其他人的下属来说是好的，对他们自己的下属则没有好处。但我们必须克制。要求人们实践他们所宣扬的东西，这太过于简单了。没有人能逃脱的陷阱，是无趣的场景。[1]

---

[1]　G. Homans, *Social Behaviour: Its Elementary Forms*, London, 1961, p. 130.

人们可以看到，这是充满情感的论述。它展示了霍曼斯自己对社会学分析特征的误解是多么大。毫无疑问，一些关注冲突难题的作者希望鼓励冲突，是出于与这类难题的社会学研究无关的原因。但就像霍曼斯认为的，鼓励冲突是社会学家试图确定人们社会生活中的紧张与冲突的性质的唯一原因，这表明了对社会学分析任务的根本误解。尽管霍曼斯写道："没有人能否认……冲突是社会生活的事实"，他显然发现很难简单将其视为生活中诸多事实中的一个。

这点对体育运动—比赛的研究可能相当有帮助。一种特定类型的紧张在这类比赛中起到了很重要的作用。在对比赛的研究中，不能忽视紧张，不管你是否喜欢。确定足球这类体育运动—比赛的特征是带有特定类型紧张的型构，这似乎很有用。我们认为，"群体处于受控制的紧张之中"（groups-in-controlled-tension）可能是描述这一型构的恰当术语。

在目前的理论发展阶段，我们会遇到一个随情境而变的两难局面，达伦多夫（Ralf Dahrendorf）对此的陈述最清晰。将冲突与合作视为独立的现象，并形成了不同且分离的理论，每种现象一个理论，这样的倾向已然存在。达伦多夫在对整合与强制的讨论中也遇到了类似的难题，并提出了一个意义重大的问题：

> 有没有或者能不能有一个普遍的观点综合了整合与强制这两者尚未解决的辩证关系？据我所知，没有这样的普遍模型，至于这种模型的可能性，我不得不保留意见。可想而知，从西方哲学诞生之初，理论的统一就一直困扰着思想家；在这种情况下，理论的统一

是行不通的。[1]

关于紧张与合作，也可以这么认为。一些社会学理论是围绕冲突与紧张这些难题展开的，没有对合作与整合的难题有太多考虑；另一些则首先关注的是合作与整合，而将冲突与紧张或多或少作为边缘现象。靠近一点就可以很容易看出原因。这两种程序都是基于价值观的具体化，因为人们赋予了冲突与合作以不同的价值，所以就倾向于将它们看作似乎是分离且独立的存在。

于是，对体育运动—比赛的研究就是一个有益的出发点，可以让热情冷静下来，对这些难题进行研究。在这个领域中，可以比较容易地摒弃外部评价之争，进而密切关注理论命题的构建中可检验的、事实层面的证据。因此，向统一的理论框架推进就不那么困难了，在这个框架内，紧张与合作可以作为相互依赖的现象找到它们的位置。在足球中，合作预先假定了紧张的存在，紧张也预先假定了合作的存在。

然而，要清楚地理解它们的互补特征，就必须研究比赛如何发展成目前这种形式。在目前的形式中，通过坚实的控制类型，紧张与合作相互联系在一起。对足球长期发展的研究，能够使我们在有限的领域中看到紧张与紧张控制之间相互作用的一个方面。没有二者之间的这种相互作用，体育运动—比赛作为理论模型的相关性就不能被完全理解。它展现了一度没有控制且可能是不可控制的紧张，如何逐步被置于控制之中。

在其当前的形式中，协会足球以及许多其他体育运动—比赛的一个中心特征，当然是在比赛中产生的、通常是程度相当高的群体紧张状态

---

[1]　R. Dahrendorf, *Class and Class Conflict in Industrial Society*, London, 1959, p. 164.

　　　　　　　　　　　　　　　　　追寻兴奋

被置于控制之下的方式。但这是一个相当晚近的成就。之前曾经是并且现在也一直是比赛特征的球员之间的紧张，常常没有受到很好地控制。从紧张容易以不同形式的暴力来释放自己的早期阶段，发展为受到高度管制的、相对非暴力的群体紧张，这一转型是足球比赛长期动态机制的核心。它几乎可以说是欧洲社会长期发展的特定方面的一个符号。因为在许多社会中，随着时间的推移，一般程度的公开暴力会消失。就像足球发展中那样，人们会遇到与之前相比程度更高的组织以及更高水平的自我约束与安全。在这里，我们不需要关注人们的关系朝向更"文明化"标准的长期发展是如何以及为什么在社会中出现的。[1] 但我们能够为以下问题找出一些原因——为什么像足球这样的比赛与社会整体的相似趋势有关；从更多的暴力且更不受控制的形式，发展成了更少的暴力且基本可控的形式，相应形成了一种不同形式的比赛模式及群体动态机制。对足球长期动态机制的理解，极大有助于理解当今足球比赛的短时段动态机制。

和大多数球类比赛一样，足球运动早期是一种非常狂野的比赛，不仅在英格兰，在许多其他国家也是如此。[2]

几个世纪之后，1845 年到 1862 年间，至少在一些一流的公学里，踢足球已经受到了更多的高度管制。当时所允许的暴力水平还是远高于今天的，群体紧张的动态机制因此也相当不同。[3]

---

[1] 埃利亚斯已经对此进行了详细的论述。Norbert Elias, *The Civilizing Process*, and *State Formation and Civilization*.

[2] 参见本书第五章。

[3] 关于足球在公学中的发展的社会学分析，参见 Eric Dunning and Kenneth Sheard, *Barbarians, Gentlemen and Players*, Oxford, 1979。

到了 1863 年，刚刚成立的足球协会分裂了，因为多数人提议在比赛中彻底禁止"蹬踏"（hacking），而少数创始成员认为禁止"蹬踏"将使比赛变得"不够男人"，并反对这种禁令。这虽然不是唯一的因素，但肯定是导致英国发展出两种类型的足球的主要因素之一。一种是协会足球，另一种是拉格比球，或拉格。有一点很有趣，在分裂爆发后不久，即使是在总体暴力水平仍然在某种程度上高于协会足球的拉格比球比赛中，"蹬踏"也被"宣布为非法"了。

我们在这里遇到的难题，并非是完全没有理论意义的难题。两种足球类型中的一种，也就是现在大众所知的"足球"，为什么比另一种得到了广泛得多的认可及成功，不仅是在英国，而且是在世界范围。是因为足球中的暴力水平要低于拉格比球吗？为了回答这个问题，需要至少对其中的中心难题之一有非常清晰的想法。这些中心难题源自暴力的降低，而这种暴力的降低是为了比赛的整个模式，为了其中的群体动态机制。得到允许的暴力降低了，这种情况的危险是相当明显的，形式被改变了的比赛可能会变得无趣且沉闷。比赛的存活明显依赖于一种独特的平衡，一方面是对暴力水平的高度控制，如果不这么做的话，根据现在流行的"文明化"行为的标准，对多数球员及多数观众来说，比赛就不再是可以接受的；另一方面是要保持足够高水平的非暴力争斗，如果没有这种争斗，球员与观众的兴趣都会衰减。大多数体育运动—比赛的整体发展，当然也包括足球的发展，在很大程度上都集中于对这样一个难题的解决：在既定的比赛模式下，保持高水平的群体紧张以及由此产生的群体动态机制如何可能；与此同时，还能将反复出现的对运动员的身体伤害控制在最低水平。换句话说，无论过去还是现在，问题仍然是如何"掌控船只"。这艘船进退两难，如同处在意大利墨西拿海峡，一边是斯库拉断崖般的杂乱无章，另一边则是卡律布狄斯大漩涡般的沉闷。在比赛中，担任教练或球队经理的那些人会认为这是一个具有重大现实意义的难题。多数身居那个位置的人都习惯于用型构的方式来进行思考，如果他们恰如其分地提前规划的话。因为这是对比赛状况进行推测的最现实的方式，也是最适合制定策略的方式。因此，在球队备战一场比赛的过程中，教练可能会说，对方很可能会使用"4—2—4 阵型"，那么他们的任务就是防止对手主导中场；为了做到这一点，教练可能会指派两名球员去"防守"对方球队的中场"连接"球员，这样己方的其他人就能够集中精力来进攻。然而，尽管这位教练从他的直接经验得到了训练，将比赛设想为球员之间的波动的型构，但他并没有后退一步，反思这些型构本身的特征与规律。这种后退与反思，既不是教练的目的，也不是他的任务。足球协会的委员会在 1925 年决定改变越位的规则，他们可能是意识到按照老规则，比赛的"基调"已经变得太低了，开始逐渐偏离无序与沉闷之间的中间路线。但直到现在，能够处理这类难题的概念还不是非常清晰。为了明确这些概念更广泛的意义，也就是它们对小群体理论的意义，或者在一般意义上对社会学博弈论的意义，我们有必要提出相对新颖的概念作为观察框架，也可以改变一些既存概念的含义。

　　让我们从"型构"这个概念开始。前面已经提到了，比赛是球场上的球员们变化着的型构。这意味着型构并不仅是球员们的一个方面。型构并不像人们有些时候相信的那样，是从个体的人抽象出来的某种东西；如果使用诸如"社会模式""社会群体"或"社会"这类相关表达，就可能会这么认为。型构是由个人形成的，就好像"身体和灵魂"。如果看到球员们是在持续地相互依赖之中，在球场上站立并移动，那么就能看到他们在形成持续变化着的型构。如果群体或社会很大，那么经常就不能看到其中的个体成员彼此形成的这些型构。然而，即使是在这些情况下，人们也彼此形成了型构，比如城市、教会、政党、国家。与足球场上的球员所形成的型构相比，这些型构并没有更不真实，尽管人们并不能一眼就识别出它们。

在这个意义上，有必要把人的组合设想为一个型构并具有动态机制，人们的紧张与紧张控制的难题以及许多其他难题便会出现，即便人们不能在这里、在当下看到这些型构。这需要经过特定的训练。这是型构社会学的任务之一，这篇文章就是型构社会学的一个例子。在当下，就人们称之为"社会"的这种现象的性质而言，仍然存在大量不确定性。社会学理论似乎常常是从这样一个假设出发的："群体"或"社会"，还有一般意义上的"社会现象"，是从个体的人抽象而来的东西，或者至少它们不像个体那样"真实"，不管这可能意味着什么。足球比赛作为一个小范围的模型，有助于纠正这种看法。它展示了由个体组成的型构，并不比构成这些型构的个体，更真实或更不真实。型构社会学就是以这类观察为基础的。有些社会学理论认为社会是纯粹的名称、**言语声音**（*flatum vocis*）、"理想类型"，是一种社会学家的建构。这些是社会学唯名论的代表。与此不同，型构社会学代表了社会学的现实主义。[1] 个体总是以型构的形式出现，而型构也总是由个体形成。

200　　只要观看一场足球比赛就能理解，在特定时刻，球员个体的决策以

---

[1] 为了避免误解，必须附加说明：这里使用的"社会学的现实主义"概念，与涂尔干理论中这个概念的含义不一样。涂尔干不能摆脱"社会现象似乎是从个人之中抽象出来且脱离个人的某种东西"的立场。他有些时候会将这些抽象具体化，从来没有超越"社会"与"个体"看起来是彼此分离的实体这样一个阶段，尽管他最后试图通过一个近乎神秘的假设把它们放在一起。这种批评与对涂尔干理论的智识水准及科学进步的认可是完美兼容的。

及身体动作所依赖的，正是球员们波动的型构本身。在这方面，诸如"互动"及与此相关的概念都容易产生误导。这些概念似乎在暗示：没有型构的个体相互在**事后**（*a posteriori*）形成了型构。这些概念使得人们难以理解在足球研究中所遇到的紧张的类型。这种紧张在性质上与另一些紧张不同，后一种紧张在两个此前独立的个体——"我"和"他人"——开始互动后就可能会产生。而正如前文已经说到的，球员们的型构体现出了一种特定类型的紧张——受控制的紧张。从球员个人之间"互动"出发，既不能理解、也不能解释这种紧张的性质。

在我们的社会中，比赛的特征之一是内在于球员型构中的紧张既不是太高，也不是太低：比赛必须延续一段时间，但也必须最后以一方的胜利告终；可以有"平局"，但如果平局出现得太多，人们就会怀疑比赛的构成之中有什么东西出错了。

于是，在当今的工业社会中，比赛是一种非常特定类型的群体型构，其中心是在两个子群体之间相互保持平衡的、受控制的紧张。这种现象可以在许多领域中观察到。它似乎值得一个特别的名字，我们将它称为"紧张　平衡"（tension-balance）。人类肢体的活动能力依赖于处在平衡状态的两个对立肌肉群之间所蕴含的紧张，与之类似，比赛过程也依赖于同时处在对立与依赖状态的两队球员之间的紧张，而这两队球员彼此处于波动的均衡之中。[1]

中心存在着紧张—平衡的这些型构，运行机制相对简单，可以用两个例子进行展示。如果一方比另一方强大得多，就无法在比赛过程中产

---

[1]　对立的肌肉群的紧张—平衡与比赛中对立的运动员的紧张—平衡，有一个显著的区别。就肌肉的状况而言，一方放松，则另一方紧张；而对球员而言，其紧张—平衡的特定特征，是由于双方都很"紧张"。

生灵活的紧张—平衡，也无法将其保持在恰到好处的水平。在这种情况下，更强的一方可能会更快得分，比赛的紧张，也就是比赛的"基调"，就会相对沉闷，比赛本身就会很慢且无趣。但如果认为研究一场比赛的群体动态机制，需主要关心个别球队或个别球员的素质，那就错了。我们首先研究的是这类比赛模式的发展及结构。在特定的时间，这种模式具有由不同水平的控制所维持的特定形式。这一形式是由足球组织、国家及地方当局、观众、球队相互之间、球员在个体层面所控制的——不必枚举所有这些，也不必分析他们在此情境中的互动。用理论话语来说，人们容易将维持了特定型构的这些控制，首先是紧张—平衡的型构，仅仅理解为规则或规范。但是规则，尤其是正式规则，只是控制的一种"工具"，确保"群体处于受控制的紧张之中"这个型构的相对稳定。不管它们是什么，是群体规则还是群体规范，都不是绝对的。

作为控制紧张的手段，规则或规范并不会像当前的一些讨论中有时认为的那样，游离于社会过程，并超出社会过程。规则所帮助维持的群体动态机制，就其本身而言，可能决定了规则是持续还是改变。足球规章制度的发展非常引人注目地表明：规则的变化如何依赖于它们所统治的对象的整体发展。这些型构的动态机制具有它们自己可以称为"逻辑"的东西。于是，在足球中，紧张水平可能衰退，并不是简单因为参与比赛的群体或其个体成员的典型特征，而是因为他们相互形成的型构的既定特征。如果对一项比赛的发展进行全面研究，就会发现这是一再遇到的现象。举例来说，在 1925 年，足球的越位规则发生了变化。在此之前，越位的规则是，一名球员只有在对方至少有三名队员站在他与对方球门之间的情况下，接已方队员传给他的球才是合规的。如果这个位置上的对方球员少于三个，那么这位球员将被判越位，并且对手获得一个任意球的机会。1925年规则调整后，对方球员的数量减少到了两个。早期规则的弹性被巧妙利用，导致了平局愈发频繁。这里产生的问题是：天平太过于偏袒防守方，比赛容易被拖入平局，或者进球很少。其原因并不是任何球员个人的特别素质，而是以多种控制，尤其是正式规则，来稳定球员的型构，已经被证明存在缺陷。由此，才有了1925年的努力，通过改变规则来建立更流动的球员型构，恢复进攻与防守之间的平衡。

这是两极化的一个例子。在足球及所有其他体育运动—比赛中，这些两极内在于比赛过程既有的型构之中。这些两极是在相互之间的紧密关联中运作的。实际上，内在于比赛模式的、相互依赖的两极的复合体提供了足球比赛中的群体动态机制的主要动力。它们都对维持"基调"，即比赛的紧张—平衡，有所贡献。下面的列表是关于其中的一些两级： 202

（1）两支对立球队整体上的两极。

（2）进攻与防守的两极。

（3）两支球队之间的合作与紧张的两极。

（4）每支球队内部的合作与竞争的两极。

（4）中的这种两级可以用多种方式来表达。其中之一是球队成员与球队整体的两极，这在下面的例子中有所展现：

① 在19世纪60年代及70年代，个人运球是足球的中心环节。球队利益与个人利益之间波动的紧张—平衡更倾向于后者。这与那个时期的比赛的社会特征是一致的。在当时，踢足球主要是公学毕业生以及其他中上层阶级的享受。在19世纪的最后二十年，个人运球技术让位给了一种不同的比赛方式。球队合作变得更加突出，同

时牺牲了个人在球队内部有竞争力的表现机会。因此，个人利益与球队利益之间的平衡改变了。个人运球不那么重要了，而球队的一位球员向另一位球员传球，则脱颖而出。可以对这种变化的原因进行相当严格地分析。球队数量增加，开始有了正式的比赛，球队之间竞争的加剧，还有开始为付费的公众踢球，这些都是其中的原因。

②球队成员是为球队利益考虑，还是为他们自己的利益考虑，即使这两者之间的平衡已经强烈地倾向于前者，这种两极仍然发挥着它的作用。每一种比赛模式都会给球员留下相当大的决策范围。事实上，如果没有快速决策的能力，一个人就不能成为一个好的球员。但在个人进行决策时，球员个人必须一再地在两种需求——为了球队的利益而与其他队员合作的需求与为了个人声望及进步而努力的需求——之间做出选择。对这些情况的概念化，在当下，是由绝对的二选一所主导，诸如"利己主义"与"利他主义"。它们不值得推荐作为社会学的现实主义的分析工具。就像可以看到的那样，根据平衡以及两极来考虑，让人更容易理解自己实际上观察到了什么。

还有几种略为不同的两极，如：

（5）不同层次（通过球队经理、队长、队友、裁判、边裁、观众等）对球员的外在控制与球员个人加诸于自身的灵活控制之间的两极。

（6）针对对手的感情认同与敌对竞争的两极。

（7）球员个人对攻击的享受与比赛模式对这种享受的限制之间的两极。

（8）规则的灵活与固定的两极。

以上是理论模型的一些方面，也是在比赛型构研究中出现的那类概念的一些例子。它们可能有助于将焦点集中于这类群体的几个典型特征。

这些群体与经常被作为小群体研究经验证据的小群体的差异，不仅因为它们是处于受控制的紧张之中的群体，也因为它们结构化与组织化的程度更高。有些理论出自对结构相对松散的临时群体进行的研究，这些群体是特别为群体研究而组成的。这类理论经常因混淆群体属性与内在于人们的型构的属性而受到损害，这里所说的群体属性主要应该归结于其个体成员的属性。就结构化及组织化程度更高的群体而言，研究者更容易判断出内在于这类型构的动态机制，并将其与由于个人层面的差异所造成的多样性进行区分。就足球而言，将内在于这类比赛型构的动态机制，与由于不同国家、不同球队或不同球员等的特征所带来的多样性进行区分，就要更容易。

临时（*ad hoc*）群体，相对于它们形成于其中的社会而言，几乎没有自主权。这种自主性的缺乏会损害对这类群体进行研究所得到的结果的有效性。因此，一般来说，在美国形成的、以研究领导力难题为目标的小群体，可能实际上能够提供的信息就只是在美国的领导力的一些方面。如果在俄罗斯或加纳进行相似实验，多大程度上会得出相似的结果，这就是一个开放性的问题。

诸如足球这样的比赛，在各个地方以相同的方式进行，基本的型构动态机制在各地都是相同的。我们可以这样对它们进行研究，也可以同时研究不同国家、不同球队、不同个人的参与所产生的变化。

就像临时群体一样，体育运动群体具有明确的局限，难以作为小群体难题研究或一般意义上的群体动态机制难题研究的证据。其中有一些局限是由于比赛在很大程度上以自己为目的。比赛的目的，如果有的话，是给人们带来愉悦。就这方面而言，它们非常不同于通常被视为社会生活的中心，并且在社会学中占有相应中心位置的那些群体，不同于诸如

204

以生产商品为目标的工厂、管理国家或其他企业的科层制，也不同于通常不是自足的、或者并不期待给人带来快乐的、但同样有用的、由人构成的其他一些型构。这与社会学家总是试图首先通过其目标来界定组织及一般的社会单元价值观图示是一致的。

如果说这是体育运动—比赛研究的局限，那么，与关注生活中严肃事务的社会单元的研究相比，这种局限在于：除了提供享受之外，体育运动—比赛没有目的，而且它们经常追求以自己为目的。对体育运动—比赛的研究也有优势。它可以作为对目的论谬误的纠正，这在社会学思考中仍然相当普遍。简单来说，这种谬误可以描述为个体层面与群体层面的混淆。就足球比赛而言，区分是相当清晰的。球员个体和球队都有目的，进球得分是其中之一。享受比赛、观众的兴奋，希望获得回报，也是目的。但是，有目的的行动的串联，其结果是型构的动态机制——在一场比赛中——是无目的的。我们可以确定是这样的，而且在某种程度上，这里的讨论足以为证。但如果将球员相互形成的变化的型构归结为球员个体的目的的话，是不可能做到这一点的。

对人们的其他型构而言，这个判断在多大程度是真实的，并不需要在这里进行讨论。但是，我们可以说，即使是国家组织、教会、工厂以及其他更严肃类型的型构，不管形成这些型构的人们的目的是什么，这些型构同时都以其自身为目的，具有它们自己的动态机制。民族国家的目的究竟是什么？认为它也像是一场比赛，人们为了比赛本身而相互参与其中，这种说法并不完全是可笑的。忽视这一方面，而首先把注意力集中在它的目的上，就意味着忽视了这样一个事实：就像在足球中一样，在任何确定的时间里，个体的决策、目的及行动都依赖于人们变化中的型构。在紧张与冲突的情况下，尤其如此。而这些通常会被解释为某方的意图及目标。如果可以将它们作为群体的无目的动态机制的一些方面来进行研究，社会学家可能可以更好地理解已经被证明是不可控制的那些紧张与冲突。

第七章　现代体育运动的动态机制：对成就—努力以及体育运动的社会意义的讨论

埃里克·邓宁

一、导言

本文的研究主题是我所认为的现代体育运动在世界范围内的主导趋势。这一趋势包括各个层次的体育运动参与，但最明显的是顶级体育运动，它们都在向竞争性增强、参与的严肃性以及成就导向迈进。[1] 换个方式来表达，我指的趋势包括对"业余爱好"的态度、价值观及结构的逐步但似乎不可阻挡的侵蚀，这些被与之相关的各种意义上的"职业"态度、价值观及结构所取代。从另一个角度来看，它指是这样一种趋势：在全世界的各个国家，体育运动正从边缘的、低价值的制度，转化成为对许多人来说似乎具有宗教或准宗教意义的制度。在这个意义上，体育运动已经成为这些人生活中认同、意义及满足感的中心来源，至少是其中之一。

---

[1]　这篇论文之前以 "The Figurational Dynamics of Modern Sport: Notes on the Sociogenesis of Achievement-Striving and the Social Significances of Sport" 为题发表于 *Sportwissenschaft*, vol. 9, 1979, 4。这篇文章是以下图书中的分析为基础的，Eric Dunning and Kenneth Sheard, *Barbarians, Gentlemen and Players*, Oxford, 1979。这里所呈现的分析在一些方面超越了上述分析。

对这一趋势的抵制已多次出现。在英国，最值得注意的尝试是自 19 世纪末以来，试图在志愿组织及非正式的"友好"比赛框架的基础上，维持拉格比球联盟作为一项以运动员为中心的业余运动。这意味着这项运动的规则旨在确保球员的享受，而不是观众的享受，作为一种无偿的业余爱好，它能在俱乐部、地区及国家这些层级上组织起来，而没有正式的比赛、"杯赛"和"联赛"这类结构。然而，维持这种结构的努力已经明显显现出不成功。尽管管理比赛的群体付出了艰苦的努力，但该项运动的顶级比赛现在已变为在大量的人群面前进行，还引入了一些观众导向的规则。俱乐部之间每年都会争夺"约翰球员杯"以及一些地方杯的胜利，它还有一个"成绩表"系统，虽然与"联赛"的名字不同，但形式相近。此外，国家级的拉格比球联盟以及许多顶级的俱乐部，财务上都依赖于参加比赛获得的收入及商业赞助。拉格比联盟也雇佣了一些常任工作人员，而且一再有传言称球员也有收入。简而言之，就拉格比球的例子来说，抵制已经被克服了。这一事实表明：目前的趋势是逐渐增强的严肃性及竞争性，或者说走向体育运动的"去业余爱好化"，这种趋势是一个不可抗拒的社会过程。[1]

这并不是表明抵抗已经完全消失了。玩耍导向的业余爱好式的体育运动及其对体育运动理解，与成就导向的职业化的体育运动及其对体育运动的理解，这两者的冲突在拉格比球及其他项目中仍在继续。这也就证明了这一过程并非简单的过去的事情。此外，除了不可抗拒以及处于进行中之外，这个过程无论在过去还是现在都是具有冲突性的。这个事

---

[1]　关于这一过程的完整文献和分析，参见上一个注释。

实表明它就是埃利亚斯称之为"盲目"或"未计划"的长期社会过程[1]的一个例子。也就是说，它不是任何单个个体或群体的有意识行动的结果，而是多个相互依赖的群体之中的几代人有意识的行动交织在一起的意外后果。

在这篇文章中，我希望勾勒这个长期过程的社会发生学解释的轮廓，即对其过去及今后在社会上或结构上的产生方式进行解释。这意味着，从积极的角度看，我将从社会关系**本身**的内在结构及动态机制方面寻求解释。而从消极的角度看，我将摒弃三种常见的社会学解释，即（1）根据心理学或"行动"原则来解释，忽略了人们生活于其中的相互依赖的模式；（2）根据在概念上被认为是"自由漂浮"的那些观念及信仰来进行解释，也就是将观念从其发展及表达的社会场景中抽象出来；（3）根据抽象且非个人的社会力量——比如"经济"力量——来解释，这些社会力量被具体化，且被认为是某种独立于生成它们的相互依赖的人类的存在。为了完成这个任务，我会采用埃利亚斯提出的"型构"方法。[2]我将从对埃利亚斯和我于1966年发表的《体育运动群体的动态机制》那篇文章进行评论入手，以展示这一方法。

二、《体育运动群体的动态机制》：一个简短的综述

该文的中心论点是：体育运动群体是一种社会型构，其动态机制最

[1]　Norbert Elias, *The Civilizing Process*.

[2]　Norbert Elias, *What is Sociology?*.

好能被概念化为一种紧张—平衡，这种紧张—平衡是在相互依赖的两极所组成的复合体的对立双方之间达成的。这个论点意味着，从社会学的角度来看，一项体育运动或比赛是一群相互依赖的人彼此形成的一种"结构"或"模式"。这种结构、模式，或更准确地称之为型构，包括以下三个方面：（1）两个个体或队伍，在友好对抗中相互合作；（2）实施控制的代理人，如裁判和边线裁判；（3）有些时候有但并非总是有的不定数量的观众。然而，直接参加比赛的人以及在现场的人所共同构成的直接型构，是更广泛的型构的一部分。而在这个更广泛的型构之中，一个层级是挑选球队并负责提供及维护比赛设施等事宜的那些俱乐部组织；另一个层级则是制定规则、认证并任命进行控制的工作人员、组织整个竞争框架的那些立法机构及行政管理机构。这个型构又进而构成了由整个社会成员共同构成的、更广泛型构的一部分；同样，这个更广泛的社会型构又存在于一个国际框架中。简而言之，体育运动及比赛作为社会型构是被组织和被控制的，也是被观看和被玩耍的。此外，它们并非是与社会无涉且"自由漂浮"的，也就是说并非与社会相互依赖的更广泛结构没有联系。相反，它们与整个社会的构造、与国际相互依赖结构的结合方式等，紧密且常常是错综复杂地交织在一起。

"体育运动群体的动态机制"这个概念将比赛作为过程，也就是说，这种流动的、变化的模式是由相互依赖的参与者在比赛进行期间所构成的，就像是"身体和灵魂"。这个模式是参与者们用他们的整个自我来构成的，在智识上和情感上，而不仅仅是在身体上。"紧张—平衡"这个概念是基于有机体的器官的一个类比。正如动物肢体的灵活性取决于两个平衡但对立的肌肉群之间所包含的紧张一样，我们认为，比赛过程取决于相互对立且依赖的两个参与者或者两组参与者之间的紧张，这些参与者使彼此处于波动平衡之中。而这种波动平衡可以被较好地描述为：在相互依赖的两极所构成复杂整体中，对立双方达到了一种平衡。尽管并不是打算列出一个完备的列表，但在这些相互依赖的两极中，我们特别强调以下几种：

（1）两支对立队伍整体上的两极；

（2）进攻与防守的两极；

（3）两支队伍之间的合作与紧张的两极；

（4）每支队伍内部的合作与竞争的两极；

（5）不同层次（通过团队经理、队长、队友、裁判、边裁、观众等）对成员的外在控制与成员个人加诸于自身的灵活控制之间的两极；

（6）针对对手的感情认同与敌对竞争的两极；

（7）成员个人对攻击的享受与比赛模式对这种享受的限制之间的两极；

（8）规则的灵活与固定的两极。

我们假定此类相互依赖的两极之间的紧张—平衡，决定了比赛的"基调"，也就是比赛会带来令人兴奋的经历还是沉闷的经历，或者比赛会维持作为模拟的争斗还是会爆发激烈的争斗。我们的概念化也暗示了，这样一种紧张—平衡，部分是特定的比赛型构相对自主的动态机制的后果，部分是这种型构被结合到更广泛的社会相互依赖结构之中的方式的后果。

这里的讨论足够应对展示这种概念化的当下目的了。我认为，这仍然还是很有成果的。然而，回想起来，有一点令我很吃惊：这个讨论部分有赖于来自关于体育运动的业余爱好观念的一些假设，埃利亚斯会将此作为一个特定的"他律评价"。[1] 这些假设没有使我们误入歧途，但我认为确实限制了我们的视野，阻碍了我们至少在一个重要的方面发展出更深入的分析。为了展示出这是怎么回事，首先必须回顾我们在写作《体育运动群体的动态机制》时的目标。在写那篇文章时，我们不仅仅希望对体育社会学有所贡献，而且希望能够从更一般的意义上向社会学家建议，将体育运动群体作为展示一些危险的一种方式。第一个危险在于把冲突与共识当作粗糙的二元对立，第二个危险是在对群体动态机制进行概念化时所犯的目的谬误——将具体化的社会建构归结为"目的"。正是在对这些议题进行讨论的情境中，我们对业余爱好价值观的依赖可以说是显而易见的。于是，在将体育运动群体与工业协会、行政协会以及通常被认为与生活中"严肃"方面有关的其他协会进行对比的段落中，我们指出：体育运动群体，"如果它们有目的的话，就是给人们带来愉悦"。[2] 我们还进一步提到：参与体育运动群体的人们也有其他目标或目的，诸如争取经济或社会地位的奖励，还有为观众提供兴奋的体验。但我们没有进行讨论的是：这些目的包括不同形式的结合，是直接参与比赛的群体与其他人之间的一种纽带，或者更简单地说，是一种关系。于是，享受—追求总的来说是自我导向的，或者说利己的；但同时，在不同意义上，成就—努力以及为观众提供兴奋的经验，又是他人导向的。这表明了三点：（1）这些目的在不同的相互依赖模式之中都是作为体育运动的主要目标

209

---

[1]　也就是说，这种评价反映了更广泛社会中特定群体的利益及价值，并不是我们专门为社会学分析的目的而自行做出的。参见 Norbert Elias, "Problems of Involvement and Detachment", *British Journal of Sociology*, vol. 7, 1956, pp. 226-252。

[2]　Norbert Elias and Eric Dunning, "Dynamics of Sport Groups with Special Reference to Football", *British Journal of Sociology*, vol. 17, 1966, p. 79. 另参本书第六章。

出现的；（2）在特定的环境中，它们可能彼此不相容，也由此成为紧张与冲突的根源；（3）体育运动群体动态机制中所包含的相互依赖的两极的列表，可以至少在下面两个方面扩展：一是运动员利益与观众利益的两极，二是"严肃"与"玩耍"的两极。我希望能够展示出这两种两极是密切相互关联的。它们也是至关重要的，因为它们对比赛动态机制之中相互依赖的其他两极分化具有连带效应。如果运动员严肃地参与比赛，那么紧张水平就会提高。一旦超过某个点，球队内部与球队之间的敌对竞争就很可能提高。比赛也就很可能从模拟争斗向"真正"争斗的方向转变，选手也可能倾向于违反规则，在比赛中实施"犯规"行为。另一种可能是，在一定程度上，观众对他们所支持的球队产生了强烈的认同，他们就不太可能平静地接受失败，并且可能会以影响比赛结果的方式行事。同样，一旦达到某个关链点，观众甚至可能冲进球场，企图中止比赛。

三、现代体育运动的一些理论：一个简短的批评

运动员利益与观众利益的两极，以及"严肃"与"玩耍"的两极，已经构成了体育社会学理论建构实践的研究主题，其中最引人注目的是赫伊津哈（Johan Huizinga）的历史哲学立场 [1]、斯通（Gregory P. stone）的符号互动论视角 [2]，还有利高尔（Bero Rigauer）的马克思主义立场 [3]。这

---

[1]　J. Huizinga, *Homo Ludens: A Study of the Play Element in Culture*, London, 1949.

[2]　G. P. Stone, "American Sports: Play and Dis-Play", in Eric Dunning (ed.), *The Sociology of Sport: A Selection of Readings*, London, 1971.

[3]　B. Rigauer, *Sport und Arbeit*, Frankfurt, 1969.

些作者中的每一位都以自己的方式指出：这些两极之间的平衡在现代体育运动中处于不稳定之中。我希望对他们的讨论进行的批判综述，以此为展示埃利亚斯的"型构"方法的优越性提供基础。埃利亚斯的"型构"方法是实现对构成现代体育运动中心趋势的事物进行"对象充分"分析的一种方式，这种分析以简单的方式来记述并解释这一趋势，没有意识形态的渲染或扭曲。

赫伊津哈的中心论点是：19世纪之前，西方社会在"严肃"与"玩耍"之间维持着平衡。然而，随着工业化、科学发展以及主张人人平等的社会革命出现，他认为严肃开始占据上风。初看起来，19世纪见证了体育运动的大规模发展，这一事实似乎与赫伊津哈的论点相矛盾，但赫伊津哈声称，这一事实有利于证实他的观点。因为在他所说的现代体育运动中，"旧的玩耍因素已经经历了几乎完全的萎缩"。作为一般而言的现代文明化之中的玩耍因素衰退的一个部分，体育运动已经经历了赫伊津哈所说的"过度严肃的致命转变"。赫伊津哈认为，业余爱好者与职业运动员之间的区别是这一趋势最清晰的指示。因为职业运动员缺乏"自发性与漫不经心"，他们不再真正玩耍。同时，职业运动员的表现占优势，导致业余爱好者感到自己表现较差，只能从事模仿行动。赫伊津哈指出，在他们之间，这两个群体——

把体育运动推得越来越远离玩耍领域，直到它成为**自成一格**（*sui generis*）的东西，既非玩耍也不真诚。在现代社会生活中，体育运动占据的位置伴随着文化过程，且远离文化过程……（它）已经变得世俗了，在每个方面都是"非神圣的"，与社会的结构之间没有有机连接。由政府规定时，尤其如此……不管它对运动员或观众可能有多重要，体育运动仍然是没有实际价值的。[1]

但除了在描述上将体育运动与一个大趋势联系在一起，并指出他认为业余爱好者与职业运动员之间的相互作用具有破坏效应之外，赫伊津哈未能专注于对这一动态机制——他所假定的现代体育朝向"无实际价值""过度严肃"且"世俗性"的倾向的社会发生学——进行讨论。斯通对这个议题的讨论更令人满意，他修正了赫伊津哈的讨论，认为现代体育受到双重动态机制的影响，部分由于现代体育陷入了更广泛社会中的"竞争、紧张、矛盾和异常"，部分由于现代体育的结构之中所固有的某些特点。这里我们需要注意的只是他分析中的后者。

"所有的体育运动，"斯通认为，"受到玩耍与非玩耍展示的对立原则的影响"，也就是指向为运动员或观众提供满足。但"展示"（display）[211]对观众来说是"非玩耍"（dis-paly）的，在斯通看来，这破坏了体育运动的玩耍特征。任何时候都有大量的观众参与体育赛事，体育赛事就转化为精彩的表演，此时的玩耍是为了观众，而不是直接为了赛事的参与者。前者的利益先于后者的利益。来自玩耍的享受，要让位于做出大众喜闻乐见的动作。体育运动开始失去其不确定性、自发性以及玩耍式创造等特征，成了一种仪式的、可预测的，甚至可以预测结果的活动。

利高尔的分析高度依赖马克思关于资本主义社会中的劳动的剥削特征这一假设。利高尔将这一范畴扩展到了诸如苏联等社会，很可能是因为他认为这些社会在特征上是"国家资本主义"或"国家社会主义"，而

---

[1] J. Huizinga, *Homo Ludens*, pp. 223 f.

且这些社会与"纯粹"类型的资本主义社会并没有本质上的不同。利高尔认为，现代体育是"资产阶级"的产物，最初是统治阶级为了他们自己的享受而追求的一种消遣。对他们来说，体育运动的功能是作为工作的对立面。但随着工业化加快以及体育运动在社会等级之中的向下普及，体育运动已经呈现出了与劳动相似的特征。因此，利高尔主张，与工业社会中各种形式的工作一样，体育运动也变成了以成就—努力为特征。这一点可以在打破纪录的动力中看到，可以在为了这个目标而艰苦训练的那些时间中看到，还可以在用于实现提高成绩这个目标的科学方法中看到。此外，训练的技术诸如"间隔"训练及"循环"训练，复制了"异化"及"去人性化"这些流水线生产的特征。即使在个体体育运动中，运动员的角色也正在被就简化为训练员、教练、经理人及医生等所构成的整个星群中的一颗。这种倾向在团体体育运动中倍加明显，在其中，现代运动员被迫要适应固定的劳动分工，并服从规定的战术计划的要求。运动员自己在计划的执行之中所起的作用很小。

运动员发挥主动性的范围也相应减小了。体育运动的行政管理更是如此，因为越来越多的是由全职工作人员而不是运动员自己来决定政策事务。利高尔指出，其结果就是持续地对私人决策的范围进行限制，还有就是科层制精英及对多数人的支配。

从这种判断出发，利高尔指出，体育运动越来越难以发挥其作为提供摆脱工作压力的手段这一功能。利高尔认为，体育运动已经成了高要求的、成就导向的以及异化的活动。体育运动作为工作的对立面这种信念存活下来了，但这是一种"掩蔽型的意识形态"，它向参与者隐藏了其"真正"的功能，即在休闲领域强化努力工作、成就及群体忠诚这些发达工业社会的运作所必需的伦理标准。在利高尔看来，在这种意义上，体育运动有助于维持现状，并加强统治阶级的支配。

上面的讨论中存在三种诊断：体育运动变得更加"严肃"；"非玩耍的展示"逐渐取得了优势并破坏了"玩耍"；体育运动逐渐难以与工作区分开。初看起来，这三种诊断很贴近对现代体育中心趋势的描述。但是，这三种分析中的每一个都有价值偏向的元素，这就可以引发对这三种分析的恰当性的怀疑。例如，如果如赫伊津哈所说的，体育运动中的玩耍因素已经萎缩到了一定程度；或者像利高尔主张的，体育运动已经变得像工作那样异化且具有压迫性；或者像斯通论述的，玩耍与非玩耍展示之间的平衡已经被严重打乱，那么，就很难相信体育运动可以维持其受欢迎的程度。而事实上，正如体育运动在世界各国的现状，其受欢迎程度增加了。当然，直接个人享受之外的各种形式的强迫和／或奖励，很可能在传播过程中起到一定作用，从而在一定程度上抵消了日益严肃的参与所带来的有害影响。事实上，这类进行平衡的反趋势已经出现了，这一点将在本文后面的论述中展开。就目前而言，注意到赫伊津哈、利高尔及斯通都没有关注这种可能性就足够了。

此外，呼唤"有机"社会的赫伊津哈是浪漫的。这种浪漫也体现在他的分析中，他认为：体育的"民主化"是其"衰败"的主要原因。简单地说，赫伊津哈暗示，创造性及高道德标准只限于精英。他对现代体育运动的批判很有说服力，特别是他所指出的"过分严肃的转变"确实已经发生了，尽管他对这一现象有所夸大。然而，除了将这种转变与他所认为的一般文化趋势联系起来之外，赫伊津哈没有试图分析这种假定的体育转型的社会发生学，也没有扎实地将这种转变与其社会结构的根源联系在一起。

相似的考虑也可应用于对利高尔的批评。利高尔没有试图从经验上分析体育运动与工作之间的所谓结构性对应关系的产生方式，也没有区分工作的各种形式、体育运动的各种形式以及各个国家在这方面的差异。他同样没有试图确定不同的群体在成就导向的价值上是对手，还是在强调体育运动的愉悦给予和休闲特征的价值方面是对手。利高尔没有试图在经验上记录这些变化，尽管他认为这些价值平衡上的变化已经出现了一段时间。相反，利高尔简单地描绘了一幅概述图景，声称所有工业国家的所有体育运动都发展出了类似工作的特征，因此在同样程度上服务于统治阶级的利益。

尽管斯通与赫伊津哈一样强调了体育运动民主化的有害影响，斯通的分析在社会学上更令人满意，尽管仍有理由相信他对"玩耍"与"非玩耍的展示"之间平衡的分析可能没有触及问题的核心。从型构的角度看，观众在场还是缺席，或者他们在场时与运动员之间有没有互动，更关键的是，观众与运动员之间是不是存在相互依赖模式（patterns of interdependence），这些都不是简单的问题。因此，在体育赛事中，观众的在场可能会**诱导**（induce）运动员投入展示，但并不能**强制**（constrain）运动员这样做。当运动员**依赖**（dependent）观众，或者诸如商业利益团体及国家这类外在机构，来获得经济或其他报酬，那么体育运动中的玩耍因素更可能受到严重威胁。在这些情况下，不管体育运动是公开的职业，还是名义上的业余爱好，允许观众的利益在其中扮演重要角色这样的压力，要让"玩耍"成为"壮观的场面"，很可能会是不可抗拒的。

事实上，在对现代体育运动发展的研究中，赫伊津哈、利高尔和斯通都未能满意地处理这个过程的动态机制。他们的分析在某种意义上都很奇怪是非个人的。他们每个人都假定了其与工业化联系在一起的趋势，但他们很少关注、或者不关注群体利益及意识形态的冲突。似乎旧的价值观及体育形式正在逐渐消失而没有冲突，在他们的分析中几乎都可以看到类似论述，赫伊津哈和利高尔尤为如此。不管作为最接近社会学理论的对现代体育主导趋势的这些讨论有什么优点，这种概念化过于简单，我希望这些能从对这一趋势的型构分析中得以体现。

在接下来的部分，我打算探讨现代体育日益增加的严肃性，这在很大程度上可归因于三个相互关联的进程，即国家形成、功能民主化（functional democratization），还有体育运动通过日益扩大的国际间相互依赖网络进行的扩散。前两个当然是深层的结构过程，都与相互依赖链条的延长交织在一起，埃利亚斯正是以此解释了文明化过程的社会发生学。[1]

这个论述表明，文明化过程与体育运动中严肃性逐渐增加的趋势之间可能存在某种关联。例如，后者可能部分地包括以下事实：由于人们的社会化进入了社会相互依赖更复杂、更多限制的现代体系的更具约束性的标准之中，与生活在不那么复杂、限制不那么强的社会相互依赖系统中的不那么文明且情感更不受约束的前辈相比，更为克制且文明的现代人更不能够自发且不受约束地参与体育运动。坚持这种观点，似乎是有道理的，但仍然必须准确地说明体育运动参与日益增加的严肃性和国家形成、功能民主化及文明化过程之间的关联是什么，也仍然需要展示这个趋势与体育运动的国际传播是如何关联在一起的，以及这些深层结构过程能够如何提供比赫伊津哈、利高尔及斯通所实现的更令人满意的

214

---

[1] "功能民主化"这个术语是埃利亚斯后来创造的，以更准确地表达他先前所说的"来自下层的日益增长的结构性压力"。

说明。[1] 以下讨论的是这些任务中的第一个。

四、对体育运动中的严肃性增加趋势的型构分析

为了实现这样的展示，我应当先讨论业余爱好者精神（amateur ethos），并力图从社会发生学来解释业余爱好者精神及其终结，也就是体育运动中的严肃性增长这一趋势。然后，我将简要用一般术语讨论前工业时代英国的体育运动，以说明为什么在这样一种社会型构下的社会等级中的各个层级群体都有可能拥有总体而言是"自我指向"或"自我中心"形式的体育运动参与，也就是为什么他们有可能为快乐而参与体育运动。接下来，我将力图展示为什么随着城市工业民族国家的出现，与成就导向、认同争夺及努力获得金钱报酬这些联系更密切的、更多"他者指向"的体育运动形式，逐渐发展起来了。最后，我将讨论我所认为的体育运动越来越大的社会意义，及体育运动的国际传播在整个社会过程中所发挥的作用。

---

[1] 与韦伯主义可能就这种关联所提出来的假设相比，我认为，国家形成、功能民主化以及文明化的过程也可以更满意地解释这一趋势。例如，禁欲主义新教与严肃的、成就导向的体育运动参与形式之间可能存在的"选择性亲和"（*Wahlverwandtschaft*），与韦伯所说的禁欲主义新教与"资本主义精神"之间的关系很相似。这样的假设在先验上是合理的，但在事实层面遇到了困难。至少在英国，禁欲主义的新教徒试图完全禁止体育与娱乐。在任何情况下，埃利亚斯的假设都更具有包容性，而且有可能在任何情况下都能够从社会发生学上对新教伦理进行说明。而且，随着对"物质"与"理念"的二分法和"原因"与"效应"的二分法的消解及超越，同时强调处于互动中的原因与效应的节点及组合，或者更恰当地说，对**社会层面**有特别的关注，这就是社会型构的关系动态机制。埃利亚斯的方法并不会导致韦伯的取向所带来的无法克服的方法论困难。

业余爱好者精神是现代英国占据主导的体育运动意识形态。而且，我认为可以说这正是全世界体育运动的统治群体——如国际奥委会及其多样的国家相关机构——的主导意识形态。这一精神的核心理念是：进行体育运动是"为了快乐"。而强调"公平竞赛"、自愿遵守规则，以及非金钱目标的参与等，在根本上都是次要的，都是为了有助于使体育竞赛成为"玩耍——争斗"（play-fights）这样一个目标的实现，并在其中产生令人愉悦的兴奋。我找到的最早用业余爱好者精神来批评体育界日益严肃趋势的例子，出现在特雷洛普（Anthony Trollope）于1868年出版的一本书中：

215

> （体育运动）受到了太多的重视，而且那些追随体育运动的人允许自己接受了这样的说法：在体育运动中取得普通的成功是不值得的……所有这些都来自在这些事务上的过分热情；来自这样一种追逐的渴望，它所追逐的应该是一种愉悦，而不是一种事业，这种追逐本身就是令人愉悦的……（这）是一块岩石，我们的体育运动很可能会在此翻船。假设它在花费上变得不合理，在要求上变得傲慢，在倾向上变得不道德且自私，或者更糟糕的是，在其运行中变得不干净且不诚实，那么就会出现一种反对它的公共舆论，它将不能维持自身。[1]

当然，很可能可以再找到更早的例子，但是，诉诸业余爱好者精神的价值观，强调愉悦是体育运动的根本成分，这些出现在现代形式的体

---

[1]　A. Trollope, *British Sports and Pastimes*, London, 1868, pp. 6-7.

育运动发展的早期阶段。最重要的是，我们今天所说的职业体育运动在那时几乎都不存在。那时可能有些人靠充当有奖金的拳击手、骑师及板球运动员来维持不稳定的生活，但只是少数。这个事实表明特雷洛普的批评主要是针对**业余爱好式**的体育运动中越来越严肃的趋势。很可能特雷洛普的主要目标之一，就是历史学家所说的"公学体育运动崇拜"（public school games cult）[1]。这是公学中的一场社会运动，包括五个主要元素：（1）根据其体育运动成绩而不是学术标准来任命并提拔教职员；（2）在挑选维护纪律的年级长，也就是在学校中担任领导者的男孩时，主要是基于其运动能力；（3）在教学安排中，将体育运动提升到突出的位置，甚至是卓越的位置；（4）将体育运动——特别是团队比赛——的教育理性化作为"品格训练"的一种手段；（5）教职员要参与学生体育比赛的组织机构，并与他们一起活动。当然，这种社会运动很可能只出现在精英学校，因为他们中的大多数学生在未来的职业生涯中并不依赖于学术教育。但这与目前要讨论的主题并不那么相关，相比之下更重要的是这样一个事实：公学体育运动崇拜清楚地表明，体育运动在英国日益严肃的趋势，在其早期阶段是与业余体育相关的现象，而非与职业体育相关，而且它最初的势头并非如赫伊津哈所言，源自业余爱好者与职业运动员之间的冲突。事实上，我更愿意假定：当业余爱好者精神清晰地阐释为与日益严肃化这个趋势相对立的一种意识形态，而且作为这个趋势一部分的现代形式的职业体育开始出现时，业余爱好者精神才得到了最明确且详细的表述。

在1880年之前的英国，业余爱好者精神是以一种处于相对稚嫩的形

---

[1]　M. Marples, *A History of Football*, London, 1954.

式存在的。也就是说，这是关于体育的功能以及实现这些功能的必要标准的、一套没有固定形状且组合松散的价值观。然而，足球及拉格比球等新兴体育项目的初步职业化带来了威胁，这一过程从北部及中部地区开始，吸引地位较低、以区域为基础的中产阶级及工人阶级群体成为组织者、运动员和观众，从而进入到体育运动的势力范围。这一范围直到此时仍然是"公学精英"[1]，即国家统治阶级的排他的保留地。而此时，业余爱好者精神开始成为一种详尽且精确阐释的意识形态。也就是说，这是与另一个集体的成员对立的一个集体的成员发展出来的一种集体表征，他们认为另一个集体对他们组织及参与比赛的卓越地位以及他们希望看到的体育运动形式都是一种威胁。简而言之，我要指出：尽管公学精英们倾向于用体育运动特有的词汇来表达他们的观点，声称他们只对保留他们认为是体育运动根本的"快乐导向"特征感兴趣，但是，阶级及区域敌意，还有对失去昔日主导的怨恨，都在他们将业余爱好者精神作为一种明确的意识形态进行精确阐释的过程中发挥了重要作用。如果我是对的，那么，公学精英们就已发现了自己所处的社会状况越来越不利于全面地、不受限制地实现自我导向、快乐导向的体育运动形式。在对业余爱好者精神进行精确阐释及动员以应对来自下层日益增长的威胁时，公学精英们试图维持体育运动参与的形式，他们认为这是他们作为统治阶级成员的权力，而事实上，在前工业时代，统治群体、甚至从属群体都有可能参与体育运动，但这对公学精英们来说已经越来越不可能了。

对这种看法的支持来自这样一个事实：公学精英们声称在职业体育中

---

[1] 我把英国19世纪后期的统治阶级称为"公学精英"，以此表明公学在把当时稳定的、有土地的且占支配地位的群体以及资产阶级等这些部分联合起来这一方面所起到的作用。

出现的许多"滥用"，在他们曾经念过书的学校里的体育比赛崇拜之中同样明显。尽管有诸如"科林蒂安"足球队（"the Corinthians" soccer team）这样一些例外的表现[1]，更进一步的支持证据来自：在越来越多的体育运动中，公学精英们退回到他们自己的专属圈子；他们害怕被职业运动员打败，这表明他们踢球也是为了获得被认可为成功运动员的荣誉，这跟他们为了快乐而比赛差不多重要。当然，这种分离主义的趋势可能部分是由于职业队伍与业余爱好者队伍之间的比赛，经常是不平衡且缺乏共同基调的，因为追求职业发展的全职运动员，与只是参加休闲活动的兼职选手之间，通常存在技能不一致的现象。但是，这并不是完整的故事：公学精英们更进一步的分裂主义的趋势，出现在了**业余爱好者**体育运动的排位之中。也就是说，公学精英们通常不愿意屈服于被工人阶级的业余爱好者队伍击败的可能性，而且，通过封闭专属圈子，他们不仅展示了阶级偏见，也展示出他们认真参加体育运动是为了赢得胜利——在他们体育价值观的等级中，成功的目标已经优先于为了快乐而参加的这个目标。对18世纪英国体育运动的型构分析，可以提供对这个观点的更进一步支持。

18世纪英国的整体社会型构，实际上也是前工业化时代英国社会一般情况下相互依赖的总体模式，是各个群体受到成功—努力及成就导向，也就是"他者指向"参与形式这种结构压力相对较小的形式，无论地位

---

[1]　"科林蒂安"是一支业余球队，在19世纪末期形成，其成员来自公学和牛津及剑桥大学，他们一度能够在与职业球员的比赛中保持自己的优势。他们是公学精英中的排他普遍趋势里的"症状例外"，因为他们是专门组建的，对抗职业队日益增加的成功，以庆祝并维持所珍视的业余爱好者的理念。然而，通过采用一种非地方性、非制度化的特定招募模式，他们把将被职业精神所摧毁的业余爱好者理念的倡导者们所认为的"滥用"之一纳入其中。也就是说，与职业球队在全国基础上招募队员一样，"科林蒂安"背离了体育运动的代表模式，在这种模式中，在地方或制度安排上的特定队伍应该从各种各样的"社区"招募成员，这被认为是"真正"的体育运动的一个基本特征。

高低，抑或在体育运动或其他领域。国家中心化及民族统一水平相对较低，就意味着"民间比赛"，也就是普通人的比赛，是在区域隔离中进行的，竞争发生在邻近村庄及城镇之间或者城镇的地区之间，没有全国的竞争框架。在这方面，贵族及绅士构成了一种局部意义的例外。他们是，并且他们也认为自己是代表全国的阶层，而且他们之间也确实有全国性的竞争。作为结果，在体育运动活动中，一定程度的他者指向的竞争压力产生在贵族绅士们的排位之中。但他们在一般意义上，以及就体育运动而言，都不屈从于自上或自下的有效压力。在英国社会发展的那一阶段，国家形成的水平相对较低，贵族及绅士在非常真实的意义上"就是国家"，他们能够有效地利用国家机构为自己谋利。他们已经确立了议会优先于君主制，他们统治着这个阶层之间权力严重不平等的社会。作为结果，他们作为支配阶层的位置没有得到有效挑战。他们的支配所具有的安全特征，有助于他们这一方获得高度的地位安全保障。这反过来意味着：贵族及绅士个体所制定的规则通常不会因与社会下层的接触而受到严重的威胁。不管是什么情境，他们都知道谁是主人，其他人也是如此——阶层之间总体权力的不平衡带来了下层的遵从模式。

这种地位安全保障扩展到了休闲领域，包括体育运动。贵族及绅士既组织也参与民间游戏。他们还会运用赞助来发展职业板球、有奖金的拳击及赛马等活动。在这样的条件下成长起来的体育运动职业类型，是建立在职业运动员明确服从其赞助人，并对其完全依赖的基础上的，因为职业人士的生活机会是与其赞助人有关的。这种类型的职业化对统治阶层的利益及价值都没有威胁。职业体育运动在道德上和社会上都不是可疑的。没有必要反对或隐瞒这样一个事实：可以从比赛中获得金钱利益，无论是作为工资，还是关于比赛结果的赌博收益。首先，不管是在

218

他们之间进行比赛，还是与他们雇佣的人进行比赛，贵族及绅士都可以为了快乐而参加体育运动；也就是说，他们的社会状况——他们所享受的权力以及相对自主性——意味着他们可以发展自我指向或自我中心的体育运动参与形式。尽管他们并不局限于将业余爱好者精神发展为一种明确的意识形态，但他们接近于成为几乎是"业余爱好者"这个术语在"理想类型"意义上的业余爱好者。

如果这个诊断是正确的，那么，前工业化时代英国的总体社会型构，我认为说其他前工业化社会也是如此也不为过，并不利于在体育运动的关系中产生激烈的竞争压力，无论是在内部还是在统治集团与从属集团之间。那么，他者指向的、成就导向的体育运动参与形式中的压力的社会发生学，必须在与工业化同步发展的社会型构中寻找。我现在将努力指出这两个社会过程之间的关联，即工业化与体育运动参与的严肃性日益增长，且强调成就—努力的这种长期趋势之间的关联。这也将是此后分析中的重点。简单地说，可以认为这种关联的关键在于埃利亚斯所说的"功能民主化"过程，也就是在国家形成与相互依赖链条拉长的相互关联的过程中，同时出现了群体内部以及群体之间权力平衡的平等化的变化。在我解释这意味着什么之前，必须对埃利亚斯对劳动分工的取向与涂尔干的取向进行对比。

219

五、工业化与体育运动的"成就—导向"形式的发展

在涂尔干看来，工业社会的结构特点是高"物质"且高"道德"或"动态"密度，这是通过高度集中的人口、个体及群体之间的高比率社会

互动来实现的。[1]涂尔干相信，在这样的社会之中，产生的竞争压力可能会因劳动分工而减少，而且还可能消除。涂尔干指出劳动分工可能在两个主要方面有影响：通过创造"相互依赖的纽带"，和通过将竞争产生的紧张转移到专门化的职业领域。然而，涂尔干的分析包含了一个根本的缺陷，这源于他未能认识到功能依赖或劳动分工并不必然导向和谐且合作式的整合，即便是以"正常"的形式，也很可能带来冲突与敌对。简而言之，涂尔干以"有机团结"（organic solidarity）为基础的社会概念只是乌托邦。埃利亚斯提出了更现实的相互依赖概念。

在埃利亚斯看来，长期的社会转型通常会用指代特定方面的术语来讨论，诸如"工业化""经济增长""人口转型""城市化"和"政治民主化"；而实际上，这种长期的社会转型是整体社会结构的长期转型。[2]埃利亚斯指出：这种总体社会转型在社会学上最重要的一个方面，在于更长且更分化的"相互依赖链条"的出现。也就是说，这种转型包括更大的功能专门化的出现，还包括将功能上分化了的群体整合到更广泛的网络之中。与此相伴的是，在埃利亚斯看来，群体内部或群体之间的权力分化朝着减弱的方向变化，更具体地说是，统治者与被统治者之间、社会阶层之间、男性与女性之间、世代之间、父母与子女之间的权力平衡，发生了变化。这样一个进程的出现，是因为特定角色的扮演者是依赖于其他人的，也因此能够施加相互控制。特定群体如果试图组织起来，他们的权力机会也就进一步增加了，因为他们能够通过集体行动来扰乱更广泛的相互依赖系统。在埃利亚斯看来，正是通过像这样的方式，劳动

[1]　E. Durkheim, *The Division of Labour in Society*, New York, 1964.

[2]　Norbert Elias, *What is Sociology?*, pp. 63 f., 99 f.

分工的增加和更长的相互依赖链条的出现带来了更大的相互依赖，也因此在群体内部及群体之间带来了"多极控制"的模式。这就带来了一种总体的社会型构，其中特定的个体及群体受到来自他人的日益增加的有效压力的影响。因为其中包括相互的依赖，所以这样的压力是有效的。

　　这个看似简单的理论与目前分析的相关性是多方面的。内在于社会相互依赖的现代结构是对区域间的、代表性的体育运动的需求。在前工业化社会，由于缺乏有效的国家统一，而且交通及通信手段落后，这类需求不会出现。这也意味着没有共同的规则，也没有办法把来自不同区域的运动员定期聚集在一起。与此同时，内在于这样的社会的"地方主义"意味着，被视为潜在竞争对手的运动群体，只能是地理意义上与其邻近的群体。然而，现代工业社会在所有这些方面都不同。它们在国家层面相对统一，拥有优越的交通及通信手段，体育运动有共同规则，还有一定程度的"世界主义"。这表示地方群体会将地理上不邻近的其他群体视为潜在的竞争对手，并急于将自己与他者进行比较。因此，这类社会的特点是区域间体育运动的互动比例提高，这种互动过程导致了特定体育运动项目的内部分层——形成了男运动员、女运动员和运动队的等级划分，而代表最大单元的运动员及运动队处于最高层。

　　反过来，这表示通常在城市工业社会之中运作的相互压力及控制，在体育领域得到了复制。作为结果，顶级水平的运动员不能是独立的，也不能为了快乐而比赛，而是被迫以他者指向的以严肃形式参与到体育运动中。也就是说，这些运动员不能够为了他们自己比赛，而是被限制于只能代表更广泛的社会单元，如城市、地区或国家。他们也因此被给予了物质的和／或声誉的报酬，还有训练设施与时间。作为回报，运动员被期待要带来"体育运动—表演"，也就是体育运动的控制者及"消费者"所要求的某种形式的满足，即人们愿意付费观看的激动人心的比赛的壮观场面，或通过胜利来验证控制者和／或消费者所认同的社会单元的"形象"及"声望"。参与其中的绝对人数，现代体育运动的地方的、区域的、国家的及国际的竞争框架都朝着同一方向发展。这些意味着需要高度而持久的成就—动机、长期的计划、严格的自我控制，以及放弃眼前的满足感，换句话说，需要不断的练习和训练。这些对达到并保持巅峰状态而言都是必需的。它们还需要一定程度的科层制控制，因此也就会导致运动员在另一个方面的屈从。

在以上的每个方面，这种社会型构，即群体内部相互依赖的模式，作为城市工业民族国家的特征，都产生了一些限制。这些限制不利于业余爱好者精神在实践中实现，因为业余爱好者精神将享受作为体育运动的中心目标。或者更准确地说，这种社会型构产生了一些限制，这些限制妨碍了即时、短期的享受的实现，妨碍了每一项体育比赛都"以自身为目的"，并导致了其被诸如联赛或杯赛的胜利这类长期目标所取代，被更关注认同及声望的满足感所取代。对运动员如此，对观众也是如此。此外，这些限制并不仅限于顶级水平的体育运动，也会影响到最低水平的体育运动成就。这种情况的产生部分是因为顶级水平的运动员们组成了一个被媒体推崇的参照群体，这个群体设定出了其他人试图遵循的标准。这种情况也部分是由于争夺物质的及声誉的奖励所产生的压力的后果，这些奖励可以通过达到顶级来获得。然而，这绝不只是由于体育运动内部所产生的压力，而且可能更关键的是根深蒂固且普遍的焦虑及不安全感的后果，这种焦虑及不安全感在以多极压力及控制为特征的社会中的产生更为普遍。在这种社会中，与传统形式的阶级、权威、性别及年龄关系有关的身份与地位的支柱都已经被功能民主化所侵蚀，也就是受到了平等化过程的侵蚀，而按照埃利亚斯的说法，这种平等化过程是内在于劳动分工的。

六、关于体育运动日益增长的社会意义的一些想法

到目前为止，我已经提出了对体育运动的严肃参与日益增加这种趋势进行型构解释的概要。在体育运动的社会意义增长期间的相关发展仍然有待讨论。这是一个复杂的议题，在目前的情境下只能简单地提及。工作与休闲之间的平衡处于变化中，这不仅是意识形态上的，也是事实层面的，这个过程在一般意义上增加了休闲活动的社会意义。除此之外，可以认为新兴的现代社会型构中至少有三个相互关联层面的组合，对体育运动日益增长的社会意义有所贡献。这三个层面是：（1）事实上，体育运动已经发展成为产生令人愉悦的兴奋的主要媒介之一；（2）事实上，体育运动已经起到了作为集体认同（collective identification）的主要媒介之一的作用；（3）事实上，体育运动已经成了许多人生活意义的关键来源。

埃利亚斯和我在其他文章中指出：体育运动是"模拟型"休闲事件，其中能够产生令人愉悦的兴奋，而且在这个层面上，体育运动起到了"去例行化"（de-routinization）的功能。[1] 然而，不存在没有控制及例行的社会，或者如埃利亚斯所言，不存在文明的"零点"（zero-point）。在这个意义上，去例行化的需要很可能在社会意义上是普遍的。但城市工

222

---

[1]　参见本书第一章。

业社会是高度例行化及文明化的，其特征是多极压力与控制。相应地，它们的成员在其普通的日常生活中受到持续的限制，以进行高度的情感约束，其后果是：在这种社会中，对体育运动等去例行化的休闲活动的需求特别强烈。然而，这种去例行化的过程，这种在社会意义上获得了许可的、在公众场合的情绪唤起，本身就受到文明化的控制。也就是说，体育运动是一块社会飞地，对运动员与观众都是如此，令人愉悦的兴奋会以受到社会限制及控制的形式在其中产生。

然而，它产生的兴奋可能是强烈的，特别是在吸引了大量人群的顶级体育赛事之中。请原谅赫伊津哈，他认为体育已经变得"世俗"了，而可能正是这种感受构成了人们普遍认为体育是"神圣"现象的经验基础。涂尔干指出：澳大利亚原住民的宗教仪式中所产生的集体兴奋或者"欢腾"构成了原住民关于"神圣"领域这种观念的主要经验来源。[1] 似乎可以进行如下假定：体育赛事中"集体欢腾"的出现，其根源在于，足球场地和板球场地，特别是用于代表型比赛的那些场地，经常被称为"崇高的"或"神圣的"草地，这样的称呼至少在英国是很常见的。或许也可以这么说：至少对当今社会的一些群体来说，体育运动已经成了一种准宗教活动，从社会的角度来看，它也在某种程度上填补了宗教衰落在社会生活中留下的空白。关于现代体育运动的准宗教性质的一个极端的但象征意义并未减损的事例是：利物浦足球俱乐部的支持者会要求在去世后将他们的骨灰撒在安菲尔德球场上，这显然已经成为利物浦队的传统；这些球迷似乎即使是在去世之后也希望能保留他们对"圣地"或"神庙"的认同，这是他们在一生中"崇拜"的地方。即便没有这么极端，玩和／

---

[1]　Emile Durkheim, *The Elementary Forms of the Religious Life*, London, 1976.

或观看某项运动，已经很明显地成为现代社会集体认同的主要媒介之一，也是许多人生活意义的主要来源之一。简而言之，体育运动正日益成为我们这个日益世俗化时代的世俗宗教，这一假设绝非不现实。

223 　　可能是因为体育运动内在的对抗特征，即它是两个或更多的队伍之间、两个或更多的个人之间为了胜利而进行的斗争。这可以说明体育运动作为集体认同焦点的突出地位。这也意味着体育运动有助于群体认同的形成，更准确地说，是在多种层级上的"内群体"（in-group）与"外群体"（out-group），或者"我群"与"他群"的形成，比如城市、地区或国家这些层级上。对立元素是至关重要的，因为对立有助于加强"内群体"的认同，也就是说，被视为"他们"的群体的出现，即对立球队，无论是地方队还是国家队，还有它的支持者，都加强了关于"我们"的群体意识或团结一致。实际上，在国内安定的民族国家中，即在国家建立了对身体力量使用权利的有效垄断的社会之中，体育提供了将大型的、复杂的且非个人的社会单元——如城市——联合起来的唯一机会。与此相似，在国际层面，诸如奥运会和世界杯这些体育赛事，提供了和平时代仅有的，使整个民族国家都能够定期地且可见地联合起来的机会。体育运动在国际上扩展的基础是国际间相互依赖增强，而且除了几个明显的例外之外，世界和平是脆弱且不稳定的。奥运会这类比赛允许不同国家的代表进行竞争，而不会发生互相残杀，尽管这类比赛将"模拟打斗"转变为"真实"战斗的程度，随着参与其中的特定民族国家之间此前存在的紧张程度——还有其他因素——而变化。当然，为了有效地参与这种最高水平的体育运动竞赛，运动员必须具备最高水平的持续的成就动机、自我控制及自我牺牲。

　　这就引出了我的最后一个观点：世界各国的运动员，为了在国际竞争中取得成功而承受的社会压力，是破坏体育运动中玩耍元素的更进一步根源。此外，因为在国际体育运动中取得成功，能够提高国家的声望，这对国家参与体育运动的趋势有相当重要的促进作用，这是赫伊津哈感到遗憾的一点。有人已经指出体育运动是战争的可行替代品，但这种看法涉及到将体育运动视为一种抽象的东西，一种独立且远离那些参与体育运动的相互依赖的人们的型构的东西。这是一个至关重要的议题：在体育运动及其他领域，相互依赖的人们所构成的型构是有利于合作或友好竞争，还是会持续带来严重的争斗。这是社会学研究几乎还没有开始探讨的主题。然而，诺贝特·埃利亚斯的研究是一个显著的例外，我努力以其作为本文的模型。

第八章　体育运动中的社会纽带与暴力

埃里克·邓宁

一、导言

人们普遍相信，我们生活的今天是历史上最暴力的时期之一。[1] 其实可能要这么说才公平：至少在西方社会，对我们目前正在经历"去文明化"（decivilization）过程的担心，特别是就身体暴力而言，深深地印刻在当代的**时代精神**（*Zeitgeist*）——我们这个时代的主导信仰之一——之中。例如，艾森克（H. J. Eysenck）和尼亚斯（K. D. Nias）提到了"一些公认的事实"，他们声称这些事实"有助于说服许多人，我们生活在其中的文明可能面临被淹没于犯罪及暴力泛滥的危险"。[2] 心理学家彼得·马什（Peter Marsh）同样认为，近年来根除暴力的尝试，导致了在社会意义上具有建设性的仪式暴力——他称之为"闹事"（aggro）——的可能性减少，其结果是不受控制的且具有破坏性的暴力增加了。他写道，出现了"从'好'暴力向'坏'暴力的漂移。人们现在跟以前一直以

---

[1]　这篇文章之前以《体育运动中的社会纽带和暴力：一个理论—经验的分析》为题发表于 Jeffrey H. Goldstein (ed.), *Sports Violence*, New York, 1983。我非常感谢约翰·古德斯布洛姆对本文早期版本的有益评论。

[2]　H. J. Eysenck and K. D. Nias, *Sex, Violence and the Media,* New York, 1978.

来一样具有侵略性，而现在对侵略性的表达变得不那么有序了，其后果也更血腥"。[1]

"我们生活在一个过度暴力的时代"这一信仰之中，有一个并非不重要的部分：人们普遍感到，在体育运动本身及其相关事务中，暴力程度正在增加。例如，伊安纳基斯（Andrew Yiannakis）及其合作者也曾写道："没有什么可怀疑的，体育运动中的人群暴力以及运动员暴力都在以惊人的速度增加。"[2] 德国社会学家柯特·魏斯（Kurt Weis）似乎也同意这种诊断。[3] 他认为在运动场上以及体育观众中，暴力行为增长这个公认的趋势，至少部分地否定了埃利亚斯的"文明化过程"理论。[4] 这篇文章正是要将关注定位于此：关于这种公认趋势对埃利亚斯理论所暗含的影响。由于下文将要讨论的一些理由，我不同意这样一种看法：现代体育与现代社会正在毫不含糊地，而且是在某种简单的意义上，变得更暴力。我也不同意这种假定的趋势代表了对埃利亚斯理论的部分否定。然而，我也希望论证：当代体育运动及当代社会之中的暴力议题提出了一些复杂的难题，只有将文明化过程理论的相关方面发展到对埃利亚斯本人所能达到水平的超越，与过去已经做的相比，才有可能更恰当地处理这些难题。这是我给自己在本文中设定的目标。为了向这个目标迈进，必须提到几个更广泛的社会学议题。更具体来说，我要做的有如下几

---

[1]　P. Marsh, *Aggro: the Illusion of Violence*, London, 1979.

[2]　A. Yiannakis, T. D. McIntyre, M. J. Melnick, and D. P. Hart (eds), *Sport Sociology: Contemporary Themes*, Dubuque, Iowa, 1976.

[3]　K. Weis, "Role Models and the Social Learning of Violent Behaviour Patterns", *Proceedings of the International Congress of Physical Activity Sciences*, Quebec, 1976, pp. 511–524.

[4]　关于这个理论，参见 Norbert Elias, *The Civilizing Process* 和 *State Formation and Civilization*。

方面：

（1）力图通过对人类的暴力类型进行区分来推进对埃利亚斯的超越。

（2）与埃利亚斯一致，对西欧工业最发达的社会已经发生了在暴力方面的长期的文明化转型进行论证。我将把这种转型概念化为暴力类型学中所区分出来的暴力形式之间的平衡变化，并尝试以此推进埃利亚斯的讨论。

（3）我假定，暴力形式之间的平衡中所发生的、可以在经验上观察到的变化，在很大程度上可以归因于社会纽带的形式所发生的可以观察到的变化。我会在由涂尔干引介、埃利亚斯阐述的**社会学**意义上使用"社会纽带"这个概念，而不是如泰格和福克斯所引介的"社会生物学"意义。[1] 也就是说，我会用社会纽带来指不同形式的关系，这些关系是**可观察的由社会产生的**（observably socially produced），它们的产生不是通过某些**假设的**但**可能未被发现的**、在人类史前就已经沉积的基因模式。我的第一个任务是为暴力的类型学奠定基础。

二、面向人类暴力的类型学

人类暴力行为的类型是多样且复杂的，在体育运动以及其他领域都是如此。然而，似乎可以合理假设：通过区分其中可分离的形式与维度，能够对这个难题有某种程度的把握。我将按照以下方面对暴力的类型进

226

---

[1]   L. Tiger, *Men in Groups*, London, 1969; R. Fox, "The Inherent Rules of Fighting", in P. Collett (ed.), *Social Rules and Social Behaviour*, Oxford, 1977.

行区分：（1）所采用的手段；（2）行动者的动机，特别是所涉及的意图的形式及水平；（3）有助于将暴力形式相互区分的一些社会参数。作为对完成这项任务的一种协助，我将对韦伯的行动类型学的一些方面进行修正。人类暴力的形式至少可以暂时做出八种区分，它们是：

（1）这种暴力是实质的，还是象征的。也就是说，暴力是以直接身体攻击的形式发生的，还是仅仅涉及言语和/或非言语的姿态。

（2）这种暴力采取的是"玩耍"或"模仿"的形式，还是"严肃"或"真实"的形式。这个维度也可以通过区分"仪式"暴力与"非仪式"暴力来理解。不过必须提到的是，马什及其合作者[1]令人遗憾地没有意识到仪式和玩耍都可以包含暴力内容。

（3）是不是使用了一种或多种武器。

（4）在使用武器的场合，袭击者是不是一来就直接动手。

（5）暴力是有意的，还是在最开始并不是故意使用暴力的行动序列所带来的意外后果。

（6）人们要处理的是没有任何挑衅而发动的暴力，还是针对有意或无意的暴力行为而做出的报复型反应。

（7）这种暴力行为按照一系列社会规定的规则、规范及价值观来看是合法的，还是其中包括对公认社会标准的违反，从而是不规范的或非法的。

（8）这种暴力采取的是"理性的"还是"感性的"形式，也就是说，它是被理性地选择作为确保实现既定目标的一种手段，还是作为一种情感上令人满意且愉悦的"以自身为目的"。将这种差异概念化的另一种方

---

[1]　P. Marsh, E. Rosser and R. Harre, *The Rules of Disorder*, London, 1978.

　　　　　　　　　　　　　　　　　　　　追寻兴奋

法是区分出暴力的"工具型"形式和"表达型"形式。

一些社会学家可能会将这些区分称为"理想类型"，但是根据相互连接的两极及其平衡来理解它们会更好。让我更经验主义一些，并将这个概念化的模式系统应用于体育运动中的一些暴力难题。我会从讨论一些一般议题开始，然后再对现代体育运动的发展进行一些观察。

三、发展视角中的体育运动与暴力

所有的体育运动都内在地具有竞争性，也就因而易于激发攻击与暴力。然而，在一些体育运动中，比如拉格比球、足球和拳击，两个个体或群体之间"玩耍—打斗"或"模拟战斗"形式的暴力是中心成分。这样的体育运动是在社会意义上可接受的身体暴力仪式化表达的飞地，我在这里将只关注这类体育运动。我们应该注意到：就像在战争中发生的真正战斗可能涉及一些仪式型的组成部分——例如新几内亚的达尼部落的部落战斗[1]——在运动场上发生的模拟战斗，则可能会包括非仪式的暴力成分，或者会转化为非仪式的暴力。也许由于社会压力或其中涉及的经济及声望回报，当人们过于严肃地参与体育运动时，可能就会出现这种情况。作为结果，紧张水平可能会被提高到打破友好对立与敌意对立之间的平衡，且更倾向于后者。在这样的情况下，旨在限制暴力，并将其引入社会可接受渠道的那些规则及惯例可能会被中止，卷入其中的人

---

[1]　R. Gardner and K. Heider, *Gardens of War*, Harmondsworth, 1974.

可能会开始认真地争斗。因此，在足球和拉格比球中，可能人们玩球的目标之一就是要造成身体伤害与疼痛。或是在拳击中，造成伤害及疼痛是比赛的合法组成部分，人们可能会在一个回合结束之后或者在整场比赛完全结束之后还在打斗。然而，对暴力的表达及控制的标准，在各个社会中并不相同。即便在我们的社会中，这些标准在不同的群体以及不同的体育运动中也是不同的，而且也不会在所有历史时期都相同。事实上，我希望下此断言：现代体育发展的一个核心，是在身体暴力的表达及控制方面已经经历了埃利亚斯所说的"文明化过程"。无论短期内出现什么样的波动，这一过程所涉及的中心是"感性暴力"与"理性暴力"之间的平衡发生了长期的转化。

此处值得先来回顾埃利亚斯理论的一些相关方面。简单来说，埃利亚斯认为，在西欧，人们通过直接参与及目睹暴力行为来获得快乐的倾向，出现了一种长期的下降。埃利亚斯指的是**攻击性**（*Angriffslust*）的减弱，从字面上看是指攻击欲望的下降，也就是说，人们从攻击他人中获得快乐的欲望及能力都下降了。这首先意味着，对流血及其他直接身体暴力表现产生反感的临界点（*Peinlichkeitsschwelle*）降低了。其次，将暴力作为更严格的禁忌进行内化，成为"超我"的一部分。这会产生一个后果：无论什么时候，只要违背了禁忌，就很容易唤起罪恶感。与此同时，还出现了一种趋势：暴力越来越多地被推到了幕后，并且用精神病理学的词汇来描述公开从暴力中获得快乐的那些人，还用住院或监禁来惩罚他们。同一个社会过程也增强了人们的这样一种倾向：计划、运用远见，并采用长期的、更理性的策略来实现他们的目标。这也意味着社会产生的竞争压力增加了。因此，我希望表明：这将增强人们在特定情况下、以精心策划的方式来使用暴力的倾向。让我以拉格比球的发展为例来展示这个复杂的过程。

现代拉格比球起源于中世纪的一种民间游戏。这种游戏的参赛人数是可变的、不受数量限制的，有时远超一千人。比赛场地的边界按照习俗宽松地进行界定与限定，既可以在开阔的野外进行，也可以穿越城镇的街道。它依循一种口头规则，而不是书面的，这些规则是地方特有的，不是由中央控制机构将其制度化且执行的。尽管存在这样那样的地方差异，现代拉格比球的民间先例们至少有一个共同特点：它们都是玩耍—斗争，其中涉及一定程度对身体暴力的习俗型社会容忍，而这种容忍远远高于今天的拉格比球及类似比赛在规范上所允许的程度。以欧文（George Owen）1603 年一篇文章中所描绘的威尔士的"进击球"（knappan）[1]，足以证实这个观点。

根据欧文的记录，参加进击球比赛的人数有些时候超过了两千人，而且，跟另外一些民间比赛如康沃尔郡的"投掷球"游戏一样，一些参赛者骑着马。欧文说，骑手"拿着可怕的棍棒，有三英尺半长，持棒者要全力才能挥动"。从下面的引文可以看出，进击球比赛是一件很疯狂的事：

> 在这种比赛中，可以就私人怨恨进行报复。所以因为一点小事，他们就能打起来。两个人一打架，大家都加入。所以有些时候你会看到五六百名裸体的男子，打成一团……而且每个人也可能跟自己的同伴打起来，所以你会看到兄弟俩互相殴打，有人会殴打他

---

[1]　G. Owen, *The Description of Pembrokeshire*, in H. Owed (ed.), *Cymmrodorion Society Research Series*, no. 1, 1892, pp. 270–282. 这篇文章最初发表于 1603 年。

的主人，也有朋友之间相互殴打，他们……拿起石头，用石头殴打他们的伙伴。骑手会闯入步行者的阵营，在其中策马扬鞭。骑手会挑选他能找到的最大的棍棒，如橡树、栗子树、黑荆棘或者山楂树。棍棒大到可以击倒一头牛或一匹马。骑手也会因为私人恩怨袭击别人，哪怕对方手里并没有拿着进击球；或者在被别人殴打之后，也用棍棒打那人。一次击打，就会继之以群殴，每个人都用他们的不可理喻的大棒击打别人，不放过头、脸或者身体的任何部位。步行的人如此地投入打斗。一旦被怒火点燃，他们就会完全忘记这是游戏，陷入互殴，直到他们喘不过气来。有些人会双手举过头顶，大叫："别打了，别打了。"通常群殴的人就会分开，重新回归游戏。这种游戏几乎没有旁观者，所有人都是参与者，因为这就是这种游戏的习俗和礼仪。如果有人来的目的只是想看看……站在阵营之中，他也会被迫成为参与者。如果他骑着马，就给他的马一两棍。如果他步行，就打他五六拳。这就是对待一个陌生人的礼仪，尽管他本来跟他们毫无关系。[1]

有充足的证据表明，至少在 14 世纪到 19 世纪，英国的许多地方都有这类游戏。此外，欧文生动描述的这种狂野，也得到了其他记录的证实。[2] 这就是人们对具有以下特点组合的一类游戏的期待：参与者数量众多，而且没有限制；口头规则的界定很松散，而且各地各有不同；一些参与者骑马，而另一些步行；使用棍棒击打其他参与者，也击打球；

[1]　G. Owen, *The Description of Pembrokeshire*.

[2]　Eric Dunning and Kenneth Sheard, *Barbarians, Gentlemen and Players*.

[1]　G. Owen, *The Description of Pembrokeshire*.

[2]　Eric Dunning and Kenneth Sheard, *Barbarians, Gentlemen and Players*.

[1]　G. Owen, *The Description of Pembrokeshire*.

[2]　Eric Dunning and Kenneth Sheard, *Barbarians, Gentlemen and Players*.

参与者自己控制比赛，而不是由裁判员控制；没有外在的控制组织来建立规则也没有在出现争端时充当可以申诉的法庭。

这些特点并非会出现在每个例子中，但每个例子中都会出现其中的多项特点。与现代体育运动相比，这些游戏更接近"真实"的战斗。正如里斯曼（David Riesman）与邓尼（Reuel Denney）所指出的，现代体育运动更"抽象"，更远离"严重"的争端。[1] 现代拉格比球的这些民间先例可能就是模拟战斗，因为处于竞争之中的群体的生命及生存机会并不直接处于危险之中，造成严重伤害及死亡也不是它们的中心目标。然而，它们的公开暴力处于相对较高的水平，而且还提供了造成痛苦的机会，这些可能构成了享受的来源之一。毕竟前工业时代的英国人享受了各种形式的消遣，如斗鸡、斗牛、纵犬斗熊、在篮子里烧活猫、有奖打斗、观看公开行刑，按照今天的价值观来看，这些似乎都是"未文明化的"。这样的休闲活动所反映出的，正是赫伊津哈所说的在欧洲中世纪的"秋天"里的"生命的暴力高音"[2]，而且这一直持续到了历史学家所说的"现代"。它们也反映了在见证及从事暴力行为方面相对高的"反感临界点"。正如埃利亚斯所表明的，与我们自己所处的阶段相比，这是处于"文明化过程"更早阶段的社会之中的人们的特征。

与其民间先例相比，现代拉格比球至少在四个方面完成了文明化，这些在其民间形式中并不具备。拉格比球具有了更一般的现代对抗型体育运动的典型特征。在以下规则的要求下，现代拉格比球已经很文明化

---

[1] D. Riesman and R. Denney, "Football in America: A Study in Culture Diffusion", in Eric Dunning (ed.), *The Sociology of Sport: A Selection of Readings*.

[2] J. Huizinga, *The Waning of the Middle Ages*, New York, 1924.

了，因为它：

（1）有一套复杂的正式制定的书面规则，要求严格控制身体力量的使用，并禁止一些行为，如"手臂撞击"抢断，还有"蹬踏"，也就是踢对手的腿。

（2）有明确规定的比赛内的制裁，即"惩罚"，以对违规者施加惩处，而且，作为严重且持续违反规则的最终制裁，可以将违规者排除在比赛之外。

（3）有一个特定的角色制度化了，这个角色在比赛"之外"，也在比赛"之上"，其任务是控制比赛，这就是"裁判"。

（4）有一个国家级的中心化的规则制定及执行机构，即拉格比球联盟。

拉格比球的文明化成为一个持续的社会过程的一部分，有两个重要的时刻。一是1845年，拉格比学会制定了第一份书面的规则。与其他事务一起，这些做法力图限制蹬踏及其他一些形式的身体力量的使用，并完全禁止使用容易造成伤害的"苦力鞋"（也就是铁头靴，在拉格比的比赛以及19世纪中叶的一些公学中，铁头靴曾经构成了比赛之中被社会认可的一部分）。二是1871年，拉格比球联盟成立。联盟的成立，部分是作为"什么应该被视为比赛中的过度暴力"的公开争议的结果。联盟最早的法案之一就是，第一次将抢断踢人作为绝对的禁忌。在这些时刻中所发生的事情表明——在比赛之中控制暴力的标准在两个方面得到了提高：第一，要求球员在使用身体力量时，对自己施加更严格且更全面的自我控制手段；第二，试图通过外部施加的制裁来确保这个要求得到遵守。

231　　我们说拉格比球经历了"文明化过程"，并不是要否认，相对于多数其他运动，拉格比球仍然是一种很粗野的比赛。"自由密集争球"这类行为为脚踢并"拉扯"那些已经躺在地上的球员提供了机会。争球则为非法的暴力，如击打、扣眼睛，还有撕咬，提供了机会。考虑到球员在并列争球时会挤成一团，裁判也很难控制球员之间的互动。拉格比球运动已经经历了有限的文明化发展的论断也与近年来拉格比球运动在某些方面可能变得更暴力的事实不一致。随着引入了各种水平的杯赛与联赛，这项运动的竞争增强了。竞争增强意味着胜利的重要性增加了，而对胜利目标的提升又带来了对古老的业余精神气质的侵蚀。参与比赛球更重要的看法已经大幅地减损。这很可能同时增加了球员在比赛规则内的粗野行为的倾向，以及为了追求成功而使用非法暴力的倾向。简而言之，这似乎是一种必然的结果：近年来，比赛中的**工具型**暴力的采用有所增加。

这么说并不是要宣称在过去的这类比赛中的暴力完全是非理性且感性的。相反，我们认为：理性暴力与感性暴力之间的平衡已经发生了变化，且更偏向于前者。这是因为现代拉格比球比赛的结构，再加上参与拉格比球比赛的球员相对文明化的人格模式，这些都意味着现在比赛的愉悦更多地来自技能的展现、与队友的合作，还有以严格控制及压制的形式来运用身体力量。比赛的愉悦不再是来自对对手的身体胁迫及向其施加痛苦，这已经与现代拉格比球的民间先例以及 19 世纪中期公学里的情况有所不同，当时蹬踏以及使用容易造成伤害的"苦力鞋"仍然是核心且合法的战术。但是，带来了现代比赛发展的这种社会结构与人格结构，也同时增加了其中的工具型暴力事件。例如，选手本来可以使用现代体育运动中所允许的、相对温和的身体力量形式来获得满足，选手们原本也不会因给他人带来痛苦而获得愉悦，但这些选手被迫要以工具式的形式合法或非法地使用暴力。这些选手并不能从这些暴力**本身**获得令人愉悦的满足。暴力行为本身并不是目的，而是为了实现长期目标——如赢得联赛或杯赛——的手段。

竞争压力的增长，增加了理性暴力的**隐蔽**运用，同时也导致于**公开**暴力的出现。当运动员短暂地失去了自我控制，并击打对手进行报复，这就是公开的暴力。工具型暴力的战术使用，往往成了这种自我控制丧失的导火索，这一事实再次显示出一种暴力如何可能迅速地转变为另一种暴力。

比赛在某些特定方面变得更不暴力了，但同时在另一些方面又更暴力了。这种显然自相矛盾的发展可以怎么解释？我希望进行如下假设：这主要是社会纽带模式的长期转换的后果。社会纽带是指社会成员彼此连结的方式，让我回到埃利亚斯文明化过程理论来展示这是什么意思。

四、暴力与社会纽带的转型

尽管埃利亚斯的表达中并没有使用下列术语，但我认为这么说是合适的：文明化过程的中心方面，即相互依赖纽带的延长，其中包括社会纽带模式的改变，其可与涂尔干描述的从"机械团结"向"有机团结"转变相提并论。为了使我们的分析与涂尔干的专门术语中所隐含的评价含义保持距离，并传达出这些概念指的都是相互依赖的形式的看法，我提议将文明化过程的这个方面描述为一个"局部"纽带逐渐被"功能"纽带所取代的过程。这种转型的中心涉及家庭及居住地所带来的先赋关联的重要性逐渐降低，而由分工决定的自致关联的重要性逐渐提高。

这两种类型的社会纽带之间的差异，可以暂定但正式地使用表 1 中的两极模型组合来表达。表里的模型所努力描绘的，不仅是社会纽带的两种对照类型，而且是整体社会型构的一些特定类型。在这个整体社会型构中，局部纽带和功能纽带分别在现在（或过去）得以产生，而且这两种纽带在现在（或过去）也有助于维系这个型构。

这两个模型是一种用于表达中世纪欧洲社会与现代时期的那些社会之间存在一些中心结构差异的粗糙尝试。这些模式基于一般情况，因此模糊了差异，比如社会阶级之间的差异。这些模型也忽略了这两种类型之间存在着经验上的重叠，而且，在一定程度上，功能纽带模型是以对可观察趋势的外推为基础。所以这个模型在某些方面也有些夸大，比如夸大了在接近这种类型的社会之中到目前为止已经实现了的性别平等程度。

通过这个分析，我并不希望得出功能型纽带主导地位日益增强的趋势是一个简单的单线过程，或者说它必然会持续到未来这样的看法。过去有一些相互关联的先决条件促进了这样的发展，其中的核心是持续的经济增长、国家对暴力手段保持有效垄断的能力，还有尽管事实上从属群体经常进行强硬的抵抗，但长期以来统治群体一方妥协与让步的意愿，跟从属群体的权力一样，都在增长。但是，就目前的目的而言，这些复杂组合与下述方式相比并不那么密切相关：正是在这种方式中，这种类型的社会纽带与其更广泛的结构关联，在一方面产生了具有高度情感或感情内容的暴力倾向，在另一方面则产生了高水平的对暴力的个人控制及社会控制，同时还有使用更理性类型的暴力的趋势。这就是我将要以图示的形式来简单讨论的议题。

233

表 1 局部纽带与功能纽带及它们的结构关联

	局部纽带	功能纽带
1	在地方上自足的社区，只是松散地与更广泛的原初国家的框架关联在一起；相对贫困。	在国家层面上整合在一起的社区，通过大范围的相互依赖的链条关联在一起；相对富裕。
2	"自上而下"的，来自软弱的中央国家的周期性压力；相对自治的统治阶级，分为武士与察司两部分；权力平衡强烈偏向统治者/权威人物，在群体内如此，在群体之间也是如此；从结构上说，"自下而下"的压力很小；在初级的国家机构以及落后的交通及通信手段等的影响下，统治者的权力同时也被削弱。	"自上而来"的，来自强大中央国家的持续压力；相对依赖型的统治阶级，其中世俗的与文职的部分处于主导；权力均衡的趋势是通过在群体内部及群体之间所产生的多极控制来实现；从结构上说，"自下而来"的压力也很强烈；通过相对有效的国家机构以及相对有效的交通及通信手段等，统治者的权力同时也得到加强。
3	对狭窄划定边界的群体形成了紧密的认同，这些群体主要是通过地方纽带及地方关系及先赋的亲属关系而结合在一起。	对主要是通过功能上相互依赖的自致纽带而结合在一起的群体形成了认同。
4	职业的范围很狭窄；在职业群体内部及职业群体之间的工作经历都具有同质性。	职业的范围很广；在职业群体内部及职业群体之间的工作经历都具有异质性。
5	社会流动性与地理流动性都很低；人们的经验所能达到的范围狭窄。	社会流动性与地理流动性都很高；人们的经验所能达到的范围广。
6	一般而言，对身体暴力进行自我控制或推迟满足感的社会压力很小；没有什么远见或长期规划。	一般而言，对身体暴力进行自我控制或推迟满足感的社会压力很大；有大量的远见或长期规划。

追寻兴奋

	局部纽带	功能纽带
7	情绪控制低;寻求即刻的兴奋;倾向于剧烈的情绪波动;厌弃暴力及痛苦的临界点高;直接从给他人造成痛苦以及看到生活中公开而获得愉悦;在从事暴力行为后的负罪感低。	情绪控制高;寻求更柔和形式的兴奋;情绪相对稳定;厌弃暴力及痛苦的临界点低;从观看"模拟"暴力,而不是"真正"的暴力,来获得替代性的愉悦;在从事暴力行为之后的负罪感高;理性地诉诸暴力。
8	夫妻角色分离的程度高;"以母亲为中心"的家庭;权威型父亲,对家庭的中心;孩子数量多。	夫妻角色分离的程度低;"联合式"的、"对称型"的或"平等主义"的家庭;父亲对家庭的参与度高;男女生活的分离程度低;孩子数量少。
9	性别间关系中的身体暴力程度高;男性主导。	性别间关系中的身体暴力程度低;性别平等。
10	父母对孩子的控制很松散且断断续续;暴力处于早期社会化的中心;父母对孩子的暴力是未经计划的、感性的。	父母对孩子的控制是紧密的且持续的;社会化主要是通过非暴力的手段,但包含有限地、有计划地诉诸理性的/工具型的暴力
11	在结构上产生"帮派"的趋势围绕各种社会分割来形成,而且倾向于其他地方的帮派进行打斗;强调"攻击型的男性特质";有能力为获得帮派及地位而进行争夺。	在结构上产生种种趋势是通过选择而形成的,并不是简单地以地域为基础;"文明的"男性特质类型,在正式的体育运动中表现出来;不仅有获得地方权力及地位的机会;由职业的、教育的、艺术的及体育运动的能力所决定的地位。
12	"民间"形式化的体育运动,基本上是地方帮派之间成斗的仪式化延伸;公开暴力的水平相对高。	"现代"形式的体育运动,也就仪式化的玩耍—打斗,以受控制的暴力形成为基础,而且,对以理性的/工具型的形式来使用暴力的社会压力。

五、局部纽带与感性暴力的社会发生学

以局部纽带作为主导类型的社会结构，容易以一些相互加强的方式来诱发人们关系中的身体暴力。用控制论的类比来表达的话，我们可以说，这种社会结构的各种不同因素形成了正向的反馈循环，使得社会关系各个层面及各个领域诉诸暴力的倾向都升级了。举例来说，国家的软弱意味着这样的社会容易成为外来攻击的牺牲品。这就会引发对军事的重视，也就反过来导致了以武士为主的统治阶层的巩固，而这个阶层的成员受过打斗训练，他们由于其社会化而从打斗训练中获得积极的满足感。

在这样的社会中，内部关系是朝着同一个方向发展的。打斗，无论用不用武器，都很普遍。这主要是因为"我群"的定义很狭隘，结果就是即便是来自同一个地方的、表面上很相似的群体，也会被定义为"外人"。在特定的亲属及地方局部之中所产生的自豪感以及群体依恋感都非常强烈。当两个或两个以上这类局部的成员相遇时，冲突及对抗是不可避免的。他们关于攻击行为的规范，以及缺乏社会压力来施加自我控制，都意味着他们之间的冲突很容易导致打斗。其实打斗，不仅是群体内部的打斗，也指群体之间的打斗，对建立及维持按照攻击型男性特质标准的声望，是非常必要的。最好的战士会成为领导者，而这些群体的所有成员都必须打斗，以感觉到并且向其他人证明他们是"男人"。

在由局部纽带连接的这类群体中，打斗的规范类似于许多地中海国家仍然存在的仇杀制度。也就是说，在这种意义上，个体在受到外人群体中一个或多个成员的挑战，或者感到自己受到他们的轻视，就会感觉到自己的群体荣誉受到了威胁，而不仅是他自己的荣誉受到了威胁。相应地，他很可能会寻求报复，但不仅仅是报复某个或某些特定成员，而是针对冒犯群体中的**任何**成员。此外，就双方而言，有一种倾向是其他人会来帮助冲突的引发者。通过这种方式，个人之间的打斗就可能升级为群体之间的世仇，并且通常会很持久。这就清楚地表明了，在这种社会环境中，个人对其所属群体的认同程度非常高。

讨论这类社会特征的持续暴力，还要加上这样一个事实，即这些社会的结构巩固了武士统治阶级的权力，并产生了对男性的攻击性及力量的强调，这些会加强男性对女性的普遍支配。反过来，男性的支配导致了两性生活的高度分离，并由此导致了以母亲为中心的家庭。父亲在家庭中的相对缺席，再加上这类社会中很典型的大规模家庭，意味着儿童没有受到密切、持续或有效的成人监督。这又带来了两个重要的后果。首先，由于在未受成人有效控制的儿童之间的关系中，身体力量往往受到强调，这又进一步增强了这些社区的暴力特征。在局部纽带联结的社区中，儿童诉诸暴力的倾向也因其父母将暴力作为社会化手段，以及儿童在整个社会中可以接触到的成人角色榜样而得到加强。其次，成年人对儿童的密切监督相对缺乏，这易于帮派的形成，这类帮派一直持续到成年早期，而且由于作为局部纽带特征的群体忠诚的定义很狭窄，因此这类帮派会持续与其他地方帮派发生冲突。这些社区的体育运动——例如现代拉格比球的民间先例——就是在这种条件下产生的典型的"帮派战争"的仪式化表达，是对特定社区的相对力量的制度化测试，这些社区是从地方群体之间持久且更严重的斗争中成长起来的，并与之共存。

这是正向的反馈循环，通过这种循环，在以局部纽带为特征的社会中产生了高水平的暴力。图1以图示的形式呈现了这种正向反馈。

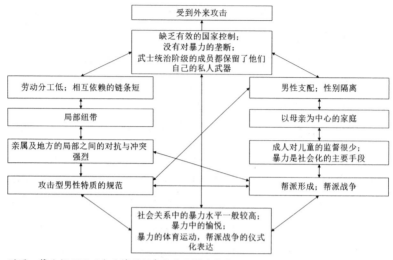

说明：箭头指示了正向反馈循环中主要的影响方向

图1 在局部纽带的情况下，暴力产生的社会动态机制

六、功能纽带、文明化的压力以及理性暴力的社会发生学

与功能纽带模型非常接近的现实社会，在多数方面与以局部纽带为主导类型的那些社会截然相反。与以局部纽带为主导的那些社会一致的

是，与功能纽带模型接近的这些社会也受到正向反馈循环的制约，但在这种情况下，这个循环总的来说起到了文明化的功能，限制并约束了社会关系中的暴力程度。这并不必然意味着这个循环降低了暴力的**比率**，而是说它让更温和形式的暴力处于优势地位。然而，这种社会的结构同时产生了激烈的竞争压力，还有使用理性手段来实现目标的倾向。反过

来，这种结合催生出一种趋势，即在特定的社会情境中，例如在高度竞争的格斗体育运动中，非法暴力及其他形式违反规则的行为，会被合理地或工具式地使用。我将对此进行详细阐述。

在功能纽带作为主导类型的社会，其关键结构特点在于这样一个事实：国家已经建立起了对使用身体力量的权利的垄断。在国家的垄断稳定且有效的情况下，劳动分工得以增长，也就是说，相互依赖的链条延长了，这又交互式地增加了国家的权力，例如，当社会结构越来越复杂，中央控制就变得越来越必要。国家对身体暴力的垄断以及相互依赖链条的延长，总的来说，带来了文明化效应。前者直接施加了这种效应，因为国家能够阻止公民公开携带武器，并对他们非法使用暴力进行惩罚。也就是说，在这些情况下，国家声称它自己的代理人拥有垄断权。后者间接地施加了这种效应，因为分工产生了埃利亚斯所说的"交互"的或"多极"的控制。也就是说，相互依赖的纽带允许了分工各方相互施加一定程度的控制。在这种意义上，劳动分工带来了平等化或"民主化"的效应。这种效应至少因两个原因是文明化的：（1）因为相互依赖所产生的交互控制有助于社会关系中的更多约束；（2）因为如果所有或者即便只是一些人员未能持续实施高度的自我控制，复杂的相互依赖系统便易于遭受严重紧张。在这个意义上，自我控制是功能分化的维持与发展的必要先决条件。

因为劳动的复杂分工产生了成就型的意识形态，社会位置是以成就而非先赋因素为基础来进行分派，因而，这类社会是高度竞争的。竞争加剧会导致社会关系中的对抗及攻击普遍增加，但在国家有效地宣称对身体力量的使用权利进行垄断的情况下，就不能用公开且直接的暴力行为来表达。在这样的社会中，主导标准也朝着同样的方向运作，暴力被判定为错误，而且由于这些标准在社会化过程中已经内化，男性及女性对参与及直接目睹暴力行为感到反感的临界点就会很低。

尽管这种社会的主导趋势是对暴力施加了相对较高且有效的控制，但竞争压力，再加上相互依赖的长链条以及相关的社会化模式要求人们运用远见、推迟即刻满足并使用理性的手段来实现目标。这些都意味着存在一个平行的趋势：普通公民在特定的社会情境中，有计划或工具式地使用暴力，最值得注意的是在犯罪、体育运动中，还有不那么引人瞩目的儿童的社会化及教育中。我们在这里要讨论的，只是体育运动中工具型暴力的使用。

首先要注意的是这样一个事实：在一个存在高程度的功能纽带的社会中，拉格比球、足球及拳击等格斗体育运动形成了一块社会飞地；在这块飞地中，特定形式的暴力在社会意义上被定义为合法的。这类体育运动是仪式化且文明化的玩耍—打斗，其中身体力量的使用受到规则及惯例的限制，在现场直接由具体人员如裁判来实施，在更高一级则由国家及国际的管理机构所设立的委员会及仲裁庭来加以控制。而这类运动中竞争压力的增加，要么是因为其从业者在争夺诸如经济报酬或赢得奖杯荣誉等外在奖励，要么是因为他们受到他们所代表的地方群体或国家群体所施加的获胜压力，这就会带来一种趋势：胜利的意义会被提升，而且相应地，运动员们会把打破规则作为一种蓄意的战术。作为这种趋势的一部分，如果运动员们认为被发现的可能性很低，或者他们顶着计算过的风险，也就是说被发现后受到的惩罚不会显著影响他们自己或他们的队伍实现其长期目标，那么他们就会非法使用暴力。

这是一种正向的反馈循环，通过这种循环，在以功能纽带为特征的社会中产生了低水平的一般暴力；同时，这种社会中还产生了人们在特定情况下会诉诸理性暴力或工具型暴力的倾向。图 2 展示了这个正向反馈循环。

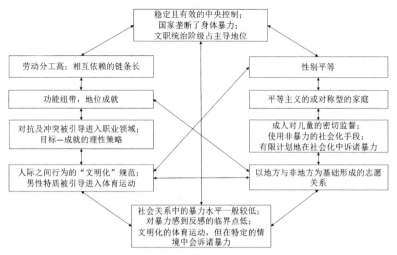

说明：箭头指示了正向反馈循环中的主要影响方向

图 2 在功能纽带的情况下，暴力限制和诉诸工具暴力的社会动态机制

当然，在现代体育中理性地使用暴力的趋势是受到抵制的，一方面是受到一般价值观及体育运动特有规范的抵制，而另一方面则是由于它容易引起报复，同时也会提高体育暴力的一般水平。当我们考虑到这个讨论是以一个模型为基础的，而这个模型夸大了功能纽带在现代英国事实上已经达到的发展程度，这幅图景的复杂性又会进一步增加。特别是，局部纽带的模型看起来仍然相当接近英国工人阶级中的某些部分。我们可以合理地假设：局部纽带类型的纽带在可以观察到的、暴力的或攻击型的男性特质——例如在足球流氓的打斗中——的规范的产生中起到了一定的作用。

七、工人阶级中的局部纽带与足球流氓暴力的社会发生学

人们普遍认为，足球流氓最早是在 20 世纪 60 年代的英国成为一个"社会问题"。然而，研究表明，在足球运动的历史上，没有哪个时代没有出现过相当大规模的失序现象。事实上，这种现象的发生比率倾向于呈 U 型曲线：在第一次世界大战之前，相对较高；在两次世界大战之间有所下降，直到 20 世纪 50 年代末，还保持着相对较低的水平；接下来，在 20 世纪 60 年代，这类现象有所增加；自 20 世纪 60 年代中期以来，比率提升得相当迅速，几乎成了职业比赛的"正常"伴随物。尽管其发生比率随着时间有所变化，足球流氓有一个反复出现的特点，就是身体

暴力。其形式可以是攻击球员、裁判，或者是对立球迷群体之间的冲突。足球流氓暴力在现阶段的主导形式是与竞争对手的球迷群体发生冲突，通常还有警察卷入其中。有些时候，这种暴力涉及使用武器，或是在直接的徒手肉搏战中，或是以远程投掷实施袭击的形式。马什及其合作者认为，足球流氓行为采取了一种"仪式化攻击"（ritualzed aggression）的形式，通常并没有严重的暴力，除非官方的干预扭曲了它，阻止它采取"正常"形式。[1] 他们显然认为仪式化暴力与严重暴力是相互排斥的，但投掷硬币、飞镖、啤酒罐，还有在比赛中已经发生过的扔汽油弹，很难被认为是仪式化的攻击。这并不是要否认官方干预可能对足球流氓所采

---

[1]　Marsh et al., *The Rules of Disorder*.

用的形式会产生影响。例如，对对立球迷的限制及隔离，可能会增加"空中轰炸"的发生率。但是，马什及其合作者似乎希望否认这样一个事实：这些群体很明显希望导致对方遭受严重的伤害，比如硬币、飞镖和汽油弹所可能引发的伤害。或者这个牛津研究小组可能是在暗示：足球流氓受到本能机制的约束，与他们的暴力意图无关，就跟诸如洛伦兹（Konrad Lorenz）等生态学家所发现的狼的情况差不多。然而，尽管马什试图远离那类粗糙的社会生物学的推测[1]，但仍然可以合理地推断：牛津大学研究者的分析似乎倾向于将人类主体过于接近地认同于进化程度较低的动物。因此，这个分析低估了人类行为在规范意义上，也就是在社会意义上，而不是在本能意义上受到控制的程度。

我会假设足球流氓的暴力行为——不管其中可能包含什么仪式元素——主要与男性特质的规范紧密联系：（1）极端强调坚韧与打斗能力；（2）在这一点上，与目前整个社会的主导男性特质的规范在程度上（尽管不是类别上）有所差别；（3）作为结果，这种趋势一再引起社会主导群体的谴责。事实上，这些规范在许多方面都让人想起英国社会发展的早期阶段普遍存在的关于男性特质的规范，更具体地说，就是关于男子汉气概的规范；如果前面所呈现的分析是正确的，那么，这些规范就是由中世纪及现代早期的局部纽带形式，以及这些形式在更广泛社会结构中的相关事物所产生的。

目前的足球流氓行为，至少有四个方面可以表明其核心特点可能是由局部纽带所产生的：

（1）参与其中的群体对彼此打斗似乎与观看足球比赛一样感兴趣，有

242

---

[1]　Marsh, *Aggro.*

时甚至更感兴趣。他们自己的说法确实表明，他们从打斗中获得了积极的享受；对他们来说，战斗能力构成了个人声望及群体声望的主要来源。

（2）对立的群体似乎主要都来自社会分层中的同一水平，也就是来自工人阶级中所谓"粗野"的部分。他们的打斗涉及的是**阶级内部**（intra-class）的冲突，而不是**阶级之间**（inter-class）的冲突，局部纽带则可以对此进行解释。但有必要明确指出，我们并不是要否认另一些事实，即这些群体参与了各种形式的阶级之间冲突，比如他们经常与作为主导阶级代表的警察打架，而且这些群体也是受到社会上权力更大群体的剥削的受害者。

（3）这些群体之间的打斗是以世仇的形式进行的。在这种意义上，与他们可能采取的任何公开行动无关，一些特定的个人及群体会受到攻击，仅仅是因为他们展示了对立群体的成员徽章。流氓球迷的对立群体之间发展出了长期存在的宿怨，尽管这些群体内部发生了人员更替，但这种宿怨仍然存在。这些宿怨指向相同的方向，也就是说，这表明了特定的流氓对其所属的群体认同程度非常高。

（4）行动中引人注目的一致与统一，这些在足球流氓的歌曲和口号中得到了展示。这些歌曲和口号中反复出现的主题是强化"内群体"的男性特质的形象，再加上对"外群体"的诋毁及去男性特质。很难想象更个体化的那些群体的成员会希望、或者能够进行这种复杂的统一行动。因此，可以合理假设，局部纽带的同质化效应可能为这些奠定了基础。

社会学研究[1]表明："粗野"的工人阶级社区具有以下全部或大部分

---

[1]　E. Bott, *Family and Social Network*, London, 1957; P. Wilmott and M. Young, *Family and Kinship in East London*, London, 1957; H. J. Parker, *View from the Boys*, Newton Abbott, 1974; P. Willis, *Profane Culture*, London, 1978.

社会属性的组合：（1）或多或少的极端贫困；（2）成员从事非技术的和/或临时的工作，同时极易失业；（3）正式教育的水平低；（4）地理流动性低，但一些因职业而外出的男性除外，例如军队中或建筑行业相关的非技术工作；（5）以母亲为中心的家庭以及扩展的亲属网络；（6）夫妻角色的高度隔离，以及一般意义上两性生活的普遍分离；（7）男性支配，与此相伴的趋势是男性会使用身体暴力来对待女性；（8）成人对孩子的监督少，在社会化中经常诉诸暴力；（9）成员实施情感控制及延迟满足的能力都相对低；（10）对身体暴力反感的程度相对较低；（11）街角"帮派"的形成，这带来了好的"战士"，而且在帮派内部及帮派之间经常发生战斗；（12）对狭义的"我群"有强烈的归属感，并相应地对狭义的"他群"有强烈的敌意。

这类型构的不同方面倾向于相互强化。也就是说，就像他们在前工业化时代的对应物，工人阶级社区构成了一个正向的反馈循环，其中一个主要的后果是攻击型的男性特质。然而，这些现代形式的局部纽带与工业化前的形式并不完全相同，因为在它们所处的社会之中有相对稳定且有效的国家，而且存在着复杂的相互依赖的网络。作为结果，今天通过局部纽带结合在一起的地方群体，要遭受"文明化"的压力，还有来自两个主要来源的控制：（1）来自国家的警察机构、教育机构和社会工作机构；（2）来自在更广泛社会之中通过功能纽带结合在一起的群体。后者的压力，部分是通过这些群体所采取的直接行动而产生的，部分是通过他们能够对大众媒体及官方机构所施加的影响而产生的。

简而言之，现代社会中的局部群体要遭受**外来**的限制，但**内部**限制并没有达到相同的程度。在内部，他们的成员仍然被锁定在社会型构之中，这些型构在许多方面让人想起前工业化时代的局部纽带形式，这些型构也相应地产生了激烈形式的攻击型男性气质。通过局部纽带连接在一起的这些群体，其"内群体"的强烈归属感和对"外群体"的敌意意味着，当这些成员聚集在一起，对抗实际上是不可避免的。他们攻击型的男性特质规范，还有相对而言的没有能力施加自我控制，都意味着他们之间的冲突很容易就会导致打斗。实际上，与他们在前工业化时代的对应部分很相似，这些群体内部及群体之间的打斗，对根据攻击型男性气质的标准来建立并维持声望是必要的。作为结果，特定个体从扮演对他们来说是社会必需的角色中获得了积极的愉悦。

244

　　足球已经成了表达这些标准的一个场景，部分因为男子汉气概的规范内在于足球之中。也就是说，足球也基本上是一种玩耍—打斗，在其中可以提高或丧失男性气质声望。足球的内在对立特征则意味着，它有助于群体认同的形成，并增强"内群体"团结，以对抗一系列易于识别的"外群体"，即对手球队及其支持者。在一定程度上，球迷来自以多种局部团结的变体为特征的社区，那么，以对立支持者的帮派之间的斗争为形式的足球流氓行为，出现的可能性就相当之高。这么说可能是对的：足球流氓行为是现代足球的民间先例在当今的对应物，尽管其以一种复杂的方式与更分化、更"文明化"的协会足球叠加交织在了一起。

第九章　足球比赛中的观众暴力：迈向一个社会学的解释

埃里克·邓宁　帕特里克·墨菲　约翰·威廉姆斯

一、导言

这篇文章的主题是"足球流氓行为"（football hooliganism）。[1] 在这方面，我们应当集中关注对立群体之间的打斗模式，这种模式已经常规地与足球联系在一起了，不仅在英国，在其他一些国家也是如此。事实上，虽然少有报道，但几乎没有哪个国家的足球联赛中没有出现过人群暴力，然而英格兰球迷目前是欧洲最令人恐惧的群体，也是唯一在出国支持他们的俱乐部或国家队的时候频繁制造麻烦的。[2]

这篇文章以社会科学研究理事会（Social Science Research Council，现简称 ESRC）和足球信托基金共同资助的研究为基础。在开始讨论我们的一些研究结果之前，我们应当勾勒出足球流氓行为作为社会现象的

---

[1] 这篇文章以埃里克·邓宁 1984 年在伦敦皇家免费医院的爱德华·格洛弗讲席演讲为基础。这个年度演讲系列是由波特曼诊疗中心组织的。我们非常感谢伊利亚·纽斯塔特和蒂姆·纽伯恩对这篇论文的早期草稿所提出的批判评论。

[2] John Williams, Eric Dunning and Patrick Murphy, *Hooligans Abroad: The Behaviour and Control of English Fans in Continental Europe*, London, 1984; *The Roots of Football Hooliganism: An Historical and Sociological Study*, London, 2014.

一些主要参数。

二、作为社会现象的足球流氓行为

作为一种行为形式，已经被贴上"足球流氓行为"标签的球迷失序行为，是复杂而多面的。例如，在流行用法中，这个标签包括咒骂和行为，而在其他语境中，这些可以被辩解为仅仅是"兴高采烈"或"胡闹"。事实上，在足球情境中被逮捕的许多球迷只是做了这类轻微的不当行为。然而，在更严重的表现形式中，这个标签指的是闯入比赛场地，看起来是为了阻止比赛而故意策划的；而可能最严重的是指对立球迷群体之间的大规模骚乱，这些骚乱通常是暴力的，而且是破坏性的。我们主要关心的是后一种现象。更具体地说，有证据表明，尽管有许多球迷并未带着破坏意图去观看比赛，而是被**拖入**到流氓事件中的，但那些硬核球迷，那些在足球情境中最执着于流氓行为的球迷，将打斗和攻击行为视为"看比赛"的一个组成部分。这类球迷往往善于逃避侦查与逮捕，因此并不会总出现在警方的统计数据中。当时 26 岁的卡车司机弗兰克可以是一个例子。他在 1974 年加的夫城队对曼彻斯特联队的比赛后，接受了保罗·哈里森（Paul Harrison）的访谈，承认自己是"足球流氓"。根据哈里森的报道，弗兰克是这么说的：

> 我去看比赛只有一个理由：闹事（aggro）。这是一种执念，我无法放弃。当我在那儿折腾的时候，我感到非常愉悦，我愉快到几乎裤子都要湿了……我走遍全国寻找这种感觉……在那一周的每个

246

晚上，我们都在城里闲逛、四处找麻烦。在比赛之前，我们四处闲逛，看起来值得尊敬……如果我们看到一个长得像敌人的人，我们就问他几点了，如果他带着外地口音，我们就会揍他一顿；如果他身上还有点钱，我们还会折腾他。[1]

弗兰克可能夸大了他对这类"闹事"的投入以及在其中的享受。假如他所有的陈述都是真实的，他可能会被其他球迷，甚至大多数足球流氓称为"怪人"或"疯子"。[2]尽管如此，他表现出的对打斗的兴趣，关注在打斗情形中产生的令人愉悦的兴奋，这似乎是"硬核"足球流氓生活方式的共同点。从社会学来看，关键是解释为什么。更确切地说，为什么来自工人阶级社会经济最下层的特定群体的青少年及成年男性，对打斗发展出了强烈的兴趣与享受？为什么公开的攻击行为构成了他们生活方式中如此重要的一部分？为什么足球已经成为这种表达的一个有吸引力与持久性的所在？在转向这些复杂问题之前，让我们首先勾勒出足球流氓对抗所采取的一些主要形式。

三、足球流氓对抗的形式

足球流氓的对抗有一些不同的形式，它们能够发生在足球场内外的

---

[1]　Paul Harrison, "Soccer's Tribal Wars", *New Society*, 1974, vol. 29, p. 604.

[2]　参见 Peter Marsh, Elizabeth Rosser and Rom Harre, *The Rules of Disorder*, London, 1978, pp. 70–72 中的讨论。

多种情境中。例如，它们可能是两组对立的支持者之间或他们的两个小群体之间的徒手打斗形式。它们也可能会卷入每一方的数百个球迷。在最严重的事件中，甚至会使用武器，重量轻且易于隐藏的史丹利牌的刀具在这类时刻是颇受青睐的。足球流氓的对抗也可能采取"空中轰炸"的形式，可以用来作为飞弹弹药的物品，范围从无害的物品如花生、零碎的桔子皮、苹果核和纸杯，到更危险甚至可能致命的物品，如飞镖、金属圆片、硬币（有些时候会将边缘锐化）、破损的座椅、砖块、混凝土板、轴承滚珠、焰火、烟雾弹，还出现过一两次的粗糙的汽油弹。

投掷飞弹在场地内外都可以进行。最近在莱斯特城队的主场，大约两百名阿森纳队球迷闯入了比赛场地，这是因为他们在球场**外**被莱斯特城队球迷用砖块及其他投掷物攻击。在 20 世纪 70 年代和 80 年代初，由于隔离对立球迷的官方政策，球场看台上的大规模打斗变得相对罕见。这项政策是 20 世纪 60 年代出台的、以阻止足球流氓行为的一种手段，但这项政策在强化"足球场的球门两端"的团结、使打斗出现在球场外等方面似乎获得了更大的成功。然而，球迷小群体仍然经常设法潜入他们对手的领地，目的是发动打斗或制造更大范围的骚乱。参与这种成功的"入侵"，或者说是"占领"对方的"球门端阵地"，在足球流氓圈子里是极大荣誉的来源。然而，现在更常见的情况是，打斗或者发生在赛场看台上不隔离的那些座席区域，或者发生在比赛之前，比如在城镇中心的酒馆内外。足球流氓的对抗也会发生在比赛结束后，警察会试图把对立的球迷分开，把大部分客场球迷送到火车站或汽车站，以避免严重事故。正是这一时间段容易出现最大规模的对抗。这些对抗通常是从"奔跑"开始的，多达两三百名年轻男性球迷沿着街道快跑，寻找对方球迷，或者寻找警方防线上的漏洞，以便他们能够接触到他们的对手。然而，"硬核"流氓——最致力于与对方球队支持者接触的那些人——往往会脱离大部队，使用精心策划的战术来试图绕过警察。如果他们成功了，通常就会在一片相对较大的区域里分散发生一系列小规模冲突，双方都有年轻男性参与，拳打脚踢，互相追逐，在来往车辆之间躲闪，偶尔还会攻击对方支持者搭乘的车辆。当对立球迷群体在去其他比赛的**途中**相遇，例如在火车上、地铁上或高速公路服务站，也会发生对抗。有些时候，打斗还会出现在特定球迷群体的**内部**，例如，这类例子的参与者来自同一片大区域的不同住宅区。

在研究中，我们特别感兴趣的是足球流氓自己及其他年轻球迷所说的"战斗队"，尤其是近年来在一些大型俱乐部发展起来的"超级流氓"群体中的那些"战斗队"。这类组织——例如各有风格的西汉姆联队的"城际商行"、利兹联队的"服务帮"以及纽卡斯尔联及切尔西等俱乐部的类似组织——的成员经常支持极端右翼、种族主义组织，诸如"英国运动"和"国民阵线"。这类组织还发展出了相当复杂精密的组织形式，而且已经全国闻名。这类组织成员的一个主要的典型特点在于：他们不会乘坐"足球专列"和俱乐部的长途汽车去比赛现场，而是倾向于使用常规的铁路和长途汽车服务，或者是家用小汽车及租用的面包车。他们也避免了特定形式的着装，如围巾和其他特色（包括俱乐部的旗帜）标志，这类专门的着装形式在大众看来仍然与足球流氓有着广泛的联系。这些组织成员观看比赛的主要目标之一是与对方球迷进行对抗和打斗，要"占领他们的球门端阵地"。这类球迷在旅途中不会使用可以被辨认出来的颜色，以避免过早地将自己暴露给对方球迷和警察。这一点在哈里森访谈的球迷"弗兰克"个案中已经有所体现，在莱斯特城队20岁的"硬核"球迷"豪伊"所提供的描述中也很清楚。"豪伊"告诉我们：

如果你能骗过警察，你就赢了。你得想想他们会怎么想。这样你就会知道，一半的时间你都知道他们会怎么做，因为他们每个星期都会采用相同的程序，一星期又一星期。如果你能找到一个办法打击他们，你就他妈的大笑吧，就能他妈的好好打一架（这里的"打架"用了莱斯特俚语 raut）。这就是为什么我从来不戴围巾，我好跑到（对手）那边去。我过去是戴围巾的，但是（警察）他妈的就会来阻止我。会抓住我的围巾，然后就"砰，砰"。我想过了，我不会那么做了。摘掉围巾，他们就抓不住你了。

像"弗兰克"、"豪伊"这些"硬核"球迷在很久之前就放弃了戴围巾以及可辨别的特色物品，但值得强调的是，现在部分或主要是为了"行动"而去比赛现场的球迷，很少人会穿戴这类标识。他们中的很多人也不会遵循 20 世纪 60 年代后期和 70 年代非常流行的光头风格。相反，尽管存在地区差异以及各个"球门端看台限定"的差异，这些球迷倾向于按照当前年轻人的时尚要求来穿着打扮，部分是因为更老旧的"流氓制服"被认为是不合时宜且缺乏"风格"的，还有一部分则如我们前面的讨论，是为了避免过早地向对方球迷及警察暴露自己。

关于足球流氓行为主要参数以及最近出现的变化这类一般描述，与我们之前提出的中心观点是一致的，即卷入最严重事件的青年及年轻男性，倾向于将与对方支持者的打斗及对抗当作观看足球比赛不可或缺的一部分。歌曲和口号构成了球迷群体之间竞争的显著特点，尤其是在体育场内，那些歌曲和口号都有一致的指向。虽然有些"最强硬"的小伙子认为唱歌和口号太"软"，他们倾向于不参与其中。但在比赛中，敌对群体对彼此的关注，与他们对比赛本身的关注一样多，有时甚至更多，他们会一起唱歌、喊口号、做手势，可以说是自发协调一致来表达他们的敌对。他们的歌曲和口号部分是与比赛相关的，但也会有反复出现的主题，其中有打斗的挑衅、向对方球迷使用暴力的威胁、对过去胜利的夸耀。每个球迷群体都有他们自己歌曲和口号的曲库，但是其中许多都是一些共同主题的地方变体。这些歌词中都穿插着"根""死""打""踢""投降"等词汇，所有这些词都传达了战斗和征服的意向。[1] 除了暴力之外，另一个经常在球场看台出现的主题是将对方球迷象征性地去男性化，例如将他们和 / 或他们支持的球队称为"娘娘腔"或"下流胚子"，后者还会伴随着大规模的男性手淫行为的手势呈现。还有一个反复出现的主题是贬损对方球迷的社区。现在让我们来谈谈对此的解释。

四、足球流氓行为的官方解释

对足球流氓行为已经有了两个主要的官方解释，而且两者看起来都被广泛地接受了。这两个解释是：足球流氓行为是由饮酒和 / 或赛场暴力所引起的。尽管这两个解释都有严重的局限性，在某种程度上也都包含了部分有效的元素，需要把它们放在更广泛的解释框架中。例如，饮酒不能认为是足球流氓行为的显著或"深层"原因，显而易见，并不是每个饮酒甚至大量饮酒的球迷都参与了流氓行为，也不是每一个流氓都喝酒，尽管不仅对打斗的强调，而且还有对饮酒的强调，都不可或缺地

---

[1]　　Simon Jacobson, "Chelsea Rule – OK", *New Society*, 1975, vol. 31, pp. 780–783.

250 包含在这些球迷行为中所表达的男性气质规范之中。事实上，这些球迷即使不喝酒，相对而言也往往很有攻击性。同样，比赛中的暴力并非一定会有流氓事件紧随其后，也并非所有流氓事件发生之前都在赛场上出现了暴力，可以看到有些对抗发生在比赛开始之前。但是，这并不是要否认饮酒和赛场暴力有时与涉及足球流氓打斗的一系列事件之间存在因果联系。为了弄清楚这是怎么回事，就必须根据原因的**等级体系**来进行思考。从这个意义上说，球场上的暴力，还有酗酒，可以说只是在表面意义上与足球流氓行为的出现具有因果联系。这是一个复杂的议题，我们不在这里进行细节讨论。可以这样说：饮酒是助长足球流氓暴力的一系列条件中的一个，原因是酒精是一种降低抑制力的物质。对流氓球迷而言，饮酒有助于在这个群体中产生一种更强烈的志同道合的情谊，也有助于他们克服两种恐惧：一是克服对在打斗中受伤的恐惧，一是克服被警察逮捕的恐惧。后一种的可能性是真实存在的，因为尽管足球流氓行为本身不构成犯罪，但他们的行为经常违反了特定的法律，而且是发生在通常有大批警察驻扎以便明确地阻止这类行为的公共场所。事实上，与官方——足球界各个级别的官员而不仅仅是警察——擦肩而过，可能是足球流氓在其遭遇中产生兴奋的一个重要来源。足球流氓行为也为球迷提供了一个机会，让他们有机会针对在非足球情境下建立起来的警察系统展开敌对行动。还为球迷提供了一个公开舞台，表达他们对"可敬"的价值观的鄙视。[1]

---

[1] 值得指出的是，足球比赛中的职责为警察提供了机会，既可以有加班收入，也可以获得受欢迎的从日常常规中的解脱。还有在足球比赛中，不仅是流氓，还有警察，都得到了在兴奋的情境中"行动"的机会。此外，就足球流氓行为所引发的责难而言，在这类情境中，警察所采取的策略很少引起公众的批评。

追寻兴奋

同样，球场上的暴力能够成为足球流氓行为的导火索，但一系列其他偶然事件也可以成为导火索，比如严厉且不公正的执法、为之前比赛失利复仇的欲望、还有某个球迷群体想把另一个球迷群体从媒体给予他们的宝座上推翻的愿望。我们在这里指的是媒体给予的"道格的红军"（Doc's Red Army）那类恶名，这在 20 世纪 70 年代是指曼联球迷，今天是指切尔西队和利兹联队的球迷。事实上，媒体在创造足球流氓的全国地位等级、还有不同的"足球场两端看台"的地位之争这些方面都起了一定的作用。换句话说，对足球流氓来说，目前有两个联赛排行榜：一个是官方的，另一个是非官方的，部分是媒体创造的。第一个是关于比赛输赢和联赛得分。第二个则是关于是谁奔跑打斗，在什么地方、跟谁，还有谁目前被官方和媒体认为是全国最"邪恶"且最具"破坏力"的流氓。简而言之，虽然按照饮酒和赛场暴力进行的官方解释广为接受，而且其中所指出的因素的确不能从足球流氓行为的决定因素中排除，但是这些解释未能深入原因的等级体系，即现象的因果根源。更具体地说，这些解释没有提到在流氓球迷的打斗乐趣以及对"管好自己"能力的强调是如何产生的，没有提到支配他们行为的规范和标准，也没有提及为什么足球已经成为他们进行表达的最持久的方式之一。迄今为止已经提出的大多数学术解释可以说也是如此。我们的关注现在将转向一些较为重要的学术解释。

251

五、对足球流氓行为的学术解释

在早期对这个主题的研究中，伊恩·泰勒（Ian Taylor）把足球流氓行为归结为他所说的足球的"中产阶级化"和"国际化"对"硬核"球迷的影响。[1] 泰勒指出，工人阶级的足球球迷相信联赛俱乐部过去在某种意义上曾经是"参与式民主制"。他还认为，流氓行为是工人阶级的"抵抗运动"的一种形式。"抵抗运动"是在面对中产阶级群体为确保中产阶级的利益而强加的变化时，工人阶级试图重新确立其控制。

约翰·克拉克（John Clarke）的分析在某些方面与泰勒的早期研究很相似。[2] 克拉克将足球流氓行为归因于 20 世纪 60 年代的转折点，即足球运动的"职业化"和"观赏化"，还有工人阶级青年所处社会状况的变化。具体而言，正如克拉克所说，这些变化"带来了家庭及邻里联系破裂的复合效应，而在战前工人阶级的生活中，家庭及邻里联系以特殊关系的形式将年轻人与老年人绑定在一起"。[3] 换句话说，在克拉克看来，对于来自解体了的工人阶级社区的那些疏离的年轻人而言，足球流氓行为是反对足球商业化、反对足球被日益包装成为精彩表演及娱乐。作为他们所在社区解体的结果，克拉克认为，这些年轻人现在可以自由地观看比赛，不受年纪更大的亲戚邻居的控制，这些人过去曾经能够确保年轻人受到限制。最后，斯图亚特·霍尔（Stuart Hall）研究了新闻界在制造对足球流氓行为的"道德恐慌"中的作用，他认为足球流氓行为成

[1] Ian Taylor, "Football Mad: A Speculative Sociology of Football Hooliganism", in Eric Dunning (ed.), *The Sociology of Sport: A Selection of Readings*, pp. 352-357; 还可参见其 "Soccer Consciousness and Soccer Hooliganism", in Stan Cohen (ed.), *Images of Deviance*, Harmondsworth, 1971, pp. 134-164.

[2] John Clarke, "Football and Working-Class Fans: Tradition and Change", in Roger Ingham (ed.), *Football Hooliganism: The Wider Context*, London, 1978, pp. 37-60.

[3] Ibid., p. 51.

为"值得关注的问题"，与英国经济的恶化相关。[1] 霍尔认为，这已经导致了对足球流氓行为的打击。他和他之前在伯明翰大学的同事将此描述为当前统治阶级"监控危机"策略的一部分。[2]

当然，我们知道，泰勒、克拉克和霍尔的研究可以看作是对足球流氓行为**一般**现象的讨论，而不是集中于对"战斗队"的探讨。这是我们不希望完全否认他们解释的有效性的原因之一。然而，在我们看来，这些学者对足球流氓行为的公众焦虑是如何产生及编排的解释，比对足球流氓行为本身的解释更为充分。在霍尔的例子中，这种侧重是相当明确的。我们这么说，部分是因为霍尔、泰勒和克拉克似乎都错误地认为，足球流氓行为作为一种社会现象只能追溯到 20 世纪 60 年代初。还有部分是因为他们未能从他们共享的马克思主义理论观点出发，来确切地解释足球流氓行为这一社会现象中最令人费解的一个方面，即它涉及了**工人阶级群体之间**的一种特定形式的冲突，而且核心参与者与权威当局及地位更确定阶级的成员之间的冲突，大部分只是**他们自己内部斗争**企图的一部分。霍尔、泰勒和克拉克当然可以对这个现象的这一方面进行解释，可以将其归因于"攻击替代"。但据我们所知，他们都没有试图这样做，泰勒最近的研究是唯一的例外。[3] 因此可以做出合理推论：他们对足球

---

[1] Stuart Hall, "The Treatment of 'Football Hooliganism' in the Press", in Ingham(ed.), *Football Hooliganism*, pp. 15-36.

[2] Stuart Hall et al., *Policing the Crisis: Mugging, the State, and Law and Order*, London, 1978.

[3] Ian Taylor, "On the Sports Violence Question: Soccer Hooliganism Revisited", in Jennifer Hargreaves (ed.), *Sport, Culture and Ideology*, London, 1982, pp. 152-196; "Class, Violence and Sport: the Case of Soccer Hooliganism in Britain", in Hart Cantelon and Richard S. Gmneau (eds), *Sport, Culture and the Modern State,* Toronto, 1982, pp. 39-93. 大卫·罗宾斯和菲利普·科恩认识到了这个难题中的阶级内部冲突的层面，（转下页）

流氓行为的解释，若宽容一些来说，是不完全的；若严苛一点，就只是成功地触及了难题的表面。

可以认为，这方面的例外是由马什及其合作者的研究所提供的。在《失序中的规则》（*The Rules of Disorder*）一书中，他们确实明确地关注了足球流氓的打斗，认为其中的暴力被媒体夸大了，其实不过是一种"有攻击性的仪式"，人们很少在其中遭受严重伤害。[1] 我们没有足够的篇幅在这里呈现对他们所举案例的全面评价，[2] 下述讨论足矣：他们的研究深受生态学的影响，特别是德斯蒙德·莫里斯（Desmond Morris）的研究，而且他们的研究是以一个隐含假设为基础的，即仪式与暴力是相互排斥的行为范畴。相应地，他们似乎未能看到仪式也可以是**非常暴力的**。进一步来说，我们当然并不是否认流氓行为中存在仪式的成分。举例来说，在攻击姿态之中，在敌对球迷之间，还有在看台上一系列的口号与反击口号之中，仪式的成分是显而易见的。因为在这些情况下，正如马什等人所言，暴力是"隐喻的"和"象征的"。然而，我们认为，马什及其合作者低估了暴力的严重性，这里所说的暴力有时涉及到对立球

253

（接上页）他们写到："在社会上被剥夺的年轻人所组成的对立群体之间进行的悲情且徒劳的斗争，是真正掌握了加诸于年轻人的阶级权力的那些人可以取得胜利的最好证明。"参见 David Robins and Philip Cohen, *Knuckle Sandwich: Growing Up in the Working Class City*, Harmondsworth, 1978, p. 151。

[1]   Marsh et al., *The Rules of Disorder*, pp. 115 ff.

[2]   关于对马什等人研究的更详细的批评，参见 Eric Dunning, Patrick Murphy and John Williams, "Ordered Segmentation and the Sociogenesis of Football Hooligan Violence: A Critique of Marsh's 'Ritualized Aggression' Hypothesis and the Outline of a Sociological Alternative", in Alan Tomlinson(ed.), *The Sociological Study of Sport: Configurational and Interpretive Studies*, Brighton, 1981, pp. 36-52；还可参见 Patrick Murphy and John Williams, "Football Hooliganism: An Illusion of Violence", unpublished paper, University of Leicester, 1980。

迷之间的打斗。他们也忽视了赛场之外的以及远离赛场的打斗，还有足球比赛中经常发生的"空中轰炸"，正如我们前面所言，其中经常包括投掷危险的飞弹。很难相信投掷这些飞弹仅仅是出于没有任何引发伤害的意图，或者至少没有意识到会造成严重伤害的攻击展示的一部分。

正如他们的书名显示的，马什及其合作者认为他们的中心任务，是表明被媒体普遍认为且描述为"盲目"、"无法无天"的足球流氓行为事实上是由一套规则所支配的。在社会学意义上，这当然没有什么奇怪的。然而，就目前的情况而言，更重要的是他们对这些规则的叙述流于表面。也就是说，他们未能探讨它们的社会根源，亦即它们的社会生成方式。与此一致的是，马什等人没有尝试系统地对作为他们研究主体的足球流氓的社会起源及环境进行研究，由此造成，在马什他们看来，这些规则是由社会意义上自由流动的个体自愿创造的。我们自己现在要做的，就是努力解释足球流氓打斗中所表达出的规范及价值观的社会生成。在这方面，我们将借鉴杰拉尔德·萨特尔斯（Gerald Suttles）的研究[1]，他试图勾勒出特定的下层工人阶级社会型构的轮廓，在这个社会型构中，青少年及年轻成年男性之间经常打斗的"帮派"会持续出现，而且在这里，男性特质的规范已经很明确地强调要将坚韧与战斗能力作为男性气质的核心特征。此后，我们将对为什么足球成为表达这种独特的下层工人阶级"攻击型男性特质风格"的恰当场景做出一个简要的解释。

---

[1]　参见 Gerald Suttles, *The Social Order of the Slum: Ethnicity and Territory in the Inner City*, Chicago, 1968; *The Social Construction of Communities*, Chicago, 1972。

六、足球流氓行为与下层工人阶级：
"有序分隔"与球迷群体联盟的形成

关于在足球比赛中打斗的那些球迷的社会来源的相关信息，目前仍相当缺乏。但因足球相关罪行而被定罪的那些人的资料，与我们的观察所得是一致的。这些资料表明这种现象主要是下层工人阶级的特有活动。例如，哈灵顿的报告在 1968 年就得出了结论："目前的证据表明……（足球流氓）主要来自工人阶级背景，带有大工业城市及港口的内在特殊难题，暴力与违法的亚文化在那里是众所周知的存在。"[1] 十几年后，特里维扎斯（Eugene Trivizas）得出了类似的结论，即因足球相关罪行被起诉的那些人中，有百分之八十是体力劳动者或无业者。[2] 哈里森对加的夫城俱乐部 1974 年的"暴徒"进行了描述，认为他们来自"坎特区和格兰吉敦区几乎没有开放空间的联排房屋居住区；还有兰伦尼区有惊人破坏记录的、由地方政府建设的超大住宅群"。[3] 尽管如我们在前文提到的，马什及其合作者在对牛津地区进行研究的过程中并没有直接讨论阶级背景这个议题，但他们提供的一些信息提及了相关论述。例如，其中一个提到：

> 如果你住在雷斯（地方政府建的住宅区），那么你就得参加，不然人们就会看不上你，认为你有一点软弱或类似的性格。[4]

---

[1] J. A. Harrington, *Soccer Hooliganism*, Bristol, 1968, p. 25.

[2] Eugene Trivizas, "Offences and Offenders in Football Crowd Disorders", *British Journal of Criminology*, vol. 20, no. 3, 1980, p. 282.

[3] Harrison, "Soccer's Tribal Wars", *New Society*, 1974, vol. 29, p. 602.

[4] Marsh et al., *The Rules of Disorder*, p. 69.

事实上，在 1981 年 1 月考文垂队与牛津联队的英格兰足总杯比赛的严重骚乱中被捕的大批牛津球迷，其中一半以上来自这类住宅区。[1] 来自莱斯特城队的证据也支持这个一般性论述：1976 年 1 月至 1980 年 4 月间，在菲尔伯特街体育场被捕的当地球迷中，约有五分之一来自当地一个下层工人阶级居住的、政府建设的住宅区。这就提出了这样一个问题：这些社区的结构，以及这些社区整体在社会中处于怎样的位置？是什么产生并维持了这些社区的一些成员在足球情境及其他地方表现出的具有攻击性的男性特质？

正如我们之前所说，杰拉尔德·萨特尔斯的研究在这方面提供了有用的引导。他的研究是在芝加哥进行的，集中关注了一些社区，这些社区的整体模式，用他的话来说，是"年龄、性别、族群及区域单元，像建筑构件一样装配在一起，创造出了一个更大的结构"。[2] 萨特尔斯提出了"有序分隔"（ordered segmentation）这个术语，用来描述这些社区中的生活模式的两个相关特点：第一，虽然组成更大邻里社区的各个部分相对而言是相互独立的，但事实上，各个部分的成员在对抗及冲突事件中通常有结合起来的倾向，而且他们是在没有中心协调的情况下这么做的；第二，这些群体的结盟事实上往往是按照固定的次序建立起来的。[3] 这种模式在某些方面与人类学家如埃文斯 - 普理查德（E. E. Evans-Pritchard）所讨论的"分支世系制度"中的情况有些类似。[4] 罗

[1] *Oxford Mail*, 9 January 1981.

[2] Suttles, *The Social Order of the Slum*, p. 10.

[3] Ibid.

[4] E. E. Evans-Pritchard, *The Nuer*, Oxford, 1940.

宾斯（David Robins）和科恩（Philip Cohen）宣称已经观察到了北伦敦的一个工人阶级居住区中存在着这类模式。[1] 对当前的目的而言更重要的是，哈里森讨论了当代足球的情境中他所称的"贝都因综合征"（the Bedouin syndrome）[2]，即根据以下原则来建立临时联盟的一种模式：朋友的朋友是朋友，敌人的敌人是朋友，敌人的朋友是敌人，朋友的敌人是敌人。[3]

我们自己的观察也提供了一些证据，表明这种模式存在于工人阶级住宅区之中以及足球情境之中。在莱斯特，住宅区内部的年轻男性青少年群体之间的冲突，通常会让位于捍卫整个住宅区的"好名声"的需要，以对抗代表邻近住宅区的敌对"帮派"。然而，来自这些住宅区的小伙子们与来自莱斯特及周边地区的其他小伙子们会肩并肩地站在菲尔伯特街的看台上、站在球场外，为表达与客场球迷对立的"主场"团结而努力。如果挑战是来自区域层面，那么现在的敌人就可能会联合起来。例如，去伦敦看球的北方球迷经常抱怨，他们要与几个都市俱乐部的联合"战斗队"对抗。尤斯顿火车站曾经是经常发生这类遭遇的地点。大卫·罗宾斯甚至提到了伦敦一些小的邻近俱乐部的球迷之间会形成联盟，比如女王公园巡游者俱乐部和切尔西俱乐部，还有莱顿东方俱乐部和西汉姆俱乐部，他们的目的是为了对抗来自更大都市圈的对立俱乐部的球迷。[4] 前往北方——特别是北方较大的城镇——的南方人和中部人，也发声抱

---

[1]   Robins and Cohen, *Knuckle Sandwich*, pp. 73 ff.

[2]   Harrison, "Soccer's Tribal Wars", *New Society*, 1974, vol. 29.

[3]   Robins and Cohen, *Knuckle Sandwich*, p. 77.

[4]   David Robins, *We Hate Humans*, Harmondsworth, 1984, p. 86.

怨俱乐部联盟的攻击。最后，在国际层面，俱乐部及区域的对手都倾向于服从国家名誉的利益。此外，在每一个层级，特别是如果对立群体没有出现足够多的人，或者他们带来的挑战不足以或不被认为足以将原本对立的球迷团结起来面对共同的对手，那么，更低层级的对抗有时会重新出现。我们已经明确"有序分隔"在足球情境中是如何运作的了。接下来，让我们来细致地探讨"有序分隔"的结构。

七、"有序分隔"与"街角帮"的形成

在萨特尔斯看来，具有"有序分隔"特征的社区的主导特点是单一性别的同龄人群体或"街角帮"。他认为，这样的群体看上去"非常合乎逻辑地发展出了对年龄分组、回避不同性别、区域联合和族群团结的高度重视"。[1] 然而，萨特尔斯也注意到同一族群群体的"帮派"之间经常发生的冲突，他还在其他地方承认，族群的区分与团结是形成此类"帮派"的偶然因素，而不是必要因素。[2] 也就是说，年龄分组、性别隔离和区域认同，似乎是关键的**内部**社会结构决定因素。更具体地说，年龄分组隔离的严重程度意味着这些社区的孩子往往在很小的时候就被送到大街上玩耍，没有成年人监督。这种趋势经常会因多种家庭压力而加剧。性别之间的隔离意味着存在一种将进入青春期的女孩拉回家庭趋势，尽管有些女孩已经组成了相当激进的"帮派"，或者是跟小伙子们一起"混"，

256

---

[1]　Suttles, *The Social Order of the Slum*, p. 169.

[2]　Ibid., pp. 31-33；也可参见 Suttles, *The Social Construction of Communities*, pp. 28-29。

但她们在其中的地位往往是从属的。作为这种社会型构的结果，除了经常引起警察及其他机构的关注之外，这类社区中的青春期男性主要是任他们自由成长，而且他们倾向于组成群体，这些群体一方面由亲属关系及密切的或共同的居住关系决定，另一方面则由邻近社区里类似"帮派"的发展造成的真实或被感知到的威胁决定。在萨特尔斯看来，这些社区内部往往是支离破碎的，但是他认为，如果面对来自外部的真实或被感知到的威胁，这些社区则会达到一定程度的凝聚力。萨特尔斯指出，一场真实的或传言中的"帮派斗殴"会产生最高程度的凝聚力，因为这种打斗可以动员起整个社区的男性的忠诚。[1] 但是，让我们超越萨特尔斯，探讨这种类型的社区的结构如何导致其中主导特征之一的"攻击型男性特质"的生产和再生产。

八、"攻击型男性特质"的社会发生学

就其结构与"有序分隔"的符合程度而言，与社会等级更高的群体相比，下层工人阶级社区倾向于产生一些有助于且/或容忍了社会关系之中更高水平的公开的攻击性的标准。这些社区结构中的几个方面都有此倾向。例如，下层工人阶级的儿童及青少年所经历的相对不受成人控制的自由，以及他们的早期社会化大部分发生在街头，尤其是与同龄人在一起的事实，意味着他们倾向于在互相之间进行攻击型互动，并发展出

---

[1]　Suttles, *The Social Order of the Slum*, pp. 176, 181 & 194.

追寻兴奋

主要基于年龄、力量和体力的支配等级制。[1] 这个模式被这样一个事实强化：与社会等级位置较高的那些成年人相比，下层工人阶级父母对其成长中的孩子施加的压力较小，很少要求他们的孩子们对攻击行为实行严格且持续的自我控制。就下层工人阶级父母在这方面试图对他们的孩子进行控制的程度而言，这些父母有一个很大的倾向就是诉诸身体惩罚。此外，这些孩子在很小的年龄就适应了看到他们的父母及其他成年人特别是男性，用攻击式的、时而是暴力的方式行事。作为结果，这些孩子在成长过程中对攻击行为的态度往往比社会等级上比他们更高的那些孩子要更积极，也不太会被限制目睹甚至公开参与暴力行动。[2]

这种模式形成的一个关键因素是性别隔离的趋势，还有在这类社区中的男性支配。这意味着，一方面，这类社区往往具有男性针对女性的暴力比例较高的特征；另一方面，其中的男性成员一贯不会屈从于"软化"的女性压力。实际上，在一定程度上，这类社区的女性长大后就有相对较强的侵略性，而且她们也很重视社区之中男性的**大男子主义**，这些社区中男性的攻击倾向也因此可能变得更加复杂。进一步的强化来自家庭之间、邻里之间，以及首先是"街角帮"之间相对频繁的世仇与宿怨。简而言之，我们所描述的这类下层工人阶级社区，尤其是最适合用

---

[1] 这类模式的出现可能在很大程度上是因为，与一般的孩子一样，下层工人阶级的孩子尚没有机会形成对其情绪的强大且稳定的内化约束，因此严重依赖于外部控制。当孩子之间的攻击型及暴力型的互动限制在特定的环境如家庭之中，而且不是持续的出现，那么，孩子之间互动的攻击性和暴力性就很少受到核查，因而对这种支配等级的出现所进行的核查也很少。这种倾向很容易加剧到成年人将暴力形式的惩罚作为一种社会化手段，也可能发展到儿童经常看到成年人在家庭内外采取攻击行动。

[2] 使用埃利亚斯提出的术语，就可以说他们在目睹并参与暴力行为方面的"反感临界点"相对较高。参见 Elias, *The Civilizing Process* 和 *State Formation and Civilization*。

"粗野"这个词来形容的那些社区，似乎具有"反馈"过程的特点。在社会关系的许多领域，这些"反馈"过程鼓励了采取攻击行为，尤其是对男性而言。

这些"反馈"过程的影响之一是给展示了打斗能力的男性带来了声望。与此相关的是，这类男性也倾向于享受打斗。对于他们以及努力模仿他们的朋辈来说，这是很重要的意义、地位及令人愉悦的情感焕发的源泉。下层工人阶级社区中的这些"粗野"的部分，与上层、中层工人阶级中"体面"的对应人群之间的主要区别在于：在后者中，面对面关系中的暴力行为往往在规范上是受到谴责的；而在前者中，攻击及暴力的公开表达在多数情境及处境中是被容忍或被积极批准的。更进一步的差异在于：在"体面"的阶级中，暴力被"推到幕后"；当确实出现暴力时，这种暴力总体上采取的是一种更明显的"工具"形式，而且会导致引发罪恶感。对比来看，在"粗野"的工人阶级社区中，暴力往往会在更大的范围里公开出现，而且总体上包含更明显的"表达型"或"情感型"的性质，这些性质与令人愉悦的感受的焕发密切相关。另外，虽然"体面"阶级的成员，尤其是"体面"的男性，被允许——实际上是被期望——在被定义为"合法"的特定情境（诸如正式的体育运动）中表现出攻击行为，"粗野"工人阶级的成员则往往认为正式的体育运动过于受制和"驯服"[1]，或者当他们参加比赛时，由于他们过度的体力取向，有时是暴力取向，他们会陷入与官方及对手的冲突之中。[2]

----

[1]　Paul Willis, *Profane Culture*, London, 1978, p. 29.

[2]　Howard J. Parker, *View from the Boys: A Sociology of Downtown Adolescents*, Newton Abbot, 1974, p. 35.

于是，与今天英国的主导标准相比，来自下层工人阶级中"粗野"部分的男性的认同，就倾向于公开攻击形式的**大男子主义**的男性气质。这类男性中的许多人对他们的家庭、社区，还有他们参与的"足球行动"和他们的"球门端看台"等的声望有很高的情感投入，这种情感投入是攻击型的且强硬的。这种模式的生产与再生产，不仅是通过"有序分隔"的**内在**构成要素得以达成，而且是通过他们的社区被锁定在更广泛社会中的那些方式来实现的，这一点同样至关重要。例如，下层工人阶级男性在教育及职业领域中通常被剥夺了地位、意义与满足感，而教育及职业领域是社会等级位置较高的男性获得认同、意义与地位的主要来源。这种剥夺是多种因素结合的结果。例如，大多数下层工人阶级男性不具备，通常也不珍视，教育及职业的成功或要在这些领域努力奋斗所需要的性格特征与价值观。同时，他们往往在学校与工作中遭受系统性的歧视，部分原因是他们发现自己处于等级结构的下层，这种等级结构似乎需要一个相对永久且相对贫困的"下层阶级"作为其组成特点。[1]

对于来自下层工人阶级的"粗野"男性来说，很难在学校和工作领域中获得意义、地位与满足感，也很难在其中形成令人满意的身份认同，因此他们更倾向于依赖包括身体恐吓、打斗、酗酒及剥削式的性关系等形式来实现上述目的。事实上，他们倾向于具有阿多诺及其合作者所描述的"威权人格"的性格特征。[2] 当然，对这些大男子主义的下层阶级男性来说，他们发展出相对高自尊的可能，是以当地的尤其是同龄人群体

---

[1] 例如 Herbert J. Gans, "Urbanism and Suburbanism as Ways of Life", in R. E. Pahl (ed.), *Readings in Urban Sociology*, pp. 95–118。

[2] 这可能有助于部分地解释国民阵线和英国运动对这类群体中的许多成员的吸引力。

认可他们的坚韧、他们作为战士的技巧、他们的勇气、他们对群体的忠诚、他们作为饮酒者的功绩等为基础的，而且通常是因为他们会使用被他们及同龄人视为"街头智慧"的方式来对待自己。与此同时，因为他们处于整个社会等级的底层，而且，相对于"体面"群体早期社会化模式的特征而言，他们所经历的这类模式对将暴力使用进行稳定控制的内化程度较低，因此，在他们认为自尊受到威胁的情况下，他们更容易做出攻击性的回应。"街头智慧"的复杂要求往往会限定被这些群体认为适于打斗的情境。然而，与来自其他群体的男性相比，我们描述的这类男性倾向于依赖身体威胁，倾向于更经常地打斗。一方面，他们在理性上倾向于寻求身体对抗，因为对他们来说，这些是认同、地位、意义与令人愉悦的兴奋的来源。另一方面，在受到威胁的情况下，他们倾向以攻击的方式回应，因为他们已经习得了不要施加达到英国社会的主导规范在这方面所要求的自我控制的程度。

九、暴力的男性特质与足球的失序：一些历史实例

因为下层工人阶级社区特定部分的男性所拥有的经济及其他权力资源相对较少，而且因为他们潜意识里对不熟悉的地方及人物具有威胁与敌意，他们之中通常会产生以攻击的方式行事的倾向。这种倾向在大多数情况下往往会在这些社区内部进行表达。然而，也会零星地在社区之外出现，也就在中产阶级等更稳定的群体中造成了"道德恐慌"。在下层工人阶级社区之外、可以表达这种攻击性的社会生活领域，往往会在不断变化的时尚的影响之下发生转变，比如从电影院到舞厅，再到海滨度

假胜地。然而，为这类行为提供相对持久的情境是足球。也就是说，实际上自从足球的现代形式在 19 世纪出现，这种体育运动就伴随着球迷的失序，其中很多都包括身体攻击及暴力。这类失序事件看起来随着时间的推移而有所不同，这取决于这项运动对下层工人阶级中"粗野"部分的吸引力的不断变化，还取决于结构接近"有序分隔"的社区在社会总体上的比例的不断变化。第二点还可以用另一种方式表达：足球运动以及与其相关的球迷失序的变化速率，似乎主要取决于工人阶级整合进英国社会生活主流的程度，还有他们因此被迫采纳——用埃利亚斯的术语来说——更"文明化"的价值观及行为模式的程度，这些价值观和行为模式是中产阶级等更"稳定"社会阶级的特征，也是这些社会阶级所提出的要求。[1] 这里提出了一些复杂的议题，我们在这篇文章中并不可能处理。但是，我们在这里可以引述一些足球人群失序的例子，这些例子都是在当前阶段之前出现的，而且根据我们的研究发现，它们可以展示足球流氓问题是如何升级到今天被普遍认为是"危机"的程度的。

下面这则报道是关于对立的足球球迷在火车站内的一起多人斗殴事件，刊登在 1899 年的《利物浦回声报》上：

> 兴奋的场景出现在周六晚上的米德尔维奇火车站，在南特维奇和克鲁两支队伍之间进行的柴郡决赛之后。两支球队的球迷聚集在

---

[1] 我们是在技术的、相对疏离的意义上使用诺贝特·埃利亚斯提出"文明化"这个术语的。我们并不是说工人阶级的成员由于这种整合而变得"更好"了，也不认为他们参与到这个过程之中在某种意义上是为了他们作为一个阶级的"真正利益"。简单地说，在我们看来，"文明化"和"整合"这两个词是相对客观准确地将这个社会过程概念化的方式，而这个社会过程似乎可以合理地假设是真实发生了的。

对向的火车站台上候车。他们的行动是从轮流怪叫与欢呼开始的，然后有一个人向对方的一个人发起了挑战，要打一架。两人都竭尽全力，拼命打来打去，直到被警察分开。然后，许多南特维奇人穿过了铁轨，冲向克鲁人占据的战台。与此无关的乘客被吓得四散奔逃。然后，特警来了，警察护卫着人群离开，他们中的许多人都挂了彩，这将在一段时间内可以作为辨别他们的标记。[1]

十年后的 1909 年，《格拉斯哥先驱报》告诉我们，在汉普顿公园球场举行的格拉斯哥流浪者队和凯尔特人队之间的苏格兰杯决赛上——

> 大约六千名观众毁坏了球门柱、栅栏和售票处，他们点燃了这些设施，并在球场中央围着它们跳舞。警察、消防员和救护人员被石头砸伤，消防车受损，水管被割破。警察在扔石头向暴徒回击之后，终于在七点钟清理了球场。五十四名警察受伤，汉普顿公园球场周围几乎所有的路灯都被损毁。[2]

接下来，1920 年，据《伯明翰每日邮报》报道，一名观众对伯明翰队（现在的伯明翰城足球俱乐部）提起了法律诉讼：

> 原告……说他买了站票看比赛。这件事发生在主队球迷的"斯

---

[1] *Liverpool Echo*, 1 April 1899.

[2] *Glasgow Herald,* 19 April 1909，引自 John Hutchinson, "Some Aspects of Football Crowds Before 1914", Proceedings of the Conference of the Society for the Study of Labour History, University of Sussex, 1975, paper no. 13, mimeo.

皮恩"看台……中场休息过后，"瓶子像冰雹一样飞来飞去"。原告试图离开，但他的头部被击中，受了伤，缝了七针。他在"斯皮恩"看台上还看到过其他骚乱行为，一次是在受伤前一周左右，他看到人们用瓶子而不是拳头当武器。

所用的瓶子是半品脱的厚实瓶子。[1]

1934年，《莱斯特水星报》的一位记者在描述莱斯特城球迷从伯明翰的一场比赛中归来时，写道：

从新街出发那时起，一切都很顺利；人们担心发生了什么不寻常的事情，导致火车停了下来……在离目的地只有三百或四百码的地方。在对所有车厢进行彻底搜查之后，发现是通信线被拉断了……据查明，在旅行中有时会出现的流氓行为对机车车辆造成了不小的损坏，这些车厢有些几乎是全新的。窗户被砸得粉碎，座位被割破，窗户上的皮带也被刀割破。[2]

这几个例子在某种程度上消除了"足球流氓行为作为一种社会现象是全新的"这种错误看法。然而，这些例子并没有说明，随着时间的推移，足球流氓行为的出现概率也发生了变化。我们的发现是以对19世纪80年代以来的英国足球比赛记录的详细分析以及对报纸的广泛搜索为基础的，我们的发现表明：从那个时期开始，球迷失序报道的比率呈U型曲线。

---

[1] *Birmingham Post*, 14 October 1920.

[2] *Leicester Mercury*, 19 March 1934.

更确切地说，在第一次世界大战前的三十五年里，这个比率相对较高；在两次世界大战期间，比率有所下降，但从未接近过零点；从第二次世界大战结束到 20 世纪 50 年代末，比率一直很低；然后开始上升，起初相对缓慢，但从 20 世纪 60 年代中期开始迅速上升，特别是从 1966 年世界杯决赛在英格兰举行之后。可以如何解释这个模式？在这里，我们勾勒出宽泛的概括，既是对研究现象的解释，也部分是我们的研究假设。[1]

在第一次世界大战之前，与今天相比，英国社会处于埃利亚斯所说的"文明化过程"的更低阶段。后果之一是当时的社会关系一般带有更高程度的公开暴力的特征。这也反映在足球人群的行为上。从出现了吸引人群的职业球队开始，足球人群的社会构成就是以工人阶级为主导。然而，尽管这个过程肯定不是从那时开始的，尽管这个过程是不均衡的、以冲突为特点的，并在某种程度上也存在对立的趋势，但是，自第一次世界大战结束以来，工人阶级已慢慢地、更深地融入主流社会，并被赋予了更多的公民权利。随着这一过程的出现，更多"文明化的"标准在社会范围内扩散，这种"文明化"的过程也反映在足球人群更为有序的行为之中，并且似乎可以合理地假设，通过一些更基本的社会过程，如提高富裕程度、壮大工会力量、提高女性的平等程度，这种文明化过程得到了巩固。[2] 富裕程度的提高有助于社会整合，并产生了一种"文明化"的

---

[1] 对我们资料中的这些趋势的更细致展示，参见 Eric Dunning, Patrick Murphy and John Williams, *Working-Class Social Bonding and the Sociogenesis of Football Hooliganism*, End-of-Grant Report to the SSRC, 1982；也可参见我们的 *The Roots of Football Hooliganism*。

[2] 因为很少有历史学家甚至更少有社会学家曾经研究过两次世界大战之间的那些年，这个分析不可避免地带有高度的推测性。然而，它确实从詹姆斯·E. 克劳宁的先驱研究中获得了一定程度的支持，参见 James E. Cronin, *Labour and Society in Britain, 1918-1979*, London, 1984。

效应，例如，减轻了一些形式较严峻的国内压力，有助于提供其他途径来建立令人满意的身份认同。工会力量的壮大也产生了一定影响因为它有助于确保工资及工作条件的改善，也因为它有助于工业冲突日益制度化，所以，尽管不能当作某种简单"进步"趋势的一部分，但是从长远来看，工会力量的壮大减少了其中的暴力。还有女性权力的增长，其本身的效应就已经是"文明化"的，因为它把更多的男性拉到了核心家庭里以及家庭生活中，由此就软化了在之前阶段更盛行的大男子主义倾向。与此同时，父母对孩子早期社会化的控制也已经增强了，孩子的早期社会化越来越少地发生在街头情境之中，只受或主要受同龄群体的影响也越来越少。教育过程的延长以及各种类型青年组织的形成，也在同一个方向上起了作用。

然而，尽管整合及更加"文明化"的这个过程包含了越来越多的工人阶级，但这个过程并非对所有的工人阶级都有相同程度的影响。更具体地说，受到影响最小的群体是仍然为贫穷所困、处于社会等级下层的那些人。事实上，虽然工人阶级中"体面"部分的规模扩大了，但他们与不断缩小的下层工人阶级——包括依旧"粗野"的部分——之间的差距也扩大了。尽管在当前经济衰退期间[1]，下层工人阶级的人数可能又开始增长，但正是这些"粗野的"工人阶级群体的行为方式，最接近于萨特尔斯所说的"有序分隔"中的那些标准。自 20 世纪 60 年代以来，这些青年及年轻男性越来越多地被吸引到足球比赛之中，正是他们构成了参与最严

---

[1]　在这里我们没有足够的篇幅来阐述我们所认为的贫困、失业与"有序分隔"之间复杂的相互关系。应该足以指出：就像我们看到的，这种关系的一部分在于，来自"体面的"工人阶级家庭的一些失业青年可能会发现他们"粗野的"同龄人的生活方式——包括参加足球流氓行为——很有吸引力。

重形式的足球流氓行为的"硬核"群体中的大多数。为了了解他们是如何以及为什么被吸引到足球比赛之中，有必要简要地考察大众媒体对待足球比赛的一些看法。

十、足球与媒体

在两次世界大战之间的那些年，事实上直到 20 世纪 60 年代，媒体都倾向于表扬英国的足球观众行为得体。更具体地说，当媒体报道外国球迷或者来自不列颠群岛非英格兰区域的球迷出现了一些不当行为时，通常都会包括"这不可能出现在这里"这类陈述。例如，以下摘录自《莱斯特水星报》的一篇报道，描述了 1928 年贝尔法斯特的一场比赛中发生的一些失序事件：

> ……凯尔特人队和林菲尔德队之间的冠军杯决赛的中场休息时间成了转折。乐队里的音乐家被石头砸，随后警察介入，用警棍将双方人群中更激烈的对立者分开……
>
> 在接下来的几周里，在英格兰的许多中心地区，冠军杯赛和联赛中的危急重大议题将会使成千上万的人执着于一个念头……幸运的是，所有这些事情都会得到妥善解决，没有一个警察不得不举起警棍来维护治安。[1]

---

[1] *Leicester Mercury*, 10 February 1928.

追寻兴奋

尽管从第一次世界大战前开始，英国足球观众的行为就已经越来越有序，但是，与上面这则类似的报道却忽略了两次大战期间在足球赛场持续出现的、且与足球比赛有关的小骚乱。尽管在这方面，这些报道在事实上有点不准确，但通过赞扬"典型的"英国球迷，这些报道似乎加强了人们举止良好的倾向，并吸引了相当多"体面的"人去观看足球比赛。换句话说，在这一时期，媒体的处理与观众的行为似乎彼此强化，产生了一个"反馈循环"，这种循环的效应或多或少地带来了观众"体面行为"的持续提升。[1] 然而，20 世纪 50 年代晚期，对"泰迪无赖男孩"的恐慌又起，还有工人阶级青年在那些年里更一般的道德危机，与之相关，媒体也挑中并着重报道了那类暴力事件。其实这类事件过去总是时不时地发生在人群拥挤的足球场馆。然而，因为 1966 年英格兰要举办世界杯似乎就这方面而言，正是这件事起到了决定性意义。世界杯意味着英国观众将处于国际媒体的监督之下。在这一情境中，英格兰的大众报纸开始关注足球流氓行为，认为这是对英国的国际声誉的一种威胁。例如，1965 年 11 月，一名米尔沃尔球迷在他的球队与来自伦敦的对手布伦特福德队的比赛中，向球场投掷了一枚"死"手榴弹，《太阳报》以"足球迈向战争"为题刊登了以下报道：

> 足协已经行动起来要扑灭在 48 小时内逐步升级的暴徒暴力，这是英国足球最黑暗的日子——手榴弹日，这说明英国的球迷可以在任何事情上与南美球迷媲美。

---

[1]　在某种程度上，这是一种过分简化，正如我们在《足球流氓行为的根源：一个历史与社会研究》(*The Roots of Football Hooliganism*) 一书中已经表明的，在 20 世纪 30 年代到来之际，曾经有过关注足球人群行为的微弱倾向。

现在距离世界杯还有不到九个月。这就是我们剩下的所有时间，可以尝试并恢复这个国家的体育曾经有的好名声。足球现在生病了。或者更好的说法是，足球的观众似乎感染了某种疾病，导致他们愤怒地爆发。[1]

在 1966 年世界杯前后，大众媒体开始将记者派到赛场去报道观众行为，而不仅仅是比赛本身。[2] 毫不奇怪，这些记者看到了很多冲突事件，因为这些事件过去也总是至少以一定频率出现在足球场的内外，尽管在这一时期很可能是处于增长之中。更何况，为了在竞争日益激烈的行业中卖出报纸，加之 20 世纪 60 年代中期出现了对青年暴力的道德恐慌及政治恐慌的升级，记者们往往以耸人听闻的方式报道此类事件。通过这种方式，足球场开始被日益"宣传"为常规地出现斗殴或"寻衅"的地方，而不只是足球出现的地方。这吸引了来自工人阶级"粗野"部分的年轻男性，人数可能比以前更多，加剧了已经存在的势头："体面"人群撤回了他们支持，特别是从以进球为目标的赛场上。这些报道还造成了我们今天所处的位置现实：流氓事件的规模越来越大；与过去的情况相比，它也越来越常规地成了比赛的伴生物；英国足球流氓行为的难题已经出口到国外，在一定程度上足以使得"英国足球迷"与"流氓"在欧洲大陆被广泛视为差不多同义的两个词。当然，不能说是大众媒体**引发了**这一进程，但是，通过最开始夸大那些通常只是小事件的情况，通过有

---

[1]　*Sun*, 8 November 1965.

[2]　Stan Cohen, "Campaigning Against Vandalism", in C. Ward (ed.), *Vandalism*, London, 1973, p. 232.

效地"宣传"足球场是骚乱经常发生的地方、是地区声誉而不仅是足球声誉受到威胁的地方，可以说，大众媒体作为一种自我实现的预言，在足球流氓行为以其独特的当代形式得以发展的过程中发挥了重要的作用。

一旦来自"粗野"工人阶级的青少年及年轻成年男性大量地被足球吸引，他们就会长期与足球为伴，这主要是因为足球在许多方面都是非常合适的情境，是他们认为有意义、令人兴奋且愉悦的那类活动。例如，在足球赛场，他们可以按照官方及大部分"体面"社会会皱眉的方式行事，而且是在相对而言豁免了审查及逮捕的情境之中。此外，比赛也能产生高度的兴奋，这种兴奋的焦点是两个社区的男性代表之间的一场比赛，一场用球进行的"模拟战斗"。虽然受到正式控制，暴力通常不那么公开，而且从某种意义上说是更抽象的暴力，在许多方面类似于流氓之间发生的那类对抗。也就是说，这也是男性气质仪式的一种形式。此外，客场球队带来的大量支持者也提供了一群现成的对手，在这种情境下，当地"硬核"群体之间存在的竞争至少可以暂时淹没在团结"主场看台"的利益之中。

十一、结论

通过结论，我们希望强调：我们的研究并非认为来自下层工人阶级的青年及年轻男性是**唯一的**足球流氓。也不是所有来自下层工人阶级社区的青少年及年轻成年男性都会将足球比赛作为一种打斗情境。有些人会在其他地方打架，有些人几乎不打架。更确切地说，我们的观点是：来自下层工人阶级中——我们不认为"粗野的工人阶级"和"下层工人阶级"是同义词——"粗野"部分的青年及年轻男性似乎是较严重的足球流氓行为的形式中最中坚且持久的违规者。我们并非认为，我们所描述的足球流氓行为的一些典型属性及价值观是这些群体所特有的，或者仅仅是由"有序分隔"带来的。非常相似形式的男性特质在诸如警察与军队中也很明显，可能在另一些职业情境中也存在。[1]

最后，我们也不认为，因为足球比赛中的流氓行为深深扎根于英国的过去，它在形式、内容及后果方面就完全处于不变的状态。形塑了20世纪50年代末以来"足球流氓行为"特定特征的因素包括：工人阶级中"粗野"部分与"体面"部分所出现的结构变化，还有他们之间关系的变化；针对青少年的休闲市场的上升；年轻球迷以规律的方式去参加客场比赛的能力及愿望都增加了；比赛本身的结构的变化；与足球有关的权威当局制止流氓行为的努力，还有首先是中央政府卷入到了这个过程之中；大众传媒的变化，首先是电视的到来，还有"小报"的出现以及其中的竞争所带来的商业导向的"新闻价值"概念；以及最后，近年来青年劳动力市场的实质崩塌。在我们看来，在某种意义上至少具有历史特定性的这些特点，自20世纪50年代以来，对足球流氓行为的形式、内容及程度都有影响。我们与写过这个主题的其他人的不同之处在于，在解释足球流氓行为的产生之时，这些特点中的任何一个或任何组合在何种程度上被赋予了中心的因果地位。我们的研究引导我们相信：足球比赛及其相关情境中出现的流氓行为背后，是工人阶级特定部分的社区之中相

266

---

[1] 关于对都会警察中"大男子主义"倾向的报道，参见 *Police and People in London*, Policy Studies Institute, London, 1983。这类职业的特点之中，看起来对这些形式的男性气质认同的产生及再生产应当负主要责任的，是对这些职业的一项重要要求，即"自我处理"的能力。

对持久的、深深扎根且长期存在的特点。如果我们是对的，那么就可以认为：对足球流氓行为的准确理解，不仅要求对第二次世界大战以来的社会（包括经济）发展的分析，而且更关键的是，要提供两种**发展型**描述，第一种是关于这些社区及其所信奉的价值观在更长时间跨度中的生产及再生产的方式与程度，第二种是关于足球在多大程度上成为表达这些价值观的舞台。

第十章 体育运动作为男性的保留地：关于男性特质认同及其转型的社会渊源的讨论

埃里克·邓宁

一、导言

很少有社会学家会不同意这样一个看法：正在变化的性别关系是我们这个时代最重要的社会议题之一。尽管多数社会学家可能会认为，与诸如贫困、饥饿、失业及种族冲突相比，性别关系不那么重要。[1] 然而，除了核战争威胁这个唯一的例外——因为核战争的威胁具有普遍的潜在影响，而且如果这种威胁成为现实则后果将是普遍存在的——人们会感觉性别关系比其他这些议题都**更**根本。这是因为所有其他根本的社会议题，如阶级与种族，都存在性/性别的维度，即便主要是工业化程度较高的国家里的中产阶级女性，她们开始意识到男性支配或者说父权制在社会层面上是有问题的，并且开始与之抗争。虽然性别分化具有普遍性及社会意义，而且在工业化程度较高的社会中，性别关系越来越成问题，这在目前似乎正在发生的传统婚姻和家庭形式的解体和/或转向中尤其

---

[1] 这篇文章的更早版本提交给了在 1983 年 10 月在美国密苏里州圣路易斯举行的北美体育社会学学会第四次年会。我应当感谢我的同事克莱夫·阿什沃思、帕特·墨菲、蒂姆·纽伯恩、伊万·沃丁顿和约翰·威廉姆斯，我从他们的批评意见中获益良多。

明显，但是，并不能说这些议题已经在社会学上得到了恰当的理论化。[1]
作为与这种关联有关的整体节点的一个部分，体育运动没有受到太多的关注，而体育运动在传统上是男性主要的保留地之一，因此对父权制结构的运作具有潜在的意义。社会学的想象力在这里面临双重失败，可能的原因或许并不难发现。

最近几年，主要是因为女性主义的挑战，有这样一点已经变得越来越清楚：社会学作为一个学科门类出现时，贯穿了父权制的假设。比如，孔德认为女性"在智力上落后"于男性，并相信家庭必须以丈夫的支配为基础。[2] 涂尔干研究中的假设与之并没有什么不同，[3] 而且这些观点继续弥散在这个学科更现代的那些贡献之中。体育社会学是社会中最不发达的领域之一[4]，但鉴于社会学这一学科中普遍隐含的父权制，不容置疑的男性支配已经被广泛地纳入了体育社会学这一领域迄今为止的贡献之中，这种情况也就不足为奇了。其后果之一是，现代体育中的父权制特征及其在维持男性霸权中所起的作用，都只受到了一小部分女性主义研究者的质疑。然而，在多数情况上，他们倾向于关注体育运动中对女性的歧

---

[1]　女性主义作者当然在这方面已经做出了几个重要的推进，但是，相比他们对意识形态的关注力度的影响，他们所写的很多东西至少**看上去**不够客观准确，即便对能够共情他们理由的那些人来说也是如此。

[2]　参见 *The Positive Philosophy of Auguste Comte*, translated and condensed by Harriet Martineau, London, 1853, pp. 134 ff. 应该对孔德公平一些。虽然孔德声称女性"从本质上说处于一个永久的婴儿状态"，也"不适合……脑力劳动所必需的持久和强度，无论是由于（她们）内在的理性不足，还是由于（她们）更活跃的道德敏感及身体敏感"，但是孔德也认为女性"在精神层面"比男性更优越，因此在社会上更重要。

[3]　例如参见《自杀论》的讨论。Emile Durkheim, *Suicide*, London, 1952, pp. 384–386.

[4]　对这个议题的讨论，参见 Eric Dunning, "Notes on Some Recent Contributions to the Sociology of Sport", *Theory, Culture and Society*, vol. 2, no. 1, 1983, pp. 135–142。

视这类议题。[1] 尽管他们的研究已经有助于带来一种可能的状况，但他们都还没有试图对存在且贯穿了体育运动的男性支配的形式，以及这方面已经出现的转型进行系统地理论化。我希望在这篇文章中朝着这个方向起步。更具体地说，通过使用英国的资料，我希望将体育运动作为男性的保留地，并探讨体育运动相对于其他渊源在男性特质认同的生产及再生产中所起的作用。在开始更具体的研究之前，我将提出一些基本的社会学假设，实质讨论将以这些假设为基础。

二、性别之间的权力平衡：一些社会学假设

第一个社会学假设是：与所有其他类型的社会相互依赖一样，男性与女性之间的相互依赖，至少在开始，最好是按照所涉各方的权力平衡或"权力比率"来进行概念化。这构成了一种"深层结构"，对性别关系进行管控的意识形态及价值观在这种"深层结构"中得以产生并维持。尽管这些意识形态及价值观构成了性别之间权力平衡的一个活跃成分，例如，从某种意义上说，它们可以在动员男性与女性为他们认为的自身利益而斗争方面起到作用。但实际情况是，性别关系的各种转型，还有对这些性别关系进行管控的意识形态及价值观的转型，总是依赖于性别权力的潜在平衡的变化，而这些变化是意料之外的，并没有嵌入在具体、详尽的意识形态及价值观之中。第二个社会学假设是：由于暴力和打斗

[1] 下列研究属于例外：Boutilier and San Giovanni, *The Sporting Woman*, Champaign, Illinois, 1983; Jennifer Hargreaves, "Action Replay: Looking at Women in Sport", in Joy Holland (ed.), *Feminist Action*, London, 1984, pp. 125–146.

在一定程度上是社会生活普遍存在的特点，性别之间的权力平衡倾向于对男性有利。武士社会当然是如此，而在工业社会中，这个假设也倾向于保持正确：在工业社会中，相对于文职精英而言，军方的权力是很大的。在社会条件导致了武力帮派的生产及再生产的那些社会结构领域，实际情况也往往如此。性别之间的权力平衡也将向男性倾斜。在一定程度上，男性参与共同行动的机会大于女性，而且在一定范围内，男性垄断了获得并控制那些决定生活机会的主要制度要素，特别是在经济和国家方面。此外，在一个社会中，男性支配的形式越极端，性别之间严格隔离的趋势也就越普遍。这些假设的一个推论是：当一个社会中的关系或者部分关系变得更加和缓时，当女性参与共同行动的机会接近或超过男性时，男性的权力机会倾向于减少，而女性的权力机会就会相应增加；到了这个程度，性别隔离就会开始瓦解。进一步的推论是：在经常发生打斗、权力平衡被严重扭曲而偏向男性的这类社会条件下，大男子主义价值观倾向于在男性特质认同中起到更重要的作用。相应地，社会关系和缓，女性的权力机会更大，性别隔离被打破了，那么，男性的大男子主义倾向就会发生可以被称为"文明化"的转向。

在这些假设背后有两个表面上的事实：首先，尽管不同性别之间存在一定程度的重叠，男性一般而言比女性体型更大也更强壮，因此更合适成为武士；其次，怀孕和哺育孩子往往使女性丧失了打斗及其他一些方面的能力。当然，现代武器技术有能力抵消甚至可能完全消除男性固有的打斗优势。相似地，现代生育控制已经减少了女性在怀孕及哺育孩子上所花费的时间。换句话说，男性从他们成为武士的力量及能力中所获得的权力机会，往往与技术发展成反比。也就是说，当技术发展水平较低时，男性的权力机会更大，反之亦然。然而，可以合理地认为，国家形成的水平，尤其是国家有能力在多大程度上维持对身体力量使用的有效垄断，可能是所有影响中最重要的。

这种处理男性权力及男性特质认同等难题的方式来自诺贝特·埃利亚斯的研究。[1] 其与马克思主义者的研究相当不同，马克思主义者主要将大男子主义复合体归因于进行体力劳动的要求及限制。[2] 更确切地说，虽然这些限制可能在维持更极端的大男子主义认同方面起到了作用，例如特别强调身体力量，但很难看出，这些限制是如何**依靠其自身**形成了以坚韧及打斗能力为核心，并把打斗作为生活中的意义及满足的主要来源的精神气质。的确，下面这个说法是可以讨论的：马克思主义者的取向本身就是隐含在许多社会学理论中的那类父权制假设的一个例证。但实际情况是，在某种程度上，物质生活的生产及再生产被认为主要发生于经济领域，而在这方面，家庭及性别关系的重要性至少是被暗中放在了从属位置。

现在已经到了能够考虑体育运动与父权制之间一些关系的时候了。为了阐述、说明这些关系，我们将相当简要地讨论三个个案。它们是：现代"对抗型体育运动"的发展；传统上主要与拉格比球结合在一起的大男子主义亚文化的出现及随后的（相对）衰落；当代英国存在的"足球流氓行为"现象。

---

[1]　首先应当参见 *What is Sociology?*, *The Civilizing Process*, *State Formation and Civilization*, *The Court Society*。

[2]　例如参见这本书中的讨论：Paul Willis , *Learning to Labour*, London, 1977。

三、现代对抗型体育运动发展的一些方面

所有体育运动都具有内在竞争性，因此很容易引发攻击。在特定的条件下，这些攻击行为会发展为违反规则的公开暴力。然而，在拉格比球、足球、冰球和拳击等体育运动中，在两个个体或群体之间的"玩耍—打斗"或"模拟战役"的形式中，暴力是中心且合法的成分。在当今社会，这类体育运动是社会可接受的、仪式化的且多少受到控制的身体暴力表达的飞地。这篇文章关注的就是这些"对抗型体育运动"，更确切地说，是涉及两支队伍之间"玩耍—打斗"的那些体育运动。

足球、拉格比球和冰球这些现代对抗型体育运动可以追溯到中世纪与现代早期的、有地方差异的一系列民间比赛，这些民间比赛有多种名称，如足球、投掷球、进击球和营地球。[1] 这些比赛是按照口头规则在城镇的街道以及全国各地进行的。没有像裁判和边裁这些"外部"控制的代理人，有些时候每一方都有多达一千人参加。尽管这些比赛之间存在差异，但与现代体育运动相比，这些比赛的一个中心特征是：它们都包括很高程度的公开暴力。比赛参与者可以相对自由地进行情感表达，而且只施加相对宽松的自我控制。事实上，这类比赛是一种仪式化的打斗，在这种打斗中，群体能够在使用他们的力量与当地的对手进行较量的同时，以一种相对愉悦的形式，产生类似于战斗中所激发出来的那种兴奋。这种类型的比赛显然是与社会结构一致的，在这种社会结构中，国家形成的水平以及更一般的社会发展水平都相对较低，在其中，与今天相比，

271

---

[1] 这个分析是以下文的讨论为基础的：Eric Dunning and Kenneth Sheard, *Barbarians, Gentlemen and Players*.

暴力是日常生活更常规且更公开的特点，而且性别之间的权力平衡也更偏向于男性。简而言之，这些民间比赛表现出了相对极端形式的父权制。因此，它们以相对肆无忌惮的方式体现了大男子主义价值观。

这些比赛在"现代化"方向的第一个重要的发展，发生在19世纪的公学之中。[1] 正是在这样的情境中，参与者开始服从成文规则的约束，这些成文规则中的许多都明确地表达了对减少或控制更极端形式的暴力的关切。换句话说，足球及相关比赛的早期现代化中包含了一系列变化，使得这些比赛比之前的形式要更"文明化"。这里的比较是有意义的。也就是说，这些比赛并不是在绝对意义上变得"文明化"了，而只是更"文明化"了。这些体育运动继续表明仍然处于城市工业民族国家相对早期阶段的那个社会是以父权制的假定为特征的。这可以从如下事实中看到：这类比赛在意识形态上是正当的，部分是作为战争的训练场地，部分是由于它们被用于为英国这一不断扩张的帝国来培养军事及行政领导人，还有一部分是作为灌输及表达"男子气概"的手段。

关于那个阶段的公学比赛中所涉及的男子气概规范的出色看法，在1860年学校杂志上刊登的一位老拉格比球员的文章中有很好的阐述。在那篇文章中，这位老球员将当时的比赛与他两三年前在学校期间的拉格比球进行了对比。他这样写道：

> 你们可以在两年前的第六场比赛中看到并列争球……那时候，伙伴们对球一点也不在乎，除非它给了他们一个像样的借口可以蹬踏。我对一次并列争球记忆深刻！……我们已经拉扯了五分钟了，　272

---

[1]　Eric Dunning and Kenneth Sheard, *Barbarians, Gentlemen and Players*.

第十章　体育运动作为男性的保留地　　　　　　　　　　379

但还不够。事实上，当一个旁观者告诉我们球正在定位区随时恭候我们，气氛才堪堪开始热烈起来。然后就是那个边锋，六号位侧翼边锋的大力争抢；我的天！他难道不应该进入公学！他只是使得十个人不能参加这一季的比赛，还把六个人送回家、缺席了半个赛季的比赛……仅仅看到他成功地完成了一次争抢，就使得所有的女士们都尖叫昏厥。上帝保佑你，我亲爱的伙伴！现在大家都喜欢看一堆乱七八糟的东西，这应该让我们觉得更羞愧。当时没有现在这样狡诈地穿梭接球；不会把球从一个人传给另一个人；当时的所有都是男子汉式的、直截了当的。为什么？一旦球在争抢中落在了你身后，这就跟你出了边线还持球一样，会被认为是公然犯规。你们不会看到现在经常发生的那种逃避争抢的行为。比赛开始十分钟后，如果你从头到脚都不是大地母亲的颜色，没有人会看得起你。但是，真见鬼！今天你们都没有机会可以体面地摔倒；毫无疑问，你们看到了年轻的滑头们"不惜一切代价地站起来"，装模作样地快跑，穿过争球场地，他们精致的外表看起来不能忍受任何与球的暴力式接触。把这些年轻的小狗吊起来！不久我们就会看到有人穿着长筒靴、戴着淡紫色的小手套……我的格言是：当你看到球在你附近，就把球抢断；当你看不到球，就把你旁边的那个人踢翻。[1]

这段叙述很好地展现了那一时期统治拉格比球"男子汉气概"的规范。它也为这样一个观点提供了证据：这项运动那时正在朝着"文明化"的方向进行转化。于是，当这个老拉格比球员声称"蹬踏"——也就是

---

[1] Anon., *The New Rugbeian,* vol. III, 1860，引自 C. R. Evers, *Rugby*, London, 1939, p. 52.

踢对手的小腿——过去曾经占据比赛更重要的位置时，他所推崇的是恢复他学生时代的那些辉煌。同时，他很痛恨"传球"的出现，他认为这带来了拉格比球"男性特质的丧失"。他所描述的早期标准会让人想到古希腊的拳击和摔跤，正如埃利亚斯已经展示的那样，这些是以武士的精神气质为基础的，这种精神气质会认为：躲避对手的进攻或者后撤，都是懦弱的。[1] 既然这位老拉格比球员认为佯攻或将球传给队友以避免争抢拉扯是"狡诈的"且"不男人的"，那么看起来拉格比球最初也是以类似的精神气质为基础的。就那个时期的比赛来说，球相对而言并不重要。并列争球就是恣意踢人的比赛，其中要做的"主要的"事情就是站在一个对手面前，等到他近身就开始踢人。这种做法遵循了这样一种看法：作为"争抢者"的力量及勇气，是在这种比赛中建立起"男子汉气概"声望的主要标准。

这位老拉格比球员的叙述也表明了那个时期的中上及中间阶层的男273性关于女性特质认同的理想看法。于是，在理想男性被描绘为趾高气昂且身体强壮的同时，理想女性——其实是男性眼中的理想女性——则被描述为易受惊吓、软弱且有依赖性的。这与父权制核心家庭的形式中所体现的男性特质及女性特质的角色形象相对应，而核心家庭这种形式当时正在成为不断扩大的中间阶层的规范。这就有可能推断，与目前广泛传播但称不上主导的女性主义观点相反，这种形式的家庭可能至少在一个方面，代表了性别之间权力机会平等化的转变。这是因为与之前的情况相比，核心家庭的形式将更多的男性更紧密地捆绑在家庭中，这就使

[1]　Norbert Elias, "The Genesis of Sport as a Sociological Problem", in E. Dunning (ed.), *The Sociology of Sport: A Selection of Readings*. 也可参见本书第三章。

得男性在更大且更常规的程度上服从于女性的影响与控制。另外，很有可能朝向性别之间权力机会平等化的努力，就是通过体育运动这个媒介来描述的总体的"文明化"转型。这将会产生如下效果：对男性的攻击型表达施加了一系列内部及外部的约束[1]，例如通过"绅士"行为的准则来限制男性利用自己相对于女性的主要权力优势之一的机会——他们的体力及作为武士的优势。这反过来就增加了女性**依靠她们自己**进行联合行动的机会，例如组织游行和示威。这应该可以产生如下效果：减少了新生的女性团结及权力展现受到男性对此进行暴力回应的可能，在家庭情境中就是她们的丈夫和父亲，在示威的情境中就是警察和一般公众。更确切地说，在一定程度上可以期待男性能够对女性这些政治行为做出非暴力的反应，那么，妇女的恐惧就会减少，她们的信心也会相应增强，可以继续进行斗争来争取她们相信她们应有的那些权利。简而言之，看上去可以很合理地假定：在争取女性选举权的社会运动之中首次得到公共表达的性别之间的权力转换，可能至少部分地内在于伴随英国成为一个城市工业民族国家而来的"文明化"发展。

到目前为止的这些讨论的一个含义是：尽管现代体育继续弥散着父权制的价值观，并得到居于主导的父权制结构的支持，但是，现代体育是作为"文明化"转型的一部分出现的，这种"文明化"的一个方面是性别之间权力平衡的平等化转变，尽管这种转变很轻微。然而，这种转变的后果之一是促进了大男子主义的象征表达在一定领域的发展。一个

---

[1]　从埃利亚斯的立场来看，将"内在约束"与"外在约束"进行二分严格来说是错误的。他使用的术语是"自我限制"（*Selbstzwange*）和"其他限制"（*Fremdzwange*，字面上的意思是"陌生人"的限制），埃利亚斯在他的分析中关注的是二者之间的平衡随着时间推移的变化。

例子是社会能容忍的打破禁忌的模式，在英国，这种对禁忌的破除主要是——尽管并非只是——与拉格比联盟比赛联系在一起的。[1] 接下来我要讨论的就是这种发展中的一些突出方面。

四、拉格比球中的大男子主义亚文化的兴衰

与拉格比联盟中的大男子主义亚文化有关的传统，将在比赛结束后启动，或者是在俱乐部酒吧，或者是在送球员回家的巴士上（如果球队是在客场比赛的话）。这种传统的核心部分包括男性"脱衣舞"，这是对女性脱衣舞的一种仪式性模仿。这个仪式的传统信号是从一首名为《祖鲁武士》（the Zulu Warrior）的歌曲开始。新人加入仪式也是拉格比亚文化的一个惯例。在这些仪式进行期间，新人会被扒光衣服——通常是被强迫的——而他的身体，特别是他的生殖器，会被涂上东西，可能是鞋油或者凡士林。过量地饮用啤酒也被牢固地嵌入拉格比俱乐部的传统之中，经常伴随着仪式与比拼，而且往往会增加饮用量，会加快达到酩酊大醉的速度。喝醉后，球员们会唱一些下流歌曲；如果他们的妻子或女朋友在场，就会唱一首《晚安女士们》（Goodnight Ladies）作为让她们离开的信号。从这之后，所有的活动都只限于男性，任何选择留下来的女性都会被认为是自甘堕落。

这些下流歌曲至少有两个反复出现的主题：一个是嘲弄女性，一个

---

[1]　参见 Kenneth Sheard and Eric Dunning, "The Rugby Football Club as a Type of Male Preserve: Some Sociological Notes", *International Review of Sport Sociology*, 5 (3), 1973, pp. 5-24.

是嘲弄同性恋。乍一看，这两个主题可能看上去并无关联，但可以合理假设：它们都反映了女性权力的增长以及她们对男性的传统自我形象的威胁。19世纪50年代，拉格比球开始成为成年人的比赛。拉格比球最早仅限于中上和中间阶层，这个事实可能很重要，因为主张女性选举权的大多数人都来自同样的社会阶层。换句话说，可以合理地假设：这些阶层的女性在那个时期开始愈发成为男性的威胁，一些男性对此的回应就是将拉格比球发展为男性的飞地。当然在这些发生时，拉格比球不是唯一的男性飞地。在飞地中，男性可以强化自己受到威胁的男性特质，同时嘲笑、丑化并物化女性，她们是威胁的主要来源。对几首拉格比球歌曲的简要内容分析，可以阐明情况是怎样的。

拉格比球的歌曲中反复出现的一个重要方面包含在这样一个事实之中：它们体现了对女性及性行为的敌对、残忍但同时又恐惧的态度。例如，在民歌《爱斯基摩人内尔》（*Eskimo Neil*）中，即使是花花公子冠军"死神之眼迪克"也无法为内尔带来性满足。最后还得靠迪克的心腹"墨西哥人皮特"，皮特带着他的"六发转轮手枪"来进行这个任务。在歌曲《工程师的赞美诗》（*the Engineer's Hymn*）中，中心人物是一位工程师，他的妻子"从未得到满足"，工程师不得不制造了一台机器来完成其婚姻角色中的性爱部分。在工程师失败的地方，机器成功了，但是在这个过程中，他的妻子被残忍地杀死了。这些歌曲里很少有——如果曾经有的话——"正常的"男性或女性。在"男主人公"能够满足"女主人公"贪婪的性欲之前，必须拥有超人的力量或者人类之外的力量。没有什么更能揭示这些歌曲在其象征表达中的功能了，可能在某种程度上，也在象征意义上减少了对看上去强有力且苛求的女性的恐惧。这些恐惧很可能随着女性权力的实际增长而相匹配地增加。

这些下流歌曲中第二个反复出现的主题是嘲弄女里女气的男性及同性恋男性。拉格比圈子里一首传统歌曲的合唱部分是：

因为我们都是同性恋，

所以我们上楼时请别见怪。

是的，我们都是同性恋，

所以我们都是一对一对地晃荡。

这段合唱的功能看起来是在提出指控之前就进行回击，通过不仅嘲弄女性也嘲弄同性恋来强调并强化男性特质。近年来，随着女性越来越强有力，而且能够挑战她们事实上的从属地位——即便还没有挑战她们在象征意义上的客体化，女性也取得了轻微但却越来越大的成功，性别之间不那么隔离的关系模式日益成为常态。在那种情况下，抱定老旧方式并继续参与全男性群体的那些男性，当然会将一些质疑投射于他们的男性特质之中。一些男性甚至可能自己就开始怀疑它了。这种怀疑在诸如拉格比球俱乐部这样的社会处境中，可能具有双重威胁：拉格比球俱乐部的主要功能是男子特质的表达以及这方面传统规范的延续。

英国的拉格比球俱乐部现在不再像过去那样是边界明确的男性保留地。曾经将拉格比球员紧密联系在一起的、全男性群体的结构及意识形态的松动是一个复杂的过程，但如果这里提出的假设具有一定的有效性，女性解放在发展中起到了重要作用，对随后出现的持续削弱而言，这一过程的继续也具有重要贡献。现在，女性经常出现在拉格比球俱乐部中，而且更重要的是，她们是**受欢迎的**来访者。在某种程度上，这曾经是经济上的偶然事件，更具体地说，是利用舞会来筹集资金才开始带来了这

276

种变化。但这一经济事实反映了社会结构的更广泛变化，特别是女性在社会结构中的位置的变化。

舞会获得了正式批准，将女性带入了拉格比球这个男性保留地。这并不意味着以前她们的出现就是完全不被允许的。相反，她们总是受到欢迎的，比如沏茶、准备食物并提供服务，还有崇拜她们的男性伙伴并为她们欢呼。但从传统来看，她们的出现只是被容忍了，因为她们满足于保持从属的位置。然而，越来越多被解放了的女性现在开始进入俱乐部，无论是为了参加舞会，还是仅仅为了跟男人们喝酒。她们越来越不愿意接受这种状况。她们趋向于推崇独立，渴望平等，而且也意识到她们成为男性的伴侣的渴望所给予她们的与男性打交道的力量。她们不愿意接受她们认为是有意识的攻击行为，或者作为另一种可能，她们将下流本身作为了她们解放的一个标志。

既然我们在这里处理的行为是女性陪伴男性进入了一块社会飞地，而这块飞地里的主要活动是男性的，因此，男性支配仍然会很明确地卷入其中。然而，刚刚讨论到的变化表明了英国社会中的男性支配开始受到挑战的程度，而且在有限的程度上已经受到了侵蚀。当然，这同时也表明，为了达到与男性近乎完全平等的程度，女性还有很远的路要走。在这种情况下，女性不得不追随男性的原因之一是：几乎没有类似的女性可以参与的休闲活动。在很大程度上，她们仍然被锁定在家庭及家庭角色之中。缺乏可供女性参与的休闲设施反映了这一事实。下述情况也是事实：女性要单独进入酒吧而不失去其地位，或不引起男性不必要的注意，仍然很困难。反过来说，这种状况在很大程度上是几个世纪以来的男性支配以及继续反映并加强男性支配的总体社会结构的共同结果。这种状况还反映了，存在一些社会化的模式主要将女性置于适宜专心于家庭事务并履行其从属职业的角色，这些模式不仅限制了女性在职业领域的视野，在休闲领域也是如此。

这里所描述的在英国的拉格比球俱乐部已经出现了的变化，看上去 可以合理地假设为是与现代体育发展普遍联系在一起的社会变迁的表现。本文没有足够的篇幅来充分讨论这些变化的社会根源。简单的讨论应该也足够了：这些变化的出现是作为英国成为一个城市工业民族国家的一部分，而且这个变化过程在其中心的、相互作用的组成部分中，包含了一种社会结构的出现，这种社会结构的特征是行为标准更加"文明化"，性别之间的平等程度也更高。然而，这种普遍化的陈述中至少有一个明显例外："足球流氓行为"现象。这种现象似乎违背了以下假设，即"文明化"的变化已经成为英国作为一个城市工业民族国家持续发展的必不可少的部分。在提出一些结论型评论之前，我现在应当对足球流氓行为进行简要地分析。[1]

五、足球流氓暴力的社会发生学

足球流氓行为最直接明显的特征就是对立球迷群体之间的打斗，以及攻击性的表现。足球流氓的打斗有一些不同的形式，而且可以出现在

---

[1]　这里呈现的分析是以下述文章为基础的：Eric Dunning, Patrick Murphy and John Willi-ams, "The Social Roots of Football Hooligan Violence", *Leisure Studies*, vol. 1, no. 2, 1982, pp. 139–156; 也可参见 "If You Think You're Hard Enough", *New Society*, 27 August 1981; *Hooligans Abroad: the Behaviour and Control of English Fans at Football Matches in Continental Europe*, London, 1984；还可参见本书第九章。

足球场本身及之外的各种不同情境中。例如，可以是两个对立的支持者或他们的两个小群体之间采取的徒手打斗的形式。无论打斗的规模如何，这些对抗中有些时候会使用诸如刀之类的武器，但并非一成不变。足球流氓的打斗还可能采取"空中轰炸"的形式，所使用"导弹弹药"的范围从看似无害的物品——如花生和纸杯——到可能更危险的物品，如飞镖、硬币、砖块、水泥板、焰火、烟雾弹，还有在一两个场合发生过的汽油弹。

"弹药"投掷通常发生在球场情境中，尽管在球场外也并不是没有出现过，尤其是当大量警察到场，要阻止对立球迷之间的直接接触的时候。20世纪60年代末，作为打击足球流氓行为的手段，隔离对立球迷的官方政策出台了。虽然这项政策的主要影响之一是转移了足球流氓行为，增加了其在球场外发生的频率，而看台上的徒手打斗则相对减少了，尽管小部分球迷仍然偶尔会成功——他们不会佩戴可被识别的球队标志物，他们潜入对手的地盘，仅为了挑起战斗。在足球流氓圈子里，参与这种成功"入侵"是获得名声的来源。然而，现在更常见的情况是，打斗要么在比赛前发生，例如在市中心的酒吧及其周边，要么在比赛结束后，当警察试图把客场球迷护送到火车站或汽车站之际。正是在这些情境中才有可能发生最大规模的对抗。这些对抗通常是由"奔跑"开始，也就是大约两百或三百名青少年及年轻的成年男性沿着街道冲锋，寻找警察防线中的漏洞，以便能够与"敌人"直接接触。当他们成功地逃避了警方的控制，人们可能会称之为"硬核"的足球流氓就会使用精心策划的策略来达到前述目的。这时通常会发生一系列小冲突，它们分散在相当大的区域范围内，每一次冲突都涉及到多达二十到三十名年轻人。对抗也会发生在与对立球迷意外相遇时，比如在地铁上，在高速公路旁的小餐馆里。

追寻兴奋

另外，打斗有时也会出现在特定球迷群体**内部**，例如对立的参与者来自同一城镇的不同住宅区或者不同区域。联合"战斗队"也不是说没有出现过。例如，伦敦几个不同俱乐部的球迷有时会聚集在尤斯顿火车站或者是首都其他几个主要铁路枢纽，目标是要联合起来攻击来自北方的客队支持者。

在比赛期间，对立的球迷群体对彼此的注意力，跟对比赛本身的注意力差不多，或者更多，他们通过唱歌、喊口号及使用姿势动作来表达他们的对立。他们的歌曲及口号中反复出现的主题是打斗挑衅和威胁使用暴力。特定的球迷群体都有自己的歌曲及口号的保留曲目，但很多都是一个共同主题的地方变种。正如雅各布森（Simon Jacobson）所展示的 [1]，重点是：他们的歌词中穿插着"恨""死""打""踢"和"投降"等词，所有这些词都传达了战斗和征服的形象。下面是雅各布森引自切尔西球迷的保留曲目中的几个片段：

曲调：那些往日时光啊，我的朋友（Those were the days my friend）

我们是谢赫德 [2]，我的朋友们，

我们占领了斯特雷特福德看台 [3]。

我们将唱歌跳舞，然后再来一次。

我们过着自己选择的生活，

---

[1] Simon Jacobson, "Chelsea Rule – OK", *New Society*, 1975, vol. 31, pp. 780–783.

[2] 谢赫德是切尔西足球俱乐部的主场斯坦福桥球场的一段有顶的看台。

[3] 斯特雷特福德是曼彻斯特联队的主场老特拉福德球场的球门端看台之一。在 20 世纪 70 年代早期及中期，"斯特雷特福德的那些人"因其流氓行为而恶名昭彰。

我们战斗，永不言败。

因为我们是谢赫德，

哦，是的！我们是谢赫德。

曲调：我出生在一颗流浪的星星下（I was born under a wandering star）

我出生在切尔西的谢赫德看台下。

279

靴子是用来踢的，

枪是用来射击的。

来切尔西的谢赫特德看台吧，穿好我们的靴子。

除了暴力之外，在象征意义上贬低对方球迷是足球流氓歌曲及口号中另一个反复出现的主题，这方面的一个例子是将对方球迷和／或他们所支持的球队称为"娘娘腔"或"下流胚子"，后者还会伴随着大规模呈现男性自慰行为的姿势。另外还有贬低对方球迷所在的社区，例如在下面这首歌中：

曲调：在我利物浦的家里（In my Liverpool home）

在他们的海布里贫民窟，

他们在垃圾箱里找东西吃，

他们发现了一只死猫，他们认为这是一顿大餐，

在他们的海布里贫民窟。

从这段描述中可以看出，贴上了"流氓"这个标签的球迷中至少有相

当一部分人，对打斗的兴趣似乎跟观看足球比赛一样，或者对打斗更感兴趣。对他们来说，比赛主要是为了表达他们的"大男子主义"气概，或者在事实上通过击败对方球迷并迫使他们逃走，或者是在象征意义上通过歌曲和口号。

从这里以及之前的讨论来看，很明显，足球流氓行为的中心组成部分是对特定男性特质认同的表达，我们可以称之为"暴力型男性特质风格"。目前已有的证据表明，大多数"硬核"足球流氓来自工人阶级之中在社会经济上最贫困的部分。似乎可以合理地假设：这种暴力的男性特质风格是由下层工人阶级社区的特定结构特征带来的。杰拉尔德·萨特尔斯提出了"有序分隔"这个术语来描述这样的社区。他认为，这些社区的主要特点之一是"单一性别的同龄人群体"或"街角帮派"。[1] 萨特尔斯指出，这些群体似乎"非常合乎逻辑地发展出了对年龄分组、回避不同性别、区域联合及族群团结的高度重视"。然而，他也记录到这类群体会出现族群内冲突，在其他地方，他也承认族群区分与团结是这类群体形成的偶然因素而非必要因素。也就是说，年龄分组、性别隔离和区域认同，似乎是关键的内部结构决定因素。在将这些因素作为社会结构中心要素的社区中，青少年男性大都是自我放任的，他们倾向于组成群体，这些群体一方面是由亲属关系及居住地相近所决定的，另一方面则是由邻近社区里类似"帮派"的发展造成的威胁所决定的。而这些社区内部也往往是支离破碎的。萨特尔斯认为，有一个例外情况是一场真实的或传言中的"帮派"斗殴，因为这类打斗可以动员起整个社区男性的忠诚。

在这个分析的后期发展中，萨特尔斯引入了"被守护的邻里"（the

[1]　　Suttles, *The Social Order of the Slum*.

defended neighbouhood）这个概念，他认为在贫民窟社区里成长的青少年街头群体可以被视为"私刑帮派"（vigilante gangs），其发展源于"获准负责保护财产及生命的正规机构的不足"。[1]这是一个很有趣的看法，在某些方面与埃利亚斯的"文明化过程"理论一致，这个理论强调，"更文明化"的社会标准的出现需要相应国家控制的发展。也就是说，追随埃利亚斯，我们可以发现即便是在城市工业民族国家中，在国家及其代理人未能或不愿施加有效控制的那些社区里，公开的暴力水平也会相对较高。现在让我来探讨这些社区的结构是以何种方式导致了作为其主要特征之一的"暴力型男性特质"的生产与再生产。

在其内部结构接近"有序分隔"且不受国家有效控制的情况下，下层工人阶级社区倾向于产生的规范，相对于其他社会群体的规范而言，更加容忍在社会关系方面的高水平暴力。与此相关的是，这类社区对其成员几乎不施加压力，不要求他们能够对自己的暴力倾向进行自我控制。这些社区的结构有几个方面都倾向于朝着这个方向发展。因此，下层工人阶级的儿童及青少年体验到了相对不受成人控制的自由，这意味着他们习惯于相对暴力地互动，并更容易形成以年龄与体力作为中心决定因素的支配等级。这种模式还被这类社区中占主导地位的成年人颇具特色的行为标准所强化。性别隔离，男性对女性的支配，还有"温和化"的女性压力的相对缺乏，都朝着同一的方向发展。的确，这些社区的女性自身也相对更暴力，并且对她们的男人的暴力行为也有所预期。在这种情况下，这些社区中男性的暴力倾向是复合型的。家庭之间、邻里之间，以及最重要的是"街角帮派"之间频繁发生的宿怨，对此有进一步的强

---

[1]　Gerald D. Suttles, *The Social Construction of Communities*.

化。简而言之，这类下层工人阶级社区似乎以一种"正向的反馈循环"为特征，这种循环往往会在现实意义的所有社会关系领域中，尤其是在男性方面，最大限度地诉诸暴力。

这种循环的影响之一是善于打斗的男性可以获得声望。与此相关的是，这些男性会发展出对打斗的热爱，并将此视为生活中的意义及满足的中心来源。下层工人阶级社区与上层、中层及工人阶级中更"体面"的对应人群的社区之间在这方面的主要差异似乎是：在后者中，面对面关系中的暴力往往在规范上是受到谴责的；而在前者中，这种暴力往往在规范上得到纵容和奖赏。更进一步的差异在于，"体面"阶级的倾向是把暴力"推到幕后"，而且当确实出现暴力时，总的来说，暴力倾向于采取一种更"工具型"的形式；在这些阶级中，暴力也往往会引发罪恶感。对比来看，在"粗野"的工人阶级社区中，暴力往往会在更大程度上被公开表达，而且总体上呈现出"表达型"或"情感型"的形式。因此，暴力往往会在更大程度上与愉悦感的焕发联系在一起。

可以合理地假设，在"粗野"的工人阶级中，以这种方式产生的"暴力型男性特质风格"，主要是在足球流氓的打斗中得以表达的。也就是说，现有的证据都表明，正是来自工人阶级中这一部分的青少年及年轻成年男性，构成了最能持续参与发生在足球情境中的那些更暴力行为的"硬核"人群。当然，足球并不是表达这种风格的唯一渠道。然而，从很多方面来看，足球都是高度合适的场景。因为足球比赛本身就是玩耍——打斗，其中心就是男性特质的表达，尽管是以在社会层面上受到批准及控制的形式。球队还为工人阶级的青少年及年轻成年男性的身份认同提供了一个焦点，他们将球场——更具体地说是球门那一端的看台——视为自己的"地盘"。与此同时，足球可以有规律地将很容易辨认的"敌人"——对方球队的支持者——带入这块领地，对方球队的支持者会被视为"入侵者"。最后，足球比赛中大量观众的聚集提供了可以在相对匿名且不受惩罚的情况下进行官方认为"反社会"的行为的机会，而大量警察的出现又提供了经常与法律擦肩而过的额外兴奋。现在已经到了我可以提出一些结论性评论的时候了。

六、结论

在这篇文章中，我已经指出：许多现代"对抗型体育运动"的起源都可以追溯到一系列的民间比赛，这些比赛的暴力行为表明，它们扎根在

282

比我们更暴力因而父权制更严重的社会之中。随后，我追踪了这些体育运动在公学里的早期现代化，并认为在这方面发生的"文明化"变化是更广泛的复杂变化的体现，其影响之一是增加了女性相对于男性而言的权力。一些男性通过建立拉格比球俱乐部作为男性保留地来回应这种权力转移。当然，这些俱乐部并不是为了这个目的而发展起来的唯一飞地。在这些俱乐部里，男性可以象征性地嘲弄、客体化及丑化女性，女性现在比以往任何时候都愈发构成了对男性的地位及自我形象的威胁。女性的持续解放现在已经在实质上侵蚀了拉格比"亚文化"这个圈层。最后，我考察了"足球流氓行为"给我的论述带来的明显矛盾。我认为"足球流氓行为"的一个中心特点是"暴力型男性特质风格"，这种风格在结构上是在下层工人阶级的特定部分之中生产及再生产的。因此，"足球流氓行为"与我的论述并不矛盾，但这表明了"文明化"及国家形成的过程中已经出现了不均衡。这也表明，在当今的英国，仍然存在这样一些社会结

构领域，以或多或少的极端形式继续产生着大男子主义的攻击性。

足球流氓行为以及更一般而言的在"粗野"工人阶级的暴力型男性特质风格中所表现出的大男子主义混合体，与其在拉格比球之中的表现相比存在一个中心区别。这个区别在于，拉格比球运动员的身体暴力及强硬往往是被置于社会认可的体育运动媒介之中，而"粗野"工人阶级的身体暴力及强硬则往往成了更居中心位置的生活承诺。此外，值得注意的是，当男性保留地的亚文化处于巅峰时，拉格比球员也倾向于通过仪式及歌曲等媒介来**在象征层面上**嘲弄、客体化并丑化女性，但女性根本不会在足球流氓的歌曲及口号中出现。这可能表明了在下层工人阶级社区中女性的权力更低，相应地，这些女性对男性的威胁也更小。在这样的社会条件下，这些女性**实际上**在很大程度上是被客体化且被剥削的，而且更多地遭受男性的公开暴力。

当前分析的主要含义可能在于：就男性特质认同的生产及再生产而言，体育运动似乎只是第二位的，更为重要的似乎是更广泛的社会结构中的一些特点，这些特点影响到了性别之间相对的权力机会，还有在男性与女性所必需的相互依赖中存在的性别隔离的程度。体育运动在这方面所做的所有事似乎就是扮演一个第二位的、强化型的角色。然而，在只有少数职业角色——如军人和警察——提供了有规律的打斗机会的社会之中，维持更加改善的且更受控制形式的大男子主义攻击性，因此也仍就至关重要。在这样的社会中，长期以来技术发展的整体方向一直在减少对体力的需求。当然，女性的社会化在某种程度上继续导致她们被大男子主义式的男性所吸引，体育运动，特别是对抗型体育运动，将对延续大男子主义混合体、延续来自这一源头的女性依赖性等方面起到某些重要的作用。对抗型体育运动是否会在比我们更完全文明化的社会中继续存在？对此进行推测，可能是徒劳的。然而，有一件事是相对确定的：即便从短期与中期来看，平等化会增加冲突的发生，但从长期来看，比我们文明化程度更高的社会所表现出的性别、阶级及种族之间的平等程度，要远远高于目前所达到的水平。

索　引

（索引页码系原书页码，即本书页边码）

索 引

399

译后记

何江穗

　　本书是著名社会学家诺贝特·埃利亚斯和他的学生、英国莱斯特大学社会学教授埃里克·邓宁及其合作者所撰写的关于体育运动及休闲研究的论文合集。这些文章原本以学术期刊论文或学术会议报告等形式发表于 20 世纪 60 年代晚期至 20 世纪 80 年代早期；在加入邓宁撰写的前言和埃利亚斯撰写的导言后，于 1986 年结集出版。文章发表及文集出版之时，正值埃利亚斯的"文明化过程"理论逐步获得社会学界的重视和认可。邓宁在前言的开篇就明言：这些文章都是从埃利亚斯关于文明化过程及国家形成的研究之中系统发展出来的，是对这一理论体系的例证和补充，也是埃利亚斯所提出的"型构"及"发展"取向的代表。

　　因此，本书中的文章的研究对象虽然都是摔跤、猎狐、足球、足球流氓、拉格比球（即"英式橄榄球"，本书第三章讨论了这一运动项目与当前足球的共同渊源以及与美式橄榄球的差异，因此采用了音译）之类，正如本书的主标题所示，是对兴奋的追寻；但这些文章的研究主题却如本书的副标题所示，是关于文明化过程的探讨。具体而言，本书中的文章大体是围绕两个论题来展开的。其一，参与及观看体育运动是对兴奋的追寻，是对在文明化过程中发展起来的工作及生活的例行化的应对；其二，体育运动经历了从直接的身体暴力向模拟打斗的转型，其发展是与社会整体的文明化状况紧密绑定的。对这两个论题的讨论，在聚焦于现代意义的体育运动在英国发展的同时，也追溯了一些体育运动项目在中世纪甚至希腊古典时代的状况，还展示了体育运动的参与者——运动员和观众——在 20 世纪 80 年代的英国社会乃至全球的处境和命运。这种发展式的探讨，对人们的行动交织于其中的流动的型构进行了系统的分析。大到英国议会政体建立，小至一场足球比赛中的两队交锋，皆是如此。在这些关于型构的个案研究中，作者们引述历史文献和观察及访谈记录，描述了赛场上曾经的暴力乃至血腥，还有看台上的"空中轰炸"及言语嘲讽。这些记述可谓妙趣横生，其中的分析更令人对文明化过程的力度与限度心生叹喟。总的来说，以体育运动为研究对象的这本文集，并不应简单归在体育社会学这个研究类别之下，而应视为对"文明化过程""型构"等埃利亚斯社会学理论中的关键概念的阐述和扩展。

在此，作为这本英文文集的中文译者，我也有必要对书中几个概念的翻译进行一些说明。埃利亚斯讨论"文明化过程"的两卷本专著最早于 1939 年以德文出版，并于 1969 年在德国重版，之后又多次再版。1998至 1999 年，生活·读书·新知三联书店就已出版了根据德文版翻译的中文译本，书名根据德文标题译为《文明的进程》。因而，国内学界在随后论及埃利亚斯的相关理论时也多称之为"文明的进程"。然而，埃利亚斯的这一专著在 1978 年翻译为英文时，书名译为了 *The Civilizing Process*。本书的英文版在提到这一理论时，采用的也都是这个英文翻译。国内有研究者注意到了英文译本相对于德文版的这个变化。在 1999 年北京大学出版社出版的《当代西方社会学理论》之中，由李康撰写的埃利亚斯相关章节指出："'文明'不是静止的固有状态，而是一种'变化过程'。"（第

357页）由此可见，英译本的"更名"颇有道理。因此，在本书的翻译中，我将这个概念按照英文原意直译为"文明化过程"。这个翻译也避免了将文明化误解为一个单向且不可逆的趋势。在埃利亚斯那里，文明化过程，如他在"导言"中所言，是一个社会变化的序列，跟其他序列一样可以倒车后退。

另一个需要进行简单说明的翻译，是"型构"（figuration）这个概念。如邓宁在前言中所言，为了破解将人与他们所卷入的关系分离的倾向，避免将个人及社会简化为处于静止状态的孤立客体，埃利亚斯创造了这个概念。埃利亚斯要用这个概念来表达人们之间的依赖，这是多个层次、不同方式的彼此结合，而且这种通过行动交织在一起的结合，也跟行动一样，是动态的。这个概念的中文翻译多以"构型"出现。但几经斟酌，我还是把这个概念翻译为了"型构"。一来可与静态的"结构"一词形成对照，二来可以强调其中的动态过程，三来也是为了与埃利亚斯使用过的另一概念"configuration"（在本书导言中出现了一次；这个词更强调所呈现的"型"，译为"构型"似乎更为合适）区别开。

书中涉及的其他概念都尽量按照学界常用的翻译。也有个别概念的字词有所调整，但不涉及对埃利亚斯相关理论的理解。如将"detachment"翻译为"疏离"而非"超脱"，主要是为了与导言中在提及这个概念之后紧接着的解释"拉开自己与研究对象的距离"保持一致。

本书相关概念的翻译从前文已提及的李康在 2000 年前后对埃利亚斯的各种综述式介绍中获益良多。翻译过程中，李康也多次答疑解惑。特此感谢！书中引用的古英语文献资料，还承秦立彦帮助校译。关于体育运动相关用语的翻译，也多蒙晋军指点。编辑薛宇杰不惮其烦，宽宏大量地容忍了我在翻译出版过程的各种麻烦。一并感谢！

最后，用埃利亚斯在本书导言中的一句话作为这篇译后记的结语："追踪人们生活于其中的、看起来是自明的制度的起源及发展，本身就是一项令人兴奋且值得做的任务。"这是埃利亚斯对本书的期许，也应该是社会学研究者对自己的要求。

文
景

Horizon

社 科 新 知　文 艺 新 潮

追寻兴奋：文明化过程中的体育与休闲

［德］诺贝特·埃利亚斯　［英］埃里克·邓宁 著

何江穗 译

出 品 人：姚映然
责任编辑：周官雨希
营销编辑：胡珍珍
封扉设计：陆智昌
美术编辑：安克晨

出　　品：北京世纪文景文化传播有限责任公司
　　　　　（北京朝阳区东土城路8号林达大厦A座4A　100013）
出版发行：上海人民出版社
印　　刷：山东临沂新华印刷物流集团有限责任公司
制　　版：北京百朗文化传播有限公司

开 本：890mm×1240mm　1/32
印 张：13　　字 数：280,000　　插页：2
2025年4月第1版　　2025年4月第1次印刷
定 价：95.00元
ISBN：978-7-208-17855-7/C·660

图书在版编目（CIP）数据

追寻兴奋：文明化过程中的体育与休闲 /（德）诺
贝特·埃利亚斯（Norbert Elias），（英）埃里克·邓宁
（Eric Dunning）著；何江穗译. -- 上海：上海人民出
版社，2022
书名原文：Quest for Excitement: Sport and
Leisure in the Civilizing Process
ISBN 978-7-208-17855-7

Ⅰ.①追… Ⅱ.①诺… ②埃… ③何… Ⅲ.①体育运
动社会学 Ⅳ.①G80-051

中国版本图书馆CIP数据核字（2022）第146512号

本书如有印装错误，请致电本社更换　010-52187586

社 科 新 知　文 艺 新 潮　|　与 文 景 相 遇

| 微信公众号 | 微　博 | 豆　瓣 |

| bilibili | 抖　音 | 小红书 |